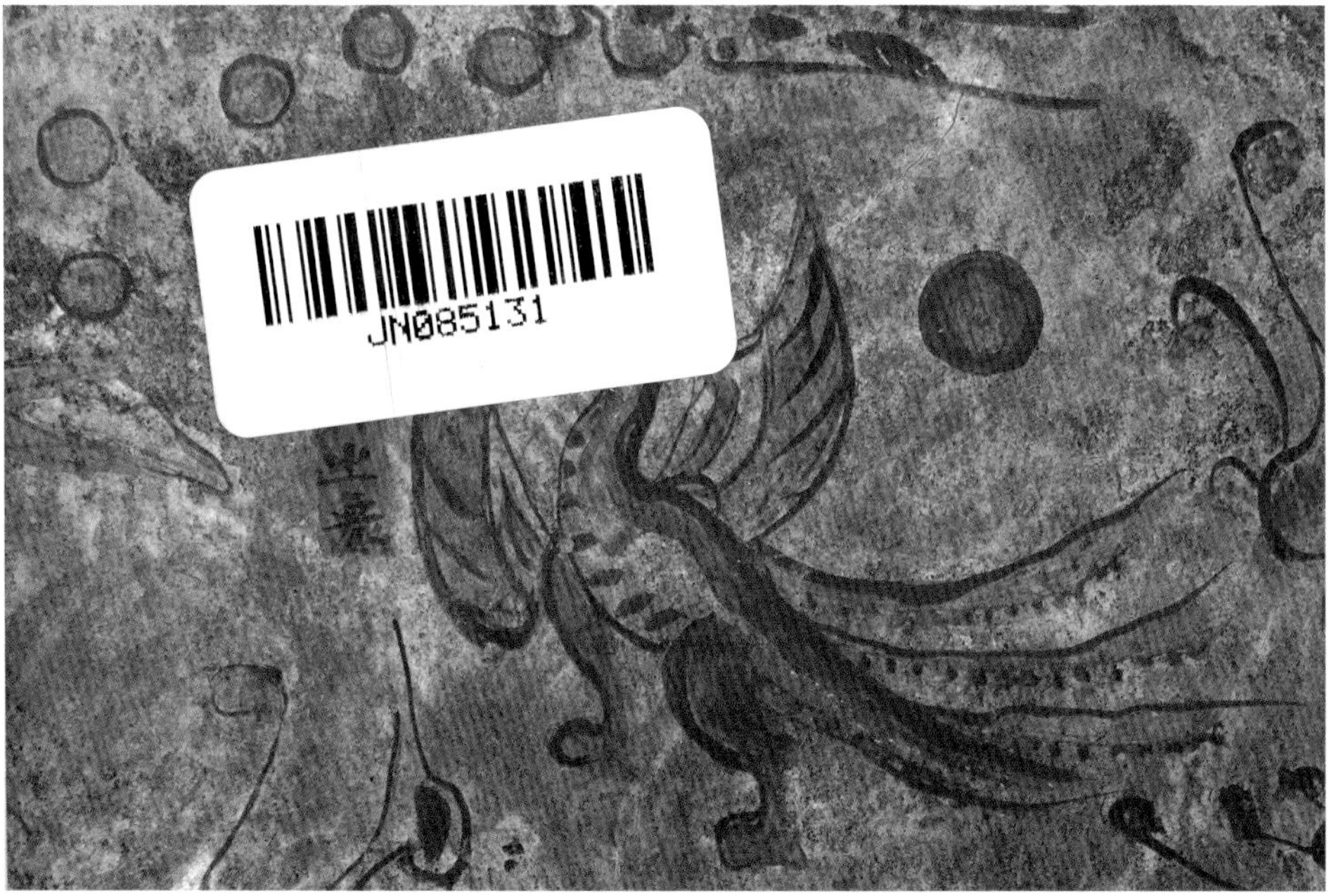

北朝鮮・徳興里高句麗墓・前室南壁天井画
「75 吉利之象」（上）
「70 富貴之象」（下）
（『高句麗古墳壁画』朝鮮画報社、一九八五年より）［松浦論文参照］

敦煌本『瑞應圖巻』P.2683（BnF 所蔵）［松浦論文参照］

前近代東アジアにおける〈術数文化〉

水口幹記［編］

MIZUGUCHI Motoki

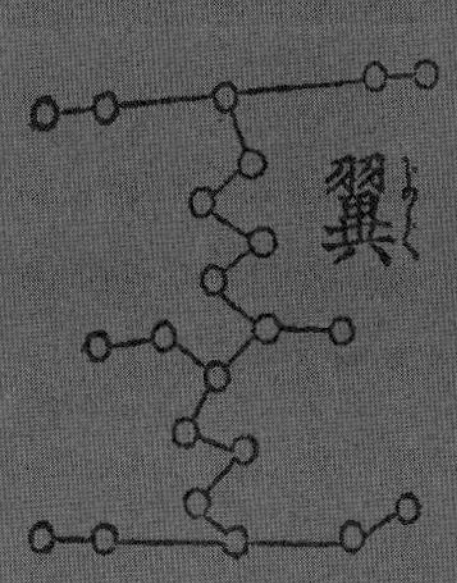

前近代東アジアにおける〈術数文化〉

Ⅱ……〈術数文化〉の伝播・展開

序

水口幹記

「術数」（「数術」ともいう）とは、天文学・数学・地理学など自然科学分野と、易を中心とした占術が複雑に絡み合った古代中国で成立した思想・学問である。そのため術数に関する研究は、科学と占術という二つの側面を持つ。

日本では、その初期においては、科学的側面、特に天文学や暦学に関心が集まったが（新城新蔵・藪内清など）、その背景的思想を理解しようとする中で、伝統的な『易』の思想を根幹とした占術的側面への関心も高まることとなった。

ただし、占術面の本格的な研究が始まるのは、一九六〇年代以降である。まず安居香山や中村璋八らは、漢代儒学の神秘的側面に着目し、緯書や讖緯などの予言的言説を明らかにしたことで（『緯書集成』漢魏文化研究室、一九五九～六四年［後『重修緯書集成』明徳出版、一九七一～九二年］、安居編『讖緯思想の綜合的研究』国書刊行会、一九八四年）、占術が思想史における重要テーマとして定着した。一方で、先の藪内らの薫陶を受けた山田慶児や坂出祥伸らは、天文観念や医術養生思想を研究する上で、占術と科学の両面による研究方法を確立した（坂出

『中国古代の占法』研文出版、一九九一年。山田『中国医学の起源』岩波書店、一九九九年など）。

また、中村は中国のみならず日本でも古くから利用されていた術数の基本書である『五行大義』の注釈書（中村『五行大義校註　増訂版』汲古書院、一九八四年。中村『新編漢文選　五行大義』明治書院、一九九八年）を出す一方、『日本陰陽道書の研究』（汲古書院、一九八五年）により、日本の陰陽道と中国の術数文化との関係を鋭く指摘し、術数文化の東アジア的展開研究の先鞭をつけた。

こうした流れを受け、近年では、武田時昌が術数を陰陽・五行理論を中心とする学問という広い枠組みで捉え直し、術数学の総合的研究グループを組織し、多様な成果を上げ（武田編『陰陽五行のサイエンス』京都大学人文科学研究所、二〇一一年、武田編『術数学の射程――東アジア世界の「知」の伝統』京都大学人文科学研究所、二〇一四年）、三浦國雄は術数を、呪術を含めた「術」（技術）として捉え、思想史研究者を中心とする共同研究班を組織し、占術書としての『易』を始め、風水・日選び・人相・手相・暦など様々な実用的な術数文献の整理を行っている（三浦編『術数書の基礎的文献学的研究――主要術数文献解題』正編二〇〇七年、続編二〇〇九年、三編二〇一二年、科研報告書）。また、川原秀城が、術数学とは広義の「数」の学術のことであると規定し、優れた成果を世に送り出すなど（『数と易の中国思想史――術数学とは何か』勉誠出版、二〇一八年）、現在は、若手を含む多くの研究者により幅広く議論がなされ、アジア学全体における関心も高まりつつある。

本書は、このような状況を踏まえ、東アジアにおける術数研究をより一層進展させることを目指し企図されたものである。そもそも術数は、前近代を通じて東アジアの諸地域・諸国に広く伝播し、それぞれの社会に深く浸透していくことで、それぞれの文化の形成・発展にも強い影響を与えたものであり、術数文化を捉えるためには、科学的な側面だけではなく、社会生活上の様々な側面に着目する必要がある。そこで、私たちは幅広い文化的現象を統合する用語として〈術数文化〉というキータームを設定した。私たちは、〈術数文化〉を掲げることにより、これまでの術数研究では看過されがちであった理論・思想以外の事象（文学・学術・建築物・絵画などへの影響や受容）をも正面から対象とすることができ、また、本用語の下、諸地域・諸国への伝播・展開の様相を通時的に検討することにより、各諸地域・諸国の独自性・特質を析出することが可能となると考えた。

そして、本書編纂の母体となったのが、「前近代東アジアにおける術数文化の形成と伝播・展開に関する学際的研究」という課題名（代表者・水口。課題番号：16H03466）で取得した科学研究費に基づく共同研究班での検討である（本書はその成果報告書の側面も有している）。

研究班では、〈術数文化〉という用語の概念規定および学界への提唱を目指すとともに、

（1）〈術数文化〉と書物（特に類書形式の術数文献）との関係
（2）〈術数文化〉と出土資料・美術建築物との関係
（3）海外における〈術数文化〉研究の検討・紹介

の三点を具体的検討テーマとして掲げ、共同研究の場で前近代東アジアにおける〈術数文化〉について議論を重ねてきた。この三点を設定した理由について簡単に説明しておこう。

（1）設定の理由は、まず〈術数文化〉の東アジアの国々への広がりにおいて重要な役割を果たしたのは術数文献であるという認識にある。いずれの文化伝播においても言えることではあるが、書物の果たした役割は大きく、それは〈術数文化〉も例外ではない。そして、中でも主要な術数文献には類書形式で書かれたものが多く、注目される。類書形式の術数文献は、祥瑞・災異・天文・暦・陰陽五行・占術・鬼神・呪符など内容が多岐に渡り、分野の広がりは大きい。しかし一方で、類書形式の術数文献に関する研究は思いの外乏しいという現状がある。私たちが着目するのは、様々な社会や生活文化に深く浸透してきた伝統文化としての術数である。このことを踏まえれば、伝統的な百科全書であり、また天地の全てを網羅する類書という形式こそ、術数が多様な文化として広く浸透する上で重要な役割を果たした可能性が高く、具体的な検討に値すると判断したからである。

（2）設定の理由は、伝世文献のみならず、出土資料や敦煌文書、また、キトラ古墳の天文図に代表されるように美術・モニュメント・建築・壁画としての資料も重要な意味を持つという認識に基づいている。そうし

た美術・意匠は、各国おける都城の形成（たとえば、ベトナムでは都城に瑞獣などの意匠が施されており、李氏朝鮮では都城や墓地選定に風水が強く関与していた）においても重要な役割を果たしている。この点を踏まえ、私たちは伝世文献の文字資料以外における〈術数文化〉の影響について明らかにしていく必要性があると考えたからである。

（3）設定の理由は、近年は海外でも〈術数文化〉と関わる研究が盛んであるが、これらの研究、特に中国以外の研究が日本に紹介されることはあまりないという、至ってシンプルなものである。しかし、こうした紹介が増えていけば、諸地域・諸国の〈術数文化〉に対する理解は間違いなく深まっていくと思われる（本書以外でも、名和敏光編『東アジア思想・文化の基層構造——術数と『天地瑞祥志』』汲古書院、二〇一九年に、本研究班の成果としての海外翻訳論文を複数収載している）。

以上の方向性・諸点を踏まえ、〈術数文化〉を軸に構成された本書は、冒頭の総論で、キータームである〈術数文化〉という用語の可能性について水口が論じ、以下、全体を二部に分けた。第一部を「〈術数文化〉の形成・伝播」として、中国に関する論考を中心に配し、第二部を「〈術数文化〉の伝播・展開」とし、中国以外の東アジア地域に関する論考を配している。特に第二部では、これまであまり日本では紹介されることのなかったベトナムの術数に関する論考を複数収載することができたことは、大きな収穫であるといえよう。

研究は緒についたばかりである。しかし、本書の取り組みを今後も推進していくことにより、中国中心の術数研究から東アジアの術数研究への展開が望めるようになり、本書がこれからの術数研究に果たす役割は大きいと確信している。

最後に、本書刊行を快く引き受けてくれた勉誠出版及び同社吉田祐輔氏に感謝したい。

［総論］

〈術数文化〉という用語の可能性について

水口幹記

みずぐち・もとき――藤女子大学文学部准教授。専門は東アジア文化史。主な著書に『渡航僧成尋、雨を祈る――『僧伝』が語る異文化の交錯』（勉誠出版、二〇一三年）、『古代日本と中国文化受容と選択』（塙書房、二〇一四年）などがある。

はじめに

「術数（じゅつすう）」（「数術」ともいう）は、中国において発生・展開し、周辺諸国・地域に伝播した思想・学問である。そのため、これまでに中国・日本を中心に「術数」をめぐる研究が数多く蓄積されている。それは、「術数」（術数学）定義をめぐる大枠についてであったり、それぞれの占術・占書などの各論であったり、さまざまである。本書及び本稿のタイトルに含まれる「術数文化」という用語が使われている場合もある。ただし、その場合は、特別な意味を含んだ用語としてではなく、あくまでも一般的な用語として用いられているように思われる。

しかし、序文でも示したように、本書及び本稿は、科学研究費の「前近代東アジアにおける術数文化の形成と伝播・展開に関する学際的研究」に基づくものであり、〈術数文化〉とは何かを説明する義務がある。そこで、本稿では、課題名に冠した〈術数文化〉という用語のもつ可能性について述べ、本書の総論としたい。

一、日本における「術数」（数術）概念をめぐる研究

まずは、「術数」について確認していこう。そもそも「術数」という用語は、二種の用法があった。ひとつは、法家の学の常套語として「権謀術数」の意味であり、今ひとつは、『漢書』芸文志以来見られる所の「術数家」の意味

である。[1] 本稿で取り上げるのは、もちろん後者の「術数」で、これはまた「数術」とも称される。『漢書』巻三十・芸文志には、

> （前略）会向卒、哀帝復使㆔向子侍中奉車都尉歆卒㆓父業㆒。歆於㆑是総㆓群書㆒而奏㆓其七略㆒、故有㆓輯略㆒、有㆓六芸略㆒、有㆓諸子略㆒、有㆓詩賦略㆒、有㆓兵書略㆒、有㆓術数略㆒、有㆓方技略㆒。今刪㆓其要㆒、以備㆓篇籍㆒。

とあり、『七略』の中のひとつとして「術数略」が挙げられている。

中国では、秦の焚書坑儒により多くの書物が散逸したが、漢代になり歴代皇帝が書物の収集に努め、成帝の時に陳農を派遣し書物を国中で探し求めさせた。さらに、帝は詔を出し、劉向（りゅうきょう）に経伝や諸子・詩賦の書を、任宏に兵書を、尹咸に数術書を、李柱国に方技の書を校合させた。これらは一書校正しおわるごとに、劉向がすぐにその篇目を組み立て、その意味するところをくみ取り、それを記録して帝に奏上した。この作業を統括した劉向は、各書物の解題を『別録』という書にまとめている。劉向の死後、哀帝は劉向の息子である劉歆（りゅうきん）に父親の業務を継承させた。劉歆は様々な書をまとめて、それらを七分類した『七略』を奏上した。『別録』・『七略』は現存せず、その内容の詳細を知ることはできないが、この『七略』という図書目録が記録に残る最古の図書目録である。芸文志は、『七略』を基礎として作成されているのである（以上、『漢書』芸文志序を中心に叙述した）。その構成は、上掲した通りであり、術数（数術）には、天文・暦譜・五行・蓍亀・雑占・形法の各書物が含まれていた。

ただし、術数をめぐる概念は、この芸文志の分類で定着していたわけではなく、清の『四庫提要』では、天文算法類は術数類とは別に独立して項目立てられている。そのため、術数概念をめぐっては、古くからその概念規定や時代による展開について議論がある。

日本において、先駆的な研究は木村英一のものである。[2] 木村は、

> 支那に於ける思想や文化を深く理解しようとする場合に、ここに私が假りに「術数学」といふ名で呼んだ分野を無視する事は出来ないであらう。少くとも思想史的角度から見る限り、それの比重は殆んど経学と並ぶ程の重要性をもつ様に感ぜられる。

と述べ、中国研究においての術数研究の重要性を指摘し、術数学の概念は、

術数家に属する六家の学は、いづれも何等かの意味での人間と自然との相関饗応的構造をもつ宇宙観を根底として居り、その基礎の上に於いて、或は天文の観測、或は暦法の計算、或は五行の推演、或は蓍亀の象数、或は雑占の象徴、或は事物の形法といふ様な種々の実証的・合理的方法を手段として、人間の吉凶禍福を合理的に計量して知る学術である。

とする。すなわち、「術数学はまことに旧支那の自然哲学であり、又自然科学でもある」とその性質を規定したのである。そして、中国の合理主義には、術数学の論理が示す術数的合理主義と、経学の論理をその典型とする所の礼法的合理主義とがあり、これらは「表裏一体関係をなすには止らず、更に密接に相貫き合つて」いる、と、術数は経学と不可分であることを明確に指摘している。

その後、多くの論考が発表され、議論がなされているが、近年この分野で発言を続けているのは川原秀城である。(3) 川原は、術数学とは、広義の「数」の学術のことであると規定し、今日的意味における天文学・数学・地理学などを主要な分野とするが、それに止まらず天文占・五行占・観相学などの擬科学の諸分野をも内に含んでいるとする。そして、術数学は暦数学と占術の二部門に分かれて発展し、経学においては、術数的思考は思想体系ないし各種理論のもっとも本質的かつ基本的な部分を構成していたとしたうえで、「数術とは、今日の数理科学や計量科学に近い理性の学術を意味する一方で、きわめて人文学の要素の強いオカルト的な学術」だと述べる。川原は特に「数」を重要視しており、そのため、術数と方技との関係については、「数を本質とする術数と、方を本質とする方技は同じ範疇に分類することはできず、術数が方技を含むことも方術が術数を含むことも論理上許されない」と、厳密に区別すべきものであって、両者は「完全に質を異にした知識体系」だと位置づけている。馬場理恵子も、前漢の知識体系において「術数」と他の知識群とは明確に区別すべきことを主張する。(4)

川原の術数研究は、『四庫提要』を軸に構築されているものであるため、たとえば、田中良明が、『漢書』芸文志の数術略の分類は、芸文志の「図書整理の際に行った分類であって、当時の術数学がこの様に明確に細分化・分業化さ

れていたわけではな」いと述べ、古代における術数用語の揺れについて指摘しているように[5]、また、大野裕司が漢代以前の出土遺物を中心に扱うため、用語概念の議論に加わらず研究史を述べているように[6]、古代を扱う際に必ずしも川原の議論が全て適合するわけではないだろう。宇佐美文理も目録学の立場から成立過程を検討し、反論している[7]。

一方、三浦國雄は、学術的な意味で「術数」というとき、芸文志―四庫提要ラインを踏まえるのがルールであり、「数」と「占」とが合体した特有の「知」が一応の定義であると、川原の主張と重なる。しかし、三浦は、「呪術」との境界となるような枠からはみ出すものがあることにも言及し、「術」を緩やかな定義として使用している[8]。

ここで注目したいのが、中村璋八の指摘である。中村は、『後漢書』になって初めて「方術伝」が設けられ、序には「数術」「術数」の語も見えていることから、いわゆる「術数」だけでなく医術や方士（仏道）も含んだ広い範囲の人びとを記した伝であることを指摘する。また、『旧唐書』方伎伝には、たとえば僧の一行の項では術数との関わりを詳細に述べているように、有名な仏教関係の人たちも含まれることや、後周の『義楚（釈氏）六帖』のように、仏教の分野でも「術数」の語を用いていることを指摘した[9]。なぜ、この指摘に注目するのかというと、それは、「術数」という用語には、より幅広く用いられることがあることがわかるからである。それは、三浦の「枠からはみ出しているもの」という指摘とも重なる。

これまでの「術数」をめぐる議論は、中国学術の枠内で行われている。これは、川原・三浦などが述べるように、正しい道筋であり何ら問題はない[10]。ただし一方で、川原自身が、

> 確かに、歴史的にみて術数と方技をあわせて術技や方術などと称する事例があり、また術数的思考が方技に深い影響をあたえたことも紛れもない事実であるが、学問の性格上、方技の本質を数におくことはできない（注省略、傍線筆者）。

と述べるように、「学問の性格上」議論としては間違っているが、「歴史的」という視点を視野に入れた場合、より幅広く「術数」を捉えることができるのではないだろうか。特に、自国・自地域での歴史的形成過程を経ずに[11]、ある時期の完成形を受容し展開した、中国周辺諸国・地域の文化を考える際には、その視点こそが重要になってくると思わ

れる。本稿ではこの視点を重視し〈術数文化〉という用語の可能性について考えてみたい。

二、伝播する〈術数文化〉——日本の事情

(一) 日本への伝播

本稿では、筆者の専門とする日本の事情を事例として考察を進めていきたい。まずは、日本への術数を含めた学問の伝播経路についてである。『日本書紀』継体天皇七年（五一三）六月条には、

百済遣二姐弥文貴将軍・州利即爾将軍一、副二穂積臣押山一、貢二五経博士段楊爾一。

と、五経博士が百済から派遣されたことが記され、同十年九月条では、「別貢二五経博士漢高安茂一、請レ代二博士段楊爾一。依レ請代レ之」と、その交代があったことがわかり、当時恒常的に百済から学問が伝播していたことが確認できる。また、百済から遣わされたのは、五経博士だけではなかった。

遣二内臣一、使二於百済一。……別勅、医博士・易博士・暦博士等、宜二依レ番上下一。今上件色人、正当二相代年月一。宜下付二還使一相代上。又卜書・暦本・種々薬物、可二付送一。（欽明天皇十四年［五五三］六月条）

と、医博士・易博士・暦博士も来日し、その際、「卜書・暦本・種々薬物」ももたらしている。そして、推古天皇十年（六〇二）十月条には、百済僧観勒（かんろく）が術数関連の書物・知識を伝えていたことが記されている。

百済僧観勒来之。仍貢二暦本及天文地理書、幷遁甲方術之書一也。是時、選二書生三四人一、以俾レ学二習於観勒一矣。陽胡史祖玉陳習二暦法一、大友村主高聡学二天文遁甲一、山背臣日立学二方術一。皆学以成レ業。

このように、日本には大陸から直接的に伝来した知識もあるであろうが、それ以上に半島、特に百済との関係が重要であり、また観勒に代表されるように「僧」が深く関与していたのである。[12] 日本には、「中国」「経学」とは異なるルート・媒体と抱き合わせで、術数が伝来していたことが確認できよう。

(二) ズレと創造——呪符を事例に

文化は、発生地とそれが伝わる周縁地では往々にしてズレが生じ、新たな側面を生み出すことが多い。そのことを、

以前筆者が検討した呪符を題材に述べていこう。[13]

日本では古くから呪符が作成され、古代のそれは多く木簡として残されている。呪符そのものは中国に端を発し、半島を経由し日本に伝来してきたのだが、[14]日本の呪符木簡には、中国や半島などではほとんど見られないある特徴がある。それは「急々如律令」の語句である。この呪句（如律令）は後漢時にはすでに見られるが、[15]符図（符籙）とセットで呪符の中に見られるものはない。しかし、日本では八世紀後半から九世紀にかけての時期に、符図と「急々如律令」の語句が記される日本独自の形式が一般化し、以後もこの形式が踏襲されていくのである。

この特徴は、古代のみならず中世以降で、新たに中国から伝来した呪符についても展開される。室町末期に吉田兼倶（一四三五～一五一一）によって打ち立てられた吉田神道には、重要なシンボルとして符印（『神祇道霊符印』）がある。吉田神道の符印は兼倶みずから制定したものであり、後世にまで強い影響力を与えたのだが、これら符印は実は道教経典『北斗本命延生真経註』巻五所載呪符と全く同じものであることが指摘されている。[16]ただし、この時は、符印には「急々如律令」は付されておらず、古代の呪符とは一線を画している。ところが、江戸後期の史料である陰陽道史料の若杉家本「祭文部類・付天社神道」所載の符印（吉田神道と同じ）には、「急々如律令」が付されているのである。『神祇道霊符印』では見られなかった「急々如律令」が、本史料では見られるようになっており、ここに、新たに入ってきた中国直輸入の道蔵的呪符と日本的呪符との融合関係が確認できる。つまり、周辺地域における文化の新たな展開を認めることができるのである。

（三）習合と創造――地震勘文を事例に

まず、『天地瑞祥志』を引用した地震勘文を二例挙げる。なお、『天地瑞祥志』及び『天地瑞祥志』の佚文に関しては拙著に解説及び一覧表を載せたが、[17]それ以降に発見した知見も含んでいる。

・『権記』寛弘三年（一〇〇六）二月三日条

謹奏

今月二日、乙亥、時辰、地震〈月行二奎宿一〉。

謹検二天文録一云、地動震者民擾也。京房妖占曰、地以レ春動、歳不レ昌。天地瑞祥志云、内経曰、二月地動、卅日有二兵起一。又曰、月行二奎宿一地動、刀兵大起、損二害国土一、客強主弱。又曰、月初旬□、害二於商人一。内論曰、月行二奎宿一地動者、龍所レ動無レ雨、江河枯渇、□不レ宜レ麥。天子凶、大臣受レ殃也。雑災異占云、地動女宮有レ喪、天下民多飢糴貴。東方朔占云、地以二二月一動者、其国不レ昌、殺二長者一、有二大喪一。

右、件地震変、謹以申聞。謹奏。　寛弘三年二月三日（縣）奉平

・『諸道勘文』長治三年（一一〇六）正月十七日条

一、同十二日、乙巳、□刻、震有レ音。未刻、又動。

謹検二天文録一云、京易妖占曰、地以レ春動有レ音、歳不レ昌。天地瑞祥志云、内経云、正月地動九十日、便有二兵起一。雑災異占云、易重氏曰、孟月地動、其歳不レ昌。有二水風災一、傷二五穀一。三霊記曰、女官有レ喪。天下民多飢、糴貴。鍾律災異曰、地動、其国有レ喪。民不レ居二其邑一云々。

（中略）

長治三年正月十七日

正五位下行大外記兼主計権助助教中原師建

このように、地震勘文は発生日時や状況が示され、それに対し複数の書物を利用し作成される。地震勘文は中世になると増加しており、以下では、『満済准后日記（まんさいじゅごうにっき）』の地震記事、特に記事中に「傍通」記述のあるものを対象に考察を進めていく（続群書類従本を利用した）。

本日記は、室町時代前期の醍醐寺座主満済の日記であり、『法身院准后記』ともいう。応永十八年（一四一一）正月と同二十年から二十九年までの十一巻と、応永三十年から永享七年（一四三五）までの三十八冊が現存している。満済は足利義満・義持・義教三代の将軍に近侍し、初期には護持僧としての祈祷関係の記事が多いが、「黒衣の宰相」といわれるように幕政の機密に参画するようになって、次第に幕府内外の政治や外交の諸問題の記述が豊富になり、その内容はいわゆる機密にわたり、詳細・正確であることを特色としている（以上、『国史大辞典』、福田豊彦担当執筆に

よる）。以下、関連条文を番号を付し、掲げよう。

①応永三十三年（一四二六）六月十八日条

〈晴、卯時、大地震、水神動。〉在方卿占文云、今月十八日卯時大地震、有音〈傍通室宿、水神所動〉。天地瑞祥志云、月行室宿者水神所動、臣欲侵君則地震。人主不安。董仲舒曰、宮室過法度地震。又云、地震必大戦、有謀反。又云、六月地動、天下人民死亡、年穀不熟。七十五日内、兵有起。

六月十八日　在方

②正長元年（一四二八）九月十八日条

今夜子刻、大地震以外也。以使者在方卿ニ相尋処、金翅鳥動。兵革以下不快云々占文在之。以傍通勘之歟。其夜聊陰星不出現故也。但丑初ヨリ天晴。次有盛卿方ヘ相尋処、其夜宿畢宿候。天王動吉動云々。但九月動兵革文在之云々。次有富朝臣ニ相尋処、其夜宿觜宿也。天王動吉動。但九月動九十日之内兵革云々。以上後両人有盛卿・有富朝臣以現通勘之云々。以之可為本也。両人現通宿或畢宿或觜宿、相遠如何。畢觜両宿相続之間時刻遅速歟如何。

③正長元年十月九日条

今暁地震。如傍通者壁宿也、龍神動也。現通分追可尋陰陽家也。

④永享二年（一四三〇）正月二日条

今夜子末、地震。傍通龍神動也。不快歟。現図分如何。但天陰之間、陰陽家定以傍通申入歟。

⑤永享二年閏十一月二十四日条

卯刻以後地振〈傍通房宿也〉。若吉動歟。

⑥永享二年閏十一月二十五日条

去廿四日地動事。尋有盛卿処、金翅鳥動云云〈月在亢宿云々〉。天子凶、大臣受殃。天文録云、地動、臣下謀上。又云、地動、民不安。又云、閏十一月地動、不過百日有兵。天鏡経云、地動有声、国有陰謀。

在方卿以二傍通一注進。房宿天王動。但百日内有レ兵、飢疾起民死云々。国主人慎等云々。

⑦永享五年（一四三三）正月二十四日条

申刻、大地震。現図尾宿、龍神動云々。雖レ然以三傍通暦面二斗宿一、天王動之由注進云々。但在方卿占文云、

今月廿四日申時、大地震。〈傍通斗宿、天王所レ動〉。

占文云、月行二斗宿一者天王所レ動。天子吉、大臣受レ福、万民安穏。天文録云、正月地動、九十日之内兵起。又云、春地動、人主有レ慎。又云、地動旱魃。

⑧永享五年三月十七日条

申初刻、大地震。以二傍通一勘レ之処、氐宿火神動也。条々不レ快歟。現図分水神動。占文不レ快如二例式一云々。在方卿注進。

⑨永享五年五月二十二日条

今暁寅刻地震。奎宿傍通分、龍神動。不レ快歟。日野中納言奉書到来。

⑩永享五年五月二十五日条

自二今夕一為二地震一御祈、不動護摩始行。占文今日到来。

今月廿二日寅時、地震有レ音〈傍通奎宿、龍神所レ動〉。天地瑞祥志云、月行二奎宿一者龍神所レ動也。天子凶、大臣受レ殃。又云、地動、国有二陰謀一。又云、有レ兵。又云、邑有二乱臣一。又云、地震、疾疫。又云、五月地動、廿五日有レ兵。

五月廿四日　刑部卿有盛

自二日野中納言方一此占文送賜了。

⑪永享五年九月十九日条

今夜地震、丑刻歟。天王動。吉動之由在方卿勘進在レ之。但天陰間以二傍通宿一、以二井宿一勘申也。有盛卿注進。

其夜陰間、現通宿雖レ〔不〕二分明一、聊以二陰雲隙一伺見処、其夜宿。

⑫永享五年十月二十七日
申半、大地震。傍通房宿也。天王吉動歟。但重可㆓尋記㆒。在方卿地動注進。
　今月廿七日未時、大地震〈月行㆓亢宿㆒、金翅鳥所㆑動〉。
天地瑞祥志云、月行㆓亢宿㆒地震者金翅鳥所㆑動。天文要録云、地動、国兵起。又云、十一月地動、洪水起、百日之内、有㆓兵革㆒。〈以下略㆑之了〉。
　永享五年十月廿七日　正二位在方

⑬永享六年正月廿二日条
辰時地動。以㆓通傍㆒勘㆑之処、龍神動。不㆑快歟。内々相㆓尋在方卿処㆒、占文如㆑此。載㆑左。現図尾宿云云、傍通・現図同尾宿歟。在方卿占文。
　今月廿二日辰時、大地震、有㆑音〈月在㆓尾宿㆒、龍神所㆑動、二月節〉。
天地瑞祥志云、地動、有㆑声、国有㆑兵。天文要録云、地震、兵戦起、飢饉。又云、二月地動、旱魃。四十日之内、兵起。又云、火曜直日宮室有㆑慎。
　永享六年正月廿二日　正三位賀茂朝臣在方

⑭永享六年二月六日条
戌終歟、地震〈傍通分觜宿〉。天王動歟。其後現図分相㆓尋在方卿処㆒、斗宿天王動云々。

⑮永享六年三月十七日条
地震〈傍通心宿〉。天王動歟。

⑯永享六年十月二十六日条
卯末刻、地震。以㆓傍通㆒勘㆑之。氐宿、火神動。不㆑快歟。現通分相尋、重可㆓注記㆒。

⑰永享七年正月二十七日条
亥時地、震、有㆑音〈傍通危宿、龍神所㆑動〉。正月地動、九十日内、兵起云々。自余占文如㆑常。但小動間、不

レ及二注進一云々。

以上十七例と先掲した『権記』『諸道勘文』の事例とを比較してわかるのが、中世のあるときから、「現通」（現図）のみならず、「傍通」と地震とが結びつけて理解されるようになったということである（②③④⑦⑧⑪⑬⑭⑯は両方が問題とされている）。[18]『尺素往来（せきそおうらい）』（室町中期、一条兼良［一四〇二～八一］著）には、「今年者天変地震以外之事候。四月二日、日蝕皆虧、白昼成二闇夜一。列宿悉見候。十月十四夜、月蝕、熒惑犯二天江一、太白犯二哭星一候。歳星・鎮星・辰星、合二於東井一候。客星亦現二其側一、逆行入二於内天一、成レ彗生二光芒一丈余一、赤色候。地震者、現度、傍通、大半普合、天王動、金翅鳥動、水神動、連日不レ止候。就レ之、天文者安家、暦道者賀家両流之陰陽師各引二天文要録并天地瑞祥志等一捧二勘文一候。」（早稲田大学図書館蔵本を参照）[19]と、すでに地震と傍通が結びつけられており、さらに『天文要録』『天地瑞祥志』が安倍・賀茂両家により利用し勘文が作成されていることが明記されている。[20]

「傍通」とは⑦にあるように「傍通暦」のことであり、これは、「月宿傍通暦」という宿と日との対応表のことを指す。それは、『文殊師利菩薩及諸仙所説吉凶時日善悪宿曜経』（『大正新脩大蔵経』巻二十一）、いわゆる、『宿曜経（すくようきょう）』の上巻に載るものである。『宿曜経』とは、七曜、二十七宿および十二宮と人の生月・日・時の関係から人の運命や日時の吉凶の卜占の法を説いたインドの経典であり、唐の粛宗乾元二年（七五九）沙門不空が詔を奉じて訳したものを、弟子の楊景風が代宗の広徳二年（七六四）修正補註を施し大成した上下二巻二冊から成る。中国を経て日本には、入唐した空海が大同元年（八〇六）帰朝に際し請来した（以上、『国史大辞典』、渡辺敏夫担当執筆による）。大正蔵本のみならず、和本も合わせて詳細に検討した矢野道雄によると、上下巻の内、下巻が乾元二年に史瑶が書き下ろした初訳本であり、上巻が広徳二年に楊景風が完成した改訳本だという。矢野は、その翻訳過程を検討した上で、内容はインド占星術としては初歩的な概説に留まり、本経のみでは個人の運勢を占うことはできないと指摘した。[21]しかしながら、『宿曜経』の影響は、当代における不空の指導的地位を考えれば大きいものがあった」[22]との指摘もあり、日本に与えた影響もまた同様に大きく、宿曜道は、たとえば『源氏物語』でも重要な役割を果たすなど、[23]日本でも大いに利用された。

ともあれ、宿曜道（『宿曜経』）の用語である「傍通」が、当初はなかった地震勘文に含まれるようになり、安倍・賀茂両家によって勘申されているのであり、ここに宿曜道と術数（この場合は、陰陽道か？）との習合している姿を確認できるのである。(24)

そこで再び、『天地瑞祥志』を引用している地震勘文を見てみたい。

A『天変地妖記』延徳三年（一四九一）八月十四日付勘文(25)

今月十二日戌時、地震〈傍通壁宿、龍神所㆑動也〉。

大智度論曰、龍神所㆑動上下不㆑寧。内経曰、八月地動、六十日内、兵起。天地瑞祥志云、地動、大臣盛、軍将㆑有㆑変。宿曜経云、月在㆑虚地震、妨㆓農夫㆒。劉向鴻範伝云、地動者臣下謀㆑上。

延徳三年八月十四日　図書頭在重

正三位在―（在通）

B『親長卿記』明応二年（一四九三）十月三十日条(26)

晴、去夜寅剋、有㆓地震事㆒〈大動、及㆓両三度㆒〉、陰陽頭有宗朝臣送㆓地震占文㆒

今月卅日寅時、地震、有㆑音〈傍通箕宿、神龍所㆑動也〉。

天地瑞祥志云、傍通龍神所㆑動也。京房云、地動、邑有㆓乱臣㆒。又云、地動、龍神所㆑動者、天子凶、大臣受㆑殃。又云、冬地動、不㆑過㆓百日㆒有㆓兵喪㆒。又云、地動、必四海戦有㆓流血㆒。又云、龍神所㆑動者、女主慎㆑之。

明応二年十月卅日　陰陽頭有宗

C『後法興院記』明応七年（一四九八）八月二十五日条

辰時、大地震。去六月十一日、地震一陪事也。尋㆓問勘文㆒記㆑之。

今月廿五日辰時、大地震〈傍通水神所㆑動也〉。

天地瑞祥志云、傍通水神所㆑動也。内経曰、秋地動、天子凶、大臣受㆑殃。又云、地動、其国有㆑戦、民流亡。又云、地動、天下疾病、有㆓大喪㆒。又云、八月地動、六十日内、兵革起。

明応七年八月廿五日　従二位有宣

D『実隆公記』永正三年（一五〇六）閏十一月二十九日条

今月廿九日寅時、大地震〈傍通女宿、天王所レ動也〉。

占文曰、冬地動、人主有二兵喪一。又云、地動、国有二乱臣一。天地瑞祥志云、地動、大臣盛、軍将レ有レ変。宋均云、佞者執レ政、君子在レ野、小人在レ位、朝廷多レ賊受二其咎一。

永正三年閏十一月廿九日　刑部卿賀茂朝臣在誠

従二位賀茂朝臣在通

E『同』永正五年八月七日条

今月七日寅時、地震〈傍通箕宿、龍神所レ動也〉。

天地瑞祥志云、地動、大臣盛、軍将レ有レ変。（中略）

永正五年八月七日　図書頭賀茂朝臣在重

従二位賀茂朝臣□□

F『家秘要録』永禄二年（一五五九）六月□日付勘文

今月廿一日寅時、地震有レ音〈傍通井宿、天王所レ動之〉。

天地瑞祥志云、傍通井宿、天王所レ動也。又云、地動有レ音、人民悪、兵革近。天鏡経云、地動有レ音、其国有二陰謀一。又云、地動有レ音、天下疫病起。京房云、□主動者、天子吉、大臣受レ福也。

永禄二年六月□日　正五位下安倍朝臣有春

B・C・Fの勘文を見ると、『天地瑞祥志』には「傍通」の文字が含まれているように読める。しかしながら、A・D・Eには含まれてない。この点に注目してみると、ある共通点が見られる。それは、前者は安倍家作成の勘文であり、後者は賀茂家作成の勘文であるということである。つまり、賀茂家が所有していた『天地瑞祥志』には「傍通」がなく、安倍家のそれにはあったということになるのだが、果たして、そんなことがあるのだろうか。

そこで、『満済准后日記』の記事を見ると、同じ安倍家でも⑩永享五年（一四三三）の安倍有盛（泰継）の勘文では、『天地瑞祥志』に「傍通」は記されていないことに気付く。このことから、以下のことを述べることができるだろう。それは、永享五年から明応二年（一四九三）の間に、安倍家の持っている『天地瑞祥志』に「傍通」が書き加えられた可能性、もしくは、勘文作成時に、勘文に「傍通」を書き加えて、あたかも『天地瑞祥志』に初めから「傍通」の語があったかのように作成したということである。後のものでも、「傍通」が入っていないものもあるため、後者の可能性が高いかもしれない。[27]

このことは、宿曜道（『宿曜経』）と術数書とが習合した「新たな術数書」の創造とも言えるのであり、中国国内に留まらない術数の姿というものを見ることができよう。

本節最後に、宿曜道とも深い関係のある密教と『天地瑞祥志』について触れておこう。密教修法（星宿法など）と陰陽道の関係については山下克明に詳しいが、[28]密教文献にも『天地瑞祥志』佚文を見出すことができる（『北斗護摩集』潤底隠者集など）[29]のであり、ここでは術数文献と密教との習合を指摘できるのである。

おわりに――〈術数文化〉という用語の可能性について

以上、二節にわたって術数概念、日本における術数伝播の状況について論じてきた。これまで、術数は中国学術文化の中で議論されてきており、周辺国・地域での議論は各論こそはあるものの、当該地域における術数概念そのものの議論はなされていない。それは、術数が中国において発生・成立し展開していたからであり、当然のことではある。しかし、一方でそうして成立した術数は、書物やさまざまな方法により周辺に伝播していったのであり、そのため、術数は決して中国だけのものではなく、広く東アジア全体で捉えることもできるはずである。

とはいえ、周辺国・地域では、術数概念の成立の歴史的状況（「術数」用語の成立と変遷）を同時代的に共有することはできない。周辺国・地域には、ある時期の完成形が伝播するため、情報量も当然のことながら限られてくるのであり、同じ現象・文章に対してもその解釈やとらえ方は、必ずしも発生地である中国と同じとはならない。「ズレ」は当然生じ、むしろ、その「ズレ」こそが当該地域での基準・標準となっていくのである。これは一面で、文化の無理解・非理解に通じるものの、一面では中心の厳密さから離れ、新たな展開を生み出しやすくなる。つまり、中心の厳密さの用語である「術数」を離れ、新たな展開〈術数から派生した文化〉として把握することができるのである。〈術数文化〉には、当然中心である「術数」を含み込みながら、その厳密さだけではなく、周縁要素(三浦の言葉を借りるなら「枠からはみだしているもの」)をも含み込むため、「学問」「学術」としての「術数」(定義の歴史的変遷も含む)だけではなく、社会全般の文化として考察することが可能となると考えられる。〈術数文化〉を一つの切り口として、東アジア社会における共通性と相違性への認識・理解が深まる可能性が生まれてくるのである。たとえば、現在のところ筆者に妙案はないものの、「陰陽道を〈術数文化〉として捉えることが可能か?」といった議題を設定することにより[30]、日本独自とされている陰陽道を東アジアの文脈で捉える視野を生じさせることができ、新たな展開をもたらすことができるのではないだろうか。

また、中心である中国の術数と周縁の術数とを共に〈術数文化〉と括ることにより、中心と周縁との偏差を無化もしくは最小化することが可能となり、前近代の東アジア社会における中国中心主義を離れ[31]、それぞれの文化をフラットに分析することが可能となると考えられる。

最後に、その研究方法の一つとして、類書の重要性について触れておきたい[32]。周縁ではどうしても情報量が限られてくるのであり、そのとき、類書・日用類書・通書などの総合的書籍の役割が大きくなる。それは、筆者が検討した日本の呪符のあり方における影響の強さからも明らかである。もちろん、類書は必ずしも厳密には「術数書」とは呼べないものもあるが、類書に含まれる「術数書」や「術数」関連の知識は貴重であり、周縁地域では、それこそが「術数」となることもあるのである。また、そこに含まれる「佚文」も貴重な研究対象であり、その「佚文」がどのような形で当該地域で読まれ利用されたか(または、読まれなかったか)といったことも〈術数文化〉を考える上では重要となるであろう。

注

(1) 木村英一「術数学の概念とその地位」(『東洋の文化と社会』一、一九五〇年)、中村璋八「中国思想史上における術数」(『東洋の思想と宗教』一四、一九九七年)、馬場理恵子「「術数」概念の成立と漢代学術」(『京都女子大学大学院文学研究科研究紀要、史学編』三、二〇〇四年)。

(2) 前掲注1木村論文。

(3) 川原秀城『中国の科学思想――両漢天文学考』(創文社、一九九六年)、同『数と易の中国思想史――術数学とは何か』(勉誠出版、二〇一八年)。

(4) 前掲注1馬場論文。

(5) 田中良明「隋の術数・災異」(中林史朗・山口謠司監修『中国史書入門　現代語訳隋書』勉誠出版、二〇一七年)。

(6) 大野裕司「新出土資料と中国古代術数研究」(同『戦国秦漢出土術数文献の基礎的研究』北海道大学出版会、二〇一四年)など。

(7) 宇佐美文理「術数類小考」(武田時昌編『陰陽五行のサイエンス　思想編』京都大学人文科学研究所、二〇一一年)。

(8) 三浦國雄「総説」(同編『術の思想――医・長生・呪・交霊・風水』風響社、二〇一三年)。

(9) 前掲注1中村論文。

(10) 川原・三浦の議論を受けての水口拓壽「四庫全書における術数学の地位――その構成原理と存在意義について」(『東方宗教』一一五、二〇一〇年)もこの流れに沿っている。

(11) 漢代に成立する術数概念についての歴史的成立過程については、近年の竹簡などの出土遺物の新知見を駆使して説明した武田時昌『術数学の思考――交叉する科学と占術』(臨川書店、二〇一八年)がある。

(12) 橋本政良「勅命還俗と方技官僚の形成」(『陰陽道叢書』一・古代、名著出版、一九九一年。初出一九七八年)には、術数知識を有しているため還俗させられた人びとが列挙されている。

(13) 拙稿「僧円能作成の厭符について――日本古代呪符の系譜」「日本呪符の系譜――天地瑞祥志・道蔵・日用類書」(同『古代日本と中国文化　受容と選択』、塙書房、二〇一四年。それぞれ初出二〇一〇、二〇一一年)。

(14) 現在のところ日本最古の呪符木簡は、大阪府桑津遺跡出土のもの(七世紀前半)であるが、本木簡は百済風の書体であるとされる(『木簡研究』一四)。また、呪符が、仏教の偽経と抱き合わせで入ってくる事例もあるとされ(増尾伸一郎「『七千仏神符経』と呪符木簡・墨書土器」、同『道教と中国撰述仏典』、汲古書院、二〇一七年。初出一九九六年)、日本伝来時にはすでにいくつかのフィルターを通していた(すなわち、ズレを内包していた)ことが考えられよう。

(15) 坂出祥伸「冥界の道教的神格――『急急如律令』をめぐって」(『東洋史研究』六二―一、二〇〇三年)。

(16) 出村勝明「吉田神道の道教的要素――『神祇道霊符印』を中心として」(同『吉田神道の基礎的研究』臨川書店、一九九七

年。初出一九八九年）、菅原信海「吉田兼倶と『北斗元霊経』」（同『日本思想と神仏習合』春秋社、一九九六年。初出一九九一年）、「吉田神道と北斗信仰」（野口鐵郎他編『選集道教と日本』三、雄山閣出版、一九九七年。初出一九九一年）。

(17) 拙著『日本古代漢籍受容の史的研究』（汲古書院、二〇〇五年）。

(18) ただし、②④⑪から、この時点では、天が曇っているときに「傍通」を臨時的に参照するのであって、あくまでも「現通」が中心であった可能性が考えられる。

(19) http://www.wul.waseda.ac.jp/kotenseki/html/he10/he10_00891/index.html

(20) 年代がわかるものでは、管見の限り、『兼宣公記』応永三十二年（一四二五）七月三日条に掲載されている安倍有重の勘文に「傍通翼宿」とあるのが初見である。同じ『兼宣公記』応永三十二年十一月五日条には七日付の地震勘文（勘申者は安倍有盛）に「傍通」とあることや、同年の①にも「傍通」とあることから、この頃にはある程度定着していたと思われる。なお、『兼宣公記』所収の両勘文に『天地瑞祥志』は引用されているが、その中に「傍通」の文言はない。

(21) 矢野道雄『増補改訂　密教占星術――宿曜道とインド占星術』（東洋書院、二〇一三年）。

(22) 山下克明「密教星辰供の成立と道教」（同『平安時代の宗教文化と陰陽道』岩田書院、一九九六年。初出一九八八年）。

(23) 田中隆昭「光源氏についての予言と宿曜」（『早稲田大学大学院文学研究科紀要〈文学・芸術学編〉』三九、一九九四年）。

(24) 宿曜師の活動は、応永年間を最後に見られなくなり、宿曜道は廃絶したとされる（山下克明「宿曜道の形成と展開」、前掲注22山下著書。初出一九九〇年）。丁度この時期に地震と「傍通」との結びつきがみられるのは興味深いが、理由は今後の課題としたい。なお、宿曜勘文には地震を勘申したものはない（桃裕行「宿曜道と宿曜勘文」、同『暦法の研究』下、思文閣出版、一九九〇年。初出一九七五年参照）。

(25) 『天変地妖記』『家秘要録』は東京大学史料編纂所本を利用した。なお、両書の原本・成立については、拙稿「『家秘要録』『天変地妖記』の原本と成立について」（『藤女子大学文学部紀要』五七、二〇二〇年）参照のこと。

(26) 『後法興院記』明応二年十一月三日条にも同勘文が載るが、勘進者は「従二位有宣」となっている。『天変地妖記』同日勘文でも「有宣」とある。

(27) 『後法興院記』長享三年（一四八九）八月十九日条に載る八月七日付勘文（勘進者は安倍有宣）引用の『天地瑞祥志』は「月行二心宿一者天王所レ動也」とあり、「傍通」はない。ただし、事実書が「今月七日午時、地震有レ音〈月行二心宿一者天王所レ動也〉」とあり、これと対応している可能性もあり、⑩の事例とは異なる。そのため、一応、永享五年以降としたが、長享三年から明応二年の間という極めて短い期間である可能性もある。なお、この期間よりも後のものであるが、安倍氏が書き換えた可能性をうかがうことのできる史料がある。『家秘要録』第三冊（国学院本・宮内庁書陵部本は第五冊）に載る永禄二年（一五五九）六月付の地震勘文では、『天地瑞祥志』が引用され、「傍通井宿、天王所レ動也」とあるが、「傍通」は墨消しされた右傍に記されている。元の文字は、「月行」と読め、さらに本勘文の下に「雨降天陰、月星不レ見者為二傍通一」云々という説明がである。つまり、本勘文は当日の天候により「傍通」によって占じたため、辻褄を合わせるために、『天地瑞祥志』の文章を書き換えて作成されたものであることが考えられるのである。

(28) 山下克明「密教修法と陰陽道」(同『平安時代陰陽道史研究』思文閣出版、二〇一五年。初出二〇一二年)。

(29) 二〇一三年八月二十五日、天地瑞祥志研究会レジュメ、山下克明「『天地瑞祥志』の佚文について」より。

(30) 山下克明『陰陽道の発見』(NHK出版、二〇一〇年)は、第一章陰陽道の源流の第二節を「術数の伝来と陰陽寮」と題している。

(31) 術数研究をめぐっては、西洋(科学的)/前近代東洋(非科学的)という対比があるとされているが〔前掲注11武田著書など〕、アジア社会では、中国/その他という対比を生み出している構図があるのも事実である。

(32) 類書の重要性は三浦國雄編『術数書の基礎的文献学的研究――主要術数文献解題』(科学研究費研究成果報告書、二〇〇七年)なども触れている。

人日と臘日——年中行事の術数学的考察

武田時昌

東アジア社会の伝統的な習俗や年中行事には、占術理論に由来するものが数多く存在する。本稿では、正月前後の代表的な祝祭日である人日と臘日を取り上げ、今年に出土した日書や暦譜資料を手がかりにして選日法の数理に遡及的な考察を試み、漢代思想革命を経て先秦方術が中世術数学へと変容していく具体的様相を窺う。

一、「人」の日という節句

今日に伝わる年中行事には、古代占術の数理に依拠して生み出された習俗が数多く存在する。国家的な祝祭を行う記念日は、後世になるほど増える傾向にある。『芸文類聚』の歳時部では、唐代の年中行事について、次の四種を掲げる。

（一）正月朔日の元日（「元正」）、十五日（上元、小正月）、晦日（「月晦」）
（二）五節句（人日、三月三日、五月五日、七月七日、九月九日）
（三）七月十五日（中元、仏教行事の盂蘭盆）
（四）四つの雑節（寒食、社日、伏日（三伏）、臘日）

唐代の道教的習俗では、上元に天官、中元に地官、下元に水官の三官大帝がそれぞれ生まれた三元節とし、天官が福を賜る日、地官が罪を赦す日、水官が厄を解く日と考えた。また、正月一日を天臘、五月五日を地臘、七月七日を道徳臘、十月一日を民歳臘、十二月臘日を侯王臘とし、その「五臘日」には斎戒を行って祖先を祀った。下元節とは、十月十五日であるが、国家行事にはまだ組み入れられてはいない。そ

たけだ・ときまさ——京都大学人文科学研究所教授。専門は中国科学思想史。主な著書に『術数学の射程』（編著、人文科学研究所、二〇一四年）、『術数学の思考——中国古代の科学と占術』（臨川書店、二〇一八年）、『天と地の科学』（編著、京都大学人文科学研究所、二〇一九年）などがある。

のために、日本では唐宋の習俗を大いに取り込んでいるが、道教の三元節や五臘日は文献上の知識としてしか伝わらず、社会には定着しなかった。

年中行事の代表格は、五節句である。それらは、陽数（奇数）が重なることを慶事と考えたのであるが、正月の節句だけは、ぞろ目の一月一日ではない。年初の元旦は別格扱いにして、「七」を「一」の代わりにして一月七日とし、それを「人日」と呼ぶ。日本では、春の七草を粥にして食べる「七日正月」として広く親しまれているが、そのわりには人日という名称の知名度は低い。

人日とは、文字通り「人」の日である。その名称は梁の宗懍（そうりん）がまとめた『荊楚（けいそ）歳時記』に登場する。

正月七日は人日とする。七種の野菜で羹（吸い物）を作る。綵（あやぎぬ）を切ったり、金箔を鏤めたりして人の形を作って屏風に貼り付け、または頭髪に載せて髪飾りにする。また、華飾りを作って互いに贈り合う。高い山に登って詩を賦す。

七草粥の起源は、六世紀頃に揚子江中流域の正月行事に遡る。「人」の日の由来について、隋の杜公瞻（とこうせん）注では、晋議郎の董勛（とうくん）の『問礼俗』を引く。

正月の一日は雞であり、二日は狗であり、三日は豬であり、四日は羊であり、五日は牛であり、六日は馬であり、七日は人である。曇りか晴れかで豊凶を占う。正旦には雞を門に画き、七日には人形を帳に貼る。

元旦からの七日間に六畜（雞・狗・豬・羊・牛・馬）と人とをそれぞれ当て、その日が曇りか晴れかによって豊凶の占いを行う。そして、当世にそれぞれの日に家畜の殺生や死刑の執行を忌むのは、それによるとコメントする。

北魏の正史『魏書』の撰者として知られる魏収には、次のような逸話が残っている。東魏の孝静帝に仕えていた時（武定二年（五四四）のこと）、「人日とは何か」という帝の質問に誰も答えられなかったが、魏収だけは董勛の言を引用して見事に返答し、有識者として彼と並び称された邢邵もその場にいて恥じ入った（『北斉書』三七、『北史』五六の魏収伝）。この逸話は、『太平御覧』三〇に引く陽松玠（かい）（一に「玠松」に作る）の『談藪』でも語られる。ただし、北斉の高祖の時の話になっている。

興味深いことに、そこの割り注には、興味深い別説が述べられている。すなわち、天地が開闢した一日目に鶏が作られ、七日目に人間が作られたとする。旧約聖書の創世記の中国版である。人類誕生に関しては、女媧の神話が残っている。すなわち、『風俗通義』に、俗説として、次のように述べる

(『太平御覧』七八及び『広博物志』九に引く)。

天地が開闢し、まだ人民が存在しないときに、女媧は黄土をこねて人間を造った。劇務でそれに力を費やす時間がなかったので、なんと縄を泥の中に引き込み、引っ張り挙げて人間にした。だから、富貴な者は黄土からできた人であるが、貧賤な者は縄の組紐からできている。

近世以降には、この二つの造人説が合わさって、天地開闢の女媧創世記がまことしやかに語られた。年初占いに家畜が登場するのは唐突なので、そのような解釈が出てきてもおかしくない。しかし、典拠が明言されないためか、別説、俗説の域を出ず、人日の新解釈とはならなかった。

二、杜甫の「人日」詩をめぐる注解

人日の節句は、詩文でも詠われる。代表的なのは、杜甫の「人日両篇」(五言律詩と七言律詩を一対にする)である。五言律詩の首聯では、元日から人日まで七日間、ずっと曇天であったとする。

元日より人日に到るまで、未だ陰らざる時有らず
氷雪鶯至り難く、春寒くして花較々遅し
雲は白水に随ひて落ち、風は紫山を振ひて悲しむ
蓬鬢稀疏なること久しく、素絲に比するを労すること無からん

杜甫が最晩年に夔州にいた時の作品である(大暦三年、七六八)。詩意を要約すると、氷雪で寒くて鶯は至らず、花の咲くのも遅い。雲が垂れ込め、寒風が吹きすさぶ山河の風景を眺めつつ、素絲の元来の白色と比べても意味がないほどに髪は白く疎らになってしまったと自らの老いを嘆き悲しむ。杜甫は、人日が年初の天候占いであることを知っていて、自己の境遇と重ね合わせているのである。

宋儒の筆記類には、この詩の「人日」の解釈をめぐる議論がなされている。北宋の蔡絛『西清詩話』四では、都人劉克の注解を紹介する。劉克が引証する典拠は、『東方朔占書』の次の記述である。

歳後の八日、一日は雞、二日は犬、三日は豕、四日は羊、五日は牛、六日は馬、七日は人、八日は穀なり。その日晴れならば、主る所の物育ち、陰(曇り)ならば則ち災あり。

董勛『問礼俗』と近似する言説であるが、八日に穀が加わっているところが異なる。宋儒は、そのことを論点に取り上げる。北宋の黄朝英の『靖康緗素雑記』四では、『西清詩話』『荊楚歳時記』『北史』魏収伝をそれぞれ比較し、宗懍(注釈者の杜公瞻の間違い)が『東方朔占書』を見なかった

ために間違った考証を行ったと評する。また、南宋の周必大『二老堂詩話』では、洪興祖の注釈が『東方朔占書』を引いて、天宝之乱（安史の乱）によって人間も物類もともに災いが降りかかったので、杜甫はこのように述べたとのだとする説を掲載し、さらに「穀物は一歳の根本であるのに、どうしてこれを省略しているのだろう」と附言する。南宋の洪邁『容斉三筆』十六でも、『東方朔占書』と杜甫の人日詩の一節を掲げ、八日が穀とするのは最も重要なことに係わるが、知っている人は稀なので書き留めると述べる。

『荊楚歳時記』や正史の記述より、『東方朔占書』という俗書のほうを信用するのは、奇異な感じがするかもしれない。『隋書』経籍志には、「東方朔歳占一巻」「東方朔占二巻」「東方朔書二巻」「東方朔書鈔二巻」「東方朔暦一巻」「東方朔占候水旱下人善悪一巻」といった東方朔の名を冠した占書が多く著録される。おそらく東方朔に仮託した六朝時代に偽書である。しかしながら、北宋の高承が『事物紀原』巻一で『東方朔占書』と杜甫の人日詩を引いた後に、その起源について「それらから推測すると、漢代から人日の原義は始まっている」とするように、宋儒達にとって信憑性を問題にするより、漢代まで遡れることのほうが勝っていた。

宋代に流布した典籍では、『月令占候図』（『四時纂要』一、歳首雑占または『歳時広記』三、占禽獣に引く）に詳しい論述が見える。

> 元旦から人日に至るまで禽獣を占う。一日は雞である。天空の気が清朗であると、人民も国家も安泰で、四方の外国が来貢し、天下は豊作で成熟する。二日は狗である。風雨がなければ、大いに成熟する。三日は豬である。天が晴朗であれば、主君は安らかである。四日は羊である。気色が和らぎ暖かければ、災いがなく、臣下は主君の命令に従う。五日は馬である。晴明であれば（『歳時広記』の引用文では「晴朗で見渡すかぎり不穏な気がなければ」）、天下は豊作でよく稔る。六日は牛である。日月が光り輝き、晴れれば、大いに成熟する。七日は人である。夜明けから日暮れまで、太陽の色が晴朗で、夜に星辰が見えれば、人民は安らかで、君臣は和睦する。八日は穀である。昼は明るく夜に星辰が見えるならば、五穀は豊作でよく稔る。

宋儒の議論では、資料が乏しくて人日の起源や数理が確証されるわけではない。しかし、魏収の博識、杜甫が詠んだ作品とその注釈者の文献探索力が絡み合って、それなりの理解がなされ、人日の由来として世俗に浸透していく。清代には、旧暦正月の人日に詩聖杜甫を偲ぶ人々が四川成都にある杜甫草堂を訪れる習わしがあり、現今も「人日の草堂参り（人日遊草堂）」の行事になっている。文化の伝達、継承という見地において、話題提供の中心となった杜詩には、文学の枠を越えた大きな作用を認めなくてはならない。杜甫のような語り手とその読者との間でなされた「知」の交叉、継承に、年中行事が今日まで綿々と受け継がれてきた推進力が発生しているのである。

三、『放馬灘日書』乙種の新証言

近年には、古代遺跡から地下に眠っていた竹簡、木牘、帛書などの古代典籍の出土ラッシュが続いている。中国占術には、日書と総称される一群の著作が各地で発見されている。（九店楚簡、雲夢秦簡、放馬灘秦簡、孔家坡漢簡、銀雀山漢簡など）古代社会では、『史記』では日者列伝が立てられているように、日者＝占い師が活躍した。出土資料は、戦国末から漢初にかけて占術が理論的に発展し、普及したことを裏づけている。

日書とは、社会生活全般の吉凶禍福や吉祥禁忌に関する雑多な種類の占いを寄せ集めた占術手引き書である。天を遊行する神々や十干十二支、陰陽五行、五音、二十八宿、八風、十二直等々を用いた種々の技法が展開される。占断の対象は、兵事、出仕、土功（土木工事）、嫁娶（嫁入り、嫁取り）、疾病、盗難等々の日選び、方位占など、多岐にわたる。

数理的な解説がなされている専門家向けの指南書、手控え書もなくはないが、大部分は最終的な配当説や具体的な占辞を羅列的に掲載したマニュアル書である。多くの場合、秦漢の下級官吏などの墓葬品であり、中央政府からの配布本または転写本であって、封君や有力貴族の上層部を含むインテリ層が大いに活用しており、庶民の娯楽として民間に流布する俗書という感じではない。

日書が書写された時代や地域にはかなりの幅がある異なっているが、重なり合う記述が少なからず存在し、先秦から漢初に受け継がれた占術を多く含んでいることがわかる。しかし、同時に出土している『易』『老子』『孫子』『晏子春秋』などの後世に伝えられた経書や先秦諸子の著作に比べて、表現形式は不統一であり、配当説にもヴァリエーションがある。したがって、祖本にはいくつかの系統があり、書写の段階でも比較的自由に書き換えられ、増補されたと考えられる。

そのなかで、高度な数理が展開されていて異彩を放つのが、放馬灘秦簡の日書である。放馬灘は、甘粛省天水市の東南部にあり、秦の領土であった。一九八六年に古墓十四基が発掘され、一号墓から四七二枚の竹簡と地図を描く四枚の木牘、五号墓からは麻紙が出土した。五号基だけは前漢の文帝・景帝の時代、他の十四基は秦の始皇帝の時代と推定されている。後漢の蔡倫が開発した蔡侯紙に先立つ前漢紙（放馬灘紙と命名される）は、山、川、道を線描した地図であり、一号秦墓からは七枚の木版地図が出てきたので、現存最古の紙や実物地図の発見として大きな話題となった。一方、竹簡は二種類の日書（甲種七十三枚・乙種三九二枚）と志怪小説（『志怪故事』、七枚）に整理されるが、二つの地図に負けないくらいの興味深い古佚書であった。

『日書』乙種には、「人日」に関する新情報が存在する。

正月に入りて、一日にして風ふけば、雞に利あらず、二日にして風ふけば、犬に利あらず、三日にして風ふけば、豕に利あらず、四日にして風ふけば、羊に利あらず、五日にして風ふけば、牛に利あらず、六日にして風ふけば、馬に利あらず、七日にして風ふけば、人に利あらず。

（乙一六六行）

これによれば、人日のルーツは、正月一日から七日までの間、風が吹く日によって家畜や人間のどれに不利益がもたらされるかを予測する年初の風占いだった。

立春や元旦にその年の豊作や吉凶を占う行事は、歳時記や類書に引用された占術書によれば様々な方式がある。天候に関わるものでは、晴れ曇りや降雨によるものもあるが、最も古く由緒があると考えられるのが風占いである。『史記』天官書には、漢代になって天数（天道の数理）を修めた人物として、星占には唐都、雲気占には王朔、歳占（豊作占い）には魏鮮という三人の名前を挙げる。そして、魏鮮の風占いを詳しく掲載する。内容的には、『月令占候図』に近似する。

冒頭には、魏鮮は臘祭の明日、正月の早朝に天候を調べて八風の吉凶を占断するとあるので、いわゆる八風占である。風が四正四維のどの方向から吹くのか、作物の豊凶または干魃、水害、戦争、疫病等が生起するかどうかを占う。風量、時間、速度によって被害の程度を予測し、風が吹く時刻によって五穀（麦・稷・黍・菽・麻）の種類を定める。

人日の起源と思われる日書の風占いは、年初の八風占の祭礼を、家畜と人間に変形させることで、国内の豊作祈願から家内の除厄招福へとスライドさせたのである。『東方朔占書』で八日に穀を当てるのは蛇足であるが、出所が同じ占術であることをほのめかしている。

年中行事となっている習俗、儀礼には、必ずと言っていいほど天地自然と人倫社会の間に古代人が抱いた理念や数理が内包されている。ところが、多くの場合には、学問研究の対象外であるために、それが見失われて伝わらないことが多い。

人日の場合で言えば、七草粥や門戸の飾りなど他の習俗、信仰、辟邪の呪いが取り込まれ、民衆が愉しめる粉飾がなされるので、多少の理屈づけがなされれば、それで十分なのである。

四、八風占と音律理論

ところで、先秦に発達した占候術で、日月五星や彗星の星占、雲の形状や日月の周囲にできる暈などによる雲気占は後世でも発達するが、望気術の一つである風占いは農事の占いとして断片的に伝わるだけであった。その中核理論は、八風占であり、「風角」と呼ぶ独特の候風術が編み出された。前漢に発達したことは、災異学者を代表する斉詩学の翼奉、易学の京房の名を関する風角書が『漢書』芸文志や『隋書』経籍志に著録されていることからわかる。多くの風角書は散逸し、伝存しない。しかし、『開元占経』『乙巳占』『武経総要後集』などに引用された佚文によると、朧気ながら全体像を推し測ることができる。

風占いの淵源はきわめて古く、甲骨文に記された殷代の祭祀における四風の豊作祈願まで遡る。四風を八風に敷衍する風角が他術に比べて特徴的なことは、音律理論を駆使して風を起こす「気」の作用を分析的に把握しようとするところにある。

中国における自然哲学は、季節（四時）が推移し、一年をサイクルに循環することに大自然の基本法則を見出し、国家の制度から個人の生活に至るまでそれに因循させることに力点を置いた。四時循環を定式化する数理には、漢代以降はもっぱら易象数が用いられるが、先秦から漢初までは音律理論が主であった。十二ヶ月の陰陽二気の消長は、十二律の竹管の長さに喩える。また、五つの音階（宮商角徴羽の五音）には五行や六十干支を割り当て、八種の楽器（八音、金石絲竹匏土革木の八種の素材による分類）には風を起こす機能を想定して八風を配当する。

音律の基本音となる黄鐘の長さや容量は、度量衡の基準値に用いられ、度量衡の標準化という国家事業に数理的基盤を提供した。そのために音律学は宮廷音楽の理論から科学理論へとグレードアップし、先秦から秦漢に至るまで天文暦学と結合した天文律暦学が国家のサイエンスとして重視された。『史記』に律書、『漢書』に律暦志が存在するのが、その現れである。

音律の基本となる五音、十二律は、「三分損益法」という数学的手法で理論化される。中国音楽では、基調となる音階を五音、すなわち宮・商・角・徴（ち）・羽（洋楽のドレミソラに対応）とし、一オクターブの音階を十二律（六律六呂）で分ける。その律名は、低い音階から順に、黄鐘・大呂・太簇・夾鐘・姑洗・仲呂・蕤賓・林鐘・夷則・南呂・無射・応鐘である。十二律は、竹笛（竹管）の長さで標準化される。基音の黄鐘は、長さ九寸であり、五音の「宮」を配する。十二律は十二ヶ月、五音は五行に配当され、四時循環を定式化する基礎理論となる。

「三分損益法」とは、律管の長さの三分の一を増減させることで、十二律管の長さを算定していく手法である。一オクターブとは、周波数の比（管長の比に対応する）が一対二となる場合の音程である。一オクターブ離れた高低二音の間には、高音との周波数の比では三対二、低音との比では三対四となる中間音が存在する。それが基音の「宮」に対する「徴」の音である。西洋音楽の理論で言えば、低音のドから絶対五度高く、高音のドから絶対四度低いソの音が該当する。三分の一の増減は、三分の二倍、三分の四倍を行う操作であり、それによって絶対五度高い音、完全四度低い音が導ける。長さ九寸の黄鐘（五音は宮）からスタートし、三分の二倍して林鐘（六寸、商）を下生し、それを三分の四倍して太蔟（八寸、角）を上生する、というようにして順次算出していくと、一オクターブの間が十二音階にほぼ均分できる。

三分損益法による律長の算定法は、『管子』地員篇、『淮南子』天文訓、『史記』律書及び『漢書』律暦志に論述されている。しかし、部分的に省略があり、不完全なところがある。三分損益法は分数を掛けていくので、十二律の最後のほうになると、桁数が大きい分数値となる。当時においては、分母と分子を別々に置いた算木計算を行ったので、分数値の計算をできるだけ回避するための数的処理を工夫した。もし整数の近似値を採用するならば、切り上げ、切り捨ての端数処理を必要とする。その数的処理の工夫は、これまであまり留意されていないため、『史記』や『淮南子』の校勘が十分でないところがあった。

ところが、三分損益法の計算法と正確な算定値が、放馬灘『日書』乙種に掲載されていた。しかも、端数（分数部分）を四捨五入していく略算によって導き出した二桁の概数値も同時に記載しており、古代人の計算力が劣っていないことを証明した。また、五音の五行配当説、納音（六十干支に五音を配当）の算定法と配当説などが明記されていた。

三分損益法による十二律の精密値、概算値が記載されている竹簡の前後は分段されており、そこには、二十八宿の星度、日の干支（十干、十二支）、時辰（時刻）の数配当が列記される。そして、日書の後半部にそれらの数値を用いた音律占いが展開される。そのような音律理論に派生する占術は、後世にはまったく見出せないユニークな数術であった。

以上のように、放馬灘『日書』乙種の出現によって、術数学の前身である戦国末の方術においても、理論的基盤の中核に音律学が置かれていたことが明らかになった。附言すると、五音の五行配当（宮—土、商—金、角—水、徴—木、羽—火）が、『礼記』月令などに見られる漢代以降の通説（宮—土、商—金、角—木、徴—火、羽—水）ではなく、『鶡冠子』の所説と合致する。また、星度は、『漢書』律暦志に掲載された度数とは大きく異なっている。五行配当や数値の改変は、占いならば笑って誤魔化せるが、太初暦以前の天文記録を推算し、年代学的な考証を行うとしたら、古度を復元する必要性があることを言い立てている。まさに、放馬灘の出土物には、通説を覆すような驚くべき新情報が満載である。

初源的な数理構造は、新出土史料の証言によって、音律や暦法の科学知識をベースにしており、古代人が占術においてもサイエンスを志向していたことが判明するのである。古代占術が年中行事のなかで今日まで生き残ってきた反面、そこに発揮された術数学的思考が中途半端にしか語り継がれず、遡及的な考察が積極的に行われるわけではない。そのように考えると、安直でいい加減なものであると自覚しながらも占いや迷信に振り回され、原義もわからず盲目的であるのは、現代人のほうであると気づかされる。

五、雑節の選日法

年中行事に話を戻すと、『芸文類聚』の歳時記には、四つの雑節が含まれている。雑節は、五節句や満月十五日の上元節、中元節とは異なり、何月何日という風に決まっているわけではない。古代と多少異なるものがあるが、今日に伝わる一般的な選日法は、次の通りである。

寒食—冬至から数えて百五日目
社日—立春、立秋から数えて五番目の戊日（または春分・秋分にもっとも近い戊日）
伏日—夏至以後の三回目（初伏）・四回目（中伏）の庚日及び立秋以後の最初の庚日（末伏）
臘日—冬至の後の三度目（あるいは小寒後二度目）の辰日

寒食の「百五」には数理的な説明が見当たらないが、一、三、五、七の陽数（奇数）の最小公倍数（小周）が百五となることに着眼しているにちがいない。他の三つは、いずれも日の干支に依拠し、五行説によって説明される。社日は土地神の祭日だから土の陽干「戊」、伏日は猛暑で火気が盛んなので、火に勝てない金気が伏蔵する日だから金の陽干「庚」

という具合である。臘日の場合は少々ややこしいので、説明を要する。

臘日とは、一年を締めくくる年末の大祭の日であるが、大晦日ではない。『荊楚歳時記』は十二月八日を臘日とするが、これは釈迦の成道の日（臘八節）との混同がある。後漢の儒説では、夏では嘉平、殷では清祀、周では大蜡と言っていたのが、漢になって臘と改称したとする（『風俗通義』『独断』等）。ところが、『史記』秦本紀に、秦恵文王十二年（前三一三）に「初めて臘す」とあって、臘祭を始めたとし、秦始皇三一年（前二一六）十二月に「臘を嘉平と改称し、人々（黔首）に一里ごとに六石米と二羊を恩賜した」と述べるから、臘日の起源は戦国末から続く秦国の国家祭祀を受け継ぐものであることがわかる。

湖北省荊州市沙市区の周家台三〇号秦墓から出土した周家台秦簡には、臘日に先農を祀る呪法に関する詳しい記載があり、臘祭の具体的な習俗を伝える。同時に出土した秦始皇三十四年の暦譜には、十二月に「辛酉嘉平」、秦二世元年（前二〇九）の暦譜には「十二月戊戌を以て嘉平とす、月尽きざること四日なり」とあり、いずれも十二月二十五日を臘日とし、嘉平という改称を用いている。

六、前漢の暦譜における臘日

漢代には、臘日は県社、里社で祭祀を行う公式の祭日であり、官吏も民衆もこぞって年の瀬の宴会を催した。その選日法について、『説文解字』四下に「臘は、冬至後の三戌に百神を臘祭す」とあり、冬至から数えて三番目の戌日に臘祭を行うとする。近年に出土した暦譜（暦日）によると、前漢の実例では、すべて臘日の日支が「戌」となっているが、「三戌」とは限らない。

たとえば、随州孔家坡漢簡の暦譜は、景帝後元二年（前一四二）のカレンダーの一覧表になっている。当時は秦に施行していた顓頊暦を使っていたので、歳首は十月朔日で、歳末は翌年の九月二十九日であった。十月朔日の干支は乙亥なので、乙亥から甲戌までの六十干支を六十枚の竹簡の上欄に記入する。下欄は六段に分け、十月から九月までの朔日に当たる干支の下に、「十月大」「十一月小」という具合に、月の名前と月の大小（三十日か二十九日かの区別）を明記する。その他、甲辰に「冬至」、庚寅に「立春」、丙午に「夏至」の節気の文字があり、朔日から数えるとそれぞれ十月三十日、十二月十七日、五月五日であることがわかる。さらに、十二月二十五日戊戌に「臘」、正月八日辛亥に「出種」、六月八日庚辰に「初伏」、六月十八日の庚寅に「中伏」（原文は「初」に誤る）の文字が記されている。臘日や伏日が前漢の景帝期に暦日の記載事項になっていたのである。なお、正月の「出種」は、前述した周家台秦簡にも見られる用語で、中世の暦注では「藉田」「始耕」に当たる。正月に入って最初の亥の日に、農事の事始めとして種出し行事を行ったと思われる。

臘日の十二月二十五日戊戌は、冬至十月三十日甲辰から数えると五十五日目、すなわち庚戌、壬戌、甲戌、丙戌を経た五番目の戌（五戌）であり、『説文解字』が記すように「冬至後の三戌」とはなっていない。また、伏日の初伏、中伏も夏至の五月五日丙午から数えると、「三庚」「四庚」ではなく、「四庚」「五庚」となっていて、一つ後にずれている。末伏には記載がない。

他の臘日について、肩水金関漢簡暦譜、銀雀山漢簡暦譜、敦煌清水溝漢代烽燧遺址出土暦譜、尹湾六号漢墓出土暦譜（木牘）、同上日記（竹簡、墓主の師饒による公務出張などを記録した元延二年の日記）などの事例を整理すると、次のようになる。

冬至日　臘日

・武帝元光元年（前一三四）　肩水金関・銀雀山
十一月二十八日丙戌　十二月十一日戊戌（二戌）

・宣帝地節元年（前六九年）　敦煌清水溝
十一月九日癸酉　十二月十七日庚戌（四戌）

・宣帝五鳳三年（前五五）　肩水金関
十一月十三日丙戌　十二月八日庚戌（三戌）

・元帝永光五年（前三九）　肩水金関
十一月十日庚戌　十二月十七日丙戌（四戌）

・成帝元延元年（前十二）　尹湾木牘
十一月九日壬申　十二月十七日庚戌（四戌）

・成帝元延二年（前十一）　尹湾日記
十一月二十日丁丑　十二月二十一日庚戌（三戌）

『説文解字』に言う「冬至後の三戌」を考うるに、冬至からの隔たりで最も早いのは冬至が戌日の場合で二十五日目となり、最も遅いのが冬至が亥日の場合で三十六日目となる。冬至と大寒の間隔は、一年三六五・二五日を十二等分した三〇日十六分の七だから、冬至日から数えて三十一日目か三十二日目になる。したがって、「冬至後の三戌」によって、大寒に最も近い戌日をほぼ選定したことになる。ただし、冬至日が戌日、亥日だと、冬至の時刻によっては「四戌」のほうが近くなったり、「三戌」と同じ間隔となったりする場合がある。

ところが、孔家坡漢簡の景帝後元二年では、立春（十二月十七日甲寅）を八日も過ぎた「戌」となっており、「大雪」より年末を優先させている。また、武帝元光元年では冬至日が戌日であり、「三戌」の十二月二十三日とせず、「二戌」（冬至後十三日目の次の戌日）を臘日としており、大寒に近いどころか小寒にすらまだなっていない。つまり、この二例は、太初暦に改暦する以前であり、異なる方式で「戌日」の宣帝を行っていたと考えざるを得ない。

太初暦が施行された他の事例では、「三戌」ではなく、「四戌」の場合がある。成帝元延元年では、冬至日が戌日、亥日ではなく、申日であるので、大寒に近い日を選ぶとするならば、「三戌」の十二月五日（冬至から二十七日目）とすべきである。ところが、冬至日から三十九日目としているので、「三戌」または「大寒に最も近い戌日」という原則がまだ成立していない。地節元年や永光五年が「三戌」の五日ではなく、「四戌」の十七日とするので、十二月の上旬ではなく、中旬に来るようにずらしたかのようである。ところが、そうであれば、宣帝五鳳三年の十二月八日（三戌）は、十二月十九日（四戌）でよさそうだが、そうなっていない。

このような数理的な不整合は、「三伏」についても同様である。後世の方式である夏至後の三庚、四庚と立秋後の初庚に三伏を置くのは、尹湾漢墓木牘の『元延元年暦譜』であるが、それ以前の暦譜では合致しない。初伏には夏至後の「二庚」「四庚」があったり、中伏には初伏から十日後ではなく二十日を隔てたり、立秋後になったり、末伏には立秋後の「二庚」「三庚」があったりする。夏至、立秋から数える方式ではなく、初伏、中伏を五月に、末伏を六月に来るようにしているかのようであるが、それぞれの間隔が十日、二十日、三十日の三通りあるので、それだけでは一義的に決まらない。何らかの別のファクターが働いていると思われるが、顓頊（せんぎょく）暦や太初暦の資料不足であるために、不整合を生じさせている数理は追跡できない。

七、臘日の数理（一）——刑徳二神と温気

以上のように、臘日の選日法は、漢に入って秦制を改めた後、太初暦の制定、王莽の新王朝から後漢への政変に連動して変化してきたことがわかる。臘日を戌日に配当する理念は陰陽五行説が深く関与するが、その数理的説明も前漢と後漢で大いに異なっている。前漢では、太初暦の考案者である太史丞の鄧平（とうへい）は、次のように説明する。

> 臘というのは、刑を迎えて徳を送るためのものである。大寒に至ると、常に陰気が勝りすぎることを懸念する。そこで、戌日を臘とする。戌とは、温かい気である。そ

> の温気の日に雞を殺して刑徳二神に感謝する。雄雞を門に貼り、雌雞を戸に貼って、陰陽を調和し、寒さを調え水気を配分し、風雨を調節する。（『風俗通義』祀典に引く）

「刑徳」というのは、初期の陰陽二元論での重要概念である。すなわち、人民統治の重要事項である刑罰と慶賞を自然界の「陰陽」と類比させ、人間社会における「陰陽」の位相として「刑徳」という用語を用いた。漢代になって陰陽五行説が定着すると、次第に「陰陽」という用語で統一され、「陰を迎えて徳を送る」と表現されるが、ここは古説を踏襲して立論する。

寒暖の変化による一年の推移は、陰陽二気の作用によるが、それを主宰する天の遊行神は、「刑」「徳」と呼ばれる。後世の暦注に登場する歳徳、歳刑である。ただし、歳徳は、歳刑と切り離されて最も重視され、今日でも正月に迎える「年神」であり、恵方巻きをほうばる方向にいます恵方神として崇められている。一方、歳刑は、方位神（八将神）の一人に格下げされてしまっているが、元来は歳徳と一対であった。臘日の祭祀は、一年を締めくくる儀礼であるから、刑神を迎えて徳神を送り、犠牲の雞を捧げてその年の無事を刑徳二神に感謝し、正月に新たな年神を迎える準備とするのである。

鄧平の解釈では、臘祭を戌の日に選定するのは、十二月の中気である「大寒」は極寒の時期であり、そこで刑神を迎えると、陰が旺盛になりすぎるから、戌の「温気」で調和させようとしたとする。「温気」は「土気」に作るものがある。五行説では、四時の末月（季月、丑・辰・未・戌）は「土」に配当する。だから、「土気」にはちがいないが、それだけでは他の三つであってもかまわないことになる。

「土気」の役割には、陰気と陽気がそれぞれ偏ることがないように両者を調和させる役割を担っている。呉の裴玄『新語』（『芸文類聚』四に引く）には、次のように説く。

> 元旦の朝に県の役人が羊を殺して、頭を門に懸け、雞を磔にしてそこに添える。俗説では癘気（流行り病を生起させる邪気）を制圧するためであるとする。私は、河南任君に尋ねたところ、任君は「この時期には、土気が上昇し、草木が芽生えて動きはじめる。羊は百草を食べ、雞は五穀を啄むから、それらを殺して生気を助けようとしたのである」と述べた。

万物が生じようとする時、季節を温和に向かわせる土気が大地から湧き上がる。それを「温気」と称しているのである。万物の終焉は、天門の方位である東北（戌亥の間）にある。戌は、それから後に陽が芽生えようとする直前に位置し、旺盛になる陰の行き過ぎを抑え、衰えてしまっている陽を回復させようと大地の作用を担う。だから、戌を温気の方位と考えたのであろう。陰陽二元論では、「土」は陰気に属するから、「温気」に違和感を感じて置き換わってしまったのだろうが、「温気」でも、「土気」でも、意味するところは変わらない。

八、臘日の数理（二）——五徳終始説と三合説

後漢になると、「戌日」を臘日に選ぶ数理について、五徳終始説を用いた説明がなされる。蔡邕（さいよう）の『独断』では、臘祖として五色の天帝がいると、五行の三合説に従ってそれぞれ異なる日に臘祭と祖祭を行ったと述べる。

青帝は未臘卯祖を以てし、赤帝は戌臘午祖を以てし、白帝は丑臘卯祖を以てし、黒帝は辰臘子祖を以てし、黄帝は辰臘未祖を以てす。

赤帝の場合で説明すると、「戌臘午祖」とは、戌日を臘祭の日（臘日）とし、午日を祖祭の日（祖日）とすることである。祖祭とは、皇室が行う国家レベルの祖先祭で、正月の行事と思われる。また、『風俗通義』祀典に、漢王朝の臘祭と祖祭について言う。

漢家は火行にして、戌に衰う。故に臘と曰うなり。漢家は、午に盛んなり。故に午を以て祖するなり。

両説の数理は、五徳終始説と五行の三合説を結合させたものである。後漢王朝は、五徳終始説において、火徳を主張した。五行説では、火は丑・午・戌の三支が三合関係にあり、「丑に生まれ、午に盛んになり、戌に衰える」とする。だから、火が衰える時の「戌」を臘日とし、火が盛んな時の「戌」を祖日とする。

「三合」とは、十二支を四つのグループ分けする方式で、方位に十二支を配する十二辰の円座標において、二辰を隔てた（角度でいうと百二十度離れた）三辰を一組とすると、「亥卯未」「寅午戌」「巳酉丑」「申子辰」の四グループに分けられる。を、それぞれに「子午卯酉」がばらけて含まれるので、それでグループを代表させて四行を割り当てると、木—亥卯未、火—寅午戌、金—巳酉丑、水—申子辰となる。

その三辰において、四行それぞれの生成過程を考える。火の三辰で言えば、「寅に生まれ、午で盛んになり、戌で終わる（衰える）」とする。中央の土の場合は仲間はずれになるが、十二辰では「丑・辰・未・戌」に、季節では季夏に配されるので、火の三辰「寅午戌」を用い、「午に生まれ、戌に盛んになり、寅に終わる」と変形させる。

三合説は『淮南子』天文訓に記載があり、歳刑の運行数理に応用がなされている。また、日書に展開される古代占術で

も大いに活用しており、相克、相生とともに五行説の中心的な手法であった。

五徳終始説とは、先秦の鄒衍（すうえん）が提唱した易姓革命理論で、当初は五行の相克関係によって土徳↓木徳（夏）↓金徳（殷）↓火徳（周）↓水徳の順序で王朝が交代するとした。そして、王朝ごとに循環的に推移する五徳に従って、諸制度も改めていく。それが易姓革命による受命改制の基本理念であると主張した。中国統一の覇業を成し遂げた秦の始皇帝は、鄒衍説に依拠して水徳を主張し、五行説で水に配当された「六」（水の成数）や「黒」によって、度量衡の基本となる「一歩」を六尺四寸（周尺）から六尺に改め、衣冠、旌旗（せいき）、車馬などの寸法、色、個数などを水徳で統一的に調えた。漢王朝は、秦王朝の受命を異端として認めないでそのまま水徳を主張した。文帝が即位する頃から、博士の賈誼（ぎ）、魯の公孫臣などによって、水徳から土徳への受命改制が進言された。その目論見は頓挫するが、前漢末に劉向（きょう）・劉歆（きん）によって五行の相生関係によって火徳（堯）↓土徳（舜）↓金徳（夏）↓水徳（殷）↓木徳（周）↓火徳（漢）する順序に従う新説が主張され、王莽の新王朝が土徳を採用した後、後漢の光武帝は火徳に戻し、それ以後、近世に至るまで相生説による五徳説を採用した。

前漢の五徳終始説は、相克関係によって、水徳説、土徳説を唱えているのだから、火徳説による「戌臘午祖」は明らかに後付けの理屈である。前漢では戌日に臘祭を行っており、後漢ではそれを踏襲し、火徳説によって根拠づけようとした。火に配当される十二支は「未」「午」であり、「戌」は土である。そこで、「戌」を火徳と関連づけるために、五行の三合関係を援用したのである。陰陽五行説の全盛期である後漢では、応劭や蔡邕などの著名な儒者も納得できる数理であった。

後漢に次ぐ魏王朝では、相生説によって土徳を唱えた。後漢と同様に考えると、黄帝の「辰臘未祖」でなければならない。ところが、「丑臘未祖」の祭日を行っていた。そこで、高堂隆が上奏して数理を説いて「辰臘未祖」に改めるように提言した。その論述は、『風俗通義』『独断』より詳しくなっているが、趣旨は同じである。

『通典』四四によると、高堂隆の上奏文に対して、博士の秦静が反論を行い、もとのままに「未祖丑臘」とすべきであると主張した。論旨を箇条書きにすると次のようになる。

（一）年末の宗廟祭は由緒ある古礼であるが、正月祖祭の儀礼はない。

（二）漢代の「午祖戌臘」は、午は南方の象、戌は歳の終わりで万物がすべて成熟することから午を祖祭の日、戌を臘祭の日とする。しかし、五行説に附加させた小数の学（卑近な数理学）であって、確固たる典籍経義の文に依拠するものではない。

（三）易では、土は坤の西南に位置するから、黄精（土徳の精気）を保有する君は、未に盛徳がある。坤卦の彖伝に「坤利西南に朋を得、東北に朋を喪うに利あり」とあり、東北の丑は土の終わりである。一方、高堂隆が唱える戌は、歳が終わり日が窮まるときであり、年初の祖祭を行うにふさわしくない。だから、現行通りに「未祖丑臘」とすべきである。

その結果、高堂隆の意見のほうが認可された。宋までの各王朝の臘日はこの方式に法って決めている。日本において、今日に至るまで「冬至の後の三辰」とするのは、土徳の王朝の場合である。つまり、土徳である唐王朝の年中行事を取り入れたからである。

なお、秦静の反論は上奏文に対する形式的なものであったかもしれないが、当時の儒者の論理が窺える。つまり、古礼でないことを問題にしながら、初源的な数理に遡及するつもりはなく、易の方位配当によって根拠づけようとする。漢代の思想界を席捲した讖緯思想は、中世以降は信憑性を疑われて批判が高まるが、元来易とは無関係な占術であっても、そのように易理に結合させれば、方術、方伎（「小数の学」）の誇りをかわし、経学的な粉飾を凝らして儒説に仕立てることができる。そのように、易の象数は自在性のある説明原理であった。そうした論究姿勢は、中世、近世にさらに強まり、占術理論は易理によって塗り替えられていく。

九、先秦方術から中世術数学へ

人日や臘日のルーツを辿っていくと、地下に埋没していた古代占術の世界に行き着く。両者ともに、数理的説明には、前漢と後漢以降との間にはっきりとした不連続面がある。それは、年中行事だけに限らず、学術全般に言えることである。先秦諸子を中心に築き上げてきた古代の学術文化は、老子と孔子を二極とする楕円構造であったが、儒家が依拠する五経の学問が官吏登用の学問に採用される。それまでの思想界の中心であった道家思想は野に下り、後漢末までに民間信仰と結合して道教となる。その結果、学術文化の空間は国家学問（経学）の周囲に宗教文化（道教、仏教）が取り巻く同心円の多層構造へと変容を遂げる。

古代と中世と大きく転換させる思想革命は、王莽の政権簒（さん）奪から光武帝の漢王朝復興に至るクーデターを正当化する政治イデオロギーによって敢行された。その推進力となったのは予言と革命のイデオロギーである讖緯思想であるが、自然探究の学問すべてを巻き込むものであった。そのような構造的改革に連動して、先秦方術も中世術数学へと変容していく。

人日や臘日の事例を通して見れば、両漢それぞれの特異な思想空間をフィルターにして、その変容は二段階になる。先秦の古代占術理論は、陰陽五行説の漢代的展開によって大いに塗り替えられ、儒家的な災異説から讖緯思想へと大転換していく政治思想に応用されていく。その一方では、易が台頭し、陰陽二元論を理論ベースにした易卦の象数は、五行説や音律理論とも結合することで、老子が担っていた自然哲学の基礎理論は易理に投影された孔子の教えに転化される。その結果、自然学の知識体系やそれを応用する占術理論は、すべて易理から派生するものと位置づけられる。陰陽五行説や讖緯思想は、まますると異端視されるが、その批判を回避し正当化するための理論武装として、易の象数は有効な手段であった。そのために、当初の意図、理念は埋没してしまう傾向にあるが、当時においては易の数理思想が科学理論の中核を形成しており、「科学知識」に裏づけされた「理論化」「体系化」であった。かくして、易を中核にした占術と自然科学が複合した術数学の枠組みが構築されるようになるのである。

〔I 〈術数文化〉の形成・伝播〕

堪輿占考

名和敏光

「堪輿」という占はこれまで風水と認識されてきたが、もとの姿が出土資料によって天文暦日に関わる占であることが解った。現在の研究者でもその誤解のまま、術数学や五行思想を論じている研究者も存在する。本論考では「堪輿」占の具体的な内容を紹介するとともに、後世、風水へと認識される理由についても推測する。

はじめに

「堪輿」という占は、明代以降「風水」と同義であり、都城、住居、墳墓などを作るための地相学、宅相学、墓相学のたぐいと認識されてきた。清水浩子氏は、『史記』日者列伝を引用し「堪輿家が地相術を扱っている記載ではない」と述べながらも、「堪輿」と風水との関係を前漢まで遡らせ、更に何曉昕氏の説に依拠し、「堪輿」を神名として「その神は十二神の一つであることが想像できる」と述べる。(1) しかしながら、論者は先に「堪輿」という占は、前漢時代までは天における日月星辰の運行と、地における方位地相を勘案し、日の干支に因んで吉凶を判断する占（選択）であり、それが隋・唐ひいては明・清まで暦に関わる文献に脈々と継承されていたことを論証した。(2) また、清水氏が「風水のような「地相術」はそれ（東晋（三一七～四二〇）の郭璞（二七六～三二四）が著したとされる『葬書』）以前にもあって、「堪輿家」がそのようなことを行っていたと考えられる」(3) と述べるのも根拠がない。清水氏が引く後漢の式盤によるとされる「表」の十二

なわ・としみつ——山梨県立大学国際政策学部准教授。山東大学儒学高等学院兼職教授。修士（文学）。専門は中国哲学・出土資料学・文献学・術数学。主な著書・論文に『古代東アジア世界の「祈り」』（共著、森話社、二〇一四年）、「『抱朴子』所見呪語の遡及的考察」（『東方宗教』一三二号、二〇一八年）、『東アジア思想・文化の基層構造——術数と『天地瑞祥志』』（編著、汲古書院、二〇一九年）などがある。

神にも「堪輿」の名は見えない。

次節で述べるが、「堪輿」という占が後漢以降、「地」に関わる占に変容していくのは、『淮南子』や『周禮』鄭玄注に見える分野説が影響している可能性がある。

本論考では、「堪輿」という占がこれまで「風水」と認識されてきたが、もとの姿が出土資料によって天文暦日に関わる占であることが解ったということを紹介するとともに、後世、風水へと認識されるに至った理由についても推測する。

一、日の選択占から地の選択占へ

「堪輿」という占が文献において説明されるのは『淮南子』天文訓に詳しいが、天文訓では天と地を対応させ、

> 星部の地の名は、角・亢は鄭、氐・房・心は宋、尾・箕は燕、斗・牽牛は越、須女は呉、虚・危は斉、営室・東壁は衛、奎・婁は魯、胃・昴・畢は魏、觜巂・参は趙、東井・輿鬼は秦、柳・七星・張は周、翼・軫は楚なり。

とし、鄭玄が『周礼』春官・保章氏の注で、

> 星土とは、星の主る所の土なり。封は猶お界のごときなり。鄭司農 星土を説くに『春秋』伝（左伝昭公元年・襄公九年）を以て、「参を晋の星と為す。」「商は大火を主る。」と曰い、『国語』に、「歳の在る所、則ち我が有周の分野なり。」と曰うの属是なり。玄謂らく、大界は則ち九州と曰う。州中 諸々の国中の封域、星に於て亦 分有り。其の書 亡べり。堪輿 郡国 入る所の度有ると雖も、古数に非ざるなり。今 其の存して言うべき者は、十二次の分なり。星紀は、呉・越なり。玄枵は、斉なり。娵訾は、衛なり。降婁は、魯なり。大梁は、趙なり。実沈は、晋なり。鶉首は、秦なり。鶉火は、周なり。鶉尾は、楚なり。寿星は、鄭なり。大火は、宋なり。析木は、燕なり。此の分野の妖祥は、主として客星・彗孛（ほうき星）の気を用て象と為す。

と述べており、二十八宿（天球を天の赤道帯にそって西から東に二十八不均等分割したもの）や十二次（天球を天の赤道帯にそって西から東に十二等分割したもの）の分野に戦国期の諸侯国を配し、天の諸星がどの分野に入ったかにより、対応する諸侯国の吉凶を占う占法があったことが解る。(4) 後漢以降の人は、「堪輿」という言葉がこの分野説を論じる『淮南子』の同じ篇内に出てくることや、更には鄭玄が直接関連づけて議論しているのを読み、本来、「堪輿」という占が「歳」「星」「日」「辰」の移動に伴う位置による日の選択占であったものを、六朝以降、原「堪輿」が暦注に組み込まれる過程でその占術理論を忘却し、分野説との関りから地の選択術へと考える様

になり、後に宅相や風水へと展開させてしまったのではないかと論者は推測する。次節で「堪輿」の占術内容は紹介するが、出土資料に見える式図（大羅図）が式盤と形式的に一致することも、後世、式盤が風水に使用されることから、その転変の可能性が高いと考えている。

二、「堪輿」の占術内容

論者は先に、馬王堆漢墓帛書『陰陽五行』甲篇（以下、甲篇と略す）の百数十に及ぶ帛片の綴合を行うと同時に、その全体構造（復元されるべき順序の確定されていない折目によって三十六に分けられた大きな帛片の順序）の復原を行った。(5) その際、巻頭に位置する占術が、二〇〇九年に北京大学に寄贈された西漢竹簡群（以下、北大簡と略す）の内に含まれた「揕輿」という標題のある占術とほぼ一致することから、甲篇は複数の占術を一枚の帛（シルク）に輯書したものであることが解った。北大簡の内容から、論者が行った甲篇の殘片の綴合の正しさが証明されただけでなく、欠落部分を相当補えることができたのである。(6)

甲篇と北大簡の内に含まれる「堪輿神煞（しんさつ）表」は、神煞「庫」、「橦」、「無堯」、「鄗」の各月における運行表であり（神煞は、北大簡では「厭」、「衝」、「無堯」、「陷」に作り、後世の暦注では「月厭・陰建」、「衝」、「無翹」、「章光」に作っている。）、「掩衝・後衝・折衝（掩衡・後衡・折衡）」は星宿と斗柄との相対位置関係を示している。

「庫」は、北大簡では「厭」に作り、『淮南子』に「北斗の神に雌・雄有り。…雌は右行し、…雌の居る所の辰を厭と為す。厭日には以て百事を挙ぐべからず。…」とあり、『暦事明原』巻四、陰陽大会に「陰気の至る所の辰、名づけて月厭と為し、亦陰建と名づく。(7)」とあり、「月厭」「陰建」とも称される。しかし、その運行理論はこれまで不明であった。甲篇「式図」の発見により、ようやくその運行理論が解明された。その神煞の運行理論は、

「橦（衝）」は、「庫（厭）」の正対面の位置を移動する。

「無堯」は、「庫（厭）」に一つ遅れ、後ろについて移動する。後世、「無翹」と称される。

「陷（鄗）」は、「庫（厭）」は一つ早く、前を移動する。後世、「章光」と称される。

というものである。

この「式図」では、十干と十二月は時計廻り、十二支と二十八宿は時計と逆廻りとなっており、これに基づくと、「堪輿神煞表」の十二月と十二支の組み合わせが「庫（厭）」を示していることが解る。そして、北大簡に「時之後一也、爲

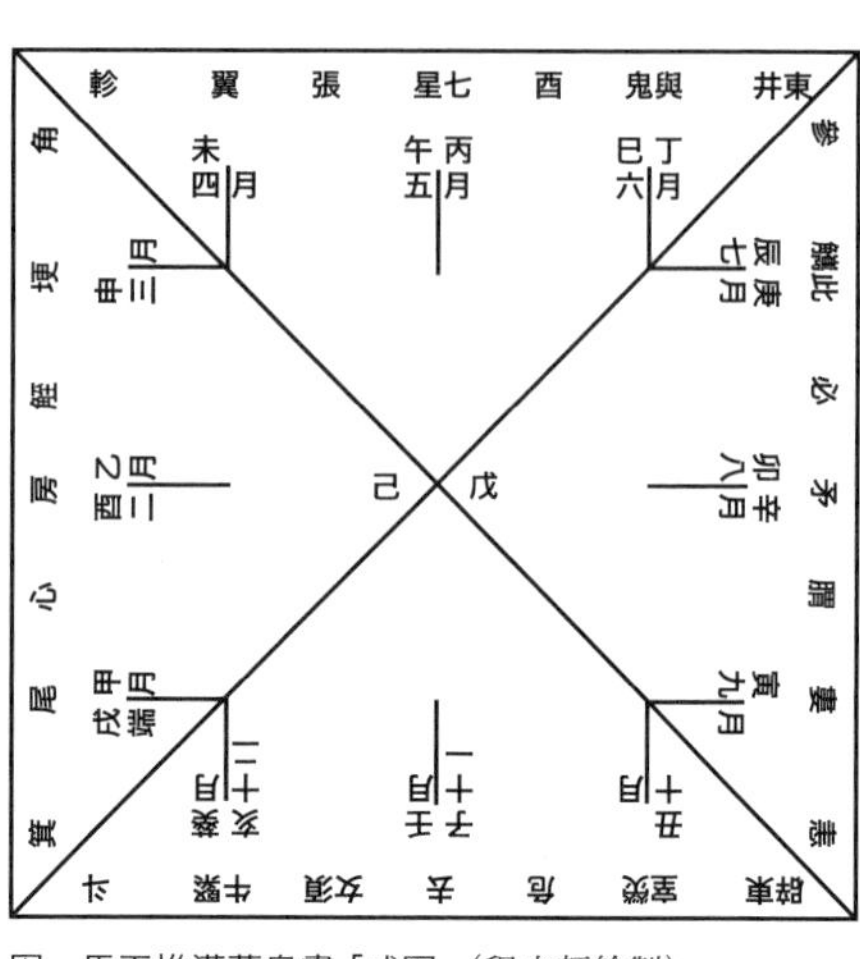

図　馬王堆漢墓帛書「式図」（程少軒絵製）

北大簡「堪輿神煞表」

	厭	衝	無堯	陷一壹		
正月	11戌	03寅	12亥	10酉	01角02亢	闔（掩）衡2壹
二月	10酉	12亥	11戌	09申	03氐04房05心	折衡3壹
三月	09申	01子	10酉	08未	06尾07箕	負衡4壹
四月	08未	02丑	09申	07午	22東井23與鬼	闔（掩）衡5壹
五月	07午	09申	08未	06巳	24酉（柳）25七星26張	折衡6壹
六月	06巳	10酉	07午	05辰	27翼28軫	負衡7壹
七月	05辰	09申	06巳	04卯	15奎16婁女	闔（掩）衡8壹
八月	04卯	10酉	05辰	03寅	17胃18茅（昴）19畢	折衡9壹
九月	03寅	11戌	04卯	02丑	20此（觜）畦（觿）21參	負衡10壹
十月	02丑	06巳	03寅	01子	08斗09牽牛	闔（掩）衡11壹
十一月	01子	07午	02丑	12亥	10婺女11虚12危	折衡12壹
十二月	12亥	08未	01子	11戌	13室14東辟（壁）	負衡13壹

十二支と二十八宿の上の数字は筆者が便宜的に附したものである。

無堯。」とある様に、[8]「十一月」に「庫（厭）」が「子」にある時、「無堯（翹）」は一つ後の「丑」にある。そして、「鄣（章光）」は「亥」にあるので一つ前ということになる。[9]「橦（衝）」は『淮南子』に「歳星の居る所、五穀豊昌なり。其の対を衝と為し、歳乃ち殃有り。[10]」とある様に、「庫（厭）」の対面にあるので、「午」にある。対面と言うと百八十度反対側を想定するが、「式図」により正対面ということが理解できるのである。「橦（衝）」は、『黄帝龍首経』に「春三月、東方七宿を歳位と為し、南方七宿を歳前と為し、西方七宿を歳対と無し、北方七宿を歳後と為す。孟夏の二星を負衡と為し、季夏の二星を掩衡と為す。正月初春夏秋冬は此に効え。歳位・負衡・折衡・掩衡・歳前・挾畢皆凶、歳後・歳対・天倉・天府皆大吉、日・辰凶と雖ども害を為す能わざるなり。[11]」とあり、例えば孟夏（六月）の二星（翼・軫）を負衡とし、季夏（四月）の二星（東井・輿鬼）を掩衝とするのは、まさにここと一致する。

また、甲篇で「歳」と名づけられた部分に、

春三月、東方之日・辰・星大凶。南方之日・辰・星小凶。

西方之日・辰・星小吉。北方之日・辰・星大吉。1

夏三月、南方之日・辰・星大凶。西方之日・辰・星小凶。

北方之日・辰・星小吉。東方之日・辰・星大吉。2

秋三月、西方之日・辰・星大凶。北方之日・辰・星小凶。

東方之日・辰・星小吉。南方之日・辰・星大吉。3

冬三月、北方之日・辰・星大凶。東方之日・辰・星小凶。

南方之日・辰・星小吉。西方之日・辰・星大吉。4

日・辰・星 皆 吉なると唯（雖）ども、而るに歳立（位）に会し、以て作事・祭祀すれる毋れ、死に至る。復た其の月に至るも、或は咎有り。5

とあり、北大簡には続けて、

歳前に会すれば、其の会する所の月に至りて咎有り。歳後に会すれば、其の会する所の月に至りて大喜有り。歳対に会すれば、其の会する所の月に至りて小喜有り。25

とあることから、歳（小歳）の位置（歳に対して前（左）・対（対面）・後（右））により吉凶を定める占術であることが解る。即ち、東が歳位の場合は大凶で、歳前は左（南）で小凶、大吉・歳対は対面（西）で小吉、歳後は右（北）で大吉となる。(12)

以上の他、『呉越春秋』所見の内容と一致する「大会所領日」(13)「八会」の占術、「孤虚」の占法、今日では暦注下段にそ

「大会所領日立成」表

月会大会	大会所領日	春	夏	秋	冬
正月甲戌	癸亥・甲子・乙丑・丙寅・丁卯・戊辰・己巳・庚午・辛未・壬申・癸酉	歳位	歳後	歳対	歳前
七月庚辰	甲戌・乙亥・丙子・丁丑・戊寅・己卯	歳対	歳前	歳位	歳後
二月乙酉	庚辰・辛巳・壬午・癸未・甲申	歳位	歳後	歳対	歳前
八月辛卯	乙酉・丙戌・丁亥・戊子・己丑・庚寅	歳対	歳前	歳位	歳後
五月丙午	辛卯・壬辰・癸巳・甲午・乙未・丙申・丁酉・戊戌・己亥・庚子・辛丑・壬寅・癸卯・甲辰・乙巳	歳前	歳位	歳後	歳対
十一月壬子	丙午・丁未・戊申・己酉・庚戌・辛亥	歳後	歳対	歳前	歳位
六月丁巳	壬子・癸丑・甲寅・乙卯・丙辰	歳前	歳位	歳後	歳対
十二月癸亥	丁巳・戊午・己未・庚申・辛酉・壬戌・癸亥	歳後	歳対	歳前	歳位

の名称だけが見え、既にその意味が解らなくなっている「行很(こうこん)」「了戻(りょうりょ)」「孤辰(こしん)」などの神煞など、伝世文献の理解に資する内容を多く含んでいて、「堪輿」占が天における日月星辰の運行と地における方位地相を勘案し、日の干支に因んで吉凶を判断する占（選択）であることが明らかである。

『欽定協紀弁方書』巻四には、

> 陰陽大会は、『堪輿経』に曰く、「正月の大会は甲戌、二月の大会は乙酉、五月の大会は丙午、六月の大会は丁巳、七月の大会は庚辰、八月の大会は辛卯、十一月の大会は壬子、十二月の大会は癸亥なり。」と。

とあり、「大会所領日」の表を復原すると右頁の**表**の様になる。

更に、『欽定協紀弁方書』巻四には、

> 其の所領日は、本会日より逆に数え、上会日に至り止れば、即ち所る得の領日数なり。

とあり、各「大会所領日」は、その日から数え（但しその日は含まない）、六十干支の順序の逆に、前の「大会所領日」を含むすべての干支となる。この占術は、伝世文献には『呉越春秋』夫差内伝第五に、

> 今年七月辛亥平旦、大王以て事を首(はじ)む。辛は、歳位なり。亥は、歳陰の辰なり。壬子に合し、歳前合なり。(14)

とあり、「七月辛亥」の日を占うとすると、「辛亥」は十一月大会壬子の所領日であり、故に「壬子に合す」と言うのである。時期は秋の七月であるので、歳は西方に在って十一月に会し、歳前が北方にあるので、「歳前合」としているのである。また勾践入臣外伝第七に、

> 今年十二月戊寅の日、時は日出に加う。戊は、囚日なり。寅は、陰後の辰なり。庚辰に合し、歳後会なり。(15)

とあり、「十二月戊寅」の日を占うとすると、「戊寅」は七月大会庚辰の所領日であり、故に「庚辰に合す」と言うのである。時期は冬の十二月であるので、歳は北方に在って七月に会し、歳後が西方にあるので、「歳後会」としているのである。

この「大会所領日」「八会」の占術も「堪輿」同様、日の干支に因んで吉凶を判断する占（選択）であることが明らかである。

更に勾践陰謀外伝第九には、

> 必ず天地の気を察し、陰陽を原ね、孤虚を明らかにし、存亡を審らかにし、乃ち敵を量るべし。
> 夫れ陰陽とは、太陰居る所の歳にして、留息すること三年なれば、貴賤見(あら)わる。夫れ孤虚とは、天門・地戸を謂うなり。存亡とは、君の道徳なり。(16)

「孤虚」という占についても言及している。[17]「孤虚」についての詳細な考察は別論に譲るが、出土資料の発見により、これまで曖昧であった占術が明らかになっているのである。

注

(1) 清水浩子「「風水」の背景」(名和敏光編『東アジア思想・文化の基層構造――術数と『天地瑞祥志』』汲古書院、二〇一九年)七六頁。清水氏が「「堪輿」を神名として記載しているだけである」とする『周礼』春官・保章氏の鄭玄注には「星土とは、星の主る所の土なり。封は猶お界のごときなり。鄭司農 星土を説くに『春秋』伝(左伝昭公元年・襄公九年)を以て、「参を晋の星と為す。」「商は大火を主る。」と曰い、『国語』に、「歳の在る所、則ち我が有周の分野なり。」と曰うの属是なり。玄 謂らく、大界は則ち九州と曰う。州中 諸々の国中の封域、星に於て亦 分有り。其の書 亡べり。堪輿 郡国 入る所の度有ると雖も、古数に非ざるなり。今 其の存して言うべき者は、十二次の分なり。星紀は、呉越なり。玄は、斉なり。娵訾は、衛なり。降婁は、魯なり。大梁は、趙なり。実沈は、晋なり。鶉首は、秦なり。鶉火は、周なり。鶉尾は、楚なり。寿星は、鄭なり。大火は、宋なり。析木は、燕なり。此の分野の妖祥は、主として客星・彗孛(ほうき星)の気を用て象と為す。」とあり、『淮南子』天文訓には「北斗の神に雌・雄有り。十一月始めて子に建し、月ごとに一辰を徙る。雄は左行し、雌は右行し、五月に午に合いて刑を謀り、十一月に子に合いて徳を謀る。雌の居る所の辰を厭と為す。厭日には以て百事を挙ぐべからず。堪輿は徐行し、雄は音を以て雌を知る。故に奇辰と為す。数は甲子より始まる。子(支・辰)母(干)相 求め、合う所の処を合と為す。十日十二辰、周ること六十日にして、凡そ八合す。歳の前に合えば、則ち死亡し、歳の後に合えば、則ち 殃無し。甲戌は、燕なり。乙酉は、斉なり。丙午は、越なり。丁巳は、楚なり。庚辰は、秦なり。辛卯は、戎なり。壬子は、趙なり。癸亥は、胡なり。戊戌・己亥は、韓なり。己酉・己卯は、魏なり。戊午・戊子の八合するは、天下なり。太陰・小歳(斗杓)・星・日・辰の五神 皆 合い、其の日に雲気風雨有れば、国君 之に当る。天神の貴き者、青龍より貴きは莫し。或は天一と曰い、或は太陰と曰う。太陰の居る所は、背くべからずして嚮うべく、北斗の撃つ所は、与に敵すべからず。」とあり、『論衡』譏日篇には「又 書を学ぶに丙日を諱み云う、「倉頡 丙日を以て死すればなり。」と。礼に子卯を以て楽を挙げざるは、殷・夏は子・卯の日を以て亡ぶればなり。如し丙日を以て書し、子・卯の日に楽を挙ぐるも、未だ必ずしも禍有らず。先王の亡日を重んじ、凄愴感動し、以て事を挙ぐるに忍びざるなり。忌日の発(法)るは、蓋し丙と子・卯の類なり、殆ど諱む所有るも、未だ必ずしも凶禍有らざるなり。堪輿暦に、暦上の諸神 一に非ず、聖人 言わず、諸子 伝えず、殆ど其の実無し。天道は知り難く、假令 之有るも、諸神 事を用うるの日なれば、之を忌むも何の福あらん、諱まざるも何の禍あらん。王者 甲子の日を以て事を挙げ、民も亦 之を用うるも、王者 之を聞き、刑法を〔用い〕ざるなり。夫れ王者は民の己と相 避けざるを怒らざるに、天神 何為れぞ独り当に之を責むべき。」とあり、すべて「堪輿」を神名としてはいない。)。

(2) 名和敏光「出土資料「堪輿」考」(中国古代史研究会編『中国古代史研究 第八――創立七十周年記念論文集』、研文出版、二〇一七年）二五七―二六九頁。

（3）前掲注1、七五頁。

（4）その他、諸侯国を二十八宿に配当した文献としては『漢書』地理志があり、地域（州名等）を二十八宿に配当した文献としては『史記』天官書がある。また、この分野説は更に古く、雲気図を諸侯国に配当した文献としては馬王堆漢墓帛書『天文気象雑占』があり、緯書の『春秋考異郵』や『晋書』天文志などがある。

（5）名和敏光・廣瀬薫雄「馬王堆漢墓帛書《陰陽五行》甲篇整体結構的復原」（中国文化遺産研究院編『出土文献研究』第十五輯、中西書局、二〇一六年、一四六―一五八頁）。

（6）名和敏光「北京大学漢簡「揕輿」と馬王堆帛書『陰陽五行』甲篇「堪輿」の対比研究」（谷中信一編『中国出土資料の多角的研究』、汲古書院、二〇一八年、三二三―三四七頁）。

（7）陰気所至之辰。名為月厭。亦名陰建（大川俊隆「奎章閣本『暦事明原』校訂稿（四）」（『大阪産業大学論集　人文科学編』一〇二、二〇〇〇年）二三頁）。

（8）『協紀弁方書』巻三十六「章光」引『堪輿経』にも「以月厭前一辰章光、後一辰為無翹。」とあるのを参照。

（9）前注及び、『暦事明原』巻三「章光」引『堪輿経』に「章光者、陰建前辰也。其日忌嫁娵。」とあるのを参照。

（10）『淮南子』巻三、天文訓曰、「歳星之所居、五穀豊昌。其対為衝、歳乃有殃。」。

（11）『黄帝龍首経』巻上、第五占星宿吉凶法曰、「春三月、東方七宿為歳位、南方七宿為歳前、西方七宿為歳対、北方七宿為歳後。孟夏二星為負衡、季夏二星為掩衝。正月初春夏秋冬效此、歳位負衝・折衝・掩衝、歳前挟畢皆凶、歳後・歳対・天倉・天府皆大吉、日辰雖凶不能為害也。」

（12）これに類似する選択として『九店楚簡日書』に「【凡春三月】、甲・乙・丙・丁不吉、壬・癸吉、庚・辛城（成）日。【凡夏三月】、丙・丁・庚・辛不吉、甲・乙吉、壬・癸城（成）日。凡秋三月、庚・辛・壬・癸不吉、丙・丁吉、甲・乙城（成）日。凡冬三月、壬・癸・甲・乙不吉、庚・辛吉、丙・丁城（成）日。」とある（湖北省文物考古研究所・北京大学中文系編『九店楚簡』、中華書局、二〇〇〇年、四九―五〇頁）。

（13）前述の式図（大羅図）中に「正月、甲戌」「二月、乙酉」「五月、丙午」「六月、丁巳」「七月、庚辰」「八月、辛卯」「十一月、壬子」「十二月、癸亥」として記述されている。

（14）佐藤武敏氏は「今年（呉王十三年）七月辛亥の日の夜明け方に大王は斉を伐つことを始められた。この日の十干の辛は歳星（木星）が（十二年かかって）天をめぐり、ちょうどやってきたということです。この日の十二支の亥は太陰星がまだやってきておりません。」と訳し（佐藤武敏訳注『呉越春秋』、平凡社・東洋文庫、二〇一六年、一三七頁）、この部分に注し「伍子胥は楚人、その占法は楚のものであろう。第三の注20において楚の占法について述べた。日と時刻を基本とした占いに、ここでは天地盤（天上の十二辰の分野が天盤、地上の十二辰の方位が地盤）の配合関係、および神将加臨が加わっているが、これは遁甲九宮の法に近いとされている。」（注23）として「堪輿」占が楚の占と推測しているのは正しい。また「歳陰星は古代占星家が考え出した星で、歳星（木星）と逆の運行で、これを用いて十二支と配して年を記す。」（注24）と説明する。合日が八回であることについては、「原文は「合壬子、歳前合也」。合は合日のこと。古代に八合の説があり、十干十二支は六十日で一周するが、その間、八合があるという。十一月丙午が一合、二月乙酉が二合、三月甲戌が三合、四月癸亥が四合、五月壬子が五合、八月心卯が六合、九月庚辰が七合、十月丁巳が八合。これらが合日、したがって壬子は五月の合日。」（注24）と説明する。

(15) 佐藤武敏氏は「今年十二月戊寅の日に消息が分かります。時刻は日の出の卯の刻。戊は囚禁される十干で、寅は太陰が通り過ぎた後の十二支です。合日は庚辰で、これは太陰が通り過ぎた合日です」と訳す（前掲注14、二〇五頁）。

(16) 佐藤武敏氏は「さらに必ず天地の気を察し、陰陽をたずね、孤虚を明らかにし、存亡をよく考えることが必要で、その上で敵の力をはかることができるのです。」（前掲注14、二四八頁）「そもそも陰陽とは太陰が位置する年で、もしそれが三年間とどまっていたなら、万物の貴賤が明らかになります。また孤虚とは天の門、地の戸です。さらに存亡とは君主の道徳です。」と訳す（前掲注14、二五〇頁）。

(17) 『史記』亀策列伝に「日辰不全、故有孤虚。」とあり、集解に「六甲孤虚法。甲子旬中無戌亥、戌亥為孤、辰巳即為虚。甲戌旬中無申酉、申酉為孤、寅卯即為虚。甲申旬中無午未、午未為孤、子丑即為虚。甲午旬中無辰巳、辰巳為孤、戌亥即為虚。甲辰旬中無寅卯、寅卯為孤、申酉即為虚。甲寅旬中無子丑、子丑為孤、午未即為虚。」とあり、十干十二支の組合せを行うと、最初の組合せでは十二支最後の戌亥に十干が不足するので戌亥を孤とし、その対象の辰巳を虚とする占術である。これは出土資料の『随州孔家坡漢墓簡牘』にも「甲子旬、辰巳虚、虚在東南。戌亥孤、孤在西北。[116貳]甲戌旬、寅卯虚、虚在東方。申酉孤、孤在西方。[117貳]甲申旬、子丑虚、虚在北方。午未孤、孤在南方。[118貳]甲午旬、戌亥虚、虚在西北。辰巳孤、孤在東南。[119貳]甲辰旬、申酉虚、虚在西方。寅卯孤、孤在東方。[120貳]甲寅旬、午未虚、虚在南方。[121貳]子丑孤、孤在北方。[122貳]凡取（娶）婦嫁女、[116參]毋従孤之虚、[117參]出不吉従虚[118參]之孤殺夫。[119參]」（湖北省文物考古研究所・随州市考古隊編著『随州孔家坡漢墓簡牘』、文物出版社、二〇〇六年、図版七六―七七頁、釈文注釈一四二頁。）として同様の理論が見えるのである。

参考文献

「北京大学漢簡「堪輿」と馬王堆帛書『陰陽五行』甲篇「堪輿」の対比研究」『中国出土資料の多角的研究』、汲古書院、二〇一八年

「出土資料「堪輿」考」『古代史研究 第八――創立七十周年記念論文集』、研文出版、二〇一七年

味と香

清水浩子

しみず・ひろこ――大正大学綜合佛教研究所客員研究員、京都大学人文科学研究所共同研究員、斯文会講師。専門は中国哲学。主な著書・論文に『五行大義下』（共著、明治書院、一九九八年）、「陰陽五行説の構造的把握」（武田時昌編『術数学の射程――東アジアの「知」の伝統』京都大学人文科学研究所・二〇一四年）、「年号と王朝交代」（水上雅晴編『年号と東アジア――改元の思想と文化』八木書店・二〇一九年）などがある。

本稿では「味と香」を陰陽五行説で考えた上で、季節と食物について考えてみたい。先ずは「味と香」を陰陽五行説で言えば「五味と五臭」ということであり、これは季節や他の五行説に配当される「五色や五声」と密接な関係を持っていて、このことは医書のなかにも説かれている。しかし、医書と五行の説かれる書ではその背景の理論には異なりがあるのでそのことを明らかにしたい。

はじめに

人の食欲が味や香りに左右されることは誰もが経験することである。食欲には五感が大いに関係するのである。その五感について「人間は五感を総動員して食事を楽しむ。[1]」というふうに説く方もいる。五感とは視覚・臭覚・触覚・聴覚・味覚である。触覚以外は五行説に配当することができる。五行説とは陰陽五行説ともいわれ、中国の春秋戦国時代、斉の鄒衍（前三〇五～前二四〇）が宇宙の森羅万象すべてを陰陽五行の消長によって解釈している。漢代になると五徳終始説や陰陽五行説はますます発展することになり、生活全般に影響する理論となる。その後、隋の蕭吉（生没は未詳）によって『五行大義』が撰せられ、その中に陰陽五行説は詳しく述べられている。

『五行大義』では視覚は「眼に映る色」として考えられている。すなはち「眼に映る色は五色（青・赤・黄・白・黒）に集約される」のである。臭覚は匂いとして「羶・焦・香・

腥・朽」を挙げている。聴覚は「耳で感じるもの」と考えられていて、それを「五声」とする。「五声」とは「五つの音」すなはち、「角・徴・宮・商・羽」であり、日本の古典音楽にも用いられる音階である。味覚に関しては五味の「酸・苦・甘・辛・鹹」が考えられている。この五味の「酸・苦・甘・辛・鹹」は香道においては香木の香りの性質を表現する手だてとして、「辛・酸・鹹（醎）・苦・甘」の「五味」が用いられていて[2]、香道においては香りという概念ではなく味としてその香りはとらえられている。

本稿では「味と香」と陰陽五行説の関係について考察したいと考える。すなはち、味覚と臭覚を五行説から考察したいのであるが、先ず、五感の視覚と聴覚を「五行説」との関係について考察してから、「味と香」の考察を行いたい。視覚は先に述べたように「眼に映る五色」として、聴覚は「五声」として考えることとする。

一、五行と五色・五声

『春秋左氏伝』昭公二十五年に子産[3]（前五八五頃～前五二二頃）の言葉として「発して五色と為り、章われて五声と為す。」とある。これは五行が色にあらわれては五色であり、音に表すと五声であるということである。このことを裏付けるように『五行大義』[4]には、後漢の蔡邕（一三三～一九二）の言葉（出典不明）を引用して、「眼に通ずる者は五色と為る。」とし「耳に通ずる者を声と為す。」とある。また五色と五味の関係は、『黄帝内経素問』[5]に「草は五色を生じ、五色の変、勝て視るべからず。草は五味を生じ、五味の美、勝て極むべからず。」とある。これは植物には季節ごとに色や味に違いがあり、色の違いはすべて目で確認できるし、それを食すればそのうま味をすべて味わうことができるということである。また、『五行大義』[6]では五色と五行・方位などの関係を以下のように述べている。

> 章われて五色と為るは、東方は木にして蒼色（蒼い色）為り、万物発生し（すべてのものがここから生まれ）、夷柔の色（柔らかい若葉の色）なり。南方は火にして赤色為り、以て盛陽炎焔の状（太陽が盛んに輝いて、炎が燃え上がる様子）を象るなり。中央は土にして黄色、黄は地の色なり。故に天は玄く（黒く）して地は黄と曰う。西方は金にして色は白、秋は殺気（殺伐の気）と為り、白露は霜と為る。白は喪の象なり。北方は水にして色は黒、遠く望めば黯然たり（果てしなく暗いのである）。陰闇（暗い闇の続く様子）の象なり。溟海淼邈として（大海原が限りなく広く）、玄闇窮り無し（暗い闇が窮まりない）。水は太陰の物

為り、故に陰闇なり（だから、暗い闇なのである）。

五行と五色の関係はまた、『孝經援神契』を引用して、「土の精は黄、木の精は青、火の精は赤、金の精は白、水の精は黒なり。」ともある。

さらに『春秋考異郵』を引用して

北狄の気は幽都（現在の北京）に生ず。色黒し、群畜（遊牧民）の穹閭（パオ）の如し。南夷の気は交趾（現在のハノイ）に生ず。色赤し、聚隅すること旛旗の鳥頭（鶏のとさか）の如し。東夷の気は菜柱（蓬莱）に生ず。色蒼し、播撒布散して（地面を耕して一面に種をまき、成長した様子は）林木の如し。西夷（西域）の生気は沙丘に生ず。色白し、鋒積（砂漠の風紋）は刀刃の浮（刀の刃が立ち並んで光り輝いている）の如し。中央は土会し（土が四方から集まり）、色黄なり、城墎の形の如し。黄気は四（四方）に塞がり、土の精は舒ぶる（成長する）。

と中国の周辺のことにも及んで五色と方位の関係が述べられている。そして、『五行大義』[7]では「以上に述べた五色は正色である。」としている。「五色は正色」であるのである。五行に配当される正色のほかに間色という考え方もあると『五行大義』には紹介しているが今はふれない。

一方、五声についても蔡邑の言葉（出典不明）を引用して「耳に通ずる者を五声とする」としていて、五声を『五行大義』[8]では「青を角声と作し、白を商声と作し、黒を羽声と作し、赤を徴声と作し、黄を宮声と作す」と説明する。

さらに『漢書』律暦志を引用して五声を以下のように説明をする。

角は触なり。陽気が蠢動して（うごめいて）、万物は地に触れて生ずるなり。徴は祉（幸い）なり。万物大いに盛んなりて蕃祉なる（幸いが多くなる）なり。宮は中なり。中央に居りて四方に暢び、始めを唱え生を施し、四声の経（四声の根本）と為る。商は章なり。物成りて（万物が成就して）章明する（明らかになる）なり。羽は宇なり。物蔵れ聚萃し（集まって）之（万物）を宇覆する（隠す）なり。

これは陰陽の気の作用によって五声が規定されることを述べるものである。

また、『楽緯』を引用して

春気和して則ち角声調い、夏気和して則ち徴声調い、季夏気和して則ち宮声調い、秋気和して則ち商声調い、冬気和して則ち羽声調う。

と、季節と五声の関係を説き、さらに『礼記』楽記を引用して宮を君と為す、故に宮乱るれば則ち荒るる（国が荒れる）、其の君驕ればなり（おごり高ぶるからである）。商を臣と為す、商乱るれば則ち陂く（国が傾く）、其の臣壊るればなり（臣下がその任に耐えられないからである）。徴を事と為す、徴乱るれば則ち哀し（哀しんで）、其の事勤むればなり（民は労役に勤め疲れるからである）。羽を物と為し、羽乱るれば則ち危し（国が危うくなって）、其の財匱しければなり（財物は乏しくなってしまう）。角を民と為す、角乱るれば則ち憂う、其の民怨めばなり。

と五声を君・臣・事・物・国に配当して、それぞれが「乱れた場合」を述べ、「五者乱れざれば、則ち天下和平にして、弊敗の音なし。」と結論を下している「五声」の理論が政治と関係深いことが理解できる。また、五声については『素問』(9)を引用して

木の音は角、声に在りては呼（叫び声）と為す。火の音は徴、声に在りては咲（笑い声）と為す。土の音は宮、声に在りては歌（歌い声）と為す。金の音は商、声に在りては哭（泣き声）と為す。水の音は羽、声に在りては呻（呻り声）と為す。

表1　五行と五色・五声

五行	木	火	土	金	水
五色	青	赤	黄	白	黒
五声	角	徴	宮	商	羽

とする。「五色」と同じように「五声」についても医書である『黄帝内経素問』に議論されていることは興味深い。

そして、『五行大義』では五行と五色・五声の関係は『素問』・『楽緯』・『漢書』律暦志の考え方が同じであることが確認できる。

五行と五色・五声の関係を**表1**として示す。

二、五行と五味・五臭

「味と香」は五行説との関係では「五味と五臭」と言いかえることができる。

『五行大義』巻三、第十四・三「五行と気味を論ず」に『春秋左氏伝』昭公二十五年の子産の言葉を引用して「気は五味と為る。」とある。では「気とは何か。」、「五味とはどのようなもの」であろうか。『五行大義』には、鄭玄（一二七～二〇〇）の言葉（出典不明）として「口に通ずる者は五味と為し、鼻に通ずる者は五臭と為す。」と記載されている。また、『隋書』経籍志には「口に在りては五味と為し、鼻に在りては五臭と為す。」とあり、『春秋左氏伝』昭公二十五年「孔穎達(10)（五七四～六四八）疏」にも「五行の気、人の口に入りては五味と為る。」ともあるので、五味とは口で感じるものであることが理解できる。すなわち、五味とは味覚である。そし

て、孔頴達は五行の気が五味となるとも言っている。五行の気である木・火・土・金・水の気が五味（酸・苦・甘・辛・鹹）になるということである。

さらに『五行大義』は『礼記』月令を引用して「春の日、其の味は酸、其の臭は羶し。」とあり、季節と味と臭いの関係を説いている。「羶し」は『礼記』月令鄭玄注には「木の臭味なり。」とある。確かに樹木の伐りたての香りは「生臭い」臭いがする。さらに、『説文解字』では「羶は羊の臭なり。」とある。また、『五行大義』(11)では「春の物の気なり、羊と相い類するなり。木の酸たる所以は、東方は万物の生るるを象どる。酸は鑽なり。万物の地を鑽ちて出生するを言う。能く養うなり。五味の酸を得て、乃ち達する（達成する）なり。」と五行と季節・動物・五味・五臭の関係を述べている。以上は春についてである。

夏については、『礼記』月令を引用して「夏の日は、其の味は苦、其の臭は焦なり。」とあり、春と同様に季節と味と臭いの関係が説かれている。さらに『五行大義』(12)には「火の苦たる所以は、南方は長養（成長）を主るなり。苦とは之（もの）を長養する所以なり（成長させるのである）。五味の苦を須ちて（五味は苦があってこそ）、乃ち以て之を養うなり（ものを成長させるのである）。」とある。また、『春秋元命苞』を引用して「苦とは勤苦なり、乃ち能く養うなり（だからものを成長させることができるのである）。」と説明されている。さらに、『五行大義』では「臭の焦なるは（においが焦げ臭いのは）、陽気の蒸動し（陽気が蒸され動くと）、燎火の気なり（火を焦がす気となるからである）。」と焦の臭いについて説明する。そして、『五行大義』(13)では許慎の言葉（出典不明）を引用して「焦は火の物を焼くに、焦燃の気有り。夏の気同じきなり。」とある。すなはち、夏の匂いが「焦」であるのはものが焼ける時の焦げ臭い匂いと同じであるというのである。このような考え方は『白虎通義』五行篇にも「盛陽は承動す。故に其の臭は焦なり。」とある。

季夏についても『礼記』月令を引用して「季夏の日、其の味は甘く、其の臭は香し。」とある。それを『五行大義』(14)では「土の味の甘たる所以の者なり（土の味は甘いからである）。中央は中和なり。甘は美なり（甘みのあるものはおいしい）。」とあり、『春秋元命苞』を引用して「甘は食の常なり、其の味に安んずるを言うなり。甘の味を五味の主と為し、猶お土の四行を和成するがごときなり。」とある。さらに、『五行大義』(15)では「臭の香しきは、土の郷気（土のもともとの気が）、香しきを主と為せばなり。」と説明している。また、『五行大義』(16)には許慎の言葉（出典不明）を引用して「土は其の中和の気を得る、故に香し。」とある。季夏は五行では土に配当される。土は五行においては他の四行を主るものであり、味においては「甘」であり五味の中心的なものであり、臭いにおいては「香（よい香り）」ということになる。現代中国語でも「香」の意味は「よい香り」という意味で単なる香り（匂い）という意味はないのと通じる。

秋についても、『礼記』月令に「秋の日、其の臭は腥し、其の味は辛し。」とある。『五行大義』[17]には「西方は、殺気にして腥きなり。西方は金の気にして、此れ味の辛きに象るは、物の辛きを得て、乃ち萎殺する（枯れる）なり。」とある。また、一説に「故新の辛なり。」とあるが、その意味を「故き物皆尽き、新しき物已に成る、故に新と云う。」と説明する[18]。また、『春秋元命苞』を引用して、「陰の害(そこな)うるが故に辛し、殺の義あるが故に辛し、陰気を刺して其をして然ら使むるなり（陰気を刺激することによって、辛くさせるのである。）。」と述べている。

表2　五行と季節・五味・五臭の関係

五行	木	火	土	金	水
季節	春	夏	季夏	秋	冬
五味	酸	苦	甘	辛	鹹
五臭	羶	焦	香	腥	朽

次に冬の味については『五行大義』[19]は『礼記』月令を引用して「冬の日、其の味は鹹く、其の臭は朽なり。」としている。また、『五行大義』では「朽とは水の気なり。気の有るが若く無きが若く（水に気はあるようでもありないようでもあり）、気の微なる（微かなる気）を言うなり。」と説明する。また、『白虎通義』五行篇には「水は垢の濁れる（濁った垢）を受く、故に其の臭は腐朽なり（匂いは腐って朽ちたようである）。」といっている。さらに、『五行大義』では許慎の言葉（出典不明）を引用して「朽爛の気（尽きて盛んになる気）は、北方の気に同じ。」と説明する。

また、『春秋元命苞』には「鹹は鎌(れん)なり。鎌は清なり。至寒の気なり、故に其れ清くして鹹なら使む。」とある。以上、五行と季節と五味五臭の関係を考察してきたがその関係を**表2**として示す。

三、医書に見える五味

真柳誠氏の「古代中国医学における五味論説の考察――『内経』系医書の所論」[20]に「四気と五味」について説かれている。真柳氏は四気と五味は薬性論の基本的要素の「気味」のことであるとし、「四気」とは寒・熱・温・涼のことをいい、「五味」とは酸・苦・甘・辛・鹹のことであるとする。五味は「二」で考察した五味とまったく同じであるようであるが「気」のとらえ方は異なる。『五行大義』では先にも述

表3『黄帝内経素問』巻一　五色・五声と五臓・五官・五味・五畜・五穀・五臭

五色	五声	五臓	五官	五味	五畜	五穀	五臭
青	角	肝	目	酸	雞	麦	臊*
赤	徴	心	耳	苦	羊	黍	焦
黄	宮	脾	口	甘	牛	稷	香
白	商	肺	鼻	辛	馬	稲	腥
黒	羽	腎	二陰*	鹹	彘	豆	腐*

＊臊は注に「月令に羶と作る。」とある。
＊二陰は「前陰と後陰」をいう。尿と便を排泄する器官。
＊「腐」は注から「朽」の意味であることがわかる。

べたように「気」とは『春秋左氏伝』の子産の「気は五味と為る。」によっている。

以下に五味について考察するが、真柳氏は「五味」の最も古い用例は本草関係の資料中では『神農本草経』に見られるとする。(21) 確かに、『五行大義』(22)にも『本草』(23)に云う、として以下のように引用されている。

石は則ち玉は甘く、金は辛く、雄黄は苦く、曽青（緑青）は酸く、赤石脂（石の脂）は鹹し。草は則ち茯苓は甘く、桂心は辛く、天門冬は苦く、五味子は酸く、玄参は鹹し。虫は則ち蜚零（土蜂）は甘く、蚿蝈（やすで）は辛く、蚺蛇（にしきへび）は苦く、伊威（わらじむし）は酸く、蜥蜴は鹹し。

表4『霊枢経』巻七　五色・五声と五臓・五味・四季

五色	五声	五臓	五味	四季
青	角	肝	酸	春
赤	徴	心	苦	夏
黄	宮	脾	甘	長夏
白	商	肺	辛	秋
黒	羽	腎	鹹	冬

表5『難経』巻三　五色・五声と五臓・五味・五臭

五色	五声	五臓	五味	五臭
青	呼	肝	酸	臊
赤	言	心	苦	焦
黄	歌	脾	甘	香
白	哭	肺	辛	腥

そして、「五味」に関する論説は真柳氏も指摘するように(24)『神農本草経』のほか『素問』、『霊枢』、『難経』の三書にも記載があるので**表3・表4・表5**として示す。『素問』は『黄帝内経素問』巻一、金匱真言論篇第四、『霊枢』は『霊枢経』巻七、順気一日分四時第四十四、『難経』は『難経』巻三、三十四によっている。

『霊枢経』巻七には五官や五臭の配当は無い。

『難経』巻三には

三十四難に曰く、五臓各々声・色・臭・味有り。

とあるが五官や五畜の配当は無い。

以上から、五色・五臓・五味・五臭の関係は三本とも同じであることが明らかである。

ここでは配当のみを紹介したが、医書にこのような配当がされていることは先にも述べたように興味深い。

なお、『黄帝内経素問』の五臭は今詳しく論じないが注によって『礼記』や『春秋元命苞』の五臭の概念と同じであることが理解できる。五声の概念は『難経』だけ異なる。

四、五穀と五味

「三」からは五色・五臓・五味・五臭の関係は三本とも同じ概念によることが明らかであるので、次に五穀と五味の関係について考察したい。

先に考察したように『黄帝内経素問』巻一、金匱真言論篇第四には五穀や五畜について五味との関係が述べられている（**表3**を参照）。

『五行大義』巻三、第十四第三には『霊枢経』巻九五味第五十六の引用があり(25)五味と五穀・五菓・五畜・五菜の関係を知ることができる。それを表に示すと**表6**のようになる。

表6は**表4**の五味と五色の関係と同じである。すなわち、『霊枢経』では巻七も巻九も同じ理論構成で述べられている。しかし、この『霊枢経』巻九五味論第五十六は先に考察した『黄帝内経素問』の五穀・五畜・五采の関係とは内容が異なる。特に五味の酸（五行では木）と辛（五行では金）は五穀や五畜に違いがみられる。表で示すと**表7**のようになる。**表7**では五味と五穀と五畜の関係のみを示す。

そして、『五行大義』(26)では以下のように五味と五穀の関係を総括して述べているので**表8**に示す。五菓についても言及があるが省略する。

総じて之を言えば、五穀は則ち芒（とげのある植物）は以て木に配し、散（のび散らばっている植物）は以て火に配し、房（四角い形をしたさや）は以て金に配し、莢（さや

表6　『霊枢経』巻九五味と五穀・五菓・五畜・五采・五色

五味	五穀	五菓	五畜	五采	五色
甘	秔米*	棗	牛	葵	黄
酸	麻	李	犬	韮	青
鹹	大豆	栗	猪	藿	黒
苦	麦	杏	羊	薤	赤
辛	黄黍	桃	鶏	葱	白

*秔米（うるちまい）

表7　五味と五穀・五畜

五味	酸	苦	甘	辛	鹹
素問	麦・鶏	黍・羊	稷・牛	稲・馬	豆・彘
霊枢	麻・犬	麦・羊	米・牛	黍・鶏	大豆・猪

表8　五行と五穀・五菓

五行	木	火	土	金	水
五穀	芒	散	萃	房	莢
属	大小麦	穈黍	稷粟	胡麻	大小豆
五菓	子	核	皮	穀	房
属	梨椋	桃李	柑橘類	胡桃・栗	葡萄

に成っている植物）は以て水に配し、萃（細かい粒があつまっている植物）は以て土に配す。芒は大小麦の属、散は穈黍の属（きびの類）、房は胡麻の属、莢は大小豆の属、萃は稷粟（高粱やあわ）の属なり。芒は其の鋒芒の纖長なるに取る。木の生ずるに地より出づること、鋒芒の如くなるに象るなり。散は舒なり。火気の温煖にして、物の舒散するを象るなり。房は方なり。金の裁割にして、体の方正なるに象るなり。莢は狭なり。水の流れ長くして狭なるに象るなり。乃ち用と為すに象るなり。

以上から、五穀については蕭吉の考え方は『素問』と似ているが、五行の金に配当されるものは異なる。

五、季節と食物

『五行大義』(27)には季節と食物の関係を『礼記』月令を引用して次のように述べている。

春は麦と羊とを食う。麦に孚甲有り、故に木に属す。羊は火の畜、春気猶お寒きがごとし、此れを以て性を安んず。夏は菽（大豆）と鶏とを食う。菽に孚甲有りて堅し、水に合す。鶏は木の畜に属す。故に熱き時に食う所と為す。中央は稷と牛とを食う。稷（たかきび）は是れ穀の長なり。牛は是れ土の畜、其の甘、和を以ての故に、時に象る。秋は麻と犬とを食う。麻（胡麻）は金に属し、犬も亦た金の畜、故に秋に従うなり。冬に黍と豕とを食う。黍は舒散して火に属す。豕は水の畜なり。其の水火を兼ねて、以て冬の食と為す。

しかし、この文のほとんどは鄭玄の注であって『礼記』の本文は以下のようにシンプルである。

孟春…麦と羊を食す。……孟夏…菽と鶏を食す。……季夏…中央土…稷と牛を食す。……孟秋…麻と犬を食す。……孟冬…黍と豕を食す。

表に示すと**表9**のようになる。

表9　『五行大義』に引用される『礼記』月令の季節と五畜・五采

	春	夏	季夏	秋	冬
五畜	羊・火	鶏・木	牛・土	犬・金	豕・水
五穀	麦・木	菽・水	稷・土	麻・金	黍・火

この表からは「春はまだ寒いから火気（羊）や木気（麦）を食して体をあたため、夏には木気や水気を食して体をあたためすぎず冷やし、季夏には同じ気の土気を食すことによって体を整える。秋にも同気の金気によって体を整え、冬には水気（豕）によって体の伏熱をとり火気（黍）によって体をあたため体のバランスをとるということが理解できる。

この『礼記』月令の食物と季節の関係は『黄帝内経素問』(28)に近いことも理解できる。そして、『五行大義』(29)では四季にそれぞれ食すべきものを以下のように述べて鄭玄の説の不足を指摘している。

春猶お寒きとき温を食し、夏の方に熱きとき寒を食す。此の意解す可し（この考え方は理解できる）。苦きと甘きは味の和なり（味のバランスをとるものなので）、故に時に随って適用す（随時食べる）、此れ亦た解す可し（このことについても理解できる）。秋冬の両食は、此れ応に宜しく熱かるべきときに、熱からざる所以は、其の故は何ぞや。若し蔡邕の解に依りて、直ちに食の味相い宜しきを云えば、復た疑い無し。若し鄭の解に依れば、則ち誠に未だ尽くさず。今、鄭の言を広ぐ。少陽（春）大陽（夏）は、其の気舒散し、少陰（秋）大陰（冬）は、其の気斂閉（れんぺい）す（収斂して縮むのである）。

春には温を食して体を温める、すなわち火気や木気を食すのである。夏には水気を食して体を冷やす。しかし、苦（火気）や甘（土気）は味を調えるものなので、随時食す。この考え方は認められる。しかし秋冬の寒い時に「鄭玄のように寒い時に金気や水気を食すというのは意を尽くしていない」とするが、蔡邕の理解によれば五穀と五畜の食の味が互いによくあうというのであれば疑うことはない。すなわち「春夏には陽気が開放され、体内の陽気は発散されるので、温食を食べて体内の陰気を調和させなければならないと考えるからである。また秋冬には陽気は収斂し、体内には陽気が蓄えられているので、寒食を食べて体内の陽気（伏熱）を調和させなければならない。」と考えるからである。

また、『五行大義』(30)では『甲乙経』と鄭玄の説を紹介し、それぞれの理論的背景を述べている。『甲乙経』(31)は春には麦（苦・火気）や羊（苦・火気）を食べ、夏には菽（鹹・水気）や鶏（辛・金気）食べ、秋には麻（酸・木気）や犬（酸・木気）を食べ、冬には黍（辛・金気）や彘（鹹・水気）を食べるのがよいとする。

以上を**表10**に示す。

その理由を春には鄭玄も『甲乙経』も木気のものや苦（火気）を食するのはともに温を用いるということで同じ理論に

表10　五行と五穀・五菓

	春	夏	秋	冬
五采	麦（苦）	菽（鹹）	麻（酸）	黍（辛）
五畜	羊（苦）	鶏（辛）	犬（酸）	彘（鹹）

よっている。夏には鄭玄も『甲乙経』も菽（鹹・水気）を食べるのは陰気によって陽気を緩和する理論で同じであるが、鶏を食べる理論は『甲乙経』では鶏を金気（辛）とし、鄭玄は木気とするのは気のとらえ方に違いがあるからである。すなわち鄭玄は木気（鶏）を食することにより、体をあたためるわけであるが、『甲乙経』では同気である金気（鶏）を食す。それは秋の気、金気（少陰）を酸の気、木気（少陽）で調和するためであり、鄭玄の麻（金）と犬（金）を食するのは同気である金気と麻・犬の金気の同じ気で調和するということで、調和という点では同じ理論であるが、その背景となる気のとらえ方が異るのである。冬は『甲乙経』では黍（辛）や彘（鹹）を食べるのは体内にある伏熱を緩和するために少陰（涼）や大陰（寒）の食物を食するのであり、鄭玄が冬に黍（火）と彘（水）を食べるとよいとするのは黍については体を温めるためであるが彘（水）を食するのは同じ水気のものを食して調和を保つということである。

すなわち、『甲乙経』で夏に冷たいものを食べるのは炎暑のこもった熱気を調和するためであり、冬に冷たいものを食べるのは体内の伏熱を取り去るためである。しかし、『甲乙経』では秋に少陽をもって少陰を調和し、秋は殺気があるので、木の気を補うとするのに対して、鄭玄は秋に配当される金気のものを食べるとしている。これは違った気の食物によって調和するという論理ではなく、同類の気のものを食して体を整えるということであり、秋の食物については鄭玄の解釈は『甲乙経』、『黄帝内経素問』と異なるということである。

おわりに

味覚である五味や臭覚である五臭が五行に配当され、本稿にあげたいずれの説もその配当は同じであるが食物を食すときには違いが生じる。食物を食す時のことは本稿では甲乙経と鄭玄を比較した結果、春と夏は同じ理論であったが秋と冬では異なっていることが明らかである。

それは鄭玄が「気味」の「気」を五行の気とし「味」は五行に配当して「五味」とするということに対して、甲乙経では「気味」の「気」を真柳氏のいう「四気（寒・熱・温・涼）」を考えるが「味」は五行に配当し「五味」とするため、その解釈に違いが生じるものと考える。すなはち、『甲乙経』と鄭玄の説は五行に配当される食物は同じであってもその利用法が異るのである。
それは以下の『周礼』天官の文章の理解に関係する。

凡そ和は春に酸多くし、夏に苦多くし、秋に辛多くし、冬に鹹多くし、調うるに滑甘（口当たりのよい甘いもの）を以てす。

この解釈は『五行大義』巻三、第十四、三「気味を論ず」に以下のようにある。

一に云う、「宜しく時の気に従うべし。春の食は須く酸多くすべし、夏の食は須く苦を多くすべし。」と。

すなわち、その時節の気に従って食すべきであるので、春には酸を多くとり、夏には苦を多くとるべきであるとする。これは鄭玄の考え方でもある。『周礼』天官の鄭玄注に

各の其の時味を尚びて、甘を以て之を成す。

とあるので、季節によって季節の味を摂取すべきであるということであり、現代人にとっても納得できる理論である。

以上からは味や香を五行に配当するのは単に五行に配当するだけでなく、季節や食物との関係をも考慮していることが明らかである。しかし『甲乙経』と鄭玄の説を比較するとその理論の背景が異なることも明確である。本稿ではその理論背景を十分に論じることができなかったので、別の機会に詳しく論じたい。

注

（1）川端昌子「美味礼讃と無味礼讃」（『感性工学研究論文集』二〇〇二年）。
（2）畑正高『香清話』（淡交社二〇一一年）。
（3）春秋戦国時代の鄭の賢人、政治家。法治主義によって国を治めた。合理主義的な考え方は孔子に継承されてる。
（4）巻三、第十四、一、「論配五色」。
（5）巻三、六節蔵象論第九。
（6）巻三、第十四・一、「論配五色」。
（7）巻三、第十四・一、「論配五色」。
（8）巻三、第十四・二、「論配声音」。
（9）『黄帝内経素問』巻二、陰陽応象大論第五。
（10）初唐の学者。『五経正義』や『隋書』などを編した。
（11）巻三、第十四・三「論配気味」。
（12）巻三、第十四・三「論配気味」。
（13）巻三、第十四・三「論配気味」。
（14）巻三、第十四・三「論配気味」。
（15）巻三、第十四・三「論配気味」。
（16）巻三、第十四・三「論配気味」。
（17）巻三、第十四・三「論配気味」。
（18）『五行大義』巻三、第十四・三「論配気味」。
（19）巻三、第十四・三「論配気味」。『礼記正義』鄭玄注には「水之臭味也。凡鹹朽者皆属也。気若有若無為垢也。」とある。
（20）『矢数道明先生退任記念　東洋医学論集』所収（北里研究所附属東洋医学総合研。究所、一九八六年）。
（21）真柳論文一頁。
（22）巻三、第十四・三「論配気味」。
（23）『神農本草経』二。

（24）真柳論文三頁。

（25）『五行大義』では『黄帝甲乙経』の引用文になっているが、『霊枢経』五味第五十六の文に近い。穀は則ち米は甘く、麻は酸く、大豆は鹹く、麦は苦く、黍は辛し。菓は則ち棗は甘く、李は酸く、栗は鹹く、杏は苦く、桃は辛し。菜は則ち葵（芹）は甘く、韭は酸く、藿（香草）は鹹く、薤（らっきょう）は苦く、葱は辛し。畜は則ち牛は甘く、犬は酸く、彘は鹹く、羊は苦く、鶏は辛し。

（26）巻三、第十四・三「論配気味」。

（27）巻三、第十四・三「論配気味」。

（28）**表7**を参照

（29）巻三、第十四・三「論配気味」。

（30）巻三、第十四・三「論配気味」。

（31）巻三、第十四・三「論配気味」に引用されている。

郭璞『易洞林』と干宝『捜神記』
——東晋はじめ、怪異記述のゆくえ

佐野誠子

さの・せいこ——名古屋大学大学院人文学研究科准教授。専門は中国古典文学。主な著書・論文に「『天地瑞祥志』第十四所引志怪佚文について——八部将軍と四道王」（『日本中国学会報』七〇、二〇一八年）、『怪を志す——六朝志怪の誕生と展開』（名古屋大学出版会、二〇二〇年）などがある。

郭璞と干宝はともに東晋王朝創設期に佐著作郎という官職につき、災異祥瑞記録の整理と解釈に携わっていた。占いの技術を志向する郭璞と、理論や歴史著述を重んじる干宝と、資質が異なる。その違いは著作にもあらわれ、郭璞『易洞林』は、自分の易占いがあたったことのみをしるすのにたいし、干宝『捜神記』は、歴史書として他者のことを客観的にしるすし、志怪の基礎を築いた。

一、郭璞と干宝

東晋の文学者・学者である郭璞（二七六～三二四）と、志怪『捜神記』の著者干宝（二七六?～三三六?）は同僚であった。東晋王朝成立初期、二人は、ともに佐著作郎として、歴史記録の執筆・管理に携わっていた。彼らには、『易洞林』、『捜神記』という共に怪異の内容を扱った著作がある。ただ、両者は、その内容や記述方法がかなり異なる。

本稿は、両者の生涯から、その災異解釈への向き合いの違いを分析した上で、『易洞林』と『捜神記』を比較し、『捜神記』が、後世に名を残す書物となったのにたいして、『易洞林』はなぜそうならなかったのかについて考察する。

（一）郭璞の生涯

郭璞は、字は景純、河東郡聞喜県（山西省聞喜県）の人であった。父瑗は尚書都令史の官を務め、建平郡の太守で終わった。郭璞は、河東に客居していた郭公という人物から占いの術を教わった。郭公は『青嚢中書』九巻を郭璞に与えた。それによって、郭璞は、五行、天文、卜筮の術に通じ、災禍を払えるようになった。そして、西晋から東晋へと変わる混乱期、長江を渡り建康（現在の南京）にやってきた。

郭璞は、長江を渡ったあと、殷祐、そして王導に参軍として取りたてられ、元帝が即位して東晋王朝を立てた時には、会稽郡内の県の井戸で発見された鍾について、王者の出現の兆しであるという解釈を示し、元帝の覚えもめでたくなった。その後、ほどなくして制作した「江の賦」「南郊の賦」が評判となり、佐著作郎に取りたてられた。

その後、尚書郎にうつり、母の喪に服するために職を退いたが、その一年の喪も明けないうちに、王敦に起用され、記室参軍となった。その王敦が反乱を起こそうとした時に、郭璞は、凶であると占った。そのことが王敦の怒りを買い、死刑となった。

『晋書』郭璞伝に記載される生涯は、占いに彩られている。長江を渡るその是非も、郭璞は占いをして判断していた。また、郭璞は自分が処刑される場所も死刑執行人についてもすべて占いで先を見通していたと書かれる。これら占いの挿話の中には、すでに他の史書の記載との矛盾が指摘されているものもあり、伝説化された郭璞像が、唐初に編まれた『晋書』の時点で完成していたことがうかがえる。

（二）干宝の生涯

干宝は、字は令升、新蔡（河南省新蔡県）が本籍であるが、祖先は後漢時代の混乱期に呉郡（江蘇省）に移り、祖父や父は三国の呉王朝に仕えた。干宝は、京房易の占いに優れた韓友という人物にどうしてそんなによくあたるのかと尋ねたという挿話もある（『晋書』韓友伝）が、特に弟子入りしたというようなことは書かれていない。永嘉五年（三一一）頃には、佐著作郎の官についていた。そして、東晋王朝が中興した建武元年（三一七）、時の中書監であった王導が、佐著作郎の干宝らに歴史書を編纂させるべしとの奏上を行って、元帝が聞き入れた。咸和初年（三二六）頃までは著作の職にあったらしい。その後、俸給を求め、地方官などを歴任し、歴史書『晋紀』を編んだ。

『晋書』干宝伝では、干宝はもとから術数を好んだ人物であり、父の妾が墓の中で生きていたことと兄が死んで再び甦ったことに衝撃を受けて『捜神記』を著したと書かれる。『晋書』干宝伝は、『捜神記』執筆のきっかけとなったとされるこの怪異事件については記述するものの、『晋書』郭璞伝とは違い、干宝が実際に術数にどのように向き合っていたのかについて、具体的な記述はない。

（三）二人の関わり

後述するように、干宝『捜神記』には、郭璞にまつわる記事も収録されるが、郭璞の著作で、干宝のことに直接言及するものはない。ただ、『世説新語』文学篇の劉孝標注が引用する『璞別伝』には、郭璞が、だらしなく、時に酔態をみせる生活をしていたので、友人の干宝がそれを戒めたという記述がある。『晋書』郭璞伝にも類似した内容があり、郭璞が佐著作郎ののち、尚書郎となった頃のことだとしている。

郭璞は占いによって名をあげ、最期も占いによって命を落とした。六朝の文人は非業の死を遂げることも少なくないため、その点においては、郭璞の死に方もありふれたものではある。ただ、干宝は、普通に寿命をまっとうして亡くなっている。このあたりにも、奔放な郭璞と、生真面目な干宝という資質の差が反映しているのかもしれない。

そして、彼らは同じ佐著作郎として、災異解釈という任務を担っていた。

二、災異祥瑞とその解釈の記録

（一）著作郎の設置とその性質の変化

中国の王朝は、歴代記録を残すことに力を入れてきた。史官も古くから設置されていた。三国魏の時代になると、秘書省に著作局が設置され、歴史の記録をそこで行うようになった。そして、著作郎とその補佐である佐著作郎（時に著作佐郎とも書かれる）という官職が用意された。

歴史の著作とは、古くは天文や制度に通じた家の者が代々役職をひきついで行うものであった。そこに新しい人材を入れる基盤が整えられたことになる。

その歴史をどのように書くか、どのような人物を著作郎、佐著作郎に任命するかは、時期によって異なる。西晋武帝期においては、著作郎、佐著作郎に『後漢書』を著した華嶠（かきょう）や、『三国志』を著した陳寿（ちんじゅ）などがついていたが、恵帝期以降は、潘岳（はんがく）、皇甫謐（こうほひつ）、陸機（りくき）など、名門の出身、あるいは、文辞に長けた人物に変わっていった。

それが、東晋王朝初期になると、郭璞や、王隠（おういん）、干宝など経史の術に精通した人物が、目立って採用されるようになる。これは、新しい王朝を立ち上げるのに際し、文辞の才よりも、学術に精通した人物を採用し、祥瑞を国家の正統を保証したものとして解釈する人材を欲していたからではないかと説明されている。実際に、王隠は『晋書』を著し、その中には、災異と祥瑞の記録を扱った瑞異志があった（後述）。

『晋書』郭璞伝の記述では、郭璞は、賦の作品の評価が佐著作郎採用につながったようにも読める。ただ、その前から西晋末期より東晋にかけての祥瑞の解釈を積極的に行っていたことは、郭璞が王室に認められるきっかけとなっている。また、郭璞と同時に採用された王隠は、後世において、文才があまりにないと批判されている。郭璞の場合は、術数の知識もある上に文才をも備え持つ人物として、積極的に佐著作郎として歴史書作成に携わって欲しいと考え採用したのかもしれない。

それ以外にも、干宝は、神仙の理論と実践を説いた書『抱朴子』の著者葛洪（二八三～三四三）を史才があるとして推薦したが、本人が就任を固辞した（『晋書』葛洪伝）。これも、術数に明るい人材を当時の王朝が欲していたことのあらわれかもしれない。

（二）五行志と符瑞志

郭璞・干宝らは佐著作郎として災異祥瑞の記録の整理と解釈に携わった。その記録は、五行志などにまとめられている。王朝の災異は、班固の『漢書』において五行志が設けられ、その後、西晋司馬彪の『続漢書』、梁沈約の『宋書』においても、『漢書』にならって五行志が設けられ、災異の記録とその解釈がしるされた。沈約の『宋書』は、南朝宋の王朝史であるが、五行志については、三国時代の歴史書に五行志がないことから、三国魏以来、西晋・東晋の災異記録までも採録する。なお、現在では唐の房玄齢らが編纂した『晋書』にも五行志が設けられ、晋代の災異の記録がまとめられるが、『宋書』五行志の晋朝の災異記録をほぼそのまま利用して編纂されたものである。

また、『宋書』には、符瑞志も設けられた。禍をもたらす災異にたいして、王朝にとってめでたい予兆として起きたと思われる事象――祥瑞を記録したものである。このような祥瑞の記録は、紀伝体史書では本紀の部分にしるされてきた。『宋書』以前にも王隠が著した『晋書』が瑞異志を設けていた。王隠は、郭璞と同時期に佐著作郎に採用された。王隠『晋書』は、現在佚書であり、佚文をみる限り、災異の記事を中心に、少しく祥瑞記事も取っていたようである。祥瑞の記事のみで志をたてたのは、『宋書』符瑞志と『南斉書』祥瑞志のみである。そのあとの史書では『魏書』霊徴志が、五行志と祥瑞志を兼ねた内容になっている。

『宋書』符瑞志は、過去の史書に類似の志がないことから、有史以来の祥瑞を取り上げるとして、三皇五帝以来、南朝宋代までの祥瑞を取り上げる。五行志に比べて解釈が示される条数は少ないが、符瑞志でも、時折解釈が示される。

（三）五行志と符瑞志における郭璞と干宝の解釈

『宋書』五行志や符瑞志において、郭璞や干宝の解釈はどの程度取り上げられているのだろうか。

『宋書』五行志序文では「高堂隆や郭景純らが、経典によって解釈を示し、その通りの明らかな応験があった」と郭璞の名をあげる。ただ、そのあとに「しかし、散逸してしまい、順序だてて述べられず、歴史書の体裁をなしていない」と続き、郭璞の解釈が示される条は六条にとどまる。いっぽうで、『宋書』五行志で示される解釈のうち、干宝の名をあげるのは三〇条ほどある。ちなみに、干宝は名で書かれるのに、郭璞はなぜか字を用いて郭景純と書かれる。

郭璞の名があげられる事件は、温嶠が王敦の乱が起こったときに郭璞に展望を占わせたという一条（このことは『晋書』郭璞伝にも載る）をのぞくと、西晋末期に発生したものに限られる。温嶠の一件は、個人的なつきあいのある温嶠が郭璞に占わせたのであって、著作局における業務としてではないだろう。

干宝の解釈をみると、その災異の発生年代は、三国の魏・呉時代のものが多く（蜀の災異記事は、『宋書』五行志にない。蜀の災異記事自体が残らなかったためと考えられる）、仕官前の西晋初期の事件までもが含まれる。干宝は、過去の災異記事の解釈と検証を行っていたようなのである。これらは、干宝が著作局での業務として行い、その解釈がのちに『宋書』五行志で採用されたものとみられる。郭璞の西晋末期の災異への解釈も同じような背景を持つのかもしれない。

符瑞志には、郭璞、干宝それぞれ一箇所のみ名がみえる。ともに、西晋末期の出来事について、元帝が立つ、東晋王朝が興る兆しだと解釈したものである。

五行志内で、両者の解釈が共に載る事件として、建興四年（三一六）の淳于伯の死にまつわるさまざまな災異があるが、これについては、次節で検討する。

『宋書』五行志・符瑞志の編纂において、干宝と郭璞、彼らの解釈への態度は大きく異なっていると言わざるを得ない。

三、二人の解釈

（一）淳于伯の冤魂

ここでは、いくつかの事件をとりあげ、彼らの災異解釈を具体的にみていこう。

『宋書』五行志で、唯一郭璞と干宝の解釈を併記する記事がある。西晋の末期、淳于伯は無実の罪で死刑となり、処刑時には、血が逆流して柱を二丈三尺（約五・六メートル）も遡ったという。その後三年間旱が続いた。この事件について、『宋書』五行志において、干宝は、冤罪の気の感応であるとの解釈を示したとある。そして、郭璞は、「血は水の類で、ともに易の八卦で水を象徴する坎に属している。坎は法家である。水は平潤であれば下に流れるし、そうでなければ、逆流する。これは失政があったためのしるしである」と述べたとある。

五行志に記録される災異で、このような個人の冤魂を原因に発生したとされるものは珍しい。少なくとも『漢書』五行志にはなく、『続漢書』『宋書』五行志になると一部にみられるようになるものである。この事件では、旱までもが淳于伯の冤魂と結びつけて考えられていたために、五行志に取られたのだろうか。この事件が大きな話題となっていたことは確かで、郭璞は、佐著作郎となったあとの上疏文においてもこの淳于伯の事件に触れ、天の戒めであると述べている。現行二十巻本『捜神記』にも淳于伯のことが載るが、これは、どうもあとから付け足されたようであって、原本には存在しなかったようである。

(二)皇太子の生母の病と二つ頭の仔牛

唐代瞿曇悉達が編んだ占星術の類書『唐開元占経』巻一一七牛生子異形に引用される『捜神記』からとする文は、現行二十巻本にはない『捜神記』佚文であり、郭璞の占いと解釈が示される。

元帝の大興年間(三一八～三二一)、晋陵郡を割譲して少子を封じ、太傅東海王を継がせようとした。にわかに世子(王位継承者)の母である石婕妤が病にかかった。郭璞に占わせたところ、【明夷】卦が【既済】卦に之くとなって、こう言った。「世子は、領土を割いて国をわけ、禍根を作ってはなりません。母子で貴くなった咎です。領地内で、牛が二つの頭部を持つ仔牛を産むでしょう。これが現れれば、病気は治ります。」その年の七月、曲阿県陳門の牛が、二つの頭部を持つ仔牛を産み、郡県はその姿を描いて献上した。元帝はそれを石氏に示した。石氏はそれを見て、病が好転した。ある人がその理由を尋ねたところ、このような答えだった。「晋陵の土地は、皇帝が命を受けた土地です。二つの大きなものがあってはなりません。世子をそこにならべさせ、その気を取ってはならなかったのです。そのために、二つの頭の妖なる現象が起き、警告をしたのです。」

前項では、郭璞は五行思想と、易の卦を組み合わせた解釈を示していたが、占い自体をしたとは示されていなかった。こちらでは、郭璞は、実際に易占を行って、出てきた本卦と変卦により解釈を施している。これこそ、『晋書』郭璞伝を彩る占いの挿話と同種のものであり、郭璞は自分のためのみならず、さまざまな人物から占いを依頼され、易占を行った。

その占う内容は、このような天下を定めるといった事象のみにとどまらず、身内の病気なども対象としており、また、射という持ち物を当てさせる占いで、郭璞の占いの能力を見定めようとするものも多く残る。

この記事では、そのような単純な占いの能力をみるのではなく、政治的な判断にまで踏み込んでいる。時期としては、郭璞はすでに佐著作郎となっていた。郭璞が宮中に入る前から、このような宮中に関する事件への占いの記事も残っており、郭璞は、すでに政治的な決め事の相談役として占いの能力を発揮していたのかもしれない。

『宋書』『晋書』五行志においても、この二つ頭の仔牛が生まれた事件は記録されているが（ただし、発生時期が建武元年（三一七）七月となっており、時期に矛盾が生じている）、共に郭璞の解釈は示さない。『晋書』五行志では、新たに京房『易伝』が引用されているが、郭璞の解釈は無視されている。

郭璞は仕官前にも王朝の予兆を読み解き、また仕官中もそのような解釈を行っていたことは確かであるが、その解釈は史書にはほとんど残されなかった。

この文は『唐開元占経』以外に引用がないため、断定はできないが、末尾の「晋陵の土地云々」のせりふは、誰のことばであるか明示されていない。郭璞が卦を出し、本人が解説したとも取れるが、『捜神記』の佚文であることからすると、干宝による解説かもしれない。

（三）神女降臨

彼らは、災異祥瑞とはいささか毛色の異なる事件にも解釈を施していた可能性がある。著者不詳の『智瓊伝』（『太平御覧』巻七二八方術部・筮所引）に、魏の嘉平年間（二四九〜二五四）、弦超のところに成公智瓊と名乗る神女が降臨したことについての議論があり、郭璞と干宝の名前がみえる。

> 弦超のところに神女が降りたことについて、ある論者は神仙だとし、ある論者は鬼魅だとして、どちらが正しいのかわからなかった。著作郎の干宝は『周易』で占ってみたところ、【頤】卦が【益】卦に之くと出て、これを同僚の佐著作郎達に示した。郭璞が言った。「【頤】卦は貞吉であって、正しく身を養生すれば、山のふもとで雷がとどろき、気性がひたすら新しくなる。これが変じて【益】卦になれば、永遠の寿命が得られ、龍に乗って風を口に含む、とあるので、これこそ仙人の卦だ。」

この『智瓊伝』は、誰が書いたのかわからない。神女成公智瓊降臨のこと自体は、『捜神記』巻一にもあり、広く伝わっていた故事である。『捜神記』の記事では、成公智瓊が『易』七巻に注を施し、その内容は、揚雄の『太玄易』や薛虞の『周易中経』のようであって、吉凶を占う実用に使えるものであったとの記載がある。

郭璞はあとで『易洞林』を検討するように、『易』を用いた占いを大いに実践していた。干宝は『周易』の注釈書を著しているが、このように易占を実践した例は他にない。解説部分は、郭璞のものと解釈されているが、文の区切り方によっては、干宝が、同僚の郭璞らに卦を示し、そのまま自ら解説をしたと読むことも可能かもしれない。前項の記事と同じく、肝心の解釈がどちらによるものなのか、曖昧さを含む本文となっている。

この『智瓊伝』の佚文までも元来の『捜神記』にあったとみなす見解もあるが、本当にそうであったのかは保留が必要であろう。ただ、両者の怪異と易占への関心が反映された内容であることは興味深い。

(四)技能者郭璞と学者干宝

干宝は京房易の立場に立った学者である。『捜神記』でも、過去の五行志から取材する時に、解釈部分は、京房『易伝』のみを引用する態度を取っていた。そして、干宝は、(佐)著作郎として自分が解釈を行った事件の一部も『捜神記』に取り込んだ。ただ、自然災害はその中に含めていない。この点が、『捜神記』と王朝の歴史書との災異の切り取り方の違いを示す。干宝は『易』の注釈書も著した。郭璞には『易』の注釈書はなく、『易洞林』という実践記録の書を著した。両者は解釈をするが、その傾向は異なる。それが端的に表れていたのが、先の成公智瓊に関する占いの挿話であろう。郭璞が解釈を示したのだとする場合、干宝は卜筮によって易の卦を出すことまではできても、その細かな解釈は郭璞に委ねたことになる。

郭璞はあとに『易洞林』でみるように、このような易占をした上ででてきた卦を解釈することをしばしば行っている。郭璞は占いの実践者であった。『晋書』郭璞伝でも、人からの依頼で占いをしたという記述が多くあり、『宋書』五行志でも、温嶠は郭璞に王敦の乱の行方を占わせたことが載っていた。

干宝には、このような人に頼まれて占ったという挿話自体がない。干宝は、書物の知識によって、災異の意味を考察していた。

郭璞も干宝も寒門の出身ではあるが、郭璞の方が、一段下の扱いを受けていたようである。『晋書』郭璞伝には、郭璞は占いが好きであるが、それを高官達に笑いものにされていたこと(彼らは郭璞に占いをさせるのに!)、そして、自分の能力に比して地位が低いことにちなんで、「客傲」という作品を作ったことが書かれる。そのうちの客人が郭璞を侮辱したことばの中に、「『洞林』を『連山』にまねて書いても、何の名声があがろうか」との一文がある。『洞林』とは、『易洞林』のことであり、『連山』とは、すでに失われてしまっている易占の書である。郭璞は名声を求めて『易洞林』を著したからこそ、このようなせりふを言わせたということになる。そして、実際は、郭璞が思うような高い評価は得られず、占いをすることで蔑まれていた。

干宝にも『捜神記』を著して、時の名士劉惔にその内容を述べたところ、君は鬼の董狐（董狐は、春秋晋の義を貫いた歴史家）だと評されたという挿話（『世説新語』排調篇）がある。これも、干宝の怪異好きを嘲弄する意味あいが含まれていたと解釈される。

『易洞林』・『捜神記』とも、著作当時から、重要視されない書物であったことは確かである。ただ両者の内容は異なる。次節では、その違いと彼らの著述の傾向の違いを分析する。

四、二人の著作――『易洞林』と『捜神記』

(一) 郭璞『易洞林』

『晋書』郭璞伝には、郭璞は『易洞林』を著して、占いがあたったこと六十件余りをしるしたとある。『易洞林』は、『隋書』経籍志では子部五行類に分類される。現在では失われており、佚文三十条ほどが残るが、元代の易関連書籍などにのみ残る佚文も含み、そのすべてが本当に『易洞林』のものかはわからない。

佚文の中では古い文献に属する唐代薩守真が編んだ天文類書『天地瑞祥志』における『易洞林』の引用でさえ、佚文全四条の体裁が一致していない。ただ、郭璞が誰かのために易の占いをしてあたったというのが、全体の構成で、現在の『易洞林』佚文は、その部分部分を断片的に引用しているようである。たとえば、次のようなものである。

> 右将軍の庫洪が林の中で食事をしたところ、二三本の指程度の大きさの血のかたまりがあった。その後病死した。血が器物を汚す時は、軍隊を用いてはならない。
>
> （『天地瑞祥志』第一七血に引く『同（洞）林』）

庫洪という人物は不詳である。他に、丞相時代の元帝のところにニワトリやスズメが集まることについて、晋王が即位するという兆しであるとの解釈を示した挿話などもある。これらでも易の卦は示されていない。

『易洞林』にかかわらず、郭璞の占いの挿話では、『易』の卦を示した部分がなく、結果のみが語られることも多くある。ただ、本来郭璞は、卦とその解釈を示し、自分の占いがこんなにもよくあたるということを知らしめるために『易洞林』をまとめた書だったようである。

(二) 干宝『捜神記』

現在残る二十巻本『捜神記』は、明代になって再編集されたものであり、干宝の著作そのままではない。五行志的な災異を載せる二十巻本第六、七巻は四庫全書の提要以来、本来『捜神記』にあった部分なのかと懐疑がもたれてきたが、すべてではないにしても、干宝は確実に五行志的な災異記事の一部も『捜神記』に取り込んでいたようである。

そして、この五行志的な災異の記事を多く載せるのは、志怪の中でも『捜神記』に顕著に目立つものである。その切り取り方は、五行志とは違い、自然災害などは採用しない。

『捜神記』にあるのは、災異の記事に限らない。占いについて、郭璞の記事を三、四つは載せていたようである。これは郭璞のみならず、許季山（きょきざん）、董彦興（とうげんこう）、淳于智（じゅんうち）、管輅（かんろ）についても記載していた。

干宝は災異の解釈はするものの、占いは原則としてしない。しかし、占いを行う人物については、積極的に採録していた。特に同僚であった郭璞からは、直接話を聞くことが可能な環境にあったために、これらのことはしるされたのだろう。

『捜神記』の執筆動機としては、先にあげたように、身内が生き返った事件に衝撃を受けたからだとされている。『捜神記』の中には、もちろん自分の身近なところで起こった、あるいは、周囲の人物から聞いたような事件も混じっているが、全体の分量からすれば少ない。その中で、本人が目撃した怪異とその解釈が示される記事がある（『唐開元占経』巻一一四敗屩自聚をもとに諸書の引用文を総合した『捜神記輯校』巻一四の文によって示す）。

> 元康（二九一～二九九）年間の末から、太安年間（三〇二～三〇三）にかけて、江淮の地域では、腐ったはきものが勝手に道に集まった。多い時は、四、五十足ほどにもなった。私はかつてそれを見に行ったことがある。人に片付けさせ、草むらの中や、深い谷に棄てさせたのだが、翌日見るとことごとく元に戻っているのだった。民のあるものは、タヌキがはきものを口にくわえているのだと言うのだが、まだ目撃したことはない。ある説によると、「はきものは、人のいやしい服飾品であって一番下にあり労働に用いる。一般庶民の象徴である。腐っているのは、疲弊を象徴している。道は、四方から往来があるところで、王の命令を行き交わせる場所である。今腐ったはきものが道に集まるのは、一般庶民が疲弊し、将軍丞相達が結束して乱を起こし、四方を断って王の命令を届

かせず位にある者が察知しないことをあらわしている」のだという。太安年間に、反乱を起こした李流を討伐するために壬午兵が徴兵され、民衆達は怨みを抱いて反抗した。そこに江夏の張昌が反乱を唱え、荊楚の地域はそれに合流した。こうして戦争が毎年起こるようになり、これによって天下は大いに破壊された。

　これは、西晋時のできごとであり、自分で見に行ったという記述があることから、この事件は本来、王朝史としての記録ではなかったようである。『宋書』五行志には、この事件が取られない。『晋書』五行志は、この事件も記録し、引用の記事で説だとある部分は、干宝の解釈として示される。これは、『晋書』五行志が『捜神記』から追加して採録したのかもしれない。

　二十巻本『捜神記』は、明代の再編集になるものであり、原本の構成を知ることはできない。ただ、本来は過去の記事と同時代の記録（それは必ずしも自分の体験に限らない）を結びつけることを目的としていたようである。解釈については、五行志の解釈の一部が示されることもある。また、狐と人間の異類婚姻譚の中国最古の例ともいえる「阿紫」では、末尾に干宝による論評めいたものが示されている。ただ、これらはいわば、解説であり、郭璞のような未来を予測してあたったとするものではない。『捜神記』はあくまでも歴史家干宝の本分である記録として書かれている。

(三) 郭璞と干宝の著作

　郭璞と干宝、彼らの著作全体を概観しても、彼らの資質・傾向には大きな差がある。それがまた『易洞林』と『捜神記』の違いにつながっているようである。

　郭璞は、まずは文学者として後世に名を残している。『文選』においても、巻一二に「江の賦」、巻二一には「遊仙詩」七首が収録されている。干宝も『文選』巻四九に「論武帝革命」、「晋紀総論」が収録される。干宝には文集もかつてはあり、『隋書』経籍志にも著録はされているが、詩賦の作品は現在ほぼ残らない。そして、『文選』所載の史論も、本人が撰述した『晋紀』のために書いたものである。干宝は、王導が推薦した通りに、西晋王朝の歴史を編年体でしるした『晋紀』を編み、高評価を得ていた。その他『捜神記』以外に、『春秋左氏伝』の注釈書である『春秋左氏義外伝』を、また『周易』や『礼記』周官の注釈書なども著したといい、『隋書』経籍志には、干宝の著作や注釈書が十四種著録されている。そして、歴史書の一環として志怪『捜神記』も編んだ。

　郭璞は、佐著作郎の任にはついていたものの、歴史書を著したという記録はない。『爾雅（じが）』『山海経（せんがいきょう）』の注とも、博引旁証であり、現在でも参照すべき重要な情報を多く含む。また博物的な怪異記録の書『玄中記』が郭氏撰とされていることについて、郭璞が著者であろうといわれている。郭璞は博物的な知識を誇る注や『玄中記』は書いても、理論面について、新たな注釈をするという志向がなかった。易についての著作は、『易洞林』の他、前漢の京房（けいぼう）、費直（ひちょく）などの易占の要点をしるした『新林』を編んだとされる。ただ、こちらは干宝とは違い、注釈ではなく「要点」である。

郭璞は、占術においても理論を深めるよりは、技術を追求していた。郭璞は歴史家ではなく、また理論への関心は薄かったようである。

五、主観と客観――志怪という歴史書の隆盛と『易洞林』の孤立

郭璞『易洞林』と干宝『捜神記』、その決定的な違いは、『易洞林』が占いに特化していることのみならず、『易洞林』は、あくまでも郭璞一人の占いを取り上げた点である。

郭璞のような占者の挿話は、先の『捜神記』に限らず、紀伝体史書の芸術列伝（芸術の概念の中に占いの技術が含まれていた）や、『太平広記』卜筮巻などにもみえる。郭璞以外にも占者は多くいたが、彼らは特に『易洞林』に類した書を自ら著すことはしなかったようである。それでも、特異な占いについては誰かしらが記録をし、それらが、史書の芸術列伝などに残った。

中国古典世界でも自分のことをしるす伝統はある。書簡文で自分の半生や信念を公表したり、詩で自分の精神世界を表現したりすることはある。また、陶淵明「五柳先生伝」のように自分のことを客観的に伝として著すという手段もあった。ただ、『易洞林』のような、自分の例のみを自分で語るという著述の方式は広がりをもたなかった。

干宝は『捜神記』において、歴史書として他者のことを書いた。このような記述は、自らが特別な災異解釈や占いの能力を持っていなくても、史料を集めることができさえすれば、著述可能である。この体裁は広く受け入れられ、『捜神記』以降も、多くの志怪が書かれた。

郭璞の占者としての言説・説話は、『易洞林』の一部佚文、また、各種断易書に引用される郭璞歌などとして生成され続けた。言い換えれば、易占という範疇においてのみ生き続けた。

かくして、二人が書いた『易洞林』と『捜神記』は、その後の著作への影響がまったく違った。歴史書として、自分のことも他者のことも客観的にしるせる『捜神記』は、その前

の曹丕編ともいわれる『列異伝』、その後の劉義慶編『幽明録』などと共に志怪と呼ばれ、このような書籍は、清朝まで編まれ続けた。

自らのことのみを書いた郭璞『易洞林』は、その後類似した書を生まず、孤立した存在となった。占者は、自分のことを自分でしるすよりも、ただ、その能力を有力者に示すことで、充分に認められたようなのである。これは、郭璞が著述の才能に恵まれていたが故の孤立なのかもしれない。

主要参考文献

小南一郎「干宝『捜神記』の編纂（上）（下）」（『東方学報（京都）』六九、七〇、一九九七年、九八年）

大平幸代「郭璞説話の形成」（『中国文学報』五九、一九九九年）

李剣国「干宝考」（『古稗斗筲録——李剣国自選集』南開大学出版社二〇〇四年、初出二〇〇一年）

大平幸代「東晋初期の文学空間と郭璞」（奈良女子大学博士学位論文、二〇〇二年）

連鎮標『郭璞研究』（上海三聯書店、二〇〇二年）

雁木誠「干宝と郭璞——『捜神記』所収郭璞記事をめぐって」（『中国文学論集』四三、二〇一四年）

李剣国輯『捜神記輯校』（中華書局、二〇一九年）

佐野誠子『怪を志す——六朝志怪の誕生と展開』（名古屋大学出版会、二〇二〇年）

附記　本稿は、佐野誠子「郭璞『易洞林』研究　附録：郭璞『易洞林』佚文一覧」名和敏光編『東アジア思想・文化の基層構造——術数と『天地瑞祥志』』（汲古書院、二〇一九年）をもとに、郭璞『易洞林』について、干宝『捜神記』との比較という視点を取り入れて執筆したものである。

白居易新楽府「井底引銀瓶　止淫奔也」に詠われる「瓶沈簪折」について——唐詩に垣間見える術数文化

山崎　藍

正式な手続きを経ずに結婚した男女の恋愛は危ういものであると警鐘を鳴らす白居易の新楽府「井底引銀瓶　止淫奔也」の冒頭に、釣瓶が落ちかんざしが折れるのは愛する人との別れに似ている、と詠われている。この「瓶沈簪折」にはどのような寓意が込められているのか。経典や詩歌、術数に関する文献などの記載を通して考えたい。

やまざき・あい——青山学院大学文学部准教授。専門は中国古典文学。主な論文に「元稹悼亡詩《夢井》新釈——以中国古代井観為視点」（『国際漢学研究通訊』第九期、二〇一六年）、「かんざしの喪失と破壊——先秦から唐代に至るかんざし詩の変遷と「長恨歌」の試み」（『日本中国学会報』第七十集、二〇一八年）、「京都大学人文科学研究所所蔵『天地瑞祥志』第十六翻刻・校注——「醴泉」「井」」（名和敏光編『東アジア思想・文化の基層構造——術数と『天地瑞祥志』』汲古書院、二〇一九年）などがある。

一、「井底引銀瓶　止淫奔也」とは

白居易（七七二～八四六）は多方面にわたって詩作活動を行い、彼が生きた中唐期はもちろん、後世にも多大な影響を与えた人物である。中でも、諷喩詩「新楽府五十首」は、その具体的で生々しい描写から白居易の表現力の高さが認められ、彼の代表作のひとつとなっている。

新楽府其三十七「井底引銀瓶　止淫奔也」（『白氏文集』巻四。以下「井底引銀瓶」と略す）は、愛する人に身を任せたが、婚儀をしていなかったために男性の両親から追い出され、行き場を失う女性を描く。親が結婚相手を決めるのが当たり前であった当時、正式な手続きを経ないで結婚した男女の恋愛がはらむ危険性を提起し、女性は身を慎むべきであると警鐘を鳴らす内容となっている。以下、冒頭部を引用しよう。

井底引銀瓶　　井底より銀瓶を引く
銀瓶半上糸縄絶　　銀瓶　半ば上りて糸縄絶えたり
石上磨玉簪　　石上に玉簪を磨ぐ
玉簪欲成中央折　　玉簪　成らんと欲して中央より折れ

たり
瓶沈簪折其奈何　瓶沈み　簪折れて　其れ奈何せん
似妾如今与君別　妾が如今　君と別るるに似たり

井戸底から銀のつるべを引き上げようとしたら
銀の釣瓶が上がりかけた時に井戸縄が切れてしまいました
石の上でかんざしを磨いていると
玉のかんざしがもうできあがろうとしていたところで
真ん中から折れてしまいました
つるべは沈み　かんざしは折れ　どうすればよいでしょうか
まるでわたしが今朝あなたとお別れするのと似ています

今朝、愛する人と別れることになった女性の境遇を、井戸縄が切れて井戸底に沈んだ釣瓶や折れたかんざしに喩えている。しかし、なぜ釣瓶が落ちること、かんざしが折れることが、愛しい男性との別れと似ていると詠われるのか、この詩だけでは理解しにくい。そこで本稿では、経典や史書、詩歌、術数に関する文献などにおける、井戸と釣瓶、かんざしの描写を通して、「瓶沈簪折」がどのようなことを表現しているのかを考えてみたい。

二、経典・術数文献などに描かれる井戸と釣瓶、かんざし

（一）井戸について

中国で井戸を意味する「井」は、『易』の卦としても用いられている。『易』「井」巽下坎上は次のようにある。

井、改邑不改井。无喪无得。往来井井。汔至亦未繘井。羸其瓶、凶。（井は、邑を改むれど井を改めず。喪うこと无く得ること无し。往くも来るも井を井とす。汔ど至らんとするも亦た未だ井を繘せず。其の瓶を羸る、凶なり。）

以下に引く孔穎達疏によれば、井戸は常に変わらぬものであり、井戸の有り様は君主が徳によって人民を教化する様と重なると考えられていたことが分かる。

井者、物象之名也。古者穿地取水、以瓶引汲、謂之為井。此卦明君子脩徳養民、有常不変、終始无改、養物不窮、莫過乎井、故以修徳之卦取譬名之井焉。（井なる者は、物象の名なり。古は地を穿ちて水を取り、瓶を以て引汲す、之を謂いて井と為す。此の卦は君子徳を脩めて民を養い、常に変らざる有るを明らかにす、終始改むる无く、物を養いて窮まらざるは、井に過ぐる莫し、故に修徳の卦を以て取譬し之を井と名づく。）

図1　灰陶井戸（漢代　愛知県陶磁美術館所蔵　茂木計一郎氏寄贈）
釣瓶と、釣瓶を回転させる轆轤、井欄、寄せ棟が付いている。井欄には瑞獣である龍（双龍紋）が見える。

井戸はあの世とこの世とを結ぶ場所としても認知されていた。例えば、『太平御覧』巻九八八に引く『淮南万畢術』に、

淮南万畢術曰……又曰、磁石懸入井、亡人自帰。（淮南万畢術に曰く……又曰く、磁石井に懸入すれば、亡人自ら帰す。）

とあり、

取亡人衣帯、裹磁石、懸井中、亡人自帰。（亡人の衣帯を取りて、磁石を裹にし、井中に懸くれば、亡人自ら帰る。）

と注が附されている。「亡人」は行方不明者の意味もあるが、『礼記』「喪大記」に死者が身につけていた衣服を屋根で降る招魂の儀式が記されていることを考慮すると、物を引き寄せる磁石を井戸に懸けることで、亡くなった人を戻そうとする招魂行為であると解釈すべきであろう。また、『墨子』「非儒下」には当時招魂の儀式のひとつとして井戸を覗く行為が存在したことが記されている。

其親死、列尸弗斂、登屋窺井、挑鼠穴、探滌器、而求其人焉……。（其の親死すれば、尸を列して斂めず、屋に登り井を窺い、鼠穴を挑ち、滌器（手などを水で洗う器）を探りて、其の人を求む……。）

「窺井」以下は『礼記』『儀礼』などの葬送儀礼に関する記述になく譫語である、との説も見受けられるが、[1]日本各地にも意識がなくなった人を呼び覚ます際、井戸を覗きながらその人の名前を呼ぶと生き返る、とする習俗が最近まで残っていたことを考えれば、[2]非常に興味深い資料といえよう。中国の文言小説では、井戸がこの世と異界とを結ぶトンネルの役回りを果したり、この世のものではない幽鬼や神が登場する場として描かれたりする。これも井戸がこの世とあの世、異界を結ぶ場所であるとの考えが背景にあるだろう。[3]

（二）瓶（つるべ）について

井戸水を汲むのに欠かせない釣瓶は、中国で古くは「瓶」と表記される（以下本稿では「瓶」と表記する）。『太平御覧』巻七五八「缾」（「瓶」の異体字）項に引く『雑五行書』には、瓶には辟邪の効能があるとされたことが記載されている。

雑五行書曰、懸餅井中、除邪気。（雑五行書に曰く、餅を井中に懸くれば、邪気を除く、と。）

先述した『易』「井」卦にも、「汔至亦未繘井。羸其瓶、凶。（其の瓶を羸る、凶なり。）」とある。人々が瓶を壊すことは不吉であるとしていたことがうかがえよう。

この考えは、文学作品にも垣間見ることが出来る。『漢書』巻九十二遊侠伝・陳遵所収の揚雄「酒箴」では、瓶が井戸に落ちる「落瓶」が、人の運命を象徴するものとして描かれている。『漢書』の記載によると、王莽に才能を認められた陳遵は酒を好み、好事家に疑問を質されると経典を持ち出して語る友人張竦に対し、常に「酒箴」を語った。「酒箴」は「先是黄門郎揚雄作酒箴以諷諫成帝、其文為酒客難法度士、譬之於物曰。（是に先だち黄門郎揚雄は酒箴を作りて以て成帝を諷諫す、其の文は酒客の法度の士を難るを為し、之を物に譬えて曰う。）」という文章の後に引かれる。

図2　青磁神亭壺（西晋　愛知県陶磁美術館所蔵）

子猶瓶矣。観瓶之居、居井之眉、処高臨深、動常近危。酒醪不入口、臧水満懐。不得左右、牽於纆徽。一旦叀礙、為瓽所轠。身提黄泉、骨肉為泥。自用如此、不如鴟夷……。（子は猶お瓶のごとし。瓶の居を観るに、井の眉（井戸端）に居りて、高きに処りて深きに臨み、動けば常に危うきに近づく。酒醪（濁り酒）は口に入れず、水を臧めて懐を満たす。左右するを得ず、纆徽（井戸縄）に牽がる。一旦叀かり礙げらるれば、瓽（井戸の内側にある瓦の壁）の轠つ所と為る。身を黄泉に提ち、骨肉泥と為る。自用此くの如くんば、鴟夷（酒を入れる革袋）に如かず……。）

続いて、鴟夷は終日酒を盛り、常に国の器として天子の車に従軍するなどの仕事をこなすのだから、酒に何の過失があろう、と述べて結ばれている。陳遵は、経典を読む清廉な士であった張竦を井戸縄に繋がれ不自由で危険と隣り合わせの瓶になぞらえ、豪胆な性格で酒飲みである自分を鴟夷に喩えた。後に王莽は敗れ、張竦は賊兵に殺害されてしまう。「酒箴」にある通り、井戸底は黄泉に通じており、張竦つまり瓶は黄泉に投じられ命を落としたのである。

「酒箴」を理解する上で興味深いのは、壺型の容器が、魂の寄り代であったとする小南一郎氏の論考である。(4) 小南氏によれば、三国（東呉）から西晋にかけての時期、長江下流域の墓葬中にしばしば神亭壺という壺が納められ、死者の魂はこの神亭壺を通じて祖霊達の世界へ赴く。死者の魂を招く際にはこの壺が寄り代となって魂がこの世に帰ってくるとされ、浙江省一帯では今でも同様の壺が「魂瓶」などと呼ばれているという。小南氏は、後漢楊氏墓から出土した壺上の朱書には「瓶」を経過して死後の世界に赴くと記され、同様の壺に「神瓶」や「解注瓶」などと自名している例があることを指摘されている。また、鐘方正樹氏によれば、新石器時代から六朝期の中国や奈良時代以降の日本各地で瓶などの汲水器とおぼしき完形の土器が井戸底から出土する例が多く見受けられるという。鐘方氏はこれに関連し、水の神性により井戸と壺が密接にかかわっていたことを示唆する例として、八幡神の加護によって得た水を壺に入れて持ち帰った源頼義が、新たに掘った井戸の底にその壺を埋めたとする「壺井水」伝説を挙げつつ、日本の水占いのひとつ「依る瓶(べ)の水」を紹介し、神水を入れる容器としての瓶が転じて神の寄り代となった可能性を指摘している。(5)

このように、日中両国では、瓶を含めた壺状の容器は、魂を宿す寄り代としての機能を持つ道具であった。「酒箴」の作者揚雄にとっても読者にとっても、瓶は単なる喩えではなかった。黄泉へと通じる井戸の上に高く揚げられ、いつ何時に砕かれるとも知れず、昇降を繰り返す瓶。これを魂の容れ物と見るならば、大きな不安をかきたてられたに違いない。

(三) かんざしについて

男女の髻の固定と、男性の冠の固定という二つの用途に用いられていたかんざしは、当初「笄」字で表されていた。時代が下ると「笄」字に代わって「簪」字が使用されるようになり、前漢には髪に挿す部分が二股の「釵」が、魏晋になると花の形をあしらった「鈿」などが登場し、種類も豊富になっていく。

瓶と同様に、かんざしにも辟邪の効能があった。『荊楚歳時記』「端午」に附される隋・杜公瞻注には、「今人、以艾為虎形、或剪綵為小虎、粘艾葉以戴之。（今人、艾(よもぎ)を以て虎形を為り、或いは綵(いろぎぬ)を剪りて小虎を為り、艾の葉を粘りて以て之を戴く。）」と、呪物であるヨモギを用いて虎形のかんざしをつくって頭に挿す行為が記載され、唐以降も、かんざしに花や虫、蛇などの飾りをつけて邪を祓う習俗があったという。(6) 古代中国の影響を色濃く受けた日本でも、髪に一本の細い棒を挿すことによって悪魔を払えると考えられ、この細い棒が髪串となり、髪串を更に束ねたのが簪や櫛となったとする説があるのも、示唆に富む。(7) また『抱朴子』内篇「登渉」では、毒矢や白虎を退けるのに、釵が効力を発揮するとされていた。

人有為毒箭所中欲死、以此犀叉刺瘡中、其瘡即沫出而愈也……若暮宿山中者、密取頭上釵、閉炁以刺白虎上、則亦無所畏。(人の毒箭に中たりて死せんと欲する所と為す有らば、此の犀叉を以て瘡中に刺せば、其の瘡即ち沫出して愈ゆるなり……若し暮れに山中に宿る者は、密かに頭上の釵を取りて、炁を閉じ以て白虎の上を刺せば、則ち亦た畏るる所無し。)

「犀叉」は、もとは「犀文」に作るが、清・孫星衍は、『文』当作『叉』、即『釵』字。(『文』当に『叉』に作るべし、即ち『釵』字なり。)」と注している。「犀文」は「犀叉」、すなわち「犀釵」であるとし、との説を唱える。(8) これらの記載から、かんざしが単に髪を留める装飾品に留まらなかったことがうかがえよう。

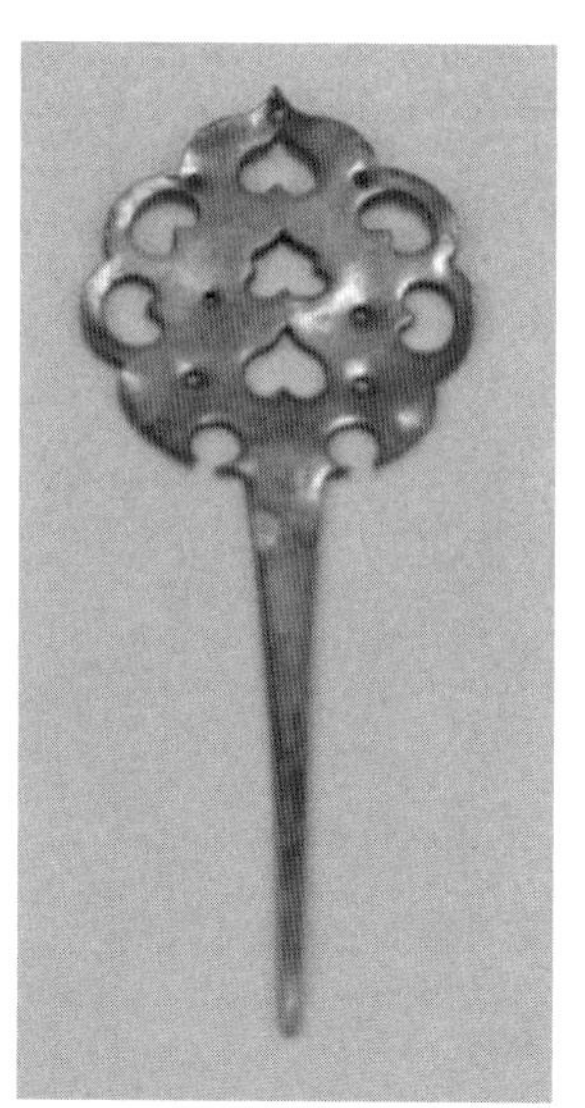

図3　かんざし(唐　メトロポリタン美術館所蔵)

三、詩歌における井戸とかんざし

――『詩経』から六朝詩まで

(一) 井戸と釣瓶が詠われる詩歌

『詩経』『楚辞』所収の先秦時代の作品には井戸や瓶を扱った作品はなく、漢代以降の詩歌に、故宅に残された井戸や、離れた地にいる恋人を思う作品が登場するようになる。

故宅に残された井戸が登場する詩の例として、作者不詳「古詩三首　其二」(『楽府詩集』巻二十五)がある。

兎従狗竇入　兎は狗竇より入り
雉従梁上飛　雉は梁上より飛ぶ
中庭生旅穀　中庭には旅穀生じ
井上生旅葵　井上には旅葵生ず

十五歳で兵士となり、八十歳で故郷に戻った老兵の歌。懐かしい我が家には家族の姿はなく、棲みついているのは兎と雉、穀物や葵が生い茂るばかりと詠う。先に挙げた『易』「井」卦に「井、改邑不改井。(井は、邑を改むれど井を改めず。)」とあるように、井戸はその場に存在し続けるものの象徴でもあった。朽ちていく井戸と、旅葵や桐といった生きた植物を対にし、故宅の荒廃ぶりと時間の経過を表現しているのである。

次に、離れた地にいる恋人を思い、井戸水を汲む女性を描く作品として、梁・庾丹「秋閨有望詩」(『玉台新詠』巻六)を挙げる。

已泣機中婦　已に機中の婦を泣かしめ
復悲堂上君　復た堂上の君を悲しましむ
羅襦暁長襞　羅襦　暁に長に襞み
翠被夜徒薫　翠被　夜徒らに薫ず
空汲銀牀井　空しく銀牀の井を汲む
誰縫金縷裙　誰か金縷の裙を縫わん
所思竟不至　思う所　竟に至らず
空持清夜分　空しく清夜の分かるるを持す

女性が井戸端に立って一人水を汲む姿を描く詩は、六朝、唐代通じて多く作られた。井戸は、男性と離れればなれになってしまった女性の憂愁を描くのに用いられたのである。男女との別離を詠う詩歌の中で興味深いのが、斉・釈宝月「估客楽　其二」(『楽府詩集』巻四十八)である。

斉・釈宝月「估客楽　其二」

有信数寄書　信有らば数書を寄せよ
無信心相憶　信無ければ心に相憶う
莫作瓶落井　作す莫かれ　瓶の井に落ち
一去無消息　一たび去りて消息無きを

恋人からの消息がなくなる、すなわち、男女の関係が切れることを、瓶が井戸に落ちてしまい戻らないことに喩えている。このような表現は、六朝以前には「估客楽　其二」の他に見受けられないが、唐以降しばしば見受けられる。例えば、李白「寄遠十一首　其八」(『李太白文集』巻二十四)は、斉・釈宝月「估客楽　其二」同様、恋人の消息が途絶えることを落瓶で表し、主人公が悲嘆する様を詠っている。

憶昨東園桃李紅碧枝　憶ゆ昨　東園の桃李　紅碧の枝
与君此時初別離　君と此の時　初めて別離す
金瓶落井無消息　金瓶　井に落ちて消息無く
令人行歎復坐思　人をして行きて歎じ復た坐して思わしむ

(二)『詩経』や古楽府に詠われるかんざし詩

井戸と異なり、かんざしの詩は『詩経』に見受けられる。興味深いのが、かんざしを挿さない婦人の様子を詠い、かんざしが単なる装飾ではないことを読み取れる表現が見受けられる点である。衛風「伯兮」では、東の地に遠征した夫の帰りを待つ女性が描かれる。

自伯之東　首如飛蓬　伯の東してより　首　飛蓬の如し
豈無膏沐　誰適為容　豈に膏沐無からんや　誰をか適として容を為さん

女性の髪はかんざしで纏めることなく、ざんばらであることに注目したい。大形徹氏は中国古代における「被髪（髪を結ばないこと）」の意味合いを検討し、「前七世紀の婦人の髪型は、まるで毛先から何かが抜けるのを怖れるかのように髪の先が固くしばられている」とする。また、殷代のかんざしに悪霊をはらう邪眼のつけられたものがあると述べ、隋・巣元方『諸病源候論』巻二「鬼邪候」にある「持針置髪中（針を持ちて髪中に置く）」について、「髪中の針によって邪鬼を刺すのだろう」と指摘する。(9) 先述した、かんざしが不幸や邪を祓う効力がある道具と考えられていたことと併せれば、「伯兮」の女性が、かんざしを用いずにざんばら髪であるとするのは、彼女が幸福ではなく、帰らぬ夫を思い、心が乱れる様を表現しているといえよう。

時代が下った漢代の古楽府「有所思」（『楽府詩集』巻十六）では、恋人に挿してもらうべく、簪を贈ろうとする女性が主人公である。男性の心変わりを知るや、簪を自分の意志で壊して焼き、男性への情を断ち切ろうとする様が詠じられている。

「有所思」（一部）

有所思　　思う所有り
乃在大海南　　乃ち大海の南に在り
何用問遺君　　何を用てか君に問遺せん
双珠玳瑁簪　　双珠　玳瑁の簪あり
用玉紹繚之　　玉を用て之を紹繚す
聞君有他心　　聞く　君に他心有りと
拉雑摧焼之　　拉雑して之を摧き焼かん
摧焼之　　之を摧き焼きて
当風揚其灰　　風に当りて其の灰を揚げん

更に下って、西晋の張華「軽薄篇」（『楽府詩集』巻六十七）では、酒席で杯を重ねて酔いが進み、女性はかんざしや耳飾りを落とし、男性は冠を傾ける。かんざしが髪から落ちる様が、男女がくつろぎ乱れる場であることを表現する。

盤案互交錯　　盤と案とは互いに交錯し
坐席咸諠譁　　坐席は咸（みな）諠譁す
簪珥咸墮落　　簪と珥とは咸墮落し
冠冕皆傾邪　　冠冕は皆傾邪す

(三) 梁代のかんざし詩

六朝、とりわけ梁代はかんざしを詠じる作品が多く見受けられる。特に、かんざしが無くなったり壊れてしまったりする様子が詠じられる際、「軽薄篇」のような表現に加え、女性の美しさや悲哀という新たなイメージが添えられるようになっていく。例えば、呉均「去妾贈前夫」（『玉台新詠』巻六）

では、棄てられた妾が元の夫を思う余り鬢が薄くなって簪が落ち、痩せた身体に着ける帯は緩くなってしまったとある。

棄妾在河橋　棄妾　河橋に在り
相思復相遼　相思　復た相い遼（はる）かなり
鳳凰簪落鬢　鳳凰の簪　鬢より落ち
蓮花帯緩腰　蓮花の帯　腰に緩やかなり
腸従別処断　腸は別処より断え
貌在涙中銷　貌は涙中に在りて銷（しょう）す
願君憶疇昔　願わくは君が疇昔（ちゅうせき）を憶い
片言時見饒　片言時に饒（ゆる）されんことを

『芸文類聚』巻三十二「人部一六　閨情」に引く陸罩の詩（詩題を欠く）には、かんざしを分かたれた時のことが描かれる。

自憐断帯日　自ら憐れむ　帯を断つ日
偏恨分釵時　偏えに恨む　釵を分かつ時
留歩惜余影　留歩して余影を惜しみ
含意結愁眉　意を含みて愁眉を結ぶ
徒知今異昔　徒らに今は昔と異なるを知り
空使怨成思　空しく怨みをして思いを成さしむ
欲以別離意　別離の意を以て
独向蘼蕪悲　独り蘼蕪（びぶ）に向かいて悲しまんと欲す

この陸罩詩の冒頭二句は、次に挙げる東晋・袁宏『後漢紀』を踏まえると思われる。

元艾婦夏侯氏、有三子、便遣帰家、将黜之、更索隗女也。夏侯氏父母曰、「婦人見去、当分釵断帯、請還之。」（元艾の婦夏侯氏、三子有るも、便ち家に帰らしめ、将に之を黜け、更（あらた）めて隗の女を索めんとするなり。夏侯氏の父母曰く、「婦人去らしめらるれば、当に釵を分かち帯を断ちて、之を還すことを請うべし」と。）

後漢の郭泰から「名声は上がるが身を慎むように」と忠告された黄元艾は、後に名が世に知られると、司徒の袁隗に娘婿として乞われる。黄は子供を三人産んだ妻を実家に帰して離縁し、改めて袁隗の娘と結婚しようとする。これに対して妻の両親は、「妻を実家に帰すのであれば、釵を折り帯を断って、縁切りをすべきだ」と述べる。釵は簪とは異なり、髪に挿す部分が二股で、ひとつにつながっている形状が、男女の仲を想起させるのであろう。陸罩詩の女性は、願いに反して夫に離縁されたことを愁い、分断された釵のように、夫と過ごした日々が永遠に戻らないのを悲嘆する。

女性が髪に挿すかんざしが無くなったりかんざしが壊れたりする様は、女性の美しさを表しつつ、男性の心変わりや不在、別れなど女性の不幸、悲哀を暗示するものとして、閨怨詩に用いられた。このような表現が、唐代においても引き継がれ、「井底引銀瓶」に継承されたのである。

なお、時代は下るが、小説においても、同様の記述がみえる。例えば、唐・沈既済「任氏伝」（『太平広記』巻四五二）で、鄭子が任氏の亡骸を引き取って葬った後、任氏が乗っていた馬を見ると、「衣服悉委於鞍上、履襪猶懸於鐙間、若蟬蛻然。唯首飾墜地、余無所見。（衣服悉く鞍上に委てられ、履襪猶ほ鐙間に懸り、蟬蛻の若く然り。唯だ首飾地に墜ち、余見る所無し。）」とある。「首飾」はかんざしのこと。衣服や靴は馬の鞍やあぶみに残るが、髪飾りだけが地に落ちていたとあるのは、任氏の運命を表す為の描写であろう。更に下って、白話小説の『金瓶梅』第六十二回では、李瓶児が死んだ同時刻に、西門慶と応伯爵がかんざしが折れる夢を見ている。かんざしの喪失や破壊は好ましいものではないとの考えが途絶えなかったことがうかがえよう。

四、詩歌における井戸とかんざし――唐詩

（一）瓶と轆轤が含む寓意

先述の通り、六朝詩では落瓶が恋人との消息が途絶えることを指していた。唐代になると、このような表現に加えて、夫の心変わりによって婚家を去らなければならない女性の心を、瓶や轆轤といった井戸に関連する道具を用いて詠うようになる。例として、王昌齢「行路難」（『全唐詩』巻一四一）を挙げよう。

双糸作綆繋銀瓶　　双糸　綆を作りて銀瓶を繋く
百尺寒泉轆轤上　　百尺の寒泉　轆轤の上
懸糸一絶不可望　　懸糸一たび絶つれば望むべからず
似妾傾心在君掌　　妾が心を傾けて君が掌に在るに似たり

先に挙げた「酒箴」において、揚雄が「法度の士」の運命を表すものとして用いた瓶の危うさが、ここでは女性の魂の依り代、すなわち女性の運命を表すものとされている。

同様の発想は他の詩にも見受けられる。例えば、男性の心変わりによる女性の悲しみを描く顧況「悲歌六首　其三」（『全唐詩』巻二六五）には「瓶」の語はないが、心は井戸の轆轤の上に在り、轆轤の転ずるにつれ失意は深まると詠われる。

新繋青糸百尺縄　　新たに繋く青の糸　百尺の縄
心在君家轆轤上　　心は君の家の轆轤の上に在り
我心皎潔君不知　　我が心皎潔なるを君は知らず
轆轤一転一惆悵　　轆轤一たび転ずれば一たび惆悵

たり

王昌齢「行路難」にも轆轤が描かれていることを考慮すれば、轆轤はいつ愛情を他に移すとも知れない男性の心を表しているのであろう。瓶は井戸縄に繋がり、縄が切れることで決定的な断絶へと誘われる。瓶と繋がる井戸縄とともに、瓶を操り井戸底へと沈める道具が轆轤なのである。「悲歌六首其三」で追い出された妻は、まだ夫を思い、その心に翻弄されたことを思い、悲嘆する。

(二) 井戸とかんざしの融合——戴叔倫「相思曲」と白居易「井底引銀瓶」

白居易よりもやや先んじている戴叔倫の「相思曲」(『全唐詩』巻二七三) は、かんざしと井戸、轆轤が同じ作品の中で詠われている。

恨満牙牀翡翠衾　　恨みは満つ　牙牀　翡翠の衾
怨折金釵鳳皇股　　怨みは折る　金釵　鳳皇の股
井深轆轤嗟綆短　　井深くして　轆轤　綆の短きを嗟(なげ)き
衣帯相思日応緩　　衣帯　相い思いて　日び応に緩(ゆる)むべし

この女性は恨みの余り、釵を自ら折ってしまう。井戸は深いが轆轤に掛かる井戸縄は短く、瓶が井戸水に届かず、宙ぶらりんなままである。男性に振り回され、男性への情を断とうとしても断ちきれないもどかしさから、痩せ細り、帯が緩くなったことを憂いている。

一方、「井底引銀瓶」冒頭部では、「井底引銀瓶、銀瓶半上糸縄絶。石上磨玉簪、玉簪欲成中央折。」とあるように、釣瓶が地上に引き上げられるところで落ちてしまった、かんざしが美しく整えられる寸前に折れてしまった、とある。あと少しのところで瓶が落ち、かんざしが壊れたと詠うことで、戴叔倫「相思曲」よりも悲壮感が増し、女性の沈痛な思いが表現されている。

魂の依り代となる瓶は井戸縄に繋がっており、井戸縄が切れることで決定的な断絶へと誘われていた。また、かんざしが壊れたり落ちたりすることは不吉であるとされ、特に女性の身に起こる不幸を暗示していた。「井底引銀瓶」の「瓶沈簪折」は、主人公の今の絶望とこれから起こる運命の危うさを表現するものとして詠われているのである。

注

(1) 孫詒譲『墨子閒詁』(中華書局、二〇〇一年)。
(2) 中山太郎「井神考」(『郷土研究』第三巻第六号、一九一五年。『日本民俗学——神事篇』、大岡山書店、一九三〇年再録。『日本民俗学——神事篇』大和書房、一九七六年復刻)、大島建彦「水の民俗と信仰」(『民俗信仰の神々』所収、三弥井書店、二〇〇三年)参照。

（3）例えば『太平広記』巻一九七「張華」（出『小説』）、『太平広記』巻三九九「王迪」（出『祥異集験』）、『太平広記』巻二三一「陳仲躬」（出『博異志』）など。

（4）小南一郎「壺型の宇宙」（『東方学報』第六十一冊、一九八九年、一八一―一八九頁）。朱書原文は以下の通り（河南省博物館「霊宝張湾漢墓」（『文物』一九七五年十一月、八〇頁）による）。「瓶到之後、令母人為安宗、君自食地下租、歳二千万、令後世子孫孫、士宦位至公侯富貴、将相不絶、移丘丞墓□、下当用者、如律令。」小南氏は□の箇所に「伯」の字を入れている。

（5）鐘方正樹『井戸の考古学』（同成社、二〇〇三年、第一章・第六章）参照。

（6）中村喬『中国歳時史の研究』「五月　端午節における髪飾の系譜」（朋友書店、一九九三年。雑誌初出一九七八年）参照。

（7）橋本澄子編『結髪と髪飾り』（至文堂、一九六八年）八八頁参照。

（8）『抱朴子内篇校釈』（中華書局、一九九六年）。

（9）大形徹「被髪考――髪型と霊魂の関連について」（『東方宗教』第八十六号、一九九五年）二・二一頁。

附記　本稿は、科学研究費助成事業若手研究（B）「中国古典文献における井戸の諸相――道具・しぐさを手がかりに」（課題番号：17K13433）による研究成果の一部である。

引用書から見た『天地瑞祥志』の特徴
——『開元占経』及び『稽瑞』所引の『漢書』注釈との比較から

洲脇武志

すわき・たけし——愛知県立大学日本文化学部国語国文学科准教授。専門は南北朝隋唐時代の学術。主な著書に『漢書注釈書研究』（単著、遊学社、二〇一七年）、『中国史書入門 現代語訳 隋書』（共訳、勉誠出版、二〇一七年）などがある。

『天地瑞祥志』は、〈術数文化〉を考察する上で貴重な資料であるが、その編纂地や編纂者の国籍については所説あり、未だ定論がない。そこで本稿では、本書が引用する『漢書』注釈を検討し、さらに他の天文類書に引用される『漢書』注釈と比較することで、本書が新羅人の手による可能性が高いことを指摘した。

はじめに

『天地瑞祥志』(1)は全二十巻の天文を中心とした専門類書であるが、『隋書』経籍志や『旧唐書』経籍志、『新唐書』芸文志といった中国の目録には記録されておらず、中国の典籍には『天地瑞祥志』に関する記事や引用は見えない。しかし、日本では『天文要録』（『天地瑞祥志』と同じく天文関係の記事を集めた書物）と共に『日本国見在書目録』などの目録に収められ、博士家・天文家・暦道家などの諸文献に多く引用されている書物である。

現在は「第一」「第七」「第十二」「第十四」「第十六〜二十」の九巻が写本の形で日本の尊経閣文庫に現存する（貞享三年〔一六六七〕写）。尊経閣本のほかも写本は数種類現存するが、すべて尊経閣文庫本の写しであり、尊経閣本が現存する最古の写本である。

『天地瑞祥志』は、「第一」に収録されている「啓」によると、「麟徳三年（六六六）四月」に「大史臣薩守真」が、「大王殿下」に奉ったことがわかる。しかし、「麟徳」（唐の高宗の年号）は、麟徳三年の正月に「乾封」に改元されているため四月は存在せず、編者であろう「薩守真」なる人物も、献上された「大王殿下」もその詳細は不明である。そのため、その成立に関しても不明な点が多く、特に編纂地に関しては唐であるか新羅であるかで議論が続いている。(2)

そこで本稿では、先行研究ではあまり言及されてこなかった『天地瑞祥志』に引用される典籍、特に『漢書』の注釈に着目し、さらに他の天文類書に引用される『漢書』の注釈と比較することによって、『天地瑞祥志』の特徴について検討し、『天地瑞祥志』の成立について私見を述べたい。

一、初唐における『漢書』とその注釈

『天地瑞祥志』に引用される『漢書』の注釈を検討する前に、まずは『天地瑞祥志』が編纂されたであろう、初唐における『漢書』とその注釈について確認しておきたい。

清の趙翼『廿二史箚記』が指摘するように、初唐は『漢書』が盛んに読まれた時代で、幾人もの『漢書』の宗匠が多くの学生に『漢書』を教授し、「漢書学」という言葉も登場したほどの隆盛ぶりであった。そして、その結果として数多くの『漢書』の注釈書が登場したが、この時期に編纂された『漢書』注釈書の中でも最も著名なものは、顔師古によるものであろう。顔師古は時の皇太子・李承乾（太宗長子）の命により、『漢書』の本文を校訂し、先行する注釈をまとめ、更に自身の注釈を付けた。この顔師古の手になる『漢書』注（以下、顔師古校注『漢書』と呼ぶ）は、貞観十五年（六四一）に完成し、現在に至るまで『漢書』の標準的な注釈書として読まれている。(3)ただ、ここで注意したいのは、顔師古校注『漢書』は成立後にすぐさま『漢書』の標準的なテキストになったのではなく、しばらくは東晋の蔡謨が編纂した『漢書集解』（現在は散佚）とともに受容されていたという点と両書は本文と注釈が異なるという点である。(4)『漢書集解』と顔師古校注『漢書』の受容について、池田昌広氏は『史記索隠』と『史記正義』が顔師古校注『漢書』を利用していたか否かを調査し、『史記索隠』では顔師古校注『漢書』以前の標準本である東晋の蔡謨集解本を利用し、『史記正義』では顔師古校注『漢書』を利用していたと推定している。また『史記索隠』が『史記正義』より一世代早く成立した点に注目し、『史記正義』と『史記索隠』の顔師古校注『漢書』利用の有無は、顔師古校注『漢書』は成立急速に普及したのではなく漸次的に普及し、盛唐のころ蔡謨本から顔師古校注『漢書』へ『漢書』の標準本の交代がおこったことを示しているとする。(5)

したがって、新旧の『漢書』注釈書が併存していた時期に編纂された『天地瑞祥志』に引用されている『漢書』やその注釈を調査することにより、『天地瑞祥志』編纂者の学問的傾向を窺うことができ、そこから『天地瑞祥志』の諸問題を検討する材料や手掛かりを得ることができるのである。

二、『天地瑞祥志』所引の『漢書』注釈

では、『天地瑞祥志』に引用されている『漢書』注釈を確認していきたい。

『天地瑞祥志』は、「本文」と「小字の双行注」という体裁で、『漢書』の注釈が単独で引用される場合もあるが、おおむね「本文」に『漢書』本文を引用し、その「双行注」に『漢書』の注釈を引用する、という形式である。『漢書』注釈の引用数であるが、『天地瑞祥志』全体で百九十一例（うち、本文には四例、双行注には百八十七例）であった。巻ごとにみると、「第一」は七例、「第七」は二例、「第十二」は二十八例、「第十四」は三例、「第十六」は四十六例、「第十七」は四十三例、「第十八」は十二例、「第十九」は三十一例、「第二十」は十九例であった。また、引用する『漢書』注釈の姓名を見てみると、百九十一例中、百四十二例（約七四パーセント）が顔師古であり、『天地瑞祥志』が引用する『漢書』注釈の大半は顔師古の注で、かつ顔師古以外の注釈者（例えば服虔など）も、そのほとんどが顔師古校注『漢書』に引用されている人物であることが確認できた。

なお、顔師古校注『漢書』との異同が認められるものは五例あり、それらは①まったく一致しないもの（二例）、②顔師古校注『漢書』に見えない文言を含むもの（二例）、③注釈者の姓名が異なるもの（一例）の三種類に分類できる。そこで、この五例について簡単に確認したい。なお、本来、注釈は小字双行であるが、便宜上、本文と切り離し、その後に本文より一段下げて配置している（以下、同じ）。また、紙幅の関係上、『漢書』注釈以外の注釈を省略している。

① 『著明天文』曰、未應去而去爲出、未應來而來爲入、在上過爲乘、徘佪不去其度爲守…。

収又反、去。守曰、徘佪猶仿偟。若往若來。猶似有遺而久居也。孟康曰、居之衆爲守也。『廣雅』曰、守久也。

（「第一」）

↓不明

②—1孟康曰、日月五星行下道爲耶、従道爲正、列宿不虧爲存、恒星不見爲亡、若天牢星多爲實、開出星少爲虚、如三台相遠爲濶、相近爲陋、牽引爲曳直、同舍爲合、七寸已内光芒相及爲犯、相冒正過爲陵、相撃爲闘、相

陵不見爲蝕、日月無光爲薄。（「第一」本文）

其伏見蚤晩、邪正存亡、虛實闊陿［一］、及五星所行、合散犯守、陵歷鬬食［二］…。

［一］孟康曰、伏見蚤晩、謂五星也。日月五星下道爲邪。存謂列宿不虧也。亡謂恆星不見。虛實若天牢星實則囚多、虛則開出之屬也。闊陿若三台星相去遠近也。

［二］孟康曰、合、同舍也。散、五星有變則其精散爲祅星也。犯、七寸以内光芒相及也。陵、相冒過也。食、星月相陵、不見者則所蝕也。

（『漢書』巻二十六天文志）

↓現行の顔師古校注『漢書』が引用している孟康注に見えない文言もあるが、二つの孟康注をまとめたものと思われる。

②―2『漢書』五行志曰、傳曰、田獵不宿…。服虔曰、不得其時也。百一日発物、不宿禽。又曰、馳騁不及宮室也（「第十六」双行注）。

傳曰、田獵不宿…。服虔曰、不得其時也。或曰、不豫戒曰不宿、不戒以其時也。（『漢書』巻二十七上五行志上）

五行傳曰、田獵不宿…。鄭玄注尚書大傳曰、不宿、不宿禽也。角主天兵。周禮四時習兵、因以田獵。禮志曰、天子不合圍、諸侯不掩羣、過此則暴天物、爲不宿禽。角南有天庫、將軍、騎官。漢書音義曰、遊田馳騁、不反宮室。

（『後漢書（続漢書）』五行志一）

↓「百一日」は「或曰」の誤写か。「時也」までは『漢書』五行志の注から、それ以降は『後漢書（続漢書）』の注から引用したのであろう。

③―1史記曰、五星犯。軍起、火金水尤甚。水、水患。漢書音義曰、木土入北落、軍則吉也。（「第七」本文）

孟康曰、木星土星入北落、軍則吉也。

（『漢書』巻二十六天文志）

↓『漢書』注を引用したようだが、直前に引用されている『史記』の当該箇所（『史記』天官書）には「漢書音義曰、木星土星入北落、則吉也」との注（『史記集解』）がある。直前に『史記』が引用されていることや、そこに付けられている注釈が『天地瑞祥志』・『史記集解』ともに「漢書音義曰」となっていることから、これは『史記集解』から本文と注釈を引用したものであって、直接『漢書』から注釈を引用したものではない。

③―2賀爲主時、又身大白狗冠方山冠而無尾。

劉后曰、方山冠五采爲之、樂舞人所服之也。

賀爲王時、又見大白狗冠方山冠而無尾。

鄧展曰、方山冠以五采穀爲之、樂舞人所服。（「第十七」双行注）

（『漢書』巻二十七中之上五行志中之上）

↓「劉后」は「鄧展」の誤字であり、『天地瑞祥志』に引用されている注は『漢書』から直接引用したと考えられる。

以上のように、誤字脱字や節略があり、また顔師古校注『漢書』が引用する注釈と一致しない箇所があるものの、『天地瑞祥志』に引用されている『漢書』の注釈は顔師古校注『漢書』とそのほとんどが一致する。したがって、撰者の「薩守真」が顔師古校注『漢書』を使用していたことは疑いないであろう。では、麟徳三年、すなわち顔師古校注『漢書』成立の二十五年後に顔師古校注『漢書』を使用していたということは何を意味するのであろうか。ここで『漢書』注釈書の受容という観点からこの問題を検討してみたい。

現在、『漢書』の注釈といってまず思い浮かぶのは、顔師古の注釈とそれを補った清の王先謙『漢書補注』であろう。しかし、前述の通り、顔師古校注『漢書』は登場してすぐに絶対的な権威を持ち得たのではなく、しばらくは、東晋の蔡謨『漢書集解』とともに受容されていたのである。前掲の『史記正義』・『史記索隠』より『天地瑞祥志』の成立年に近い事例としては、『文選』李善注と『後漢書』李賢注が挙げられる。顕慶三年（六五八）（もしくは顕慶六年（六六一））に完成した『文選』李善注は、顔師古校注『漢書』ではなく蔡謨『漢書集解』を用い、儀鳳元年（六七六）に完成した『後漢書』李賢注は、蔡謨『漢書集解』と顔師古校注『漢書』を併用している。[6] つまり、『天地瑞祥志』が顔師古校注『漢書』を使用するだけでなく、それに大きく依拠しているという点は、それまでの標準的な『漢書』のテキストであった蔡謨『漢書集解』を引き続き用いる、または『漢書集解』と新たに登場した顔師古校注『漢書』を併用するといった、初唐の『漢書』注釈書受容の実態から見ると非常に特徴的なのである。そしてこの特徴は、『天地瑞祥志』の諸問題、特に編者である「薩守真」の学問の傾向や素性を考える上で、有益な情報であろう。

三、『開元占経』・『稽瑞（けいずい）』所引の『漢書』注釈

（一）『開元占経』所引の『漢書』注釈[7]

次に『天地瑞祥志』と同じく唐代に編纂された天文類書である『開元占経』と『稽瑞』取り上げる。以下、両書に引用されている『漢書』注釈について検討していきたい。

まず、『開元占経』（瞿曇悉達撰、開元年間に成立）であるが、

『開元占経』には全部で八十四例の『漢書』注釈が引用されている。『開元占経』も『天地瑞祥志』と同じく、①『漢書』からではなく『史記集解』からの引用が疑われるもの、②顔師古校注『漢書』に見えない文言を含むものがある。ここでその代表的な例を確認しておきたい。

①班固天文志曰、獄漢一名曰咸漢。天官書曰、獄漢星、出正北、北方之野星。去地可六丈、大而赤、數動、察之中青。孟康曰、獄漢、青中赤表、下有三彗縱横。（巻八十五）

獄漢星、出正北北方之野。星去地可六丈、大而赤、數動、察之中青。此四野星所出、出非其方、其下有兵、衝不利。

【集解】孟康曰、青中赤表、下有二彗縱横、亦填星之精。漢書天文志、獄漢一名咸漢。（『史記』巻二十七 天官書）

咸漢星、出正北、北方之星。去地可六丈、大而赤、數動、察之中青。

孟康曰、一名獄漢星、青中赤表、下有三彗從横、亦填星之精也。（『漢書』巻二十六 天文志）

↓孟康注を『漢書』から引用しているかのように見えるが、直前に『史記』天官書を引用していること、『開元占経』が「班固天文志曰」として「獄漢一名曰咸漢」を引用する箇所が顔師古校注『漢書』では孟康注となっていること、当該箇所全体を見ると『史記集解』の引用する孟康注により近いことの以上三点から、『史記集解』からの引用である可能性が高い。

②漢書五行志曰、成帝元延元年、長安章城門牡、自亡、函谷關决門牡自亡［一］。谷永對曰、章城通路寢之路、函谷關阻山東之險、城門關守國之固、固將去焉、故牡飛門自開閉。

［一］晋灼曰、牡出籥也。孟康曰、决門聚落門也。（巻一百十四）

成帝元延元年正月、長安章城門門牡自亡［一］、函谷關次門牡亦自亡［二］。京房易傳曰、飢而不損茲謂泰、厥災水、厥咎牡亡。妖辭曰、關動牡飛、辟爲亡道臣爲非、厥咎亂臣謀篡［三］。故谷永對曰、章城門通路寢之路、函谷關距山東之險、城門關守國之固、固將去焉、故牡飛也。

［一］晋灼曰、西出南頭第一門也。牡是出籥者。師古曰、牡所以下閉者也、亦以鐵爲之、非出籥也。

［二］韋昭曰、函谷關邊小門也。師古曰、非行人出入所由、蓋關司曹府所在之門也。

［三］李奇曰、易妖變傳辭。（『漢書』巻二十七中之上 五行志中之上）

↓晋灼（しんしゃく）注が節略され、顔師古校注『漢書』が引用する韋昭・李奇注が引用されていない。その一方で、顔師古校注『漢書』が引用しない孟康注を引用している。

以上の例は、『天地瑞祥志』にもある例であるが、『開元占経』が引用する『漢書』注釈の最大の特徴は、顔師古の姓名を冠した注釈が一つも引用されていないという点である。(8)『開元占経』はその書物としての性格上、『漢書』の中でも天文志をよく引用するのだが、実は『漢書』天文志には顔師古自身の注釈はほとんど付けられていない。これは顔師古が天文に詳しくなかったことに起因すると考えられるのだが、『開元占経』が顔師古の注釈を一例も引用していない原因を全てそこに求めることは少々無理がある。やはり『開元占経』は『漢書』注釈を引用するに際して、顔師古校注『漢書』を使用していない、もしくは顔師古校注『漢書』成立以前に編纂された天文関係文献からの孫引きをしている、と考えるべきであろう。

(二)『稽瑞』所引の『漢書』注釈

続いて『稽瑞』に引用されている『漢書』の注釈を検討したい。

『稽瑞』の成立年代には諸説あるが、唐の天宝期(9)に成立したと推定されている。『稽瑞』は分量が少ないため、『漢書』注釈の引用も少なく、引用される『漢書』の注釈は、以下に挙げる五例のみである。

①漢書音義曰、騕褭者馬也。赤喙黒耳。　（十七葉オモテ）

三月、詔曰、「有司議曰、往者朕郊見上帝、西登隴首、獲白麟以饋宗廟、渥洼水出天馬、泰山見黄金、宜改故名。今更黄金爲麟趾褭蹏以協瑞焉。

應劭曰、獲白麟、有馬瑞、故改鑄黄金如麟趾褭蹏以協嘉祉也。古有駿馬名要褭、赤喙黒身、一日行萬五千里也。

師古曰、既云宜改故名、又曰更黄金爲麟趾褭蹏、是則舊金雖以斤兩爲名、而官有常形制、亦由今時吉字金挺之類矣。武帝欲表祥瑞、故普改鑄爲麟足馬蹏之形以易舊法耳。今人往往於地中得馬蹏金、金甚精好、而形製巧妙。褭音奴了反。

（『漢書』巻六 武帝紀）

②漢書音義曰、天鹿者一角長尾、其兩角者辟邪、無角者扶郊。一名桃友。　（十八葉オモテ）

烏弋地暑熱莽平、其草木、畜産、五穀、果菜、食飲、宮室、市列、錢貨、兵器、金珠之屬皆與罽賓同、而有桃拔、師子、犀牛。

孟康曰、桃拔一名符拔、似鹿、長尾、一角者或爲天鹿、兩角者或爲辟邪。師子似虎、正黄有頯耏、尾端茸毛大如斗。師古曰、師子即爾雅所謂狻猊也。狻音酸。猊音倪。拔音步葛反。耏亦頰旁毛也、音而。茸音人庸反。

（『漢書』巻九十六上 西域伝上）

③漢書音義曰、楚人謂麋爲鹿。　（二十四葉ウラ）

其明年、郊雍、獲一角獸、若麃然。（『史記』巻十二 孝武本紀）

【集解】韋昭曰、楚人謂麋爲麃。

【参考】

後二年、郊雍、獲一角獸、若麃然。

師古曰、麃、鹿屬也、形似麞、牛尾、一角、音蒲交反。

（『漢書』巻二十五上 郊祀志上）

→①〜③は顔師古校注『漢書』が引用しない「漢書音義」を引用している。

④漢書曰、六符三台也。三階平則陰陽和、風雨時、黄帝泰階六符經曰、天子上階、諸侯公卿大夫中階、庶人下階。上星爲男主、下星爲女主。中星諸侯三公、下元士庶人。三階不平、則五神無祀。（四十三葉オモテ）

逆盛意、犯隆指、罪當萬死、不勝大願、願陳泰階六符。

孟康曰、泰階、三台也。毎台二星、凡六星。符、六星之符驗也。應劭曰、黄帝泰階六符經曰、泰階者、天之三階也。上階爲天子、中階爲諸侯公卿大夫、下階爲士庶人。上階上星爲男主、下星爲女主。中階上星爲諸侯三公、下星爲卿大夫。下階上星爲元士、下星爲庶人。三階平則陰陽和、風雨時、社稷神祇咸獲其宜、天下大安、是爲太平。三階不平、則五神乏祀、日有食之、水潤不浸、稼穡不成、冬雷夏霜、百姓不寧、故治道傾。天子行暴令、好興甲兵、修宮榭、廣苑囿、則上階爲之奄奄疏闊也。以孝武皆有此事、故朔爲陳之。（『漢書』巻六十五 東方朔伝）

→「漢書曰〜」・「黄帝泰階六符經曰〜」とあることから、『漢書』と『黄帝泰階六符經』からの引用のように見えるが、顔師古校注『漢書』に当該箇所に類似した注釈があるため、もともとは『漢書』注釈書からの引用であろう。

⑤漢書曰、宣帝神爵元年、九真獻奇獸。蘇林曰、象也。注曰駒形、麟色、牛角、仁而愛人也。（五十二葉オモテ）

神爵元年……九真獻奇獸、南郡獲白虎威鳳爲寶。

蘇林曰、白象也。晉灼曰、漢注駒形、麟色、牛角、仁而愛人。師古曰、非白象也、晉説是矣。

（『漢書』巻八 宣帝紀）

→①〜⑤の中で、顔師古校注『漢書』に最も近いが、晉灼の姓名が欠落している。

以上のように、『稽瑞』にはわずか五例しか『漢書』注釈は引用されていないが、現行本である顔師古校注『漢書』が引用しない「漢書音義」[10]を引用していることを始め、すべてに異同がある。このことから、『稽瑞』は『開元占経』と同じく、『漢書』注を引用するに際して、顔師古校注『漢書』を使用していない、もしくは顔師古校注『漢書』成立以前の天文関係文献から孫引きしていると考えられる。

以上、『開元占経』と『稽瑞』所引の『漢書』注釈について検討してきたが、その結果、両書ともに顔師古校注『漢書』を使用していない可能性が高いことが判明した。これは『天地瑞祥志』と対照的な結果ではあるが、唐代における『漢書』注釈書の受容という点から見ると、極めて穏当な結果だといえる。

おわりに

以上、『天地瑞祥志』に引用される『漢書』注釈を検討し、さらに他の天文類書に引用される『漢書』の注釈と比較した結果、『天地瑞祥志』は顔師古校注『漢書』を利用し、大きく依拠しているが、『開元占経』及び『稽瑞』は顔師古校注『漢書』を利用していない可能性が高いということが明らかとなった。『開元占経』及び『稽瑞』の両書が、顔師古の注釈を引用しない点については、①顔師古校注『漢書』は漸次的に普及していったこと、②顔師古校注『漢書』成立以前の天文関係文献から孫引きした可能性があることを踏まえれば納得できる。一方、『天地瑞祥志』が大量の顔師古注を引用し、顔師古校注『漢書』との異同が誤字脱字以外に見えないという特徴は、当時の『漢書』注釈書受容から見れば極めて異質である。では、最後にこの特徴的な『漢書』注釈書受容を手がかりとして、『天地瑞祥志』の編者である薩守真の学問傾向を探ってみたい。

まず、第一に指摘したい点は、薩守真は当時の「漢書学」に疎いということである。[11] 前述の通り、初唐は『漢書』が多くの人々に読まれた時代であり、『漢書』とその注釈書に対する評価や受容態度は多くの人々の中で共通していたと予想される。また、『文選』李善注や『後漢書』李賢注の例から窺えるように、蔡謨『漢書集解』などの顔師古以前の『漢書』注釈書が依然として一定の権威を有していた。このような状況の中で、殊更に顔師古校注『漢書』のみ使用するということは、当時の「漢書学」に疎いと言わざるを得ない。では、当時の顕学であった「漢書学」に関する最低限の知識がないほどに薩守真に学識がなかったかというと、決してそのようなことはないのである。中村璋八氏[12]が既に指摘しているように、『天地瑞祥志』の注釈から、薩守真には音韻学の造詣があり、かつ幅広い学識を持っていたことが窺える。例えば「第十六」の「五行」[13]において、本文に引用した『漢書』五行志に注釈を付ける場合、顔師古校注『漢書』だけでなく、『続漢書』五行志の劉昭注や『春秋繁露』などの関連文献を引用している（「二、『天地瑞祥志』所引の『漢書』注釈」にて引用した②―2を参照）。

では、幅広い学識を持つ反面、「漢書学」に疎く、それでいて最新の『漢書』注釈書である顔師古校注『漢書』を使用できるという薩守真は如何なる人物なのであろうか。ここで注目したいのは、幅広い学識を持っていたと予想されるにも関わらず、最新の『漢書』注釈書である顔師古校注『漢書』には詳しいが過去の『漢書』注釈書には詳しくないという知識・情報のムラがある点である。初唐の時代においてこのようなことが起こりうる立場の人間として考えられるのは、継続的・体系的に学問をすることが何かしらの事情で困難ではあるが、短期集中的に高度な学問に接して学ぶ機会を得ることができる人物、つまり、唐王朝と交流していた諸外国の知識人と予想されよう。そして、従来指摘されているように、『天地瑞祥志』第二十に麟徳二年八月に唐王朝・新羅・百済の三国が就利山で会盟した際の盟約が掲載されていることを併せ考えれば、編者の薩守真は新羅人であり、『天地瑞祥志』は新羅で編纂された可能性が高いのではないだろうか。

　無論、この予測は「『漢書』注釈書の受容」という極めて限定的な点からのものであり、『天地瑞祥志』の成立を巡る問題は今後も様々な視点から慎重に検討すべき問題ではあるが、『漢書』を始めとする『天地瑞祥志』に引用される典籍は、それらの問題に対して有益な情報を提供してくれるであろう。今後の『天地瑞祥志』研究の更なる発展を期待したい。

注

(1) 本稿で用いた『天地瑞祥志』のテキストは、高柯立選編『稀見唐代天文史料三種』（国家図書館出版社、二〇一一年）に所収の影印本である。

(2) 主な先行研究は以下の通り。太田晶二郎氏「『天地瑞祥志』略説——附けたり、所引の唐礼佚文」（『太田晶二郎著作集』第一冊、吉川弘文館、一九九一年）。中村璋八氏「天地瑞祥志について（附引書索引）」（『日本陰陽道の研究（増補版）』、汲古書院、二〇〇〇年）。権悳永氏「『天地瑞祥志』編纂者に対する新しい視角——日本に伝来した新羅天文地理書の一例」（『白山学報』五二、一九九九年）。金一権氏「『天地瑞祥志』の令嗣的意味と史料的価値——選者に対する再検討と『高麗史』所引記事の検討」（『韓国古代史研究』二六、二〇〇二年）。水口幹記氏『日本古代漢籍受容の史的研究』「第Ⅱ部『天地瑞祥志』の基礎的考察」（汲古書院、二〇〇五年）。游自勇氏「『稀見唐代天文史料三種』前言（二、『天地瑞祥志』）」（高柯立選編『稀見唐代天文史料三種』（国家図書館出版社、二〇一一年）に所収）。趙益氏・金程宇氏「『天地瑞祥志』に関する若干の重要問題の再検討」（『南京大学学報（哲学・人文科学・社会科学版）』二〇一二年第三期）。なお、権論文、游論文及び趙・金論文の日本語訳は名和敏光氏編『東アジア思想・文化の基層構造——術数と『天地瑞祥志』』（汲古書院、二〇一九年）に収録されている。

(3) 顔師古の『漢書』注については、吉川忠夫氏「顔師古の『漢書』注」（同氏『六朝精神史研究』同朋舎、一九八四年に所収）を参照。

（4）拙著『漢書注釈書研究』（遊学社、二〇一七年）を参照。

（5）「唐代における『漢書』顔師古本の普及について——『史記索隠』『史記正義』を例として」（『京都産業大学論集 人文科学系列』第四十六号、二〇一三年）。筆者も顔師古校注『漢書』は漸次的に普及したとする結論に賛同する。この問題については前掲の拙著も参照。

（6）『文選』李善注が引用する『漢書』とその注釈に関しては、富永一登氏『文選李善注の研究』（研文出版、一九九九年）を、『後漢書』李賢注が引用する『漢書』とその注釈に関しては小林岳氏『後漢書劉昭注李賢注の研究』（汲古書院、二〇一三年）を参照。また前掲注4の拙著も参照。

（7）『開元占経』は四庫全書本を使用した。なお『開元占経』については、佐々木聡氏『『開元占經』閣本の資料と解説』（東北アジア研究センター、二〇一三年）を参照。

（8）『開元占経』に引用されている『漢書』の注釈を姓名別に見てみると、服虔が三例、応劭が六例、李奇が四例、文穎が一例、蘇林が三例、張晏が二例、如淳が十例、孟康が二十八例、韋昭が六例、晋灼が二十一例となっている。

（9）『稽瑞』は、知不足齋叢書本を使用した。なお、『稽瑞』については、水口幹記氏「類書『稽瑞』と祥瑞品目——唐礼部式と延喜治部省式祥瑞条に関連して」及び「類書『稽瑞』の成立年代について」（共に『古代日本と中国文化 受容と選択』塙書房、二〇一四年に所収）を参照。

（10）「漢書音義」については、前掲注4の拙著「第二章 漢書音義考」を参照。

（11）高い学識を有していたがために、いち早くそれまでの『漢書』注釈書の不備を見抜き、顔師古校注『漢書』に注目したとも考えられるが、『後漢書』李賢注成立の段階でなお参照され続けていた顔師古以前の諸注釈書を使用した形跡が見えないということは、薩守真の『漢書』注釈書に対する認識が当時の一般的な認識と異なっていることを示唆するに十分である。

（12）中村氏前掲注2論文を参照。

（13）「第十六 五行」については、拙稿「京都大学人文科学研究所所蔵『天地瑞祥志』第十六翻刻・校注——「五行」「木」「火」「土」」（『大東文化大学中国学論集』第三五号、二〇一七年）及び「第十六 翻刻・校注——「金」「水」」（名和氏編の前掲注2書に所収）を参照。

宋『乾象新書』始末

田中良明

たなか・よしあきら――大東文化大学東洋研究所准教授。専門は中国の天文・災異思想。主な著書・論文に『中国史書入門 現代語訳 隋書』（共訳、勉誠出版、二〇一七年）、『『天文要録』の考察』［一］・［二］（共著、大東文化大学東洋研究所、二〇一六年・二〇一九年）、「虹蜺初論」（『東洋研究』二〇八号、二〇一八年）などがある。

古人において、所謂愚民を惑わす類の「迷信」と術数（占い）とは、時に同一視され、時に明確な区別がなされた。区別の規準はその内容に基づき、あるいは利用者と利用法によって恣意的に設けられた価値観に基づいたとも言える。北宋の勅撰天文占書『乾象新書』の編纂からテキストの伝来について略記し、術数書の扱われ方の一例を示したい。

一、北宋初期の術数学への禁圧

北宋の皇帝に共通した嗜好として、あるいは当時の風尚として、占卜術を好む傾向が指摘されている[1]。しかし、宋における天文学の歴史は受難から始まった。太祖崩御の後、太祖の実弟であり、所謂千載不決の議（または「斧声燭影」）の疑惑を持つ太宗が、即位直前の開宝九年（九七六）十一月に、諸州に「大いに天文・術数に明知なる者を索め、闕下に伝送せよ。敢へて蔵匿する者は棄市せん。募告せし者は銭三十万を賞せん。」と令す。（『続資治通鑑長編』巻一七）と有り、その翌年、太宗の太平興国二年（九七七）十月丙子には、

詔あり。「両京・諸道の陰陽卜筮の人等、向に令して伝送し闕に至らしめ、其の習ふ所を詢はしむに、皆懵昧にして取る所無し。蓋し矯りて禍福を言ひ、流俗を誑耀し、以て貲を取るのみならん。今自り二宅及び易筮を除きし外、其れ天文・相術・六壬・遁甲・三命及び它の陰陽書は、詔到りて一月を限りとして官に送れ。」と。……

> 諸道送る所の天文・相術等を知る人、凡そ三百五十有一。十二月丁巳朔、詔して六十有八を以て司天臺に隷せしめ、餘は悉く黥面して海島に流す。（前掲書巻一八）

と有って、違反者への厳罰を以て臨まれた天文学者等への招集は、実に被招集者の八割以上を罪として配流に処す結果となっている。

殆ど絶ゆ

この十月丙子の詔令は『宋史』本紀に、

> 詔して天文・卜相等の書を禁じ、私習する者は斬す。（『宋史』太宗本紀二）

と記されているので、基本的には、その後は官に就くより他に、天文等の術数を学ぶ機会は失われたと考えてよい。

ただし、こうした禁令は歴朝数々行われたものであり、その効果が一時的なものであったことも、史実を見るに明らかである。現にこの三十年後、真宗の景徳四年（一〇〇七）十一月には、天文・暦学を私習していた益州の楊皥が巡撫使に推挙され、司天監の試験を経てから司天霊台郎に任官され、(2)後には崇天暦の編纂に関わっている（『宋史』律暦志六）。しかし、こうした話は希有な例として記録されているのであり、民間に術数書の所蔵と私習を禁じ、諸州に名を知られていたであろう習熟者を捕らえ、その八割を流罪に処したのであるから、北宋の術数学の基盤は大いに絶たれたと見るべきであろう。南宋の『郡斎読書後志』巻二に、

> 皇朝の興国中、天下の星を知る者に詔し京師に詣らしむ。未だ幾もなく至る者百許人、天文を私習せしに坐し、或いは誅せられ、或いは海島に配隷せらる。是に由り星暦の学殆ど絶ゆ。

との記されるのは、決して大袈裟な表現ではあるまい。

二、仁宗の術数書勅撰と『乾象新書』

しかし、太宗自身の直系で四代皇帝に即位した仁宗は、嫡母による垂簾政事が止んだ景祐年間（一〇三四～一〇三八）、わずか五年に満たない間に、楊惟徳らに命じて『景祐乾象新書』（以下『乾象新書』と略す）三〇巻、『景祐遁甲符応経』三巻、『景祐三式太一福応集要』十巻、『景祐六壬神定経』十巻を勅撰している。(3)

仁宗は、景祐から宝元・康定を挟んで後の慶暦年間（一〇四一～一〇四八）に、後世「慶暦の治」と称えられる北宋文治政治の基盤を築いた人物であるが、その宝元二年（一〇三九）には、

> 十一月癸巳、皇子の生るるを以て、宗室を太清楼に燕す。三朝の宝訓を読み、御詩を賜ふ。又『宝元天人祥異書』

を出だし輔臣に示す。其の書、帝の天地・辰緯・雲気・雑占を集むる所。凡そ七百五十六分三十門、十巻と為す。

（范祖禹『帝学』巻四所引）

と、自ら天文占書を撰集する人物でもあり、(4)他に『洪範政鑑』なる五行災異の撰著（康定元年（一〇四〇）七月序）も有る。そのため、仁宗朝に複数の術数書が勅撰された背景には、先ず仁宗個人の嗜好が関わろうが、それ自体が前述の宋朝建国間もない頃に起きた術数学史上稀に見る惨事が関係しているとも考えられる。つまり、宋朝開闢の初めに術数学が被った「殆ど絶ゆ」と称される大打撃からの再興の過程を、この仁宗朝景祐年間の術数書の勅撰に見ることもできよう。

『乾象新書』勅撰の由縁

『乾象新書』とは、天文占書である。『玉海』巻三が載せるその仁宗御製序には、先述の仁宗個人の嗜好とともに、天文占への造詣の深さも見ることができる。御製序に、

朕が千載の膺期、万機暇多く、旰朝の適寝に属し、或いは乙夜以て書を観、間かに図緯の文に因り、黙かに天人の学を究む。……。遂に邃古を眇覿し、群編を総覧せり。

と有るのは、太子時代より垂簾政事期にかけて、暇に任せて日夜読書に耽る仁宗が、緯書までも目にし、「天人の学を究む」と称するまでの自負を得ていたことを示している。さらに群書を総覧した仁宗は、

而るに史伝の中、星文 陰陽の説を兼載し、疇人官を曠しくす。

所謂歴史書の中には、天文占の中に「陰陽の説」を含んだものが有り、そのために天文官（疇人）がその職務を全うできていない事実に気がつく。

なお、ここで言う「陰陽の説」とは、所謂「陰陽説」のことではない。例えば晩唐の帰崇敬が術士巨彭祖の四季郊祀説に反論して、「今彭祖は四季の祠祀を用ふるを請ふも、多く緯候の文に憑り、且つ陰陽の説に拠れば、事は不経に渉り、恐らくは行用し難からん。」（『旧唐書』巻一四九、帰崇敬伝）と言ったり、今話題にしてる仁宗の慶暦二年（一〇四二）に、賈昌朝が太常博士・天章閣侍講の林瑀の免官を願って「瑀の進むる所の『会元紀』は全て図緯に渉る。瑀は儒官為るに、専ら陰陽の説を以て上り君聴を惑はせば、宜しく勧講の地に在るべからず。」（『宋会要輯稿』職官六四、黜降官一）と言っているように、経義に悖る迷信の類を指している。また、注意が必要なのは、賈昌朝は緯書と「陰陽の説」をほぼ同レベルに扱っているのに対して、帰崇敬は両者を批難しながらも「且つ」と別個のものとして扱っている点である。恐らく緯書も目にして「天人の学を究」めた仁宗には、正当な

天文占と、根拠の無い迷信である「陰陽の説」との区別が付いていたのであろう。

数月にして成る

そこで仁宗は、

> 乃ち太子洗馬・兼司天春官正・権同判監楊惟徳、春官正王立、翰林天文李自正、何湛等に命じ、資善堂に於いて歴代諸家の天文占書并びに春秋自り五代已来に至るの史書を将て採摭撰集せしむ。……。数月にして書成る。……。凡て三十巻、景祐元年七月五日に至り、編成り、因りて命じて景祐乾象新書と曰ふ。

と、「歴代諸家の天文占書」と春秋〜五代までの歴史書に載る事例を採取した『乾象新書』を勅撰させたのである。この、わずか数ヶ月で完成した書に対する仁宗の所感も御製序に記されており、

> 其の間の占候の微・観験の妙・行土の精密・祥変の盈虚、其の綱を備挙せざる莫く、各ゝ其の正しきを明かにす。文は繁ならずして曉り易く、理は貫有りて規有り。之を几輿の間に置けば、坐して天地の大なるを明かにす。古に所謂牖を窺はずして天道を知るとは、其れ茲れの謂か。……。故より朕が裁成する所、誼に遺略無し。庶幾はくは後に垂れ以て方来に示さん。

と、自らを聖人に準えんばかりの満足感とともに、本書を後世に伝えるべきことを述べ、序を終えている。

三、元豊の術数書校定

仁宗が「誼に遺略無し」と自負した『乾象新書』であったが、実際はどうであったか。

後述するように、現在『乾象新書』は巻三〜六、十二・十三、十六〜十九、二十七・二十八の十二巻のみが現存しており、その全貌を見ることはできない。しかし、南宋の初めに李季によって編纂された『乾象通鑑』の李季の上疏には、

> 是に於いて経籍諸家の善に抛り、古備已験の変に考へ、復た『景祐新書』の海上の秘法たるを以て参列して之に次第し、著して書を成すを為すこと凡そ一百巻、之に目して『乾象通鑑』と曰ふ。（『宋元旧本書経眼録』巻三所引）

と有るので、『乾象通鑑』が『乾象新書』をもとにして、経書や諸家の占書を参考に増益して作られた書だということが知れ、確かに現存する『乾象新書』の記述は大概『乾象通鑑』に見ることができる。

『乾象新書』と『乾象通鑑』の重複箇所には多少の差異が見られるが、その差異の由来は、現存する『乾象新書』に添えられた銜名が元豊元年（一〇七八）十二月のものであるこ

とに求めることができる。

元豊元年とは、

元豊元年十二月二十三日、提挙司天監言す所に、「先に旨を被り、応ふるに館閣蔵する所及び私家に有する所の陰陽の書、並本を録し校定し、庫に置き収掌せり。今編じて七百一十九巻を成し、乞ふらくは殿に上り進呈せんことを。」と。之に従ふ。

(『宋会要輯稿』職官一八、太史局・職官三一、司天監)

と有るように、七一九巻に及ぶ大規模な術数書の校定が行われた年である。なおかつ、現存する『乾象新書』に添えられた銜名に列挙された十人中責任者の「提挙司天監公事陳襄」を除く九人が「校定」を冠して記されていることからも、現存の『乾象新書』は景祐編纂時そのままのテキストではなく、元豊の校定を経たテキストであることが分かる。

校本『漢書』の影響

本稿では細かな例を挙げることを略すが、(5) 現存の『乾象新書』と『乾象通鑑』の重複箇所の差異には、多く漢代に関する記述、もしくは『漢書』の天文・五行志にも類似の記述が有る文章が多く見られる。そしてそれらの対比からは、以下のことが分かる。

一、『乾象新書』の景祐編纂時には『漢書』を直接参照していない。

二、『乾象新書』の元豊校定時には『漢書』の天文・五行志を参照しているが、『漢書』のそれ以外の箇所は参照していない。

三、『乾象通鑑』には『漢書』を直接参照した形跡が見えず、そのため『乾象通鑑』編纂時に用いられた『乾象新書』は、元豊校定以前の旧本である。

これらのことから、先ず景祐年間の『乾象新書』勅撰の際において、その引用元には既存の天文占書の類が用いられ、原書への確認などは行われていなかった事が知れる。それが何故、元豊の校定時になってから実行されたのかを考えてみると、そもそも『乾象新書』編纂時に、敢えて参照するほどの『漢書』が存在したのか、との問題が想起される。『漢書』の校訂は宋初より重ねられてきたが、現行の『漢書』に繋がる所謂「景祐校本」が上奏されるのは、『乾象新書』に御製序が記された景祐元年七月に遅れること一年余り、景祐二年九月の事である。(6)

その後、神宗朝の熙寧二年(一〇六九)八月にも『漢書』の校訂が行われているが、これは前述の司天監による「先に旨を被り」し「陰陽の書」の校定作業完了の上言に先立つこと九年前の出来事である。恐らくはこうした『漢書』等の校訂作業の気運の流れで、「陰陽の書」についても校定の命が下り、それに当たって直近に校訂が済んでいた『漢書』が参照されたのであろう。

ただし、元豊校定時にさえ『漢書』の天文・五行志のみが参照され、『漢書』の他の箇所が参照されなかった事実は、校定者の怠惰と見なすべきか、あるいは天文占書の校定というのが、本来的にその程度のものなのか、色々と考えさせられるものがある。元豊改定時には『漢書』の一部が参照されたとはいえ、それは字句の訂正や顔師古の注の挿入程度に留まり、景祐本『乾象新書』への大がかりな増益や改訂は行われていない。

『晋書』に至っては

先に校本『漢書』の存在が、『乾象新書』の校定に影響を与えたことを述べたが、換言すれば、校定時に校本が存在しなかった史書は、校定に全く参照されなかった。古来天文占においては、『漢書』天文志とともに『晋書』天文志も重要視され、唐制を手本に築かれた古代日本の王朝下では、天平宝字元年（七六三）十一月癸未、陰陽寮の天文生に「天官書・漢晋天文志・三色簿讃・韓楊要集」の五書を課す詔が下されている（『続日本紀』）。恐らく唐の後期より宋朝にかけても、こららの書が比較的纏まりのある古典的天文占書として重要視されたことは想像に難くなく、宋における事情は未詳ながら、金においてさえ、占候天文科の「習ふ所の経書」として『晋書』天文志が挙げられている。(7)

しかし、『乾象新書』と『乾象通鑑』の編纂・校定時に『晋書』天文志が参照されたかと言えば、例えば、

『乾象新書』巻三、日赤如血占

晋恭帝元熙元年五月壬辰・癸巳、日赤如血、照地皆赤。至二年六月、禅位于宋、奉帝為零陵王。

『乾象通鑑』巻三、日赤如血

晋恭帝元熙元年五月壬辰・癸巳、日赤如血流、照地皆赤。甲午又如之。占曰、「君道失明。」至二年六月、禅位于宋、奉帝為零陵王。

『乾象新書』巻三、日光四散占

晋恭帝元熙元年五月甲午、日光四散。時天下大亂、君道失明。至二年六月、禅位于宋

『乾象通鑑』巻三、日光四散

晋恭帝元熙元年五月甲子、日光四散。時天下大乱、君道失明。至二年六月、禅位于宋

と見える『乾象新書』と『乾象通鑑』それぞれに別の小篇目に分類される各二条は、『晋書』巻十二、天文志中に、

（恵帝）光熙元年五月壬辰・癸巳、日光四散、赤如血流、

照地皆赤。甲午又如之。占曰、「君道失明。」
と有る他、『晋書』孝恵帝紀や『宋書』五行志にも類似の文を見ることができ、たとえ帝号や年号の差異を伝写の際の誤りと見なしたところで、この「日光四散、赤如血流、照地皆赤」という一事を「日赤如血」「日光四散」の両事に別けてしまっているのだから、『乾象新書』も『乾象通鑑』も、その編纂・校定時に『晋書』を参照したとは到底考えられない。『晋書』の校書については、真宗の咸平三年（一〇〇〇）に命が下り、同五年に校書を終えているが、以後南宋版本に至るまでの事情は未詳である。元豊校定の際に『晋書』が参照されなかったことは、元豊校定時に天文・五行志に限るとはいえ『漢書』が参照された理由を、直近に『漢書』の校本が神宗へ上奏されていたので司天監の校定者等もそれを看過するを得なかったため、とする証左ともなろう。

四、南遷後の『乾象新書』

　元豊元年に校定を経た『乾象新書』であるが、その後は他の書の例に違わず、靖康の変による宋南遷の際に散佚してしまう。南遷直後の行在（あんざい）太史局（神宗の改制時に司天監より改称）は、『乾象新書』を含む天文・暦・六壬占に関わる諸書を具備していなかったため求書の上言をし、それによって建炎三年（一一二九）三月には私蔵・私習の罪を赦して太史局に送納させ、さらに推恩を議すべしと、高宗が詔を下している（『宋会要輯稿』職官一八、太史局・職官三一、司天監）。

　この上言は、南遷以来の数年間、太史局がその職務を完くは遂行できていなかった事実を露見させたに等しいが、それに対して何らかの懲罰が行われた形跡は見られない。そもそも一朝南遷に際して、京師に在りし日と同様の環境が整うはずもなく、歴朝の国史・実録すら具備できていなかった行在において、一官署がその職務遂行に必要な書籍を完備していなかったことには何らの不思議も無い。(8)

　むしろ、各朝の実録や会要・国史の類が献進されるのは紹興改元以降のことであり、それにやや遅れて各官署から闕書の報告と求書の請願が奏上させれていることに比較すれば、太史局の報告は、大分早い方である。それだけに、太史局にとって『乾象新書』などの諸書が、その職務遂行のために必要不可欠な書籍であったことを知ることができ、またそれに前後する高宗の詔令からは、山河を半ば失うという危急存亡の時局に即位した一天子が、いかに太史局の所管する術数学を重視していたかも窺い知ることができる。(9)

願はくは陛下取りて之を閲（み）よ

　建炎三年三月の詔の直後、『乾象

通鑑』が高宗の肝煎りによって太史局において「参用」されたため、(10)『乾象新書』はその本来の役割を終えたとも考えられる。ところが、その後六十年ほどした紹熙二年（一一九一）に、『乾象新書』は再び注目を受けることとなる。『宋史』光宗本紀に、

二月庚辰朔、大雨・雪あり。……乙酉、詔あり。陰陽時を失し雷雪交々作るを以て、侍従・臺諫・両省・卿監・郎官・館職に令し、各々時政の闕失を具にし以て聞せしむ。

とあるが、この乙酉の下詔に至る子細は、袁燮の「羅公（羅点）行状」に見える。

（紹熙）二年二月、大雨・震電あり。継ぐに大雪を以てす。……。奏すらく、「仁宗嘗て楊惟徳等に命じ、『景祐乾象新書』を撰集せしむ。凡そ災異有れば、其の自ら類を以て相従ふ所を推して記す。晋の建興元年十一月己巳、大雨・震電あり。庚午、大雪あり。後来の応も亦た甚だ明白なり。仁宗之が為に序を製し、諸を秘閣に蔵す。願はくは陛下取りて之を閲よ。」と。上公の言に従ひ、亟に此の書を索め、以て翼日に進ぜしむ。遂に侍従以下に詔し、闕失を極言せしむ。（『絜斎集』巻十二）

この西晋の愍帝の建興元年十一月の災異は、『宋書』五行志四・『晋書』五行志下に「後來の應」とともに記されている。『乾象新書』を「取りて之を閲よ」と奏上するのは、恐らくは『乾象新書』にもその記事が有ったためではない。現存の『乾象新書』や『乾象通鑑』にも見られないためである。羅點が「取りて之を閲よ」と奏上したのは、南宋において、仁宗の勅撰にして御製序を有す『乾象新書』が、単なる天文占書や勅撰術数書というだけではなく、「慶暦の治」のなした仁宋の一種の遺訓としての価値を与えられていたことを示すものであろう。(11)

五、その後の『乾象新書』

宋滅以後の『乾象新書』の伝来は詳らかでない。また、現存する『乾象新書』には、二系統のテキストがあるものの、旧北平図書館所蔵本系統のテキストは、『玉海』巻三が引く仁宋御製序に見える各巻の内容と合致しない。その正体は『観象玩占』とその「拾遺」に『物象通占』を足し、『乾象新書』と題した偽書（というより『観象玩占』の異本）である。(12)

もう一つの系統は、北京の国家図書館所蔵の残存十二巻本に由来するものであり、その一部を刻した羅振玉排印本との二種のテキストが現存している。この残存十二巻本が先述の元豊校定を経た『乾象新書』の北宋抄本である。

本テキストは、『続修四庫全書』に影印が収められている他、『中華再造善本』によって巧妙な影印が存在するが、その提要は、各巻に見られる押印や跋文から、本テキストを清の道光年間の張蓉鏡の旧蔵書と認め、他に袁克文・徐伯郊・陳澄中の蔵書印も見られることに触れ、「此の書は即ち陳家由り中国国家図書館に転帰す」と断じている。(13) しかし、本テキストに見られる蔵書印を識別可能な限り見れば、徐伯郊・陳澄中の蔵書印が確認できるのは巻三・四のみであって、他の十巻に認めることはできない。

袁克文と羅振玉

本テキストに見られる蔵書印や識語・跋文、特に巻五〜十八に見える袁克文（袁世凱の次男）の蔵書印や(14)、巻十三末に記された民国四年（一九一五）の李成鐸の跋、巻二十八の末の易順鼎等の「洪憲紀元」つまり民国五年（一九一六）の「敬みて観る」との識語、さらには袁克文『寒雲日記』の民国五年元旦〜二月十四日の記述によれば、本テキストは、民国の初年までに、巻三・四の二巻、巻五〜十八の七巻、巻十九の一巻、二十七・二十八の二巻に四分割されていた。

そのうちの巻三・四の二巻を除いた十巻は、民国五年の元旦・二月十一日・同十四日の三回に分けて順に袁克文の所蔵となる。そしてこの十巻は、袁克文が一九三一年に天津で没した後、北京人文科学研究所に所蔵されて『続修四庫全書総目提要（稿本）』に著録された後(15)、他の図書とともに、終戦によって中国側代表沈兼士に委ねられ、人民共和國の成立後には、中国科学院図書館に収蔵されるのである。(16)

よって、巻五〜二十八の十巻が、『中華再造善本』提要の説くように、香港の陳（澄中）家から寄贈されたものである可能性は、極めて乏しい。香港の徐伯郊・陳澄中が所蔵したのは巻三・四のみであろう。

その巻三・四の二巻が、民国十六年に羅振玉によって排印されている。国家図書館本に羅振玉の蔵書印を認めることはできないため、他の所蔵者に借りるなりして排印したのであろう。羅振玉であれ、他の誰であれ、その所蔵者が巻三・四のみを所蔵していたことは、その排印本が書誌学的に有益な巻十三末の錢天樹・李成鐸の跋文を載せないことからも窺える。この両巻が、その後香港の徐伯郊・陳澄中の手に渡り、さらに国家図書館に寄贈されるに至り、中国科学院図書館に収蔵されていた巻五〜二十八の十巻と合わさり、ようやく十二巻が揃うのである。

民国四年に袁克文の所蔵する『乾象新書』に跋文を記した李成鐸は、民国十年に羅振玉と共に敦煌経籍輯存会を主催しており、羅振玉は民国十六年に本書の巻三・四を公刊し、また『続修四庫全書』の編纂にも参与していた。そうでありながら、『乾象新書』の残存十二巻は解放後まで一所に揃わなかった。これは、当時の知識人たちにおける情報共有の粗密さを見るべきであろうか、そもそも『乾象新書』が迷信に類する術数書であることに一因を求めるべきであろうか。どちらにせよ、殷鑑遠からずの念を禁じ得ない。

注

（1）郭友亮氏「宋代皇帝的占卜活動与占卜術的影響」（『求索』二〇〇八年六期）を参照されたい。

（2）『宋会要輯稿』職官三一、司天監。

（3）この他に楊惟徳撰『塋原総録』（慶暦元年上表）・曽公亮撰『武経総要』（慶暦四年御製序）がともに勅撰であり、後者も特に「占候五巻」に楊惟徳が関わっている。

（4）『宝元天人祥異書』とその後世に与えた影響については、佐々木聡氏「『天元玉暦祥異賦』の成立過程とその意義について」（『東方宗教』一二〇号、二〇一三年十一月）を参照されたい。

（5）詳しくは拙稿「校本『乾象新書』と『乾象通鑑』に於ける『漢書』の引用」（『東洋研究』二〇七号、二〇一八年一月）を参照願いたい。

（6）『漢書』及び後述する『晋書』の校書については、尾崎康氏『正史宋元版の研究』（汲古書院、一九八九年一月）を参照されたい。

（7）『秘書監志』巻七。なお山田慶児氏『授時暦の道』（みすず書房、一九八〇年四月）Ⅲ「司天台の活動」を参照されたい。

（8）南宋初期の求書については、『宋会要輯稿』崇儒四、求書に詳しい。また、方建新氏『南宋蔵書史』（人民出版社、二〇一三年四月）に詳細な調査が行われており、大いに参考となる。

（9）南遷直後における行在太史局と高宗の動向については、拙稿「『乾象通鑑』初探」（『東洋研究』一九九号、二〇一六年一月）を参照願いたい。

（10）高宗と『乾象通鑑』の撰者李季との関係については、前注所掲の拙稿を参照願いたい。

（11）『洪範政鑑』巻二上には建興元年十一月の大雨・震雹の記事が有るため、羅点が『乾象新書』と『洪範政鑑』を勘違いしていた可能性も有る。

（12）現存する二系統五種の『乾象新書』については、拙稿「北宋楊惟徳等撰『景祐乾象新書』諸本管見」（『東洋研究』一九三号、二〇一四年十一月）を参照願いたい。

（13）『中華再造善本総目提要』（新華書店、二〇一三年七月）三七八―三八一頁。

（14）ほぼ各巻に「後百宋一廛」「佞宋」「皇二子」（大小二種）の印が見られる。ただし、巻十三には見られない。巻十三の書式が他巻と異なるためであろう。銭天樹は「明人の抄補」（『乾象新書』巻十三末、道光十五年跋）とし、袁克文は「元以後に為す所に非ず」（『寒雲日記』民国五年元旦）としている。

（15）『続修四庫全書総目提要（稿本）』前言に拠れば、提要の稿本が記されたのは一九三一年七月～一九四二年一月の間である。

（16）前注所掲書前言に拠る。

獣頭の吉鳳「吉利・富貴」について

――日中韓の祥瑞情報を手がかりに

松浦史子

まつうら・ふみこ――二松学舎大学文学部准教授。専門は中国古代中世文化・文学。主な著書・論文に『漢魏六朝における『山海経』の受容とその展開――神話の時空と文学・図像』（汲古書院、二〇一二年）、「祥瑞としての山車――乱世を統べるかたち」（『中国詩文論叢』三五、二〇一六年）、「「山産玉璧」再考――海寧三国画像石墓中的山車図像研究」（『中国美術研究』二十、二〇一七年）、「関於獣頭的鳳凰「吉利・富貴」――翱翔於乱世的吉鳥」（『中国文哲研究通訊』二八（三）二〇一八年）などがある。

動乱の魏晋南北朝には王朝の正当性を保証する祥瑞のみならず、死後の安寧をも守る祥瑞が多く生まれたが、実態の知られないものも多い。唐の法典『大唐六典』の最高クラスの祥瑞にみる「吉利・富貴」もその一つである。よって本論では、四～七世紀の日本・韓半島・中国の文献・図像情報を統合し、「吉利・富貴」の成立と展開を考える。

はじめに

鳳凰や麒麟など日本人にも馴染みの深い「祥瑞（めでたい兆し）」の起源は、中国の先秦時代にさかのぼる。しかし祥瑞の種類や数が増えたのは、前漢末より形成され始めた天人相関の讖緯説（讖は未来予言、緯は経書の神秘的解釈）に取り込まれてのちのことである。[1] 讖緯説の下、漢代における祥瑞は災異とともに、「天」が「天子」の治世の善悪を判断する重要な政治文化的バロメーターとなった。後漢中期になると、祥瑞は個人の善行に対しても天から降されるものとなり、[2] 漢末から動乱の魏晋南北朝を通じては、各種図書（符瑞図・瑞応図等）に纏められた。

唐の玄宗撰『大唐六典』（以下『唐六典』）には、唐までに成立した祥瑞の総覧がある。前漢には十種ほどであった祥瑞の種類は百四十種を数え、「大瑞」六十一種、「上瑞」三十五種、「中瑞」三十一種、「下瑞」十三種に品第分けされるものの、例えば最高ランクの「大瑞」には実態不明な祥瑞も少なくない。動乱の漢唐間、革命に繋がる危険性から時の為政者に消し去られた祥瑞情報が多いのもその一因である。こうした情況に対し、いまそれらの実態を知るための有効資料として中国周辺部に残る祥瑞情報がある。よって本論では、唐代に重視された「吉利」「富貴」という従来未検討の祥瑞をとりあげ、(3)目下、中国周辺部にのみ残存する祥瑞情報を繋ぎ併せ、その誕生と受容について考えてみたい。

一、中国の祥瑞情報にみる「吉利・富貴」

孫柔之『瑞応図』

『唐六典』「大瑞」では、吉利・富貴は名前のみが記される。他方、唐に遡る六朝梁の孫柔之の撰とされる『瑞応図』(以下『孫氏瑞応図』)には、「吉利・富貴」をめぐるやや詳しい情報が見えている。『瑞応図』とは祥瑞の真偽を判断するための図解書であり、本来は各祥瑞に関する図像がメインであったが、すでに図の方は逸してしまい説明文のみが伝わるものが殆どである。『孫氏瑞応図』はその代表であり、現存の版本には明代以降の四種がある。(4)

① 明・陶宗儀編『説郛』
② 清・馬国翰編『玉函山房輯佚書』
③ 清・王仁俊『玉函山房輯佚書続編』(5)
④ 清・葉徳輝『観古堂所著書』(6)

これらに吉利・富貴をみると、③清の王仁俊『玉函山房輯佚書続編』および④清の葉徳輝『観古堂所著書』所収の孫柔之撰『瑞応図記』に、唐の劉庚による『稽瑞』(百八十種の祥瑞を所収)の吉利・富貴についての佚文が見えている。『稽瑞』は、二種の祥瑞を対にしてよむ「本文」とその祥瑞に関する「引用文」から成る祥瑞類書で、その最多の引用書が『孫氏瑞応図』である。(7)現行の『稽瑞』に吉利・富貴を見れば、別々の項を設け「吉利鳥形、鱉封獣驅」「周匝曷至、富貴曷名」と記し、各々に「吉利、鳥形獣頭也」「富貴者、鳥形獣頭也」という『孫氏瑞応図』の文を引く。(8)③王氏が吉利・富貴を別々の項目とするのは『稽瑞』の配列を踏まえるためだろう。

このように、現行の『稽瑞』及び③王氏『孫氏瑞応図』には、吉利・富貴は別々の祥瑞として配列されている。ところが、現在、日本にのみ残る祥瑞情報を踏まえると、『孫氏瑞応図』に「鳥形獣頭」とされる吉利・富貴は本来一対の瑞鳥であった可能性が高い。

二、日本渡来の祥瑞志にみる「吉利・富貴」

(一)『延喜式』「治部省」の吉利・富貴

日本三代格式の一つ『延喜式』の治部省には、『唐六典』

を踏まえた祥瑞情報の総覧があり、全一四五種の祥瑞を「大瑞」五十九種、「上瑞」三十八種、「中瑞」三十三種、「下瑞」十五種に整理する。吉利・富貴の名は『唐六典』と同じ「大瑞」に並記されるが、『延喜式』には『唐六典』にはない祥瑞情報として、各項目の下に割り注（双行注）を伴う。

この割り注について次の点に留意したい。まず、「吉利・富貴」ともに「鳥形獣頭」と記される内容は③④の『稽瑞』引『孫氏瑞応図』と同じだが、二鳥が続けて記される配列から『延喜式』成立期には「吉利・富貴」は一対の瑞鳥であったと考えられること。二点目に、この一対の吉利・富貴をめぐる「鳥形獣頭」という情報が、『延喜式』の成立した十世紀初頭まで遡りうることである。では、その「鳥形獣頭」とは具体的にはどの様なものか。現在、日本にのみ残る唐代の祥瑞情報『天地瑞祥志』にみてみたい。

（二）『天地瑞祥志』第十八「禽」の吉利鳥・富貴鳥

『天地瑞祥志』は、唐の高宗の麟徳三年（六六六）に薩守真なる人物により編まれた災異祥瑞の類書である。その名は古く『日本三代実録』（八七六）の記載に見え、日本では主に陰陽家達が、実際の天変地異の吉凶判断を行う際に用いた。現在、日本にのみ現存する佚存書で三つの抄本があり、そのうち最も完全な形で残るのが前田尊経閣文庫本である。説明文のみ残る『孫氏瑞応図』（前掲①～④）とは異なり、『天地瑞祥志』は上半分に「図像」、下半分がその祥瑞についての「説明文（冒頭には典拠となる書籍名）」という形式を採る点で、図像と説明文の揃う瑞応図として目下最も完全な敦煌本『瑞応図巻』（フランス国家図書館蔵ペリオ二六八三）と同じ体裁である。[9]『天地瑞祥志』のいくつかの祥瑞については図像を伴っており、本論で採り上げる第十八「禽」でも例えば鳳凰に次いで發明、焦明、鷫鷞、幽昌、鸞、吉利、富貴、鸑鷟、商羊（鴹）、鵕鸃の順に記録され、この鳳凰～鵕鸃の全てに本来「図像」が描かれるべき空白が残される（図1・2の上半部）。

ここで先の『延喜式』の情報と異なる点をみれば、巻頭の目次では「吉利鳥・富貴鳥」と記されること、二点目に『天地瑞祥志』引「吉利・富貴」は、武則天に重視された鳳凰「鸑鷟」より先の順次であるように、[10] 該書では重要な祥瑞とされること、がある。では『天地瑞祥志』はその「吉利・富貴」について、どの様な情報を伝えるのか。

《名称》（反切）　《典拠となる書籍名、その説明文（読点は松浦）》

吉利（居實反入力至反去）　『瑞応図』曰、有鳥、獐頭足状如鳳、名曰吉利鳥、見則吉利

図は欠損

也。（図2）

富貴（扶陸反入居謂反去）『瑞応図』曰、有鳥、牛頭足状如鷫鸘、名曰富貴、見則為富貴也。（図2）

図は欠損

見逃せないのは、吉利・富貴の祥瑞情報のよりどころとして『瑞応図』という書物の名称が明示されること、王・葉氏『孫氏瑞応図』および『延喜式』の双行注では「鳥形獣頭」に留まる吉利・富貴の情報をめぐり、その「形状」と「効能」をめぐる詳述がある点だろう。

まず『天地瑞祥志』引『瑞応図』には吉利は「有鳥」と記され、「鳥」であることが明示される。続けて「獐頭足状如鳳」の形状であり、その効用としてはこの鳥が現れれば「吉利」がもたらされるという。一方の富貴も「有鳥」とされ、「牛頭足状如鷫鸘」との形状であり、この鳥が現れれば「富貴」となるという。ちなみに「鷫鸘」とは、旧稿で検討した「鳳凰に似る四鳥」――、すなわち、鳳凰とともに「五鳳」とされた「發明（はつめい）・焦明（しょうめい）・鷫鸘（しゅくそう）・幽昌（ゆうしょう）」のうちの一羽である（後述、注23参照）。各種資料に拠ればこの四羽は

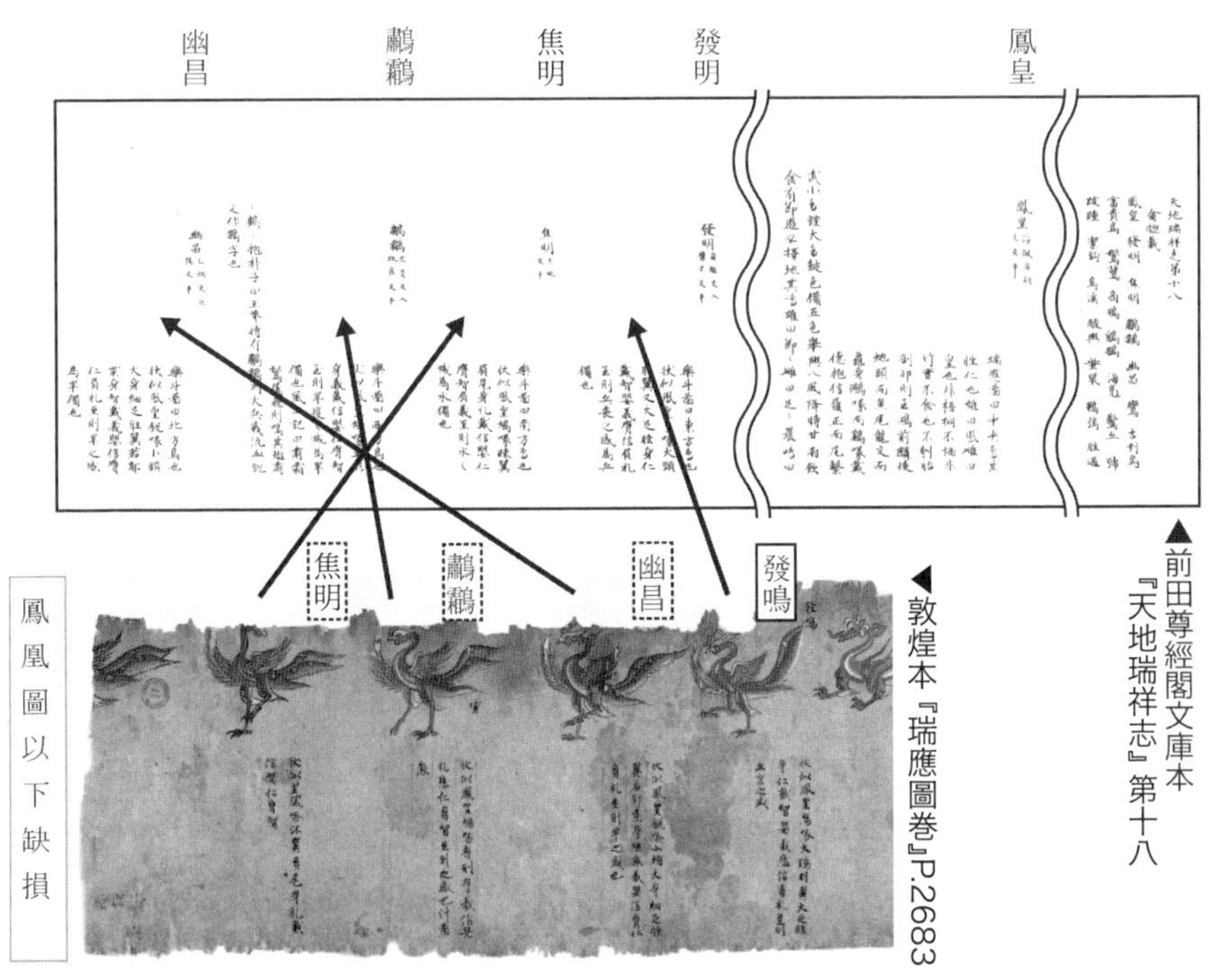

図1　前田尊経閣文庫本『天地瑞祥志』第18禽引『樂斗圖』「發明、焦明、鷫鸘、幽昌」と敦煌本『瑞応図巻』の鳳凰の比較。（敦煌本『瑞応図巻』のカラー版は口絵参照）

「状似鳳凰（かたちは鳳凰に似る）」とある点からすれば（**図1**）[11]、「吉利・富貴」ともに単なる鳥ではなく「鳳凰」に属するものであった、といえるだろう。

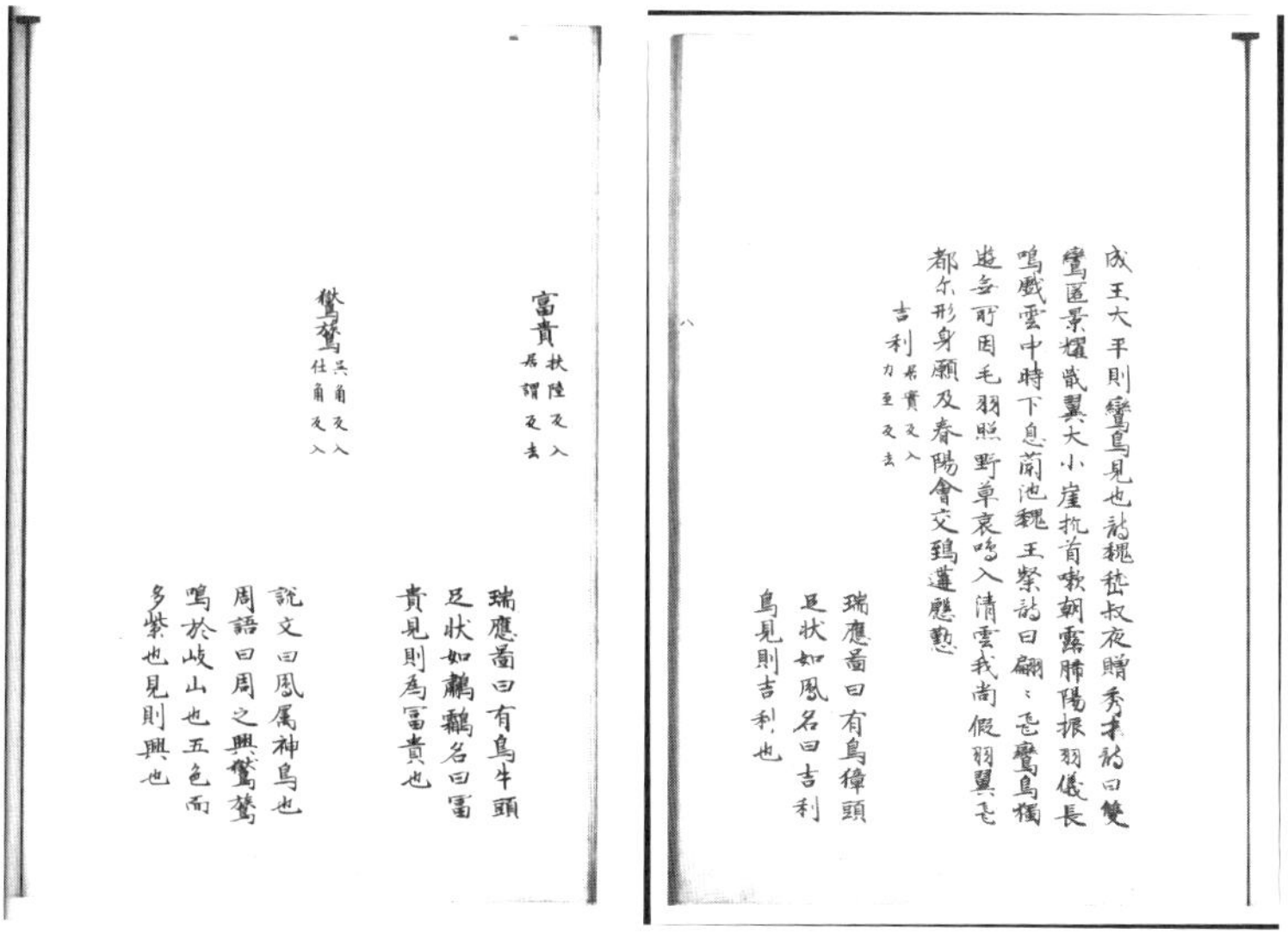

富貴 扶陸反入 居謂反去
瑞應圖曰有鳥牛頭足狀如鸕鷀名曰富貴見則為富貴也
鸑鷟 五角反入 仕角反入
説文曰鳳屬神鳥也周語曰周之興鸑鷟鳴於岐山也五色而多紫也見則興也

成王大平則鸞鳥見也詩魏嵇叔夜贈秀才詩曰雙鸞匿景耀戢翼大小崖抗首漱朝露晞陽振羽儀長鳴戲雲中時下息蘭池魏王粲詩曰翩翩飛鸞鳥獨遊無所因毛羽照野草哀鳴入清雲我尚假羽翼飛都尒形身願及春陽會交頸遘懇懃
吉利 居質反入 力至反去
瑞應圖曰有鳥獐頭足狀如鳳名曰吉利鳥見則吉利也

図2　前田尊経閣文庫本『天地瑞祥志』第18「禽」引『瑞応図』吉利・富貴

また③④王・葉氏引『孫氏瑞応図』及び『延喜式』には「獣頭」とのみ記されるのに対し、『天地瑞祥志』引『瑞応図』では、具体的動物に関する情報が付加される。しかし、この「形状」について問題となるのは、その「読点」である。例えば読点の位置を一つ変えるだけで、吉利は「獐頭、足状如鳳（獐の頭、足の状は鳳のよう）」「獐頭足、状如鳳（獐の頭足、その状は鳳のよう）」、富貴は「牛頭、足状如鸕鷀（牛の頭、足の状は鸕鷀のよう）」「牛頭足、状如鸕鷀（牛の頭足、その状は鸕鷀のよう）」と、二通りの解釈ができてしまう。では唐代に重視されたこの一対の瑞鳥の「かたち」はどの様なものだったのか。「頭足」共に獣形なのか、あるいは「頭」のみ獣形なのか。それをめぐり注目したいのは、五世紀初頭の高句麗古墳に描かれる祥瑞図である。

三、高句麗古墳にみる「吉利之象・富貴之象」

（一）北朝鮮の徳興里高句麗古墳

徳興里壁画古墳（以下、徳興里墓）は一九七六年十二月八日、現在の北朝鮮人民共和国・大安市徳興里から発掘された大型の壁画古墳墓である。中国吉林省集安の古墳群と共に、高句麗王朝の古墳として知られ、永楽十八年（四〇八：中国の東晋末に当たる）の年記を有した墓誌から被葬者「鎮」の生前の履歴が暁かである。

該墓の重要性は、概ね次の点に収斂される。一点目に被葬者の出自について。発掘後、「高句麗人説」(12)「漢人説」が示されたものの、現在の日中の研究では、西晋末からの動乱を逃れ中国から亡命してきた漢人の墓との点ではほぼ一致をみる。(13)

この墓が注目される二つめの理由は、前秦を経由して高句麗に伝えられた仏教の初期的受容状況を物語る文字資料・壁画が残されることにある。しかし該墓墓誌には古帝王を讃する儒家的な語が見え、天井画を中心に神仙道教的画題が多いことから、近年では、儒仏道混交の魏晋知識人の理想世界の構想が指摘されている。(14)

図3　北朝鮮・徳興里高句麗墓・前室南壁天井画「吉利之象（左上）・富貴之象（右下）（小学館『世界美術大全集・10』1998年）

該室は前室・玄室からなる横穴式石室である。留意すべきは、前室天井一杯に描出される神話神仙的な祥瑞図にみる獣頭鳥身の図像である。南壁西方には天の川を挟んで牽牛織女の図があり、「織女」の右に「吉利之象」（図3（左上））、その下には「富貴之象」という傍題があるが（図3（右下））、現在、出版される図録でもこれらが如何なる祥瑞であったのか明確な指摘はない。たとえば小学館編『世界美術大全集十（高句麗・百済・新羅・高麗）』一九九八の解説文でも、「その形姿は、朱雀状とも、青龍状とも思える幻想的で空想的な、形容しがたいものである」とあり、「その傍らには、「吉利之象」「富貴之象」の墨書があることから瑞獣を表現したと考えられる」との記述がある。しかし先述の各種祥瑞志にみる吉利・富貴の文字情報にからすれば、これらを「瑞獣」とするのは当たらないだろう。

（二）「獣頭」か「獣の頭足」か

『天地瑞祥志』の吉利・富貴の記述をめぐっては、その読点に問題があった。獣形なのは「頭と足」なのか、あるいは

「頭」のみが獣で「足」の形は鳳凰なのか。実際の図像を見てみたい。

徳興里墓の「吉利之象」「富貴之象」は共に左右の羽を高く持ち上げ、三本に分岐した長い尾を持つ姿に描かれ、左右の羽先は薄緑色、根の部分・体躯と三本の尾は朱色である（**図3**・色彩は**口絵**参照）。また吉利については獣面、頭上に二本の小さな角、横に耳が描かれている。となれば吉利は「獣

図4　獐鹿（http://www.naturfoto.cz）

頭」であり、その身体は「鳥形」であるという『延喜式』や③④王・葉氏引『孫氏瑞応図』の情報が正しく、最新の図録に説かれるような「瑞獣」ではないといえる。

さらに両者の「頭」「足」について委細確認しよう。まず「吉利」である。頭上に小さな二本の角を頂き獣の足を持ち、この点、『天地瑞祥志』引『瑞応図』の伝える情報――「吉利は獐の頭足（吉利、獐頭足）」に合致する。生物学的にみれば「獐」は中国北方から韓半島にかけて棲息する鹿であり、雄のみ二本の小さな角を持つことが知られる（**図4**）。その角の表象は、例えば「鹿角」を象ったという鎮墓獣のそれに比べると（**図5**）、小振りで種も異なる。一方、吉利の「足」については、例えば該墓の別の鳥の図――陽燧（**図6**）の足と比べてみても、「鳥足」ではなく「獐」に相応する「獣足」であることが判る。他方、「富貴」については、頭上に二つの角（あるいは耳）を戴き顔は角張った「獣面」に描かれ、『天地瑞祥志』引『瑞応図』の伝える「牛頭」としては不明瞭な点はあるものの、「足」は丸いこぶが三つ繋がり、吉利同様「獣足」である（**図3**）。となれば、「吉利・富貴」ともに獣形なのは「頭」のみでなく「足」を含むものと言えるだろう。

最後に吉利・富貴の「鳥形」の要素について、『天地瑞祥

図5　中国湖北省博物館蔵・鎮墓獣、東京国立博物館『特別展　中国王朝の至宝』

図6　徳興里高句麗墓・前室東壁天井画「陽燧之象」（小学館、1998年）

志』引『瑞応図』の富貴の説明文に「状如鸓鸖」とある点に注目したい。魏晋南北朝の各種図書や史書に「状似鳳凰」という「鸓鸖」の彩色・形状を伝える唯一の例・敦煌本『瑞応図巻』（ペリオ二六八三）に拠れば、「鸓鸖」は両翼を高く掲げ二本の長い尾を持ち、羽先は薄翠に朱色の尾と身体に描かれ、徳興里墓の「富貴」の形状・色彩とほぼ一致するのである（**図1・3・**色彩は**口絵**参照）。

以上、徳興里高句麗墓の図像との対照作業を纏めると、『天地瑞祥志』の該当箇所の読点は、吉利については「獐頭足、状如鳳（吉利は獐の頭足、かたちは鳳のよう）」、富貴は「牛頭足、状如鸓鸖（富貴は牛の頭足、かたちは鸓鸖のよう）」とするのが適当であると判断できる。さらに看過できないのは、このように五世紀初の高句麗墓の祥瑞図と照らし合わすとき、『天地瑞祥志』所載「吉利・富貴」の祥瑞情報の正しさが証明される点であろう。吉利・富貴の全体像は鳥（鳳凰）、頭足は獣形に作られるのみでなく、吉利の頭足は紛れもなく「獐（のろ）」の形であり、富貴は敦煌本『瑞応図巻』「鳳」にみる「鸓鸖」に似る姿に描かれるように、『天地瑞祥志』引『瑞応図』の情報量と正確性は、『唐六典』や『延喜式』の双行注及び『稽瑞』引『孫氏瑞応図』のそれを遙かに凌ぐのである。

では、この「獣頭獣足」の形に描かれる「異形の鳳凰」は、どのような文脈のもとに誕生したのか。この一対の瑞鳳が誕生した漢唐間の社会文化的背景とともに考えてみたい。

四、獣面の吉鳳「吉利・富貴」の誕生と受容

（一）漢魏晋南北朝の社会文化と鳳凰

漢と唐という二大帝国に挟まれた魏晋南北朝は、漢帝国の国家的支柱であった儒教に替わって西方伝来の仏教、中国古

来の神仙説に基づく道教が興隆した思想的激動期であった。北方民族の南下に伴い、南北に短命王朝が矢継ぎ早に入れ替わり、社会・政治も混乱を極めた。異形の鳳凰「吉利・富貴」がこの未曾有の動乱期に誕生したと考えられる背景としてまず重要なのは、魏晋以降、神仙道教が、陰陽五行説や災異祥瑞説に基づく天人相関の讖緯思想と土壌を分かちつつ発展したことである。[15]

儒家の神秘説である讖緯思想の下、天意の可視化として降されるものとなった祥瑞のうち、「羽類の長」として重視されたのが「鳳凰」である。[16] 五行相生説によれば漢は「火徳」とされることから、火禽である鳳凰は漢王朝の正統性を保証する重要な祥瑞となったのみでなく、[17] 動乱の魏晋南北朝に至ってなお漢帝国復活を願う政治的シンボルとして受容された。[18] 一方、讖緯説と共に興隆した神仙道教でも「鳳凰」は昇仙を可能とする仙鳥として重視され、後漢以降の神秘説を背景に、魏晋南北朝の墓葬祥瑞図においても、被葬者の死後の安寧を守るものとして多く描かれることとなったのである。[19]

(二) 鳥の吉凶をめぐる筆法――『山海経』と緯書

漢唐間の動乱期に、獣頭獣足という異形の鳳凰「吉利・富貴」の成立した背景をめぐりもう一点看過できないのが、中国最古の神話的地理志『山海経』との関わりである。天下第一の奇書と称される先秦の神話書『山海経』は前漢末の劉向親子の校訂を経て漢代に流行したものの、その後、次第に顧みられなくなった（晋郭璞『山海経』注序）。しかし怪力乱神が表立って語られ始めた魏晋に至り、『山海経』の異形の神話世界は、当時興隆した神仙道教・讖緯説など神秘思想のもとに神仙的祥瑞として換骨奪胎され蘇った、とされる。[20] その一因に、この奇書が原始的吉凶観や初期的神仙説を含むこと、『山海経』の主な継承者が讖緯説・神仙道教の唱道者ともされる方士であったことが挙げられよう。[21]

これを踏まえ、その緯書と『山海経』に多くみえる「鳥」の記述をめぐる筆法から、異形の鳳凰「吉利・富貴」の誕生を探ってみたい。両者は共に「異形の博物」を満載する図解書である点など共通項も多いが、「祥瑞災異」をめぐる記述法には差異があるという。緯書説の影響を受けない古い吉凶を保存する『山海経』と、緯書の災異祥瑞をめぐる記述比較については松田稔氏の研究に詳しい。よって本論ではその成果によりつつ、異形の鳳凰「吉利・富貴」と『山海経』の関わりを考えてみることとする。[22]

A【山海経】

①『山海経』「南山経」「鳳凰」有鳥焉、其状如雞五采而文、名曰鳳凰。…見則天下安寧。

② 『山海経』「西山経」「鳧徯」有鳥焉、其状如雄鶏而人面、名曰鳧徯。其名自叫也。見則有兵。

B【緯書】

①『礼緯斗威儀』君乗土而土、其政太平、鳳凰於苑林。

②『春秋緯感精符』王者上感皇天、則鸞鳳至。

まず、A『山海経』は「有鳥」に始まり、その「形状・名前」等を述べ（状如…名曰…）、それらが現れた結果、安寧・戦乱等の「人事的結果・効能」が導かれるものとされる（見則（安寧・有兵等））。つまり、未知の自然現象（異形の動植物）の出現により安寧・戦乱といった人事的結果・効能がもたらされる、という原始的な予言方式なのである。一方、Bの緯書では為政者による政治（安寧・戦乱等）という「人事」が先行し、その結果、天から降される「災異祥瑞」として「異形の博物（鳳凰等）」が現れる、という『山海経』とは逆の因果関係であり、人事＝為政者の政治が災異祥瑞（吉凶）の原因となっている。では、C『天地瑞祥志』引『瑞応図』の獣面の鳳凰「吉利・富貴」の吉凶をめぐる筆法はどうだろうか。

C【瑞応図】

『天地瑞祥志』引『瑞応図』「吉利」有鳥、獐頭足、状如鳳、名曰吉利鳥、見則吉利也。

『天地瑞祥志』引『瑞応図』「富貴」有鳥、牛頭足、状如鷫鸘、名曰富貴、見則為富貴也。

先のABの筆法と対照すると、C『天地瑞祥志』引『瑞応図』「吉利・富貴」はB緯書の災異祥瑞記述ではなく、A『山海経』のプリミティブな吉凶予言法を継ぐといえる。またC『瑞応図』の「有鳥、状如…、名曰…、見則（人事的結果・効能：吉兆）」との筆法は、A【山海経】①の鳳凰と同じであることから、同じ鳳凰をめぐる記述でも緯書のそれではなく、『山海経』の鳳凰を継ぐ意識が指摘できよう。

(三) 四凶鳳「發明・焦明・鷫鸘・幽昌」との関わり

では、古来「天下太平の吉兆」とされた鳳凰であるにも関わらず、この一対の吉鳳が「吉利・富貴」という「吉祥句」を「名称」としたのはなぜか。これをめぐり最後に取り上げるのは、「天下に災異をもたらす鳳凰」として畏れられた四羽の凶鳳である。旧稿では、元来、鳳凰と共に五鳳とされた「發明・焦明・鷫鸘・幽昌」に「凶兆」としての要素が加わったのは、五鳳出現による改元のなされた三国呉の「五鳳」時代が失政に終わり、呉王朝が滅んだ時期であると推測したが(23)、例えば該期の吉祥句の宝庫である鏡の銘文に「吉利・富貴」の語が多く刻まれるようになるのも、この三国呉の五鳳時代に前後する時期なのである。

「吉利・富貴の語をもつ鏡の銘文」（括弧内の年号、松浦）[24]

●黄武五年（二二六、呉孫権）半円方形帯神獣鏡
「黄武五年二月牛未朔六日庚巳。揚州会稽山（陰、こざと除く）安本里思子丁。服者吉富貴寿春長久。」

●赤烏七年（二四四、呉孫権）半円方形帯神獣鏡
「□烏七年在（？）□□丙牛昭（？）□日青清明□。百□湋。服者富貴。長楽未央。子孫□□□□□陽□□□（以下欠）

●五鳳元年（二五四、呉孫亮）半円帯神獣鏡
「五鳳元年□□□□牛庚申□□□□□□□□大吉利永年。」

●五鳳三年（二五六）神獣鏡
「五鳳三年三月□造清竟。服者富貴宜矦王。」

●宝鼎二年（二六七、呉孫皓）正月半円方形帯神獣鏡
「宝鼎二年正月十五日。造作明鏡。百湅精銅。服者富貴。宜公卿。五馬千□□□。」

●西晋太康四年（二八四、晋司馬炎）半円方形帯神獣鏡
「太康四年正月廿八日。造作青竟。幽湅三商。青龍白虎。東王之公。西王之母（？）。富貴世世吉利太平。」

●鳳凰元年（三八六、東晋に相当）九月半円方形帯神獣鏡
「鳳凰元年九月十二（？）日。吾作明鏡幽三商。大吉利。宜子孫寿万年。家有五馬千頭」

いま吉祥句「吉利・富貴」が多く刻まれる古鏡の作成年代を見ると、鳳凰にちなむ改元が多く為された三国～晋であることが判る。それは次々と入れ替わる短命の王朝の正当性を保証するための祥瑞——とりわけ漢帝国の復活を願う鳳凰の報告が多くなされた時代であると同時に、鳳凰の上奏にも関わらず王朝は滅びた、という歴史的事件を合理化するため、凶鳥としての鳳凰（發明・焦明・鷫鸘・幽昌）が誕生した時代でもあった。言い換えるならば、「鳳凰をめぐる災異」に脅かされた時代である。[25]

こうした魏晋成立の四凶鳳の存在を踏まえれば、「吉祥句」を名称とする吉鳳「吉利・富貴」の誕生した文脈が見えてくるのではないか。例えば『山海経』の人面鳥の名称はほとんどが「鳴き声」に由るものだが、[26] 吉利・富貴の名称は「効能（吉祥）」に由来するものであり、『山海経』にはこの様な例は無い。つまり、『山海経』の鳳凰を踏襲しつつも、『山海経』には例のない「吉鳥としての効能」を名に戴く吉鳳「吉利・富貴」が誕生し、それらが唐代に重要な祥瑞とされた背景には、魏晋南北朝から唐にかけて「天下を滅亡に導く鳳凰」として懼れられた「凶鳳（發明・焦明・鷫鸘・幽昌）」の存在を想定せねばならない。

異形の吉鳳「吉利・富貴」が、右の四凶鳳を前提に誕生した可能性は、さらに以下の点からも傍証される。①「吉利・富貴」の図像・文献例は、四羽が「凶事」の要素を帯び始めた三国時代を遡ることはないこと。②唐『天地瑞祥志』引『瑞応図』の「富貴」の経文および徳興里墓の「富貴」図からは、「鸝鷖」との間にみる形状的共通性が明かであること。③『天地瑞祥志』では吉鳳「吉利・富貴」は、四凶鳳「發明・焦明・鸝鷖・幽昌」に続けて掲載されること、等である。

以上を纏めれば、つまり、獣頭獣足の鳳凰「吉利・富貴」とは、魏晋南北朝という乱世に共有された「災異を招く四凶鳳」への畏怖を基盤としつつ、天下に安寧をもたらす吉兆としての真面目を取り戻すべく新たに成立展開をみた「乱世の吉鳳」といえるだろう。

おわりに

近年の魏晋十六国壁画墓研究では、中国河西地域（今の甘粛省）の魏晋十六国墓と東北地域の徳興里高句麗墓の祥瑞図に共通性が多いことから、両者には粉本となる『瑞応図』が用いられた可能性が推測されている。(27) さらに本論でも確認したように『天地瑞祥志』に見る「四凶鳳（發明、焦明、鸝鷖、幽昌）」が敦煌本『瑞応図巻』の「鳳」の冒頭の四鳳に該当することからすれば（図1）、いま徳興里墓にのみ傍題付きの「図像」が残され、『天地瑞祥志』に最も詳細な「文字」を載せる「吉利・富貴」についても、敦煌本『瑞応図巻』の「鳳」の四凶鳳に続く欠損部分に（図1（下半分・左端））、『天地瑞祥志』引『瑞応図』の吉利・富貴と同じ説明文（図2）、及び徳興里高句麗墓と同じ「獣面の鳳凰（図3・口絵）」の図像が描かれた可能性は高い。(28) 他方、敦煌本『瑞応図巻』の四凶凰図が『天地瑞祥志』の四凶鳳の空白部分にも描かれる予定であったように（図1（矢印））、『天地瑞祥志』の吉利・富貴の空白部分に描かれるはずの吉鳳図は（図2）、徳興里高句麗墓に見るような「獣面の吉鳳」の姿に描かれていたものと推測できる（図3・7・口絵）。ただし吉利・富貴と思しき図像が徳興里墓以外の墓葬世界に描かれる例のあること等からも（図8）、この一対の吉鳳は魏晋南北朝成立の史書や各種図書を賑わせた四凶鳳ほど政治的なものではなく、民間信仰のより色濃い鳳凰であったと考えられる。(29)

中国現存の祥瑞情報に限りのあるなか、いま中国周縁部にのみ残る図像・文献情報を併せることで、四凶鳳「發明・焦明・鸝鷖・幽昌」や一対の吉鳳「吉利・富貴」のように、本来の姿が明らかになる祥瑞も少なくない。

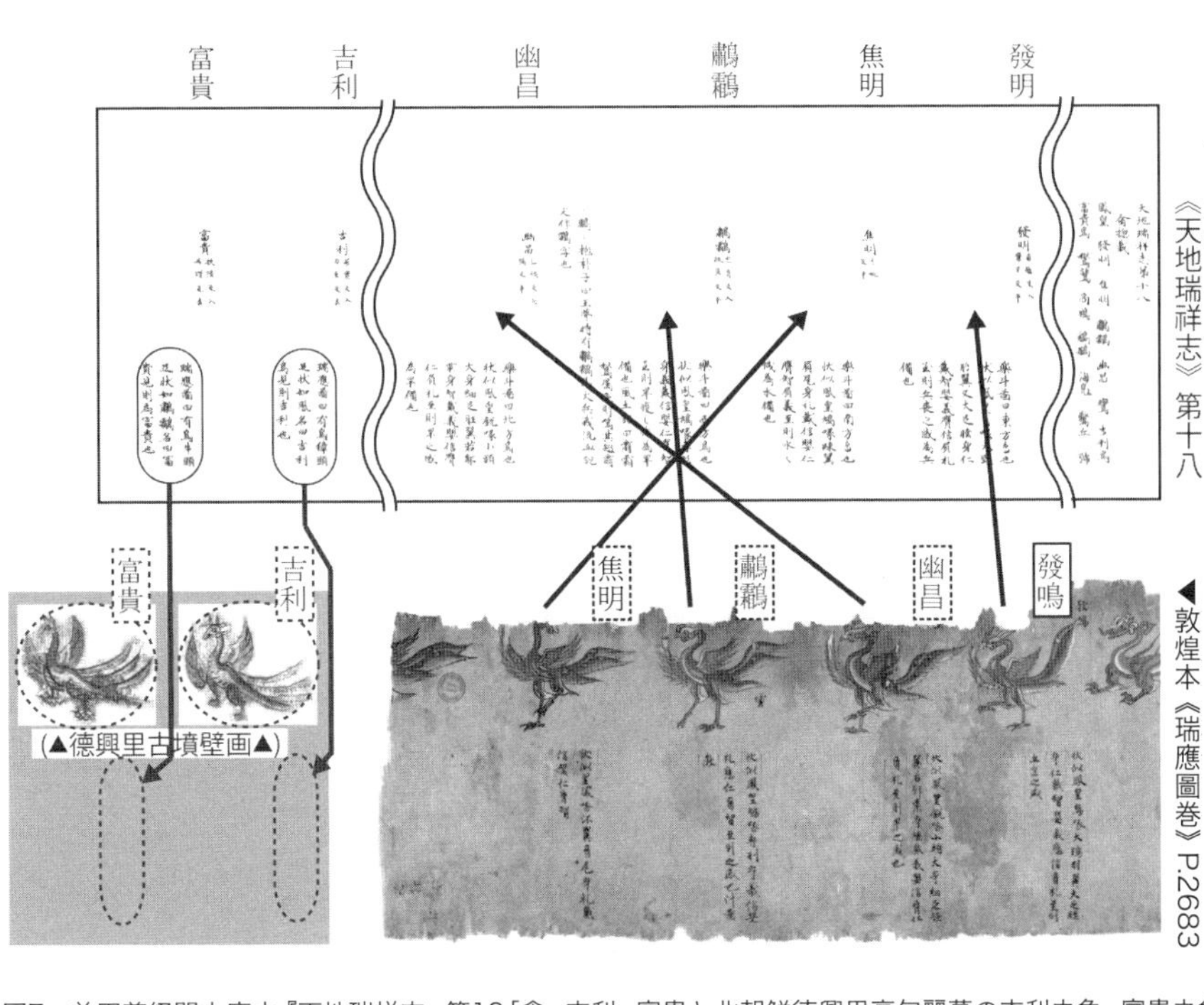

図7　前田尊経閣文庫本『天地瑞祥志』第18「禽」吉利・富貴と北朝鮮徳興里高句麗墓の吉利之象・富貴之象。

注

（1）　前漢の董仲舒『春秋繁露』「王道・五行順逆」には十種ほどであった祥瑞は、後漢末迄にその数は急増した（晋范曄『後漢書』「章帝紀」「在位十三年、群国所上符瑞、合於図書数百千所」）。

（2）　近年の墓葬画像研究では、後漢に増え始める地方豪族の墓葬祥瑞図の制作背景として、とくに後漢中期以降、個人の徳行に対しても祥瑞が現れはじめる思想的変化が注目されている。佐原康夫「漢代祠堂画像考」（『東方学報京都』六三、一九九一年）、菅野恵美『中国漢代墓葬装飾の地域的研究』（勉誠出版、二〇一二年）参照。

（3）　『唐六典』「尚書禮部」では「凡祥瑞應見、皆辨其物名。若大瑞、上瑞、中瑞、下瑞、皆有等差、若大瑞隨即表奏、文武百僚詣闕奉賀。其他並年終員外郎具表以聞、有司告廟百僚詣闕奉賀。」（廣池学園事業部、一九七三年）とあり「大瑞」のみ即時上奏すべき重要な祥瑞であったことが分かる。

（4）　六朝には南斉庾温撰『瑞応図』、梁孫柔之『瑞応図』、熊理『瑞応図讃』、梁顧野王撰『符瑞図』など瑞応に関する図解書が多く編纂されたが、中でも孫氏の『瑞応図』は唐礼部式の祥瑞記述と共通する項目が多いこと等から、唐代で最も重視された『瑞応図』と評される。（水口幹記『古代日本と中国文化　受容と選択』塙書房、二〇一四年参照。）

（5）　清王仁俊『玉函山房輯佚書続編』（上海古籍出版社、一九八九年）、「子編五行類」所収『孫氏瑞応図』「吉利」二六二頁、「富貴」二六三頁。

（6）清葉徳輝『観古堂所著書』東京大学東洋文化研究所蔵清刊本、第一集所収『孫氏瑞応図記』「吉利・富貴」二二頁。

（7）『稽瑞』の研究は緒に着いたばかりであり、現在、専論は前掲注4水口二〇一四年所収のものに留まる。

（8）唐劉庚『稽瑞』：清鮑廷爵輯『後知不足斎叢書・第二函』早稲田大学蔵清刊本、芸文印書館（『百部叢書集成』七一）、第六葉裏―第七葉表「吉利」、第八葉表「富貴」。

（9）敦煌本『瑞応図巻』の首尾は欠け「亀・龍・鳳」の三種のみが残り、末尾「鳳凰」の一部は欠損する。上半分に「祥瑞図」下半分にその「説明文」が記され、唐・薩守真『天地瑞祥志』との形式上の類似点も指摘される（東野治之「豊旗雲と瑞雲」『遣唐使と正倉院』岩波書店、一九九二年参照）。

（10）鸑鷟と武則天の関わりについては孫英剛「祥瑞抑或羽孽：漢唐間的「五色大鳥」与政治宣伝」（『史林』二〇一二年）参照。

（11）唐薩守真『天地瑞祥志』「禽」引「鷫鸘」「楽斗圖曰、西方鳥也。状似鳳皇。鳩喙、専形。身義、戴信、嬰、仁、膺智。至則旱疫之滅、為旱備也。」（第六葉裏、読点は松浦）。

（12）高句麗人説は朝鮮社会科学院歴史研究所『朝鮮全史三・中世篇・高句麗史』（平壌・百科事典出版社一九七九年）第四章「幽州地域への進出・州・郡・縣の設置」、金基雄『朝鮮半島の壁画古墳』（六興出版社、一九八〇年）、『高句麗古墓壁画』（朝鮮画報社、一九八六年）等、主に韓半島の研究者に支持される。

（13）漢人説については田中俊明「徳興里壁画古墳の墨書銘」（『朝鮮史研究会会報』五九、一九八〇年）、武田幸男「広開土王碑からみた高句麗の領域支配」（『東洋文化研究所紀要』七八・一九七九年）、同氏「徳興里壁画古墳被葬者の出自と経歴」（『朝鮮学報』一三〇、一九八九年）など参照。

（14）門田誠一『高句麗壁画古墳と東アジア』（思文閣出版、二〇一一年）参照。

（15）安居香山『緯書と中国の神秘思想』（平河出版社、一九九四年）第二章「道教の形成と讖緯思想」参照。

（16）漢班固『白虎通』封禪「鳳凰者、禽之長也。上有明王、太平乃來、居廣都之野」（『白虎通疏證』中華書局、一九九四年）、晋郭璞「鳳鳥贊」「鳳皇靈鳥、實冠羽群、八象其體、五德其文、附翼來儀、應我聖君。」（『芸文類聚・祥瑞部下』「鳳凰」上海古籍出版社、一九九九年。）

（17）『春秋元命包』「火禽為鳳皇、銜書游文王之都、故武王受鳳書之至。」等。

（18）晋干寶『捜神記』「大安中……其秋、張昌賊起。先略江夏、誑曜百姓。以漢祚復興、有鳳凰之瑞、聖人當世、從軍者皆絳抹頭、以彰火德之祥。百姓波蕩、從亂如歸。」（『新輯捜神記』中華書局、二〇〇七年）等。

（19）晋葛洪『抱朴子内篇•對俗』「夫得道者、上能竦身於雲霄、下能潜形於川海、是以蕭史偕翔鳳以淩虚、琴高乘朱鯉於深淵、斯其驗也。」、漢劉向『列仙伝』「王子喬」「王子喬者、周靈王太子晋也。好吹笙、作鳳凰鳴。」等。このように鳳凰に関する代表的神仙・蕭史や王子喬は魏晋の墓葬画像にも多く描かれた。

（20）『山海経』と神仙道教との関わりは伊藤清司『中国の神話伝説』「はじめに」（東方書店一九九六年）、『山海経』と讖緯説との関わりは連鎮標『郭璞研究』（三聯書店、二〇〇二年）等を参照。

（21）前野直彬訳注『山海経・列仙伝』（集英社、一九七五年）の「序文」では、『山海経』の継承者を方士・術者とする。

（22）松田稔「『山海経』における災異」（『日本文学論究』三〇、一九七一年）、同氏「『山海経』に於ける瑞祥」（『漢文学会会報』二七、一九八一年）参照。

図8　洛陽東北郷解坡村南尖冢内・飛仙石棺蓋画像、獐の頭足（上）・牛の頭足（下）の瑞鳳図、『洛陽北魏世俗石刻線画集』（人民美術出版社、1987年）。図1、7の作成及び図8の書き起こし図は早稲田大学會津八一記念博物館主任研究員・下野玲子氏の協力を得た。

（23）拙稿「關於瑞祥志中可見的〝似鳳四凶鳥（發明・焦明・鷫鷞・幽昌）〟之来歴――以日本前田尊経閣文庫本『天地瑞祥志』引『樂斗圖』爲端緒」（『興大中文学報』二七、二〇一〇年）、日本語補訂版は拙著『漢魏六朝における『山海経』の受容とその展開――神話の時空と文学・図像』（汲古書院、二〇一二年）「図像編」第二章所収。

（24）梅原末治『漢三国六朝紀年鏡図説』（桑名文星堂、一九三一年）、駒井和愛『中国古鏡の研究』第四節「銘文に見える吉祥の語句」（岩波書店、一九五三年）等参照。

（25）前掲注23拙著二〇一二年「図像編」第二章。

（26）本文中A【『山海経』】―②「鳧徯」ほか、拙稿「平昌五輪に現れた人面鳥の正体は――『山海経』の異形と中華のキワ」（『この世のキワ――〈自然〉の内と外』アジア遊学二三九、勉誠出版、二〇一九年）引く原文参照。

（27）鄭岩『魏晋南北朝壁画墓研究』（文物出版社、二〇〇二年）、下編「分析与探討」五「従魏晋壁画墓看涼州与中原的文化関係」一七五―六頁参照。

（28）敦煌本『瑞応図巻』と『天地瑞祥志』は「図像・説明文」の揃った現存の祥瑞志としては最も情報量が多く、共通項の多さも注目される（前掲注9東野一九九二年）。また『天地瑞祥志』「禽」の冒頭の鳳凰から鸑鷟迄は全て鳳類だが、このように同種の祥瑞を纏める形式も敦煌本『瑞応図巻』と同じである。これらの類似点から、『天地瑞祥志』同じく敦煌本『瑞応図巻』鳳凰の欠損部分にも、發明・焦明・鷫鷞・幽昌に続き吉利・富貴が配されたものと推測する。

（29）徳興里墓のほか北魏の石棺蓋にも「獐の頭足」「牛の頭足」の一対の瑞鳳図がみえ、墓葬画像の作例が目立つことからも、死後の世界との関わりが推測される（**図8**）。

三善清行「革命勘文」に見られる緯学思想と七～九世紀の東アジア政治

孫英剛（田中良明・訳）

「戊午革運、辛酉革命、甲子革政（令）」の観念は緯学思想の重要な内容であるが、緯書とともに中国では散佚してしまったことが、その中国魏晋南北朝隋唐時期の政治・思想に対する具体的な影響を窺い難いものにしてしまった。しかし緯書は日本に伝わった後、完全に異なる軌跡を歩み、特に陰陽道の伝統と融合することによって、多くの緯書の内容が保存され、中国文明を改めて見直す文献的基礎を与えたのである。研究方法の上から見ると、もし我々が現代理性の傲慢さを排除し、古人の知識世界に内在する論理へ回帰して、荒唐無稽にも見える讖緯・術数・陰陽五行などの思想を歴史研究の視野に組み入れれば、歴史の真相への理解を深めることができ、さらには歴史場景をより豊富にすることさえできるのである。

そん・えいごう――浙江大学歴史系教授。専門は中国中古史・讖緯術数・仏教史。主な著書・論文に『神文時代　讖緯、術数与中古政治研究』（上海古籍出版社、二〇一四年）、『七宝荘厳――転輪王小伝』（商務印書館、二〇一六年）、「天文の星変と政治の起伏――中宗政局における韋湑の死」（名和敏光編『東アジア思想・文化の基層構造』汲古書院、二〇一九年三月）などがある。

一、唐高宗の龍朔改元と改革の謎

顕慶六年（六六一）春、益州・綿州などの五州が続々と龍の出現を上表した。唐の高宗はこれによって年号を改めて「龍朔」とすることを宣布した。[1] この後十年間、高宗は官名の変更などを含む一連の目まぐるしい改革を進める。高宗は龍朔二年に百官諸司の改称を行うが、これは唐代に最大範囲で行われる一度目の組織改称であるといえる。三省・六部・秘書省（及びその下属の司天監）も例外ではない。その他の御史台・殿中省・内侍省・太常寺・衛尉・宗正寺・太僕寺・大理寺・鴻臚寺・司農・太府監・少府監・将作監・国子監・都水監・東宮官や十六衛などの組織までもが全て機関と官名の改称を進めた。特に後宮の妃嬪と女官では、「官名改易」が進められた結果、「内職は皆旧号に更む」(2)こととなった。組織の改称に応じて、新たに律令格式を制定することも必要だった。(3)しかし驚くべき事に、咸亨元年、高宗の改革運動はぱったりと止まってしまい、また改めて龍朔元年以前の状態へと戻されてしまうのである。

中唐以後の思想世界の変化は大きく、人文主義の色彩を帯びた新儒学が盛んになる。(4)讖緯学説は次第に正統な知識体系から淘汰され、緯書がほとんど散佚するだけではなく、そのうえそれと関連する政治操作も、隠匿されることが始まるのである。権徳輿の「吏部員外郎南曹庁壁記」には龍朔の改称について「今官署に因りて事任を挙ぐるは、春秋の邱明の志なり。龍朔咸亨の改復の説の若きに至りては、此れ皆書せず。」(5)と記している。しかし幸運なことに、日本の文献中にその情報が保存され、この問題の解決に希望を与えている。緯学は六世紀に日本へ伝来して以降重視されることとなり、平安時代には禍を避け福を招く神秘的な方術と見なされて深く信じられていく。(6)大量の陰陽五行・術数讖緯思想が日本の文献に保存され、日本の知識と伝統の一部分となったのである。これらの文献は、ただ日本史を理解する上でのみ重大な意義を持つのではなく、また中国自体の研究に対しても軽視できない価値を有している。

二、日本史料に見える「辛酉革命」説

八九一年に成書された『日本国見在書目』には、当時の日本に流伝した『河図』一巻・『河図龍文』一巻・鄭玄注『易緯』十巻・宋均注『詩緯』十巻・鄭玄注『礼緯』三巻・宋均注『礼緯』三巻・宋均注『楽緯』三巻・宋均注『春秋緯』四十巻・宋均注『孝経鉤命決』六巻・宋均注『孝経援神契』七巻・『孝経援神契音隠』一巻と、雑緯『孝経内事』一巻・『孝経雄図』三巻・『孝経雌図』三巻・『孝経雌雄図』三巻が著録されている。(7)この書を単に『隋書』経籍志・『旧唐書』経籍志や『新唐書』芸文志と対比しても、早ければ隋代以前に、緯書が日本に流入していたことが分かる。

『日本国見在書目』は鄭玄注『易緯』十巻と記すが、『隋書』経籍志は鄭玄注『易緯』八巻と記し、二巻少なく、両『唐書』は『易緯』を宋均注の九巻と記している。『易緯』が刪削と改竄を経て、すでにそれ以前の姿を保っていないことが分かろう。鄭玄は好んで天命と五徳によって経書を解釈し、諸緯書に注解を施したが、隋唐以後に最も激しく散佚する。例えば鄭玄注『礼緯』は、『日本国見在書目』と『隋書』経籍志はともに三巻と記すが、両『唐書』の時代になると宋

均注に変わっており、鄭玄注は明らかに佚亡している。同様の状況は『詩緯』にも見られ、『旧唐書』は鄭玄注本を著録し、また宋均注本も著録するが、欧陽脩等が『新唐書』を編纂した時には、宋均注を残すのみとなっていた。(8)

(一)三善清行「革命勘文」

「辛酉革命」の思想について、最も詳細な論述は三善清行(八四七~九一八年)の「革命勘文」である。昌泰四年(九〇一)は辛酉の年であり、三善は醍醐天皇に上書して改元を請願した。

『易緯』に云ふ、「辛酉を革命と為し、甲子を革令と為す。」と。鄭玄曰く、「天道遠からず、三五して反る。六甲を一元と為し、四六・二六交ゝ相乗ず。七元に三変有り、三七相乗ず。廿一元を一蔀と為し、合して千三百廿年。」と。『春秋緯』に云ふ、「天道遠からず、三五して反る。」と。宋均注に云ふ、「三五は、王者改代の際会なり。能く此に於いて源むれば、自ら新なること初の如く、則ち道に窮无きなり。」と。『詩緯』に、「十周参聚し、気神明を生ず。戊午運を革め、辛酉命を革め、甲子政を革む。」と。注に云ふ、「天道卅六歳にして周り、十周は名づけて王命大節と曰ふ。一冬一夏、凡そ三百六十歳。一たび畢はれば餘節有る無く、三推終はれば則ち復た始む。更めて綱紀を定むるに、必ず聖人の、世を改め理を統ぶる者有り。此の如く十周し、名づけて大剛と曰ふ。則ち乃ち三基会聚し、乃ち神明を生ず。神明は乃ち聖人の世を改むる者なり。周の文王、戊午の年に虞芮の訟を決し、辛酉の年に青龍図を銜み河より出で、甲子の年に赤雀丹書を銜む。而して聖武紂を伐つに、戊午の日に軍孟津を渡り、辛酉の日に泰誓を作り、甲子の日に商の郊に入る。」と。(9)

三善清行の「革命勘文」が引く『易緯』・『春秋緯』・『詩緯』のこれらの文と鄭玄・宋均の注解は、中国文献の記載には見られない。その中心思想は讖緯・暦法と天命の学説によって政治の起伏を解釈するものであり、つまり戊午革運、辛酉革命、甲子革令である。これらの特定の年は、革命のエネルギーが特別に強くなるので、君主は徳を修め災を禳うことを求め、政治上の改革によって革命を避けるのである。

(二)日本書紀などに見える干支革命学説

日本の国家的歴史の構築もこの思想と関係がある。明治時代より二次大戦が終わるまで、神武天皇が即位した辛酉の年(紀元前六六〇・周の恵王の十七年)を紀元元年とする紀年方が広く行われており、「神武天皇紀元」や「皇紀」とよばれ、例えば西暦一九四〇年は、皇紀二六〇〇年である。最も早くにこの皇紀紀年へ疑義を呈したのは那珂通世（一八五一～一九〇八）である。すでに一八九七年に、那珂は日本の上古史との関係を明らかにし、「辛酉革命」などの緯学思想が日本の歴史を構築するのに用いられたことを指摘した。[10]その後の研究によって、この論は絶え間なく増補され、現在では多くの研究者の同意を得ている。[11]

西暦七二〇年に編纂された『日本書紀』はこうした歴史系譜を構築した核心的文献であり、実際に緯学思想を中の干支革命学説を用いて皇統の来源を打ち立てている。[12]その依拠する論理は、正しく上述の三善清行が引用した鄭玄の「天道遠からず、三五して反る。六甲を一元と為し、四六・二六交〻相乗ず。七元に三変有り、三七相乗ず。廿一元を一蔀と為す」である。推古天皇の九年（六〇一）はまさに辛酉の年であり、二十一元または一蔀、つまり一二六〇年前を推算すれば、これもまた紀元前六六〇年であり、神武天皇即位の年にもなる。このようにして、神武即位から推古九年の大改革までは、正しく一蔀二十一元の年数に符合するのである。緯学中の「辛酉革命・甲子革令」は聖徳太子の改革の正当性を作り出すことにも用いられている。聖徳太子は六〇一年（辛酉）から改革を始め、六〇四年（甲子）に「憲法十七条」[13]を頒布した。最も顕著なのは桓武天皇（七三七～八〇九）の遷都と政治宣伝である。桓武天皇の即位は強い「改朝換代」の色彩、もしくは「革命性」を有している。その諡号「桓武」は、『詩経』周頌の「桓桓たる武王、厥の土を保んじ有つ」の意を取っており、実際には彼と周の武王とを比倫させているのである。桓武朝に編纂された『続日本紀』は、そのために「桓武と周の武王の革命性」[14]を強調している。『続日本紀』の光仁朝以前の統治についての描写は恐怖に満ちており、陰謀・密告・謀殺などに溢れ、さらにその解釈を天武系皇統断絶の原因として、天智天皇系が正統な新王朝の代表として描写されている。『続日本紀』は大量の祥瑞を用いて新王朝の天命を際立たせており、特に新王朝の高祖である光仁天皇の年号の「宝亀」は、「天下を安んずるの王は、文王を謂ふなり」「我に大宝亀を遺す」（『書経』大誥の孔伝と経文）の義を取っており、周の文王を作り上げることによって、その子桓武は周の武王となるのである。つまり『続日本紀』の中は陰陽五行と讖緯の思想に満ちており、周王朝の革命の気風が立ちこめていると言えよう。

桓武天皇は辛酉の年（七八一）に即位し、甲子の年（七八四）に長岡京への遷都を宣布した。桓武天皇が七八四年に長岡京への遷都を強行したのは、讖緯の「辛酉革命・甲子革令」を主体的に用いており、強烈なまでの旧を改め新を布く政治的色彩を帯びている。[15] こうした意味から言えば、甲子の年に遷都するのは辛酉の年に即位する「革命」運動の続きなのだ。『続日本紀』延暦三年（七八四）十一月一日の条に、

> 戊戌朔、勅して曰く、「十一月朔旦冬至は、是れ歴代の希遇にして王者の休祥なり。朕は之れ不徳なるも、今に値ふことを得たり。思ふに慶賞を行ひて、共に嘉辰を悦ばしめんことを。王公已下、宜しく賞賜を加へ、京畿當年の田租も並之を免ずべし。」と。[16]

と有り、この年は丁度甲子の年であり、讖緯の説に従えば、辛酉革命・甲子革令は、ともに抜本的改革の好機であり、そこで桓武天皇はこれを契機として、詔を下して長岡京に遷都するのである。

(三) 日本史上の干支改元

日本の歴史上の年号の変更にも、「戊午革運・辛酉革命・甲子革令」の影響が見られる。日本の天皇は中国の帝王と同様であり、その年号を選択する目的は、単に年号を紀年の符号と見なしているだけではなく、その選択者の政治理想を託しているのである。一九三三年に森本角蔵の『日本年号大観』は、年号が改定される理由を、御代始（代始改元）・辛酉革命・甲子革令・瑞祥記念・災禍厭勝の五種に分類し、また年号勘文についても緻密な分析を加えた。[17] もしこれを要約すれば、改元の理由は、代始改元・干支改元・異象改元の三種のみとなる。

簡単に整理すれば、以下の通りとなる。天応元年（七八一）より文久元年（一八六一）までには、十九の辛酉年が有り、改元は十六回、承和八年（八四一）・永禄四年（一五六一年）・元和七年（一六二一）のみ改元されていない。神亀元年（七二四）より元治元年（一八六四）までには、二十の甲子年が有るが、改元は十六回、延暦三年（七八四）・承和十一年（八四四）・延喜四年（九〇四）・永禄七年（一五六四）のみ改元されていない。辛酉革命説によって改元された年号は、延喜・応和・治安・永保・永治・建仁・弘長・元亨・弘和・嘉吉・文亀・天和・寛保・亨和・文久であり、甲子革令によって改元された年号は、康保・万寿・応徳、天養・元久・文永・正中・元中・文安・永正・寛永・貞享・延享・文化・元治である。全体的に見れば、辛酉年と甲子年に改元される比率は八〇%に至っている。干支改元が行われなかった状況は、多く特殊な政治趨勢が作り出したものであり、例えば後水尾天皇の元和七年（一六二一、辛酉年）は、幕府将軍徳川秀忠が天下は太平——つまり彼の統治が良好——であり「革命」の不安は無いと認識し、改元を拒絶した。

これらの数値から見るに、日本の八世紀より明治時代まで

は、「辛酉革命・甲子革令」の思想が改元の全過程に一貫しており、千年の久しきに及んでいたのである。これらの改元の詔書も多く残存しており、例えば一二〇一年の「建仁改元詔書」には以下のように有る。

革故は法制時に応じ以て乃ち明かなり。鼎新は尊卑に序有り以て元いに吉なり。……今辛酉に当たる。大変に非ずと雖も、古来此の支干に逢へば、猶ほ以て慎を為し、累聖の跡を尋ね、攘灾の謀を廻らす。……其れ正治三年を改め、建仁元年と為す。天下に大赦せよ。(18)

中国での状況について言えば、「戊午革運・辛酉革命・甲子革令」の思想は、決して緯学の主流となることはなく隋代まで至ったが、特に唐初には、甲子元暦の勃興という暦法改革にしたがって徐々に主導的地位を占めるようになった。つまりは、この思想が最も早く主流的政治思想になるのは、早くとも六世紀の末であったが、なんとも運良く、早期に日本へ伝来したのである。古代東アジア世界の知識・思想の伝播の迅速性は、遙かに我々の想像を超えている。

三、「辛酉革命」説の起源と隋より唐初の政治・思想・知識との関係

辛酉年と甲子年が政治と思想の中に出現するのには、隋代の政治宣伝と暦法作成が重要な役を演じる。甲子は干支の始めであることから、暦算中では重要な地位を占め、緯書中にも大量に記載されており、そのために甲子年は暦算家と讖緯家の政治的解釈を加えられるのである。特に隋代に、こうした説は政治の介入によって異常ともいえる重要な局面を迎える。隋の文帝の開皇二十一年（五九一）、辛酉の年、太史令の袁充らは躍起になって隋朝の天命を宣揚し、『元命包』などの緯書を引用して「大隋運を啓き、上(しょう)の乾元を感ぜしめ、影短く日長きは、振古も有ること希なり。(19)」を論証した。

いかなる政権であろうとも自己の歴史的立場を説明せねばならず、往々にして自己の擁する故(ふるき)を革め新を鼎(と)る歴史的地位を強調する。四年後の人寿四年（六〇四）は、甲子の年であり、また上元甲子でもあった。この年にはちょうど煬帝が即位するため、六〇四年は極めて重要な一年となり、宮廷の学者によって大いに宣揚され、煬帝の帝位が強固にされた。袁充らは以下のように表明している。

今歳皇帝即位するは、堯の受命と年合す。昔唐堯命を受け四十九年、上元第一紀甲子に到り、天正十一月庚戌冬至、陛下即位し、其の年は即ち上元第一紀甲子に当たり、天正十一月庚戌冬至なるは、正に唐堯と同じ。放勲より以来、凡そ八上元を経、其の間緜代、未だ仁寿甲子の合

有らず。謹みて案ずるに、第一紀甲子、太一は一宮に在り、天目は武徳に居し、陰陽暦数並に符同するを得。唐堯は丙辰に生れ、丙子の年命を受け、三五に合するに止み、未だ己丑甲子の、支干並に六合に当たるに若かず。一元三統の期に允ち、五紀九章の会に合し、帝堯と共に其の数を同しくし、皇唐と其の蹤を比べり。信に所謂皇なるかな唐なるかな、唐なるかな皇なるかななる者ならん。[20]

袁充は、王劭や蕭吉と同様に、隋代の重要な学者であり、占候五行・天文暦法に詳しかった。煬帝が上元甲子の年に即位したことは、彼が天命に符合していることを宣揚する重要な根拠となっており、この後も絶えず言及され、天下の大乱時に至っても、煬帝が「初めて宝暦を膺くるに、正に上元の紀に当たり、乾の初九、又天命と符会す。」であることを強調し、ついには洛陽が「並に甲子に当たり、乾元初九の爻及び上元甲子と符合す。此れ是れ福地、永に慮る所無し。」として帝居を移したのである。[21]

隋朝の滅亡は決して「辛酉革命・甲子革令」理論の権威を損なうことなく、かえってその「革命」「革令」が隋の天命を革めることであったという説得力を強めた。これもまた、六十年後の六六一年（龍朔元年）と六六四年（麟徳元年）に高宗が得も言われぬ官名の変更とその他の改革を進めた思想的動機なのである。一方では、当時の甲子元暦暦法とその理論は最盛期を迎えており、また一方では、高宗が六十年前、つまり少なくとも朝鮮半島での無闇に長期化した戦争など表面上は煬帝が直面したものと類似した局面に対峙しており、どちらも、この種の思想や雰囲気における唐人の心理の動揺を深めていた。

（一）日本への伝来

西暦五五四年、つまり南朝梁の元帝の承聖三年、百済の易博士の王道良と王保孫が中国の天文暦算知識を日本に輸入し、学界では一般的にこの年を中国の天文暦算知識が日本に伝来した最初の年だとしている。[22]『日本書紀』には、推古天皇の十年（六〇二）に「冬十月に、百済の僧観勒来けり。仍りて暦の本及び天文地理の書、並せて遁甲方術の書を貢る。是の時に、書生三四人を選びて、観勒に学び習はしむ。陽胡史の祖玉陳、暦法を習ふ。大友村主高聡、天文遁甲を学ぶ。山背臣日立、方術を学ぶ。皆学びて業を成しつ。」と記載されている。[23]

隋の文帝と煬帝の君臣が仁寿元年（六〇一）と四年（六〇四）の偉大な意義について躍起になって宣揚していた時、聖徳太子は改めて中国との交通を開いていた。開皇二十年（推古天皇の八年・西暦六〇〇年)、聖徳太子は南朝宋の順帝の昇明二年(四七八)以降百二十数年に渉って中国へ朝貢しなかった歴史を終わらせ、使臣を隋朝に派遣し、この後は陸続と五度の遣隋使を派遣した。遣隋使が隋に至った時期は、正に隋朝が辛酉・甲子によって大いに隋の符命を宣揚していた時期であり、さらに蕭吉等の『五行大義』といった著作もこの時に編纂されており、これらの書籍は隋朝の政治理念や思想とともに、自然と遣隋使によって日本へ持ち帰られたのである。(24)六〇三年に、聖徳太子等は官位十二階を制定し、隋の制度を模倣した。六〇四年は、甲子の年であり、日本は正式に暦法の使用を始め、これ以降、日本本土の旧暦法はほぼ完全に廃絶したようである。(25)

甲子元暦術は隋代にはすでに主流となっており、例えば『隋書』律暦志は『春秋緯命暦序』の「魯僖公五年正月壬子朔旦冬至」を引いた後に「今甲子元暦術を以て推算するに、合して差あらざるを得。」(26)と論じている。唐代になると、武徳二年(六一九)に傅仁均の『戊寅元暦』を実行したが、高宗の時には、戊寅暦はその誤差が広がっており、使用に耐えられなくなっていたため、李淳風が甲子元暦を作成した。高宗は詔を下して麟徳二年(六六五)より頒用させたので、これを麟徳暦という。高宗の「麟徳暦を頒行するの詔」には以下のように有る。

> 夫れ気象初めて分れ、乾坤の位斯(こ)れ定まる。剛柔遞ひ運り、寒暑の節施せらる。……朕天に御し暦を撫し、万方に君臨し、茲の道を眷言するに、将に淪缺あるを恐れんとす。欽みて垂化に若(したが)ふに、曷為(なんす)れぞ焉に憑かん、爰に所司に命じ、研窮詳正せしむ。仰ぎては七曜に稽へ、傍に五家を綜べ、其の煩衍を去り、裁るに要密を以てす。古の未だ通ぜざる所、今は則ち備載せり。陰陽の数測る可く、盈縮の理愆つ無し。元を改め初を履み、此の暦を占考すれば、歳は唯れ甲子、天正に得、合朔の後、応ずるに嘉祥を以てす。五緯は連珠の若く、二曜は合璧の若し。上元の致瑞、実に祇愧を増すと雖も、而れども推測の詳かなる所は、固より精悉を以てせり。気序恒に順ひ、分餘舛る弗く、以て農時を授け、升平致す可し。昔洛下閎漢暦を造り、「後八百歳、当に聖人有りて之を定むべし。」と云ふ。火徳より我に洎(いた)り、年将に八百ならんとし、事は当仁に合すれば、朕も亦た何ぞ譲らんや。宜しく即ち宣布し、永に昭範と為すべく、名づけて『麟徳暦』と曰ふ可く、来年より之を行用せよ。(27)

このわずか二十五年後の西暦六九〇年に、麟徳暦は日本で採用される。六五九年、日本の使臣である津守吉祥は、高宗の顕慶四年の「十一月朔旦冬至」の典礼に参加し、最も礼節を習熟していると称せられており、日本の士人が唐代の暦法や讖緯知識に対してすでに相当熟知していたことが分かる。

四、日本文献が示す龍朔改革の内在論理と思想意義

それでは龍朔の改革の前夜に、いったい何が起きていたのであろうか。西暦六六〇年、唐の軍は百済を攻め滅ぼし、翌六六一年二月乙未、益・綿等の州から龍の出現の報告があり、改元が行われた。五月三十日、東井の二十七度で日食があった。(28) 六月辛巳、太白（金星）が昼に出現し、経天（天を横切ること）し、九月十一日、左執法を犯した。(29) 日食と太白経天はともに極めて凶悪な天文現象であり、通常の認識であれば、日食の下では国が滅び、太白経天が起きれば君主が戦いを挑むことが予兆され、これらはともに革命の象徴であって、高宗が自ら革命を行うことによって災禍を禳おうとする決心を後押ししたことは疑い有るまい。

　高宗の改革を直接的に触発したのは各地からもたらされる龍の出現の報告だった。龍の出現は、確かにしばしば王朝の徴祥と見なされており、天より受命した証拠であった。その典型的な例としては、曹魏の明帝が青龍が郟県の摩陂の井戸に出現したために、青龍と改元したことがあげられる。そして呉では、「土運を以て漢を承く、故に初め黄龍の瑞有り」(30) としている。しかし青龍にしろ黄龍にしろ、その出現は全て祥瑞というわけではなく、例えば沈約の『宋書』は、曹魏の青龍出現を祥瑞とせず、災禍の象徴であるとする解釈を時折述べている。

> 魏の明帝青龍元年正月甲申、青龍郟の摩陂の井中に見る。凡そ瑞の興ること時に非ざれば、則ち妖孼と為す、況や井に困むをや、嘉祥に非ざるなり。魏以て年を改むは、非なり。晋武の賀せざるは、是なり。干宝曰く「明帝より魏世を終ふ、青龍・黄龍見るるは、皆其の主廃興するの応なり。魏は土運、青は、木色、而して金に勝たず、黄は位を得、青は位を失ふの象なり。青龍見ること多きは、君徳国運内に相剋伐するなり。故に高貴郷公卒に兵に敗る。劉向の説を案ずるに『龍は貴きの象、而るに井中に困むは、諸侯将に幽執の禍有らんとするなり。』と。魏世の龍の井に在らざる莫きは、此れ上に居る者逼制せらるるの応。高貴郷公潛龍詩を著すは、即ち此の旨なり。」と。(31)

「龍朔」と改元との関係は、干宝がすでに詳しく説いており、龍の出現は、「主廃興するの応」なのである。前掲の三

善清行の「革命勘文」を思い起こすと、彼が『詩緯』の佚文「十周参聚し、気神明を生ず。戊午運を革め、辛酉命を革め、甲子政を革む。」を引用した後に引くその注（あるいは鄭玄の注であろう）に「辛酉の年に青龍図を銜み河より出で」と有るのも、辛酉の年に革命が発生する時、青龍が出現して象徴となることが有ると言うのである。これは明からに、高宗が龍の出現によって改元した理論的根拠であろう。実際に、両唐書などの史料が益・綿などの諸州に龍が出現したことを載せている以外には、『冊府元亀』に、龍朔元年「六月、兗州に青龍三十九見る」[32]と有る。

（一）麟徳改元

辛酉革命から第四年目に甲子革令となることは、これもまた、何故龍朔三年という甲子の年の一年前に、高宗があらかじめ次年の改元を布告したのかを説明している。これは前代未聞のことであり、高宗以後にも発生していない。龍朔三年（六六三）「十二月、庚子、詔あり来年の元を改む」（『資治通鑑』）。この種の詔書によって翌年の改元を予告する方式は、唐代の中央政府が行った七十五度の改元中、唯一この一度のみである。[33] 龍朔四年正月一日、麟徳と改元された。この予告改元は、次年が甲子の年であり、甲子は革令革政の期であるため、緯書の理論に依拠して、改元を必要としたのである。

このほかに、「麟徳」の年号にも推敲の余地がある。唐人劉賡の『稽瑞』「麟降匈奴」の条に、『漢書』に曰く、武帝の太始三年、上帝に郊見し西して隴首に登り、獲し白麟をば以って宗廟に續る。元首元年、雍に幸し、五時に祀り、白麟を獲、之れ歌ふ。終軍對へて曰く「野獣角を幷はすは、本を同じくするを明かにするなり。殆ど将に辮髪を解き、左衽を削き、冠冕を襲ひ、衣裳を要めて象化する者有らんとす。」と。是に由り元を改め元狩と曰ふ。数月、越の地より匈奴に及ぶまで、名王来降す。[34]」と有る。麒麟の出現は夷狄を降伏させる象徴であり、「辮髪を解き、左衽を削き」、「名王来降」するのである。麟徳元年は西暦六六四年であり、この時期の唐朝は朝鮮半島での戦争が重要な局面を迎えようとしており、西暦六六六年には、高句麗の泉（淵）男生が内応し、翌年に高句麗は徹底的に壊滅される。符瑞と実際の事件との間に必然的な関係はなく、麟徳改元は高宗ら君臣が早期に外敵を覆滅しようとした期待を反映したのかもしれない、といえるだけである。

（二）高宗の改革

高宗は龍朔二年に官制及び官名の改革を行うが、これは正しく自ら革命を行う行為であった。日本史上の辛酉・甲子の諸改元の詔書を、高宗の挙動と対比させると、両者の緊密な関係が見えてくる。延喜元年（九〇一）の改元の詔書には以下のように有る。

去歳の秋老人は寿昌の耀を垂れ、今年の暦辛酉は革命の符を呈す。又云ふ今日昧爽以前大辟已下の罪に軽重無しと。已発覚・未発覚・已結正・未結正、咸皆赦除せよ。但だ八虐を犯せし、故殺・謀殺・私鋳銭・強窃二盗の、常赦の免ぜざる所の者は、赦の限に在らず。又天下今年の半徭を復し、老人及び僧尼の百歳以上は、穀人別に四斛を給ひ、九十以上は三斛、八十以上は二斛、七十以上は一斛とせよ。遐邇に布告し、朕が意を知らしめよ。主者施行せよ。(35)

この詔書は非常に代表性を備えており、老人星の出現と辛酉の年であることをともに革命の符とし、そのために改革――天下への大赦、徭役の軽減、老人への饋贈を行う必要があると提示している。これらはすべて仁政によって革命の徴候を克復する常法である。高宗の龍朔改元の詔書が何故残されていないのかは分からない。麟徳二年三月十七日の詔書を見てみよう。

今陽和し気を布き、東作聿に興こる。甘沢霑ふと雖も、猶ほ未だ周洽ならず。茲の南畝を睠みるに、弥〻憂勤を用てす。彼の西郊を瞻るに、良に兢惕を深くす。宜しく発生の序に順ひ、以て簡恤の恩を申ぶべし。西京及び東都諸司・雍雒二州の、禁ぜらるる囚徒は、宜しく龍朔元年の慮囚の例に準じ処分せよ。其れ西京は左侍極兼検校大司憲の陸敦信をして使に充てしめよ。東都は右粛機の盧承慶をして使に充てしめよ。必ず彼の冤滞を息めしめよ。朕が意に称へ。(36)

この詔書は陽気の布和を持ち出し、簡恤の恩を施すために、龍朔元年の方法に基づいて両京の囚徒に再審を行うことを求めている。また、龍朔元年八月丙戌には、諸州に孝行が最も顕著な者と数世代にわたって孝義の行いがある家の者で、風俗を奨励できる者を推挙させている。九月甲辰には、河南県の老女張氏の年齢が一〇三歳となったことから、その住居へ行幸してる。(37)これらと日本の延喜元年の改元の詔書に提示された囚人の釈放と老人への憐憫とは方法が一致している。また西暦九六一年、日本の応和改元の詔書には、

忝くも握符の名に居り、未だ馭俗の道を知らず。去秋皇居孽火の妖忽ち起こり、此歳辛酉革命の符既に呈せられ、懔れんか奔に乗りて轡無きが如きを。……上古帝王南面して孤と称する者、或いは警誡を誡みて元を建て、或いは咎徴に驚きて号を改む。是れ則ち徳を脩め灾を却け物と更始するの義なり。其れ天徳五年を改め応和元年と為

せ。[38]

と有るが、この詔書は皇居に発生した火災を取り上げて、辛酉革命の符であるとしており、高宗時代に出現した日食・太白経天などの異常天象の作用と同様である。改元は禳災のために行われており、所謂「速かに号令を改め、将に変妖を攘はんとす。蓋し物と更始するの義ならん」[39]である。同様のことは甲子革令に起因する改元の事例中にも見え、その改元の詔書も「甲子暦を開けば、宜しく一元の初を慎むべきか。夫れ寝を廃し食を忘るるは、豈に徳を修め妖を防ぐに如かんや、須く漢策を尋ね、建元の徽号を出だすべし。又殷網を解き、宥過の洪慈を出だせ」[40]「歳は革令に当たり三経の術の区分を聴く。況んや神武初首の季を推し、或いは周詩大節の変に遇ふをや、天数我に在れば、夕惕小心す。茲に因り専ら鼎義の新を施し、宜しく暦運の号を開くべし。蓋し物と更始するの義ならん」[41]「今茲れ歳星甲子に次し、故に復変の当否を論ずるに、気運は革令の時なり。幹支周りて初に復し、陰陽還りて端を起こすは、是れも亦た天道の変なり。宜しく旧を除き新を用ふべきは、蓋し物と更始するの義ならん」[42]のように修徳防妖の思想に満たされている。

(三) 高宗と隋の滅亡

高宗の龍朔改革の重要な原因の一つは隋朝滅亡の警告に基づくものである。隋朝は五八一年に建国され、六〇一年の辛酉(革命)と六〇四年の甲子(革令)を経て、六一九年に滅亡した。高宗の六六一年の辛酉と六六四年の甲子は、隋朝滅亡からわずか四十数年しか経っていなかった。そして高宗の憂慮も最後には現実となり、唐朝は六八九年に亡び、武則天の周朝に取って代わられるのである。

当時の人々から見れば、高宗が当時直面していた状況と隋代のそれとは非常に近似していた。国外では、朝鮮半島での無闇に長期化した戦争に陥り、国内では、政治的混乱が大きくなり、闘争は激化し、皇位継承に問題が生じていた。西暦六六〇年、百済を攻め滅ぼした後も、朝鮮半島での戦争は止むことがなかった。六六三年には、日本軍が百済の復国を援助したため、新羅と軍を連ねて白江口に戦い、六六七年となって、李勣が平壌を攻め破ると、高句麗は滅亡し、戦争はようやく終結を告げられた。こうした過程の中で、丁度辛酉・甲子の革命の期に出くわしたのであるから、高宗の受けた圧力も知れよう。『冊府元亀』に保存された関連記載は、この問題を最もよく説明している。高宗は龍朔三年八月に侍臣に以下のように述べている。

比海東巋を負ひしが為に、須く弔伐を申ぶべくも、是の数年已來、頻る労役有り、所在の百姓、誠に大いに辛苦す。況んや軍機の調発は、科喚百端あり、貪残の徒は、意を恣に侵暴し、兼ねて復た船を諸州に造らしむるに縁り、辛苦吏に甚しきをや。前に令して借問し其の事実を知らんと欲せんと冀ふも、然れども四方の使至れば、略して言を尽くさず、表疏陳ぶる所、皆渉りて旨に順ふ。我密かに廉察を加ふるに、下に在りて怨咨無きに非ず。如聞らく隋朝の破亡は、征役息まざるが為に縁ると。隋亡ぶは何ぞ必ずしも此に繇らざらんや、相伝へて其れ此の議有り。……。即日詔を下して曰く、……。前に令せし三十六州の船を造り已に備はり東行せし者は、即ち宜しく並に停むべく、凡そ百位に在りしもの宜しく得失を極言し、悉くして隠す無く、以て逮ばざるを救へ、と。(43)

高宗は唐朝の高麗征伐と隋朝の滅亡を関連づけているのである。この種の警戒心が高宗に龍朔三年、つまり甲子革令の前夜にも、戦事需要を顧みずに三十六州への造船とすでに東行したものまでも全て停止する命令を下させているのだ。その後の戦争が順調であったことは完全に高宗ら君臣が思いもよらなかったことであり、そのために上掲の史料が君主の「弭兵（停戦）」を称揚する部分に収められ、その意義を増しているのである。

（四）大化の改新と甲子の宣

指摘すべきは、西暦六六四年、高宗が翌年の改元を公布する時に、対岸の日本でも、甲子革令が開始されていることである。中大兄皇子は大化の改新の推進者であり、(44)みずから（その質は兎も角）日本の中央集権体制、つまり大化体制というべきものを打ち立てている。六六一年、中大兄皇子は皇太子の身分で朝政を総攬する。その在位三年目の六六四年には、それまでの改革の一部の措置を退けており、歴史上、甲子の改革（甲子の宣）と呼ばれている。甲子の改革と大化の改新の推行者はともに中大兄皇子（即位後の天智天皇）であるが、両者の内容は明らかにくい違っている。甲子の改革では、刀や弓矢を贈ることで「氏上」の身分を明確にし、まだ公的支配に帰属していなかった部民と土地の私有を貴族に認め、大化の改新の原則を部分的に放棄している。学界では一般的に、これは統治階級の内部矛盾を緩和させるためであったと認識されている。当時は朝鮮半島への出兵に敗北し、統治集団内の矛盾は激化しており、これが甲子の改革が実行された主要な原因である。根本的には、甲子の改革は大化体制に内在した矛盾の反映なのである。甲子の改革は正にこの矛盾を暫時緩和させるために行われたのであり、世襲政治権力である貴族官僚に対して必要な妥協をすることで、矛盾を和らげ、安定を求めて、大化体制の継続に有益だった。[45] しかし、その中では「辛酉革命・甲子革令」の思想が重要な役割を担っていた。六六四年は正に甲子の年であり、「甲子革令」の思想が甲子の改革の思想背景と理論的基礎の一つであったと言っても、過言ではあるまい。

（五）中国と日本の緯学思想のその後

仮に上述の観点が成り立つのであれば、西暦六六一から六六四年には、中国か日本かを問わずに、ともに行政改革が行われており、干支革命の緯学思想は、当時の東アジアの主要な政治体の中において、極めて重要な役割を果たしていた、と言えよう。

今文経学思想と緊密に結合した緯学とその経典は、後漢以後にはしばしば禁絶の打撃を受けていた。しかしながらも、その強大な生命力は隋代と唐の前期に至っても、依然として政治や思想、社会生活に対して巨大な影響を生み出していた。その後、中国の学術が変遷するのにしたがい、特に人文的な色彩を有する古文運動と理学が興った後は、陰陽五行や天人感応の説は、儒家の学説ないしは正統な知識体系の中から次第に削除されていく。この神文から人文への変遷が、政治思想に反映されると、天人感応の学説から、王者仁政の学術へと転換していくのである。しかし、陰陽五行や讖緯祥瑞の思想は日本に伝来した後、全く異なる状況へと発展していき、その多くの観念と知識は、陰陽道等の形式を通して残されていき、日本の政治・文化の伝統や日常生活の中で、千年以上の影響を維持し続け、独自の特徴と体系を発展させたのである。こうした思想と観念は、かえって中国自体の政治・思想の伝統を理解する上で、重要な参照・参考意義を有している。

例えば韓愈（七六八～八二四）と三善清行（八四七～九一八）はともに有名な反仏論者であり、後者の「意見十二条」は希少な日本の平安時代の排仏論である。彼らはともに仏教の流伝が社会経済と国家財政に対する危害であることに言及している。[46] しかし、韓愈が代表するところの儒学の新趨勢が、仏教と讖緯の学説をともにその正統な知識体系から排除しているのに対して、三善清行はかえって讖緯思想の集大成者であり、正しく彼の「革命勘文」こそが「戊午革運・辛酉革命・甲子革令」の緯書の条文を我々に残しておいてくれたのである。また彼の努力によって、醍醐天皇朝において「延喜大学寮式」[編者注] が成立し、明経・算・文章道の学生数が秩序立てられ、天文暦算の学が再興したのである。

日本では、この緯学思想の影響は、明治時代になってようやく終息を迎えている。しかし中国では、高宗の時代に始まったこの影響は、すぐに消失してしまい、辛酉・甲子の年であることに起因した改元は二度と見られないようである。唐代について言えば、武宗が即位した会昌元年が西暦八四一年であり、丁度辛酉の年であるが、緯書の『春秋演孔図』に「帝 会昌に当たれば、咸(みな)岱宗に封ず」と有って、宋均が「応に会すべきの期なり」と注しているのである。(47)

おわりに

戊午（革運）→辛酉（革命）→甲子（革令・革政）は、六十年ごとを隔てて一度発生し、二十一度の六十年を隔てるごとにその革命性を強めた。この緯学・暦法と緊密に結合した干支革命の理論は、かつて中国の歴史上に重要な影響を発揮したが、後に讖緯思想が主流の思想体系の中から押し出されるのにしたがい、その関連文献や記載は散佚してしまった。しかし、関連する文書が日本の文献中に保存されており、当時の歴史と思想を改めて理解するために、重要な史料的な基礎を提供してくれる。日本に伝来した中国文献に関心を寄せる際には、日本本土の文献——術数類の文献も含む——をも研究範囲に含まねばならない。この種の文献は中国自体を見つめ直す上で、より広範な文献と思想的基礎を提供し、中国文明と東アジア世界とに関係する研究に対して、重要な意義を有し、なおかつ大きな潜在力を有しているのである。(48)

注

（1）『旧唐書』（中華書局、一九七五年。以下同じ）高宗本紀、八一頁。

（2）『旧唐書』后妃伝上、二一六二頁。

（3）『旧唐書』刑法志、二一四二頁。

（4）関係する研究として陳弱水『唐代文士与中国思想的転型』（広西師範大学出版社、二〇〇九年）が参考となる。

（5）董誥等編『全唐文』（中華書局、一九八三年影印版）巻四九四、五〇三八頁。

（6）斎藤励は中国の陰陽思想が「神儒仏三道と共にわが国の思想界を支配して各種の迷信俗信の源流となり」と認識している。斎藤励『王朝時代の陰陽道』（甲寅叢書刊行所、一九一五年。（再版）名著刊行会、二〇〇七年、二七頁）を参照。

（7）藤原佐世『日本国見在書目』（古逸叢書第十九冊、新文豊出版公司、一九九五年）九—一〇頁。

（8）『隋書』（中華書局、一九七三年）経籍志、九四〇頁、『旧唐書』経籍志、一九八二頁、『新唐書』（中華書局、一九七五年）芸文志、一四四四—一四四五頁を参照。

（9）塙保己一（一七四六—一八二一年）『群書類従』第二六輯「雑部」（八木書店、一九九四年）一九五頁。

（10）那珂通世「上世年紀考」（『史学雑誌』第八編第八—十・十二号、一八九七年。『那珂通世遺書』第一巻、大日本図書、一九一五年、一—六五頁に収む）。

（11）坂本太郎著、沈仁安・林鉄森訳『日本的修史与史学』（北京大学出版社、一九九一年）五頁。

（12）『日本書紀』にも大量の陰陽災異・祥瑞・星占などの内容が含まれており、その天文記録の信頼性については、河鰭公昭・谷川清隆・相馬充「日本書紀天文記録の信頼性」(『国立天文台報』第五巻、二〇〇二年、第一四五―一五九頁)が参考になる。

(13) 聖徳太子「憲法十七条」(『日本思想大系』第二輯『聖徳太子集』、岩波書店、一九七五年、一二―二三頁)。

(14) 山口博「周武・桓武和《小雅鹿鳴》」(『日本研究』一九八六年第一期、第五四―五九頁)。

(15) 関連する研究として、佐藤信『古代日本の歴史』第九章「平安王朝への道」(第一一七―一一八頁)、笠原一男『日本史研究』第一部第三章(山川出版社、一九九〇年)、管寧「五徳終始説与日本古代王権更迭」(『古代文明』二〇〇七年第三期、第三六―四四頁)、韓賓娜「関于平安遷都的宗教原因」(『東北師大学報(哲学社会科学版)』二〇〇三年第三期、第六一―六五頁)、韓賓娜「日本歴史上的遷都与社会転型」(博士学位論文、東北師範大学歴史文化学院、二〇〇六年)を参照。

(16) 『続日本紀』延暦三年十一月一日条(吉川弘文館、一九九三年、五〇二頁)。

(17) 森本角蔵『日本年号大観』(目黒書店、一九三三年)八―一二・一九―六八頁。

(18) 森本角蔵『日本年号大観』、七二二―七二三頁。

(19) 『隋書』天文志上、五二四―五二五頁。

(20) 『隋書』袁充伝、一六一一―一六一三頁。

(21) 『隋書』袁充伝、一六一一―一六一三頁。

(22) 遠藤利貞『増修日本数学史』(恒星社、一九八一年)六頁。

(23) 『日本書紀』下(岩波書店、日本古典文学大系、一九八六年)一七九頁。

(24) 蕭吉『五行大義』に関する最良の研究は、中村璋八『五行大義校注』(増訂版)(汲古書院、一九九八年)を参照。

(25) 田久川「中国古代天文暦算科学在日本的伝播和影響」(『社会科学輯刊』一九八四年第一期、一〇八―一一七頁)。

(26) 『隋書』律暦志中、四二九頁。

(27) 高宗「頒行麟徳歴詔」(『全唐文』巻十二、一五〇頁)(訳者注、翻訳に当たって原文の歴は全て暦に改めた)。

(28) 『旧唐書』高宗紀、八二頁・『新唐書』天文志二、八二八頁。

(29) 『新唐書』天文志三、八五三頁。

(30) 『宋書』(中華書局、一九七四年)五行志三、九三八頁。

(31) 『宋書』五行志五、「龍蛇之孽」条、一〇〇〇―一〇〇一頁。

(32) 王欽若『冊府元亀』(鳳凰出版社、二〇〇六年)巻二十四、帝王部、符瑞第三、二四〇頁。

(33) 陳霊海「唐代改元小考」(『浙江学刊』二〇一二年第三期)六一―七〇頁。

(34) 『稽瑞』(『叢書集成初編』、中華書局、一九八五年)。

(35) 延喜改元の詔書(宮内省図書寮蔵桂宮本『改元記』改元部類記)。『日本年号大観』七〇九頁より。

(36) 高宗「遣使慮囚詔」(董誥等編『全唐文』巻一二、第一五〇頁)。

(37) 『旧唐書』高宗本紀、八二頁。

(38) 応和改元の詔書(宮内省図書寮蔵桂宮本『改元記』改元部類記)。『日本年号大観』七一一頁より。

(39) 文亀元年の詔書(宮内省図書寮蔵桂宮本『改元記』改元部類記)。『日本年号大観』七三四頁より。

(40) 応徳改元の詔書(宮内省図書寮蔵桂宮本『改元記』改元部類記)。『日本年号大観』七一五頁より。

(41) 永正改元の詔書(宮内省図書寮蔵桂宮本『改元記』改元部類記)。『日本年号大観』七三四―七三五頁より。

(42) 延享改元の詔書(宮内省図書寮蔵桂宮本『改元記』改元部

類記）。『日本年号大観』七四六頁より。

（43）王欽若『冊府元亀』巻一四二、帝王部、弭兵、一五八九頁。

（44）伝統的な認識では、大化の改新の思想的基礎は中国の儒教である。唐建「中国儒教与日本大化革新」（『復旦学報（社会科学版）』一九八七年第一期、第六一―六七頁）を参照。ただし実際には、大化の改新の思想的基礎は非常に複雑であり、陰陽五行思想がその中において重要な役割を果たしている。

（45）天智天皇の甲子改革に関連する研究として、王順利「甲子改革与大化体制的延续」（『東北師大学報（哲学社会学版）』一九九七年第二期、第五五―五八頁）を参照されたい。

（46）両者の反仏対比に関連する研究として、王家驊「日本的早期儒学及其特征」（『日本研究』一九八九年第四期、七一―七二頁）を参照。

（47）安居香山・中村璋八『緯書集成』五八一頁。

（48）天文暦法について言えば、日本の研究は非常に豊富であり、例えば現代の学者であれば武田時昌・宮島一彦・斉藤国治・中山茂・川原秀城などの研究が参考になる。川原秀城撰・胡宝華訳「日本的中国科学史研究」（『中国史研究動態』二〇〇三年第七期、一六―二四頁）を参照。

（編者注）得業生時服条に「明経四人・文章二人・明法二人・算二人」とあり、擬文章生条に「擬文章生は二十人を以て限りとなせ」とあることを指していると思われる。

〔II 〈術数文化〉の伝播・展開〕

ベトナムにおける祥瑞文化の伝播と展開
——李朝（一〇〇九～一二二五）の霊獣世界を中心にして

ファム・レ・フイ

十世紀に大越国という新生国家を建国するとともに、ベトナムの王者たちは、遣唐使時代の日本と同様、中国に使者を派遣し、祥瑞思想をはじめ、様々な文化や制度を積極的に導入し、またベトナムの独自な宮廷文化を構築した。本稿ではベトナムにおける祥瑞文化の伝播と展開を考えるために黄龍をはじめ、麒麟や白象も含めて李朝期に出現した霊獣の祥瑞を中心に、その原点である中国の祥瑞思想に遡って、個々の祥瑞の意味合いを確認しながら、李朝の霊獣世界および政治との関わりを検討したい。

Pham Le Huy——ベトナム国家大学ハノイ校・人文社会科学大学・東洋学部日本研究学科講師。専門は日本古代史、ベトナム古代・中世史。主な論文に「古説話と歴史との交差——ベトナムで龍と戦い、中国に越境した李朝の「神鐘」」（小峯和明監修・金英順編『【シリーズ】日本文学の展望を拓く（一）東アジアの文学圏』笠間書院、二〇一七年）、「ベトナムにおける新発見の陶璜廟碑」（新川登亀男編『日本古代史の方法と意義』勉誠出版、二〇一八年）、「ベトナムの年号史試論」（水上雅晴編『年号と東アジア——改元の思想と文化』八木書店、二〇一九年）などがある。

はじめに

ベトナムにおける祥瑞文化の伝播と展開を考える際に、ベトナムの北部地域は地理的条件により日本に比べて早く中華文明に接触することができた一方、祥瑞思想をはじめとする王権的な文化の受容がやや遅れたという特徴が指摘できる。それは、漢武帝に侵略された紀元前一一〇年から独立王権が誕生した十世紀までの中華文明の受け皿は、日本のヤマト王権や律令国家のような独立した王権ではなく、中国各王朝から押しつけられた地方的な支配機関であったからである。

そのため、十世紀までは祥瑞思想に対する現地の関心度が希薄であるとともにそれを実行する「場」も限定され、また受動的かつ地方的な性格が濃厚であった。その一端を示すのは隋代の仁寿年間の舎利事業である。仁寿元年（六〇一）、隋文帝は交州を含む三十州に舎利を頒布し、それを安置する宝塔を建立させ、仏教の法力で帝国の求心力を高めようとした。

皇帝の期待に応えたかのように舎利事業を実施した各地から「瑞雲」などの「感応」（祥瑞）の報告が朝廷に殺到した。また相州が陝州の「瑞相図」を書写したことにも見えるように当事業を機に帝国全体で祥瑞のブームが一時興隆し、高句麗・百済・新羅などの周辺諸国にも影響が波及した。この状況のなかで交州に対しても何らかの形で皇帝の期待が伝えられたかと安易に察知できるが、隋に反旗を翻そうとした李氏政権は極めて冷淡な態度を示し、朝廷に何の祥瑞も報告しなかった。(1)唐代に入ると、各地で祥瑞が発生すると、その地方官は、大・上・中・下瑞といった格付けに分類した上で奏上する義務を付けられた（『唐六典』巻四・尚書礼部）。当規定を実施するために安南都護府も他の地方と同様、朝廷から祥瑞に関する「図・書」を配布され、現地でそれを自主的に研究・実践したと推測できる。(2)こうして隋唐代を通じて祥瑞思想が交州（安南）の社会により一層浸透した一方、当地域はあくまでも一地方として中国の皇帝のために祥瑞を発見・報告・献上する存在に過ぎなかった。

十世紀に入ると、ベトナムの在地豪族はようやく中国諸勢力の支配から離脱することに成功し、大越という新生国家を誕生させた。大越の王者たちは、中国の冊封・朝貢体制に加入しながら国内で皇帝を称し、自分の「小中華世界」の構築に着手した。丁・前黎両王朝（九六八〜一〇〇九）は、遣唐使時代の日本と同様、積極的に中国に使者を派遣し、文物や制度を導入した。たとえば一〇〇七年、前黎朝の第三皇帝黎龍鋌は宋真宗に白犀を献上し、その返礼として「九経」を求めた（『玉海』巻五五・景徳賜経史）。李朝期に『書経』『詩経』『周易』がよく祥瑞の占いに活用されたことに見られるように十世紀に将来した「九経」は、祥瑞思想をはじめ、ベトナムにおける王朝文化を定形化する上で重要な役割を果たしたと考えられる。

十四世紀成立『大越史略』（『史略』）や十五世紀成立『大越史記全書』（『全書』）の編年史の記録からみると、ベトナムにおける祥瑞文化は李朝期（一〇〇九〜一二二五）に最盛期を迎え、李朝が滅亡して以降衰退する一方であった。従来、この傾向に着目して王朝の史官たちは「巫史」の記述を通じて、王権を神聖化し、また現世の君王に警告を出そうとしたと指摘した研究もあったが、(3)個々の祥瑞を検討する専論はまだ少ない。各種祥瑞の中でこれまで最も注目されたのは龍であり、十世紀以降「黄龍」がよく皇帝の権力に結びつけられたと指摘した片倉穣・大西和彦各氏の論考がその代表的な研究である。(4)また龍の祥瑞が、ある建物から別の建物に横方向に移動したという記述のパターンに着目し、それは重要建築物を聖化する意図としてみた見解も出されたが、[5]具体的にどのような政治状況のもとで意図されたのか、詳細な分析に及んでいない。

そのため、本稿では黄龍をはじめ、麒麟や白象も含めて李朝に出現した霊獣の祥瑞を中心に、その原点である中国の祥瑞思想に遡って、個々の祥瑞の意味合いを確認した上でその出現を巻き込んだ当時の政治状況を分析し、李朝の霊獣世界および政治との関わりを明らかにしたい。

一、李朝の祥瑞文化の背景

(一)丁・前黎朝における祥瑞文化の導入

李朝の成立以前から十世紀を通じて、祥瑞思想は丁・前黎両王朝によって王権文化の一環として大越に導入され、また積極的に政治目的に利用された。これに関して九八七年に前黎朝の初代皇帝黎桓が「籍田」の礼を実施する際に「金銀甕」が発見されたことに注目すべきである。[6]「銀甕」は『唐六典』で「大瑞」として列記されたように祥瑞の一種である。籍田の礼とは、皇帝が自ら耕作する見本を見せる儀式であり、皇帝が収穫を目撃する「籍斂」と並んで、『礼記』の勧農思想から発祥し、中国で漢代以降重要視された国家行事の一つである(『漢書』巻一九上・百官公卿表第七上)。籍田の礼に祥瑞が出現したということは、皇帝自身、またその皇帝を代表とする王朝の正当性が「天」に承諾されたという意味合いである。中国では四四五年(元嘉二)や四六〇年(大明四)に劉宋の皇帝による籍田の礼で「嘉禾」や「白亀」が出現したという先例が『宋書』に記録されている(『宋書』巻二九・符瑞下・嘉禾条、符瑞中・霊亀条)。このようにみると、九八七年の「金銀甕」の発見も、偶然的なことではなく、前黎朝による中国の古典や先例にならった政治的な演出だと考えられる。

十世紀には祥瑞に見えたものが結果的に災異へと変化したこともあった。『史略』や『全書』によると、九七九年、杜釈という丁朝の宦官は、宮に入る前に橋の上で「流星」が口に入ったという夢にあい、それを「休徴」(祥瑞)だと思い込んだ杜釈は丁先皇及びその太子丁璉を暗殺することにしたという。[7]当事件を機に十道将軍黎桓は、幼主丁璿から禅譲をうけた名目で即位し、前黎朝を創立した結果となった。九八七年の「金銀甕」発見という祥瑞演出もまさにこの王朝交替を背景に黎桓の正当性を見せかけるために行われただろう。

丁・前黎朝の存続期間が短かったため、祥瑞の記録はわずか四回にとどまっているが、前黎朝に次いだ李朝の祥瑞文化は、「図書」配布などの隋唐代における祥瑞文化の蓄積、十世紀の丁・前黎朝による「九経」などの書物の将来及び初期的な祥瑞思想の実践のもとで展開された結果だと考えられる。

(二) 北宋からの影響

李朝期に祥瑞文化が最盛期を迎えたもう一つの背景は、北宋からの影響である。北宋は設立当初は唐と同様、各地に対して祥瑞の報告ならびに「祥瑞物」の献上を義務化したが、早くも九九六年(至道三)からそれは献上元および運搬に関わる沿道の地方にとって大きな負担になるという問題が懸念され、「珍禽異獣」の献上をやめる政令が次々出された(『玉海』巻二〇〇・祥符昭応宮祥瑞図・両朝祥瑞図賛)。ところが、一〇〇三年に遼と屈辱的な講和条約「澶淵の盟」を締結した後、宋真宗とその側近たちは、威信を挽回するために「天書降下」をはじめ、様々な祥瑞の演出を行った。(8)

大越(交州)も周辺諸国と同様、真宗政権の祥瑞演出に巻き込まれた。一〇一二年(大中祥符五)十一月に宋真宗は「聖祖降」を理由に使者を交州の辺境に派遣し、それを伝えるとともに李公蘊(李太祖)に開府儀同三司を加封した(『宋会要輯稿』蕃夷・交趾・大中祥符五年〈一〇一五〉十一月条)。また、同年十二月二十四日に宋真宗は祥瑞図を納めた「龍図閣」という秘閣を刺史以上に公開するイベントを開催したが、大越の使者も当イベントに招待された可能性が高い。というのは、同年十月に李太祖は陶碩輔(陶碩とも)らを使者として宋に派遣したが、(9)陶碩輔は年内に開封に到着し、宋真宗によって「唐州刺史」に任命されたらしい。(10)こうして刺史となった陶碩輔は宋真宗のイベントに参加する資格を得て、龍図閣で祥瑞図を鑑賞するとともに、北宋の祥瑞演出を自ら体験することができた。

宋真宗による一〇一二年の龍図閣公開イベントは、李朝の祥瑞に対する関心を強く促した。それは、一〇二九年、李太宗が昇龍京を大規模に改修する際に寝殿・長春殿の上に「宴寝・遊玩の所」として「龍図閣」を設置したことから窺える。(11)当事業の背景に一〇一二年の使者である陶碩輔の存在がよく浮かび上がった。その九年前の一〇二〇年、陶碩輔は李太宗(当時は皇子・開天王)とともに占城の遠征に向かい、事実上李太宗と深い関係を持った人物である。(12)戦場で二人の間で様々な話が交わされるうちに陶碩輔から開封での「龍図閣」の体験が李太宗に共有され、若き皇子の好奇心や憧れを刺激したと推定できる。(13)

李朝を通じて祥瑞が重視されたもう一つの原因は北宋・南宋の冊封・朝貢体制における祥瑞の存在である。宋朝にとって「交趾」の朝貢そのものは、周代の「越裳来る」の伝統を引き継ぐ祥瑞の一つである(『芸文類聚』巻九八・祥瑞)。また、李朝から献上された「犀象」(14)や「異獣」は、宋朝にとって祥瑞でありながら、国家儀式を行う上でも不可欠なものである。たとえば、一一六一年以降交趾から「馴象」が貢上されなかったため、南宋は交趾に書簡を送り、南郊の「鹵簿」(儀仗)に備える象の購入を求めた。(15) 両国の外交関係における象の存在感は別の出来事からも窺える。宋李戦争(一〇七五~一〇七七)の終了後、様々な交渉を経た上で、一〇八四年、宋朝は李朝から奪った金の産地・広源州を返還することを決めた。その際に宋人の間で「交趾の象を貪ることにより、広源の金を却失する」という皮肉話も広く世間に流布した。(16)

その一方、宋の祥瑞の世界観における自身の存在感を強く意識した李朝は、積極的に祥瑞の献上を利用し、文物の輸入や貿易の利益を狙っていた。前黎朝の「九経」の将来と同様、一〇三四年李太宗は宋に「馴象」を献上し、その代わりに「大蔵経」の回賜を求めた。(17)「厚往薄来」という言葉で表現されるように、宋朝は大国の体面を守るために大越から祥瑞を献上される度にそれ以上に返礼を送る面子に束縛されており、かえって堪え難い経済負担となった。当時、交趾から馴象が献上されるたびに、沿道の地方から大量の人夫が動員され、「数十州が騒然」となったと言われていた(『宋史』巻三八六・劉珙伝)。結果的に一一六一年、宋朝は交趾側に負担を減らしたいという名目のもと「異獣」の朝貢をやめるように李朝に指示を出した。(18) 祥瑞物の朝貢は、このように莫大な経済利益をもたらしたため、李朝に特に重要視されたと考えられる。

二、龍の祥瑞

『史略』や『全書』に最も多く記録された李朝の祥瑞は龍である(計三十六回)。『芸文類聚』や敦煌本『瑞応図』(19)や四庫全書本『開元占経』をみると、本来中国の祥瑞思想では「黄龍」「青龍」「白龍」「黒龍」(「玄龍」とも)、「赤龍」「神龍」「蛟龍」など様々な龍の種類が存在しており、いずれも「王者」の徳業に結びつかれた祥瑞とされていた。(20)

ところが、李朝期の龍の祥瑞を分析すると、「黄龍」は八割以上と圧倒的な存在を占めたことがわかる。それに対して『史略』と『全書』には「玄龍」「白龍」「青龍」「赤龍」に関する記載が一切見られない。種類を特定せず「龍」としかない記事は二回のみ(一〇二九年、一一一九年)である。また殿堂の「金龍頭」が発光したという一一九四年の記事以外に「黒龍」に関する記事も一回のみである(一一一二年)。「神龍」に関する記載は一〇二九年及び一〇九九年と、二回見られる(21)が、一一二一年成立の崇善延霊塔碑には「神龍二十九」とあることから李朝期の「神龍」が「黄龍」に同一化されたこと

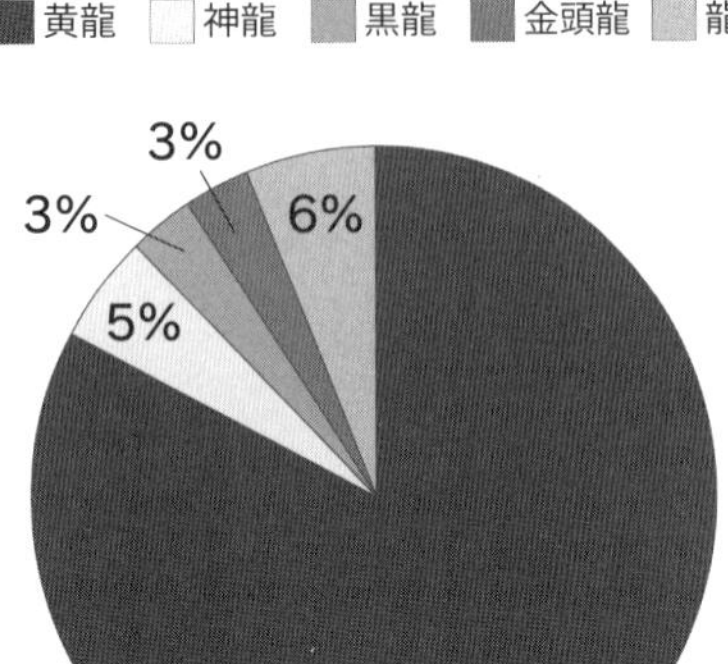

表1　『史略』『全書』における龍見の回数

がわかる。[22]なお大越では「蛟龍」が中国に違い、祥瑞として見なされなかった。たとえば黎龍鋌を暴君として描写した『史略』には、黎龍鋌は人を船に縛り、川の「蛟（ワニ）」に食わせたという記事がある。[23]他に一二九九年、陳仁宗は体に龍模様の入れ墨を入れるという古俗は「蛟龍」に迫害されないためだと説明したこともそれを裏付けている。

それでは、李朝期になぜ「黒龍」「赤龍」「白龍」「青龍」の祥瑞がほとんどなかったのだろうか。まず下記の記録から「黒龍」が李・陳朝期を通じて皇帝や皇室の象徴として見なされなかったことが指摘できよう。『全書』によると、一一四五年、宋は邕州に投降した首領を調査したところ、ある人の胸に「黒龍」の入れ墨を確認し、それをもとに「越人」だと判明し、李朝に送還したという。[24]さらに一一一八年と一一四五年に李朝は「王侯の家奴」に対して「禁軍」のように胸や脚に龍の文様を入れ墨することを禁止した禁令を次々出した。[25]逆に考えるならば、当時龍の文様を体に入れ墨するのは「家奴」という階級でも一般的であったことが窺える。またしばしば同じ禁制が出されたのは、事実上それほど遵守されなかったことも意味する。十四世紀後半に陳仁宗は、陳氏が「下流」出身でありながら、武を尊んだため、「髀間」に「龍梭」の入れ墨をする伝統があり、皇帝になっても「本（もと）」を忘れないためにその伝統を維持したと説明した。また『全書』によると、陳朝の軍士は「龍文」を「腹背」および「両髀」によく入れ墨をしているから、宋の商人たちはそれをもって「越民」を判別したという。[26]

以上のことから、一般的な龍および「黒龍」の文様は、李・陳朝期を通じて皇帝や皇室が独占したものではなく、社会全体で普及していたことがわかる。この状況のなかで、本来中国の祥瑞思想で王者の治水事業によく結びつけられた「黒龍」が大越で「黄龍」に代用された現象が生じた。たとえば、一〇七六年の李仁宗による「扞水城」（堤防）の視察で現れたのは黒龍ではなく、黄龍のほうであった。[27]

李朝期に黒龍の出現は一回のみだが、それは会祥大慶三年（一一一二）十月に「宮中」に「黒龍」が現れたということである。[28] 当時「黒龍」が庶民でも利用されたことから考えると、これは皇帝に関する祥瑞というより、むしろ宮中に庶民が入ったという不祥事として解釈することが可能である。それに対応するかのように同年に実子がいない李仁宗は、弟崇賢侯の息子李陽煥（後は李神宗）を太子として迎え入れることにした。ところが、『全書』や陳朝成立の僧伝『禅苑集英』には李陽煥は崇賢侯の夫人が入浴中に僧除道行に「見」られて生まれたことや、除道行の転世などの説話が見られる。[29] このように李陽煥の血筋をめぐって当時世間で様々なうわさが流されていたが、黒龍の出現はそれに深く関連したと推測することが可能である。なお、黒龍が現れたのは十月で冬に当たるが、『宋書』では冬に黒龍が見えるのは、天子が天下を失う不祥だとされたことにも一致している。

「白龍」「青龍」に関して李朝期に祥瑞として現れなかったのは、宋代の中国で「白龍」「青龍」に対する評価が低下したことに起因したと思われる。それに関して唐・五代に「白龍」「青龍」は依然祥瑞として認められたが、宋代に入ると、Nguyen Huu Su・Tran Quang Duc各氏が指摘したように、宋徽宗は「黄龍青龍、祥瑞なり、白龍黒龍、災変なり」と評価し、その評価は朝鮮半島にも広がり、『朝鮮王朝実録』に書き残されている。[30] 東アジアで「青龍」「白龍」に対する消極的な評価が出ているなかで、大越では「青龍」「白龍」は災異とまで見なされなかったものの、風水説にしか登場しなかった。一一〇〇年の『安穫山報恩寺碑記』に報恩寺の立地として寺院の側に「白龍の岫」があるという。また一一〇九年の『天福寺洪鐘銘文』に「白玉底に在り、青龍外を盤り、其の台なり」とあるように、青龍は「四神」の一つとして描かれている。[31]

以上の状況のなかで中国の祥瑞思想で「四龍の長」として讃えられた「黄龍」は、大越で最高の龍の祥瑞として皇帝に直接結び付けられ、また正統性を疑問視された皇帝にとって不可欠な祥瑞でもあった。以下、具体的な事例を通じて、黄龍がどのように政治目的に利用されたのか、確認してみたい。

丁部領（丁先皇）は十世紀に台頭した新興勢力として「十二使君の乱」を平定して国家を統一した丁朝の創立者である。『史略』に丁部領を他の使君と差別化し、彼の皇帝としての資格を示す次のエピソードが書かれている。若い頃叔父と戦って、破れた丁部領は橋から水に落ちた。その叔父は槍で刺そうとしたところ、「二黄龍」が現れて部領を保護したため、恐れて逃げてしまったという。[32]

黎桓（黎大行）の場合は、前述したように丁先皇とその太子が暗殺された後、一部の将軍の擁立をえて、先皇の皇后楊氏および幼主丁璿からの譲位の名目で即位した。ところが、定国公阮匐の反乱が勃発したように黎桓の即位は、国内で疑問視され、海外でも北宋に王位の簒奪者として批判された。そこで『史略』には黎桓の皇帝としての資格を示す次の祥瑞の話が記録されている。早くから父母をなくした黎桓は、観察使黎氏によって養子に迎えられた。ある冬の夜、黎桓は布団をかけて寝ていたが、黎観察は黄龍がその上を覆した祥瑞を目撃したという。(33)

次に開天王李仏瑪は、李太祖が崩御した一〇二八年の「三王の乱」で武徳王、翊聖王、東征王という三人の兄弟を破って李太宗として即位した。開天王の正当性を主張するために『全書』には次のようなエピソードが書かれている。開天王が一〇二一年に占城を征討に向かう途中、黄龍が王の舟を負ったという。また、「三王の乱」が勃発する直前の一〇二八年に、開天王は南帝観の道士陳慧隆に衣装を賜ったが、その夜、道観に光が溢れて、陳慧隆は様子を見にいくと、黄龍がその衣装に出現したのを目撃した。(34) 後者の話は李朝当時の話ならば、黄龍の祥瑞は、陳慧隆を代表とした、開天王を支持した道教の勢力によって作り上げげられたと考えられる。

李朝の第三皇帝・李聖宗は「三王の乱」の反省のもとで早い段階から李太宗によって太子として選ばれた。聖宗はまた李太宗が即位する前に誕生したこともあり、黄龍の祥瑞を作り上げる必要性がなかった。そこで聖宗に関する黄龍が初めて現れたのは、即位後となった。即位直後、聖宗は、太宗の寝殿・長春殿を利用しながら、新たな寝殿・永寿殿の建設に着工した。(35)『史略』によると、一〇五八年に永寿殿が落成すると、聖宗が太子時代に暮らした龍徳宮から黄龍は永寿殿に飛んでいった。(36) 新皇帝が即位すると、黄龍が内裏に飛び入るというパターンは、その後李英宗の事例で繰り返された。英宗が一一三八年に即位すると、黄龍が「禁城」に飛び入ったという祥瑞の報告があった。(37)

第四皇帝・李仁宗（李乾徳）になると、王位の正統性の問題が再び浮上してきた。その背景には李聖宗は、八人の皇后がいるにもかかわらず、四十三歳まで子供がいなかった。一〇六一年と一〇六三年に世継ぎの祈祷が行われ、祭壇で「黄龍」や「珠」の祥瑞が現れたが、(38) 念願の皇子が誕生しなかった。ところが、倚蘭夫人（「猗蘭」とも）という新夫人を迎えると、一〇六五から一〇六八年にかけてわずか二年間の間、倚蘭夫人は次々李乾徳と明仁王（本名不詳）の二人の皇子を出産した。倚蘭夫人の出産は、当然ながら上陽皇后をはじめ、それまで皇子をどうしても出産できなかった皇后や后たちに嫉妬の眼差しで見られていた。ここで注目すべきことは、二人の皇子が誕生する直前に黄龍が出現したことである。具体的に李乾徳が生まれたのは龍章天嗣元年（一〇六五）正月二十五日の亥の時であるが、その前月（彰聖嘉慶七年十二月）に黄龍は曜霊殿にまず現れ、次に倚蘭夫人が暮らした遊蟾閣に飛んだという報告があった。(39) それと同様、明仁王が誕生したのは、天貺宝象元年（一〇六八）二月であるが、その正月に黄龍は曜霊殿に現れた。(40) 李乾徳が太子になると、彼が次代の皇帝になる資格を再確認するように黄龍は再び「太子の宮」に現れてきた。(41)

李乾徳の事例からみると、黄龍の祥瑞は、すでに即位した皇帝の権力を後から正当化するだけではなく、これから即位する可能性がある皇子の資格を主張するためにも、皇后や后たち、また彼女らの後ろ盾になった勢力によって利用されたことがわかる。同じパターンは、李仁宗や李神宗の治世にも見られる。

李仁宗は聖宗と同様、三人の皇后や三十六名の宮人をもつのにもかかわらず、どうしても子供が生まれなかった。そこで、各氏族の間で自分の娘が皇帝との間に子供ができるよう、競争があった。一一二五年、李仁宗が蒞仁行宮に御幸した際、入内常侍中丞牟俞都は、「秘殿」に黄龍が出現して、目撃したのは宮女および宦官たちのみであったとの宣旨を出した。(42) 真相は不明だが、閉ざされた空間で目撃者も限定されたという状況から考えると、皇帝と宮女との間で何かあった可能性が推定できるだろう。

第五の皇帝・李神宗を継ぐ候補者として一一三二年に誕生した李天禄および一一三六年に誕生した李天祚(43)（後は第六の皇帝・李英宗）がいた。李天禄の母親は編年史に名前すら残らない女性（「嬖人」）である。その一方、李天祚は黎氏という有力な氏族出身の感聖夫人の子である。そこで天禄が生まれた一ヶ月前の四月に黄龍はまず皇帝の寝殿・永光殿に現れ、その後麗光宮（天禄の母親がいた建物であろうか）に飛び渡った。(44) 一一三八年、不予になった仁宗は天禄に譲位するという遺詔の作成を徐文通に命じた。ところが、黎氏出身の感聖夫人が同族の奉聖夫人とともに徐文通に賄賂した結果、出来上がった遺詔は天祚に譲位するという内容となった。李天禄が結果的に皇帝になれなかったため、彼の後ろ盾となった勢力が作り上げた黄龍の祥瑞と現実との間で不相応の問題が生じたのである。

また第七の皇帝・李高宗の治世に一二〇四年黄龍が次々聖日閣、聖寿殿、寝門、天瑞殿の建造物に現れたことが報告された。黄龍が御座も含めて百カ所に爪跡を残して、さらに三回も後宮に現れて、「黎娘」という宮女を「殿頭」においたという不思議な祥瑞である。(45) 前代の皇帝・英宗の即位の際に、黎氏が色々工作したのは前述した通りである。国内で英宗は李氏ではなく、「黎王」であったといううわささえ浮上し、宋にも流布した。こうしてみると、一二〇四年の黄龍が黎氏出身の宮女・黎娘を後宮の殿頭に置いたのは、黎氏が再び自分の娘を後宮の筆頭にする工作であったと推測することができる。ただ、その後、李朝は大混乱の事態に陥り、黎氏の期待が叶わなかった。

なお、李朝期に黄龍は皇帝・皇子のみならず、場合によって皇太后の権力の正統性を主張するためにも利用された。一〇七二年、倚蘭夫人の子・李仁宗が即位すると、最初に李聖宗の正室・上陽皇后は太后になり、「簾を垂らして同じく聴政」する地位に就いた。ところが、それに嫉妬した倚蘭は、李仁宗に上陽太后および七十六人の侍女を殺すように勧めた。当事件で倚蘭が多くの批判を浴びた中で同年七月に「遊蟾閣」に黄龍という祥瑞が見られた。遊蟾閣は倚蘭が暮らした建物だから、そこに黄龍の祥瑞が現れたのは、上陽太后を殺害した倚蘭に是があると主張する意図が働いたであろう。黄龍をもって倚蘭の正当性を主張することは、一一一七年の倚蘭自身の葬式に繰り返された。(46)

ところで、黄龍は出現の状態や場所によって祥瑞ではなく、災異と見なされることもある。その代表的な事例は、黄龍が端明閣で見られた一〇五三年の出来事である。(47) 当初、群臣はこれを祥瑞に太宗に祝賀したが、法語という僧侶のみは、「龍飛在天」の言葉を根拠に今回龍が下方に見られたから、不祥のものであろうと発言した。それが予兆であったかのように同年十二月、李太宗は不予になり、長春殿で崩御した。

上記の出来事は、李朝期にどんな書物が祥瑞の占いに活用されたのかを示す興味深い事例である。「龍飛在天」(正しくは「飛龍在天」)は中国でもしばしば龍の祥瑞の占いに活用された『周易』の「九五」の爻である。たとえば、『晉書』によると、郭瑀という人物は、青竜に乗って空中に飛んで、屋根に上がったら龍が止まったという夢にあい、「飛龍在天」をもとにそれは自分の死の予兆だったという(『晉書』巻九四・郭瑀伝)。「飛龍在天」は他に十世紀の南漢王朝の高祖劉巖に関するエピソードからも確認できる。劉巖は当時白龍という祥瑞をもとに、劉龔に改名したが、ある胡僧は、「劉氏を滅ぼす者、龔なり」という讖書を引用した上で「飛龍在天」という「周易の義」をもとに「龔」(龍+共)から龑(龍

表2　李朝期における「黄龍負舟」

皇帝	年月	内容	出典
李太祖	1009（順天1）	皇帝の舟が大羅城に停泊する際に黄龍が出現。大羅城に遷都し、昇龍に改名。	『史略』『全書』
李太宗	1021（順天11）	開天王（後は李太宗）が占城を征討に向かう際に黄龍は舟を負う。	
	1044（明道3）	皇帝が長安府に御幸する際に黄龍は皇帝の御舟に出現。	『全書』
	1057（龍瑞太平4）	皇帝が大旁海口に御幸する際に黄龍は金鳳舟に出現。	『史略』
李聖宗	1060（彰聖嘉慶2）	皇帝が交海口に御幸する際に黄龍は延春船に出現。	『史略』
	1064（彰聖嘉慶6）	王が沙洞を征討に向かう際に黄龍が「清瀾舶」に出現。	『史略』
	1068（天貺寶象1）	黄龍は永春・清瀾二舶に出現。	『史略』
	1069（天貺寶象2）	皇帝が占城を征討に向かう際に黄龍は出現。	『史略』

十天）に改名するように提案した（『新五代史』巻六五・南漢世家第五）。

一〇五三年の黄龍が端明閣に現れたため「下見」「災異」と見なされたのは前述通りである。それに対して、遊蟾閣に出現した一〇六六年の黄龍は祥瑞だとされた。ここで「閣」という同じ建造物の種類でどの基準で祥瑞と災異を区別するのかという問題が浮上する。ここで注目すべきなのは、『全書』には「雨あり、雲無し」という黄龍出現の状況が書かれている。唐代の『開元占経』には雨がない時に現れた龍は不祥で、その龍が黄龍の場合、「国に葬あり」とある（『開元占経』巻一二〇）。『全書』に比べて雨の有無に関して微妙に違いがあるものの、雲・雨の有無によって吉祥や不祥が決まるという李朝期の人々の認識が窺える。

大越で展開された黄龍の祥瑞に関して、もう一つ指摘すべきことは、黄龍が禹という理想的な為政者の物語に結び付けられたことである。前述のように開天王（李太宗）が即位する前に占城を遠征する際に「黄龍、舟を負う」という祥瑞が報告された。黄龍が皇帝の舟に現れたというパターンは、李太祖の治世まで遡れる。一〇〇九年李太祖は大羅城の城下に来ると、皇帝の舟に黄龍が出た。これを機に李太祖は遷都を決めて新しい都を「昇龍」と名付けた。黄龍が王の舟に出現したという祥瑞は、他に太宗（一〇二一、一〇四四、一〇五七年）や聖宗（一〇六〇、一〇六四、一〇六九年）の在位期間を中心に記録されている。この李朝の「黄龍負舟」は本来禹が南方に行く際に黄龍が現れてその舟を負い、禹は笑って「我、天に命を受」けたと説明したという中国の典拠にその原点が求められるだろう。一〇一〇年の祥瑞を除いて、李朝の「黄龍負舟」の事例は、占城国の征討に見られるようにすべて李朝の皇帝が南方に御幸したことに関連して、禹の「黄龍負舟」に通じる。禹の「黄龍負舟」の典拠は周知のように『論衡』『呂氏春秋』『芸文類聚』など多くの漢籍に記載されているが、そのうち少なくとも『呂氏春秋』が李朝期に大越に伝来したことが確認されている。[48]このように禹の「黄龍負舟」は早くから受容され、太祖・太宗・聖宗の李朝初期の皇帝権力の正当化に積極的に活用されたのである。

祥瑞と古典との結びつきは、ほかに「白魚入舟」の祥瑞にも見られる。李太宗が一〇三九年に儂存福を征討する際や一〇四四年に占城を征討する際に[49]「白魚、王の舟に入る」という現象が起きた。これは、『尚書』中候や『漢書』に記載された、周武王の「白魚入舟」（『開元占経』巻一二〇、『漢書』巻六四下・終軍）に倣って作り上げられたと考えられる。

三、麒麟と鳳凰の祥瑞

『開元占経』所引『瑞応図』によると、麒麟とは「羊の頭、鹿の身、牛の尾、馬の蹄（ひづめ）、黄色で円頂にして、頂に一角有り」という伝説的な動物のことである（『開元占経』巻一二〇）。『芸文類聚』所引『孝経援神契』によると、徳が鳥獣に至ると、麒麟がやってくるという（『芸文類聚』巻九八）。『唐六典』では麒麟が「大瑞」に分類されている。

『史略』『全書』をみると、麒麟に関する記録は李太祖の一〇一四年、太宗の一〇二九年、および英宗の一一四八年の計三回のみである。[50]そのうち、一〇一四年と一〇二九年に麒麟を献上したのは驩州（ベトナム北中部にあるゲアン省当たり）である。これは後述する「白鹿」と根本的に違う点である。

李朝期を通じて麒麟の出現回数が少ないのは、麒麟を判別する基準にあると思われる。一〇五七年、李太宗は宋に進奉使を派遣し、「異獣」を献上した。翌年六月に進奉使はようやく開封に到着して、異獣を「麒麟」と称して宋の皇帝に進上した。『続資治通鑑長編』によると、交趾の異獣は、「状牛身の如き、肉甲を被り、鼻の端に角有り、生の芻果を食す」動物のことである。ところが、宋側でそれが麒麟ではないという声が次々上がってきた。枢密使田況は、それらの意見をまとめた上で、交趾が献上した異獣は「書史」に記載された麒麟に当たらず、今回朝廷は「蛮人」（李朝）に詐欺されたと言上した。異獣を評価する際に宋の役人は『瑞応図』を引用しながら、交趾の異獣は鹿の身ではなく、しかも「甲」をもっていないから、麒麟ではないと判断したのである（『宋史』巻六十六・毛蟲之孽、『続資治通鑑長編』巻一八七・嘉祐三年〈一〇五八〉六月丁卯条）。

「牛の身、肉の甲を被り、鼻の端に角あり、生の芻果を食す」という『続資治通鑑長編』の描写からみると、一〇五八年の異獣は、ベトナム中部に分布して、つい最近絶滅した「ベトナム一角犀角」（Rhinoceros sondaicus annamiticus）のことに当たると考えられる。ベトナム一角犀は確かに馬の蹄も含め『瑞応図』に記載された麒麟の特徴を多く有しており、さらに角も皮に覆われている。後者は、麒麟は角に肉があり、ほかの動物に害を与えないから、「仁獣」であるという麒麟の特徴によく一致している。また、ベトナムの生物学の資料をみると、ベトナム一角犀は腹が赤いという特徴も注目すべきである。これは一一四八年に英宗に献上された「赤麒麟」のことである可能性が高い。

ベトナムをはじめ東南アジアに広く分布している二角犀（Sumatran rhinoceros）に比べ、ベトナム一角犀は確かに珍しい。普通「犀」「白犀」と判別され、よく朝貢された前者に対して後者は世に知られていなかったため「麒麟」ではないかと当時に李朝は判断しただろう。ところが、その判断は一〇五八年の出来事で宋側に真っ向から否定され、国家的な体面の問題でそれ以降献上しなくなった。

鳳凰に関して、『史略』『全書』に一一一〇年、「婦人黄氏」は「鳳の雛（ひな）」を献上したという記事のみである。ところが、昇龍京遺跡から出土した宮殿の屋根飾りに鴟尾に当たる鳳頭のものが多く、当時伝説的な祥瑞として崇拝されたことが窺える。また、皇帝専用の船舶に「金鳳舟」も見られるから、鳳凰の模様は儀仗に利用されたことがわかる。

四、亀の祥瑞

『宋書』によると、「神亀」は王者の徳沢が「湛清」になると現れてくる「霊亀」のことである（『宋書』巻二十八・符瑞中・霊亀）。

亀は『史略』『全書』で計三十二回記録されており、龍に次いで李朝期によく出現した祥瑞である。そのうち、「神亀」は三回（一〇八〇年、一一二六年、一一三五年）[51]、「五色亀」は一回（一〇九一年）[52]、「白亀」は五回（一〇六三年、一一一一年、一一二九年、一一四一年）、「金亀」は一回（一一一五年）、「青亀」

写真1　李朝の宮殿に飾った鳳頭の飾り物

は一回（一〇七六年）[53]で、残りは全て「六眸亀」である。なお一一六一年の六眸亀は腹の下が五色で、尾の端に距がある特殊なものである。[54]

上記のように李朝期に六眸亀は圧倒的な存在を占めている。ところが、『唐六典』、敦煌本『瑞応図』及び四庫全書本『開元占経』をみると、「玉亀」「神亀」「毛亀」など様々な亀の祥瑞が列記されているものの「六眸亀」に関する記載が全くない。管見の限りで「六眸亀」に触れた最も早い史料は、おそらく西晋代の郭璞が撰した「江賦」である。そこに「鼈（すっぽん）三足有り、亀六眸有り」という文章がある（『文選』郭璞江賦）。唐代の七一二年に入って、六眸亀は初めて祥瑞として玄宗に献上された（『冊府元亀』巻二四・玄宗先天二年八月条）。北宋の初めに九八六年に益州から、また九九三年に万安州からその献上が確認できた（『玉海』巻二〇〇・雍熙四年十月条、『宋史』巻五・淳化四年〈九九三〉十一月丁巳条）。

こうして中国で六眸亀はすでに西晋代から言及されたものの、八世紀に入ってから初めて注目され、献上の回数も極めて少ない祥瑞である。それに対して大越で六眸亀は黄龍に次いで圧倒的に多かったのはなぜだろうか。

答えは六眸亀が実在した動物である。宋代に編纂された『嶺外代答』に欽州（広西）に「六目亀」という動物に関する記載がある。それによると、「六目亀」は二つの「真目」のほかに四つの「偽目」がある。すなわち、頭の上に丸長い黄花の文様があり、間に中黒があり、それが本当の目にみえるため、「偽目」と言われている。[55]この「六目亀」は現在も生存しており、「Sacalia quadriocellata」また「four eye-spotted turtle」として知られており、中国の広東、広西、海南および北ベトナムの沿岸部に分布している。宋で九九三年に六眸亀を献上した「万安州」は広西・ベトナムの国境地帯にある沿岸部の州である。李朝期の六眸亀はまさにこの六目亀のことだと考えられる。

中国の祥瑞思想で亀は「洛書」「河図」を負う祥瑞だとされている。李朝期の亀の祥瑞をみると、確かに三十二回のうち、十九回も文字、または何らかの図面が付いていることが報告された。

また文字が確認された事例のうち、解読されたのは十三回である。一一三四年、(56) 一一三七年、(57) 一

写真2　六目亀（François Charles, Wikipedia）

表3　李朝期の亀の祥瑞と「洛書」「河図」

No.	記事の西暦	亀の種類	文字・図	文字・図がみえる部位
1	1076	青亀	負図	不明
2	1080	神亀	負閣（「負図」の間違いか）	不明
3	1086	六眸亀	図書	胸
4	1117か1124	三足六眸亀	「善帝」二字	胸
5	1119	六眸亀	「玉」字か「王」字か	胸
6	1125	六眸亀	「国土安寧」四字	胸
7	1126	神亀	「道定王閣延寧公主」八字	「中」？
8	1129	六眸亀	「譜樂」二字	「趨上」（足）
9	1134	六眸亀	籀文→「天書下示聖人萬歳」八字	胸
10	1135か1137	神亀	「一天永聖」四字	胸
11	1143	六眸亀	「以行法公」四字	胸
12	1145	六眸亀	籀文→「王以公法」四字	胸
13	1147	六眸亀	籀文八字	胸
14	1150	六眸亀	籀文「王以八萬」四字	胸
15	1152	三足六眸亀	籀文→「王以八方」四字	胸
16	1166	六眸亀	「玉」字緑文	不明
17	1166	六眸紅亀	赤文	項
18	1166	六眸亀	「天子萬世萬萬世」七字	胸
19	1177	六眸亀	朱文	項

一四五年、[58]一一五二年の事例を検討することにより、真相を究明することが可能である。こうした事例で亀が献上された当初、文字が解読されないまま、漠然として「籀文」（篆字）があると言われた。そこで皇帝は、「諸学士及び僧道」「群臣」にその「籀文」を「弁」じさせた結果、「天書下示、聖人萬歳」「二天永聖」「王以公法」「王以八方」という文字に解読された。これに対して『全書』編纂者は「（亀の）胸にある文様は単なる白線と黒線が交わっているもので、それを文字に解読した群臣はただ君に諂うためであった」と的確に指摘した。[60]但し、無意味の文様を文字や文句に解読したのは、おそらく諂うためだけではなく、当時の王権の政策を裏付けようとする意図も働いたとも考えられる。一一四三年の「以行法公」[61]や一一四五年の「王以公法」の解読案が出された背景には、李英宗が衰退しつつある王朝を振興するために「律令を新たに定める」一一四二年の法令をはじめ、様々な法改革を進めていたことがある。[62]他に「天書下示」という一一三四年の事例から窺えるように中国の宋真宗による天書の演出も借用されたのである。

五、象の祥瑞

『史略』『全書』の記録で計十六回の象の祥瑞の出現が確認されている。そのうち、「象」としか書かれなかったのは一回（一一四五年）[63]、「異象」は一回（一一一〇年）[64]、「華象」は一回[65]であり、残りはすべて「白象」のことである。『崇善延霊塔碑』で白象は「雪象」とも表現されている。

『唐六典』では「白象」が「大瑞」として格付けされているが、李朝は「白象」をそれより高く「嘉瑞」と格付けしたのである。前黎朝に将来した「九経」の『春秋左氏伝』には「王者の嘉瑞」として「亀・龍・麟・鳳・白虎」いわゆる「五霊」が取り上げられており（『春秋左伝注疏』春秋左伝序）、そこに「象」はなかった。ところが、一一八六年、李朝は「白象」を捕獲したことをきっかけに、その象を「天資象」と名付け、さらに年号も「天資嘉瑞」に改元した。[66]李朝はこうして「五霊」の「嘉瑞」に「白象」を追加したことがわかる。

『開元占経』所引『瑞応図』によると、「王者の政教」が「四方」に達すると、「白象」が現れてくるという（『開元占経』巻一一六）。白象はこの意味で対外関係に密接に関わる祥瑞として位置づけられている。そのため、宋朝の冊封・朝貢体制では李朝、または占城からの白象（馴象）の献上が不可欠なものとなった。その一方、李朝が自ら作り上げた「小中華世界」においても占城および牛吼（ラオス）の象の献上が李朝の皇帝の威信を高める上で重要視されていた。

李朝は外交関係のみならず、戦争・略奪などのルートでも象や象使いの達者（「象公」）を入手した。『続資治通鑑長編』に記録された下記のエピソードからその一端がよく窺える。一〇一五年、占城国の朝貢使・波輪訶羅帝は北宋の開封で行方不明になった弟陶珠に思いかけずに再会した。陶珠の話によると、交州に連れて行かれたのだが、その後交州使節の「押馴象」として宋に送られてきたという。訶羅帝は宋朝に弟を占城に連れて帰りたいと申し出て、許された（『続資治通鑑長編』巻八四・大中祥符八年条）。このように李朝は戦争を通じて、多くの占城人を捕虜にして、その中から象を操縦できる人を「象公」に起用したのである。

前述したように、祥瑞思想で白象は四方が「王者の政教」を仰いだ祥瑞として位置づけられている。ところが、現実的な問題として国家間の関係は必ず浮沈しており、祥瑞思想が描いた世界と大きな差がある。それを示したのは、『全書』の一〇六八年の記事で占城による白象献上の記事に「後に再び境を擾す」[67]との文章が綴られたことである。ここで占城から白象が献上されたとしても、祥瑞の献上をもって服属するとは限らないという悟りである。

李朝期の象の祥瑞のなかで、光を放つという特筆すべき現象がある。一一一〇年、占城から献上された象は光を放ち、「異象」と呼ばれた[68]。『崇善延霊塔碑』によると、その象は「鼻」や「額」から「神光」が放たれているため、「超群神象」と命名されたという[69]。また一一四五年にも「放光」の象が報告され、群臣はそれをもって皇帝に祝賀した[70]。

六、馬の祥瑞

『史略』『全書』には計八回の馬関係の祥瑞が記載されている。そのうち、「馬」（一一三一年、一一四一年）、「白馬」（一〇一二年、一一一〇年）、「赤馬」（一一一七年、一一四八年）、「青頭桃花馬」（一一三四年）[71]、「洛馬」[72]の種類がある。

『唐六典』に「神馬」「龍馬」「沢馬」「白馬赤髦」「白馬朱鬃」などの祥瑞が列記され、すべて「大瑞」として格付けされている。『開元占経』所引『天鏡』によると、王者は服装を自制すると、「青馬白鬣」がやって来る。なお『孝経援神契』によると、王者の徳が山陵に至ると、沢より神馬が現れてくるという（『開元占経』巻一八〇）。

中国の祥瑞と李朝期の祥瑞の名称が完全に一致しないことは、今後の課題とし、本稿ではとりあえず李朝期の「赤馬」は「白馬赤髦」、「青頭桃花馬」は「青馬白鬣」に当たる可能性があると思われる。

写真3　バクニン省で発見された李朝期の馬の石像

また、李朝期の馬の祥瑞のなかで一〇一二年の「白馬」は特筆すべきである。李太祖の厩にいるこの馬は、太祖が乗り、走らせようとする度に必ず先に鳴くという特殊な馬である。そのため当時「白龍神馬」と名付けられた(73)。名称からすると、普通の「白馬」より「龍馬」の祥瑞に分類することが可能である。「龍馬」とは『尚書』で「赤文緑色にして、壇上に臨み、甲亀に似たり」と描写されている。亀のように甲を持つという特徴から考えると、筆者がバクニン省での調査で実見した李朝期の馬の石像は「龍馬」のことである可能性が高い。なお、「白龍神馬」を除いて、残りの事例はすべて「生距」（距生む）ものとして描かれており、渭龍州（今はトゥエンクアン省）から四足に距が生えた白駒が献上された前黎朝の一〇〇六年の事例まで遡れる(74)。

管見の限りでは「生距」の馬は本来中国の古典的祥瑞思想に説明がないものである。ところが、北宋初期に各地から「生距」の「馬」や「駒」が朝廷に次々献上された。九七八年に霊州から「生距」の「官駒」が献上され、また九八五年にも虔州の李祚の家にいる馬から駒が生まれ、その足に距があるとの報告があった。朝廷に献上されたことから考えると、当初一種の祥瑞として見なされただろうが、一一二三年、「生距」の馬が現れるとともに『宋史』に「時に北方、正に兵を用いんとす」とあるように、北方辺境で宋金戦争も萌芽した（『宋史』巻六二・馬禍）。これを機に「生距」の馬は祥瑞というより、むしろ災異として見なされるようになった。結果的に『宋史』に上記の九七八年や九八六五年の出来事は「馬の禍」という項目に記録されることとなった。

以上のことから、李朝初期に「生距」の馬を祥瑞として献上したことは北宋から影響をうけた可能性が想定できる。とところが、中国でそれに対する観念が祥瑞から災異へと変わったのにもかかわらず、大越で一一三四年まで「生距」の馬は引き続き朝廷に献上され続けた。これは、中国で新しくできた祥瑞の観念を受容するのに時間がかかった事例とみることができよう。

七、鹿の祥瑞

『史略』『全書』に鹿関係の祥瑞の出現は計二十九回である。そのうち、「玄鹿」（「元鹿」とも）は六回、「白麞」は三回あるが、残りはすべて「白鹿」である。『崇善延霊塔碑』に「皓鹿」「素麋」「玄麆」などの名称も見られる。

『唐六典』で「白鹿」は「上瑞」に格付けされたが、「玄鹿」や「元鹿」に関する記載はない。『開元占経』所引『援神契』によると、王者の徳が鳥獣に至ると、白鹿が現れてくるという。同書所引『瑞応図』によると、王者の徳が茂ると、「白麞」が見えてくる（『開元占経』巻一一六）。「白鹿」が高く評価されたのは、東晋葛洪撰『抱朴子』や梁代の『符瑞図』で鹿が五百歳か千歳になると、その毛が白くなるという（『太平御覧』巻九〇六、『冊府元亀』巻二〇二）からである。

時間軸にみると、李朝期における鹿の祥瑞の献上は李仁宗代の十一世紀後半から見られるようになった。「白魚入舟」の祥瑞が李朝初期に集中したのに対して、李仁宗の治世に初めて記載がみられる「白鹿」は、遅れて受容された祥瑞として位置づけることができる。

地域性からみて、麒麟を献上した地域が一角犀の分布地域に対応した中部（驩州）に集中したのに対して、鹿の献上元は、峯州（ヴィンフック省）、真登州（イエンバイ省）、諒州（ランソン省）、広源省（カオバン省）という北部の山岳地帯が中心となった。

なお、同じ氏族は数世代にわたって「白鹿」を献上した傾向もみられる。たとえば、一〇七二年の楊景通(75)や一一二四年の楊嗣興(76)は宋李戦争終了後に広源州や諒州などの国境地帯で活躍した楊氏のことである。また一一三二年の黎法国(77)や一一四〇年の黎法円(78)はいずれも真登州で勢力を誇示する黎氏首領である。

「白鹿」を献上した人々は、一〇七二年の楊景通の事例が代表するように皇帝から厚く褒美をうけられた。また李禄(79)や李子克(80)の事例のように「白鹿」を進上しなくてもその出現を報告しただけで官職を与えられた場合もあり、「白鹿」に対する高評が窺える。(81)

おわりに

中国の祥瑞思想における各種の霊獣の意味を確認した上で、李朝期に出現した具体的な祥瑞と当時の政治状況との関連性を考えてみると、李朝期の祥瑞を三種類に大別することが可能である。

第一のグループは、実在した自然現象や動物や植物のことである。これらの祥瑞は、政治的出来事と関係なく、客観的に記録されたものである。

第二のグループは、確かに実在したものだが、出現した後、何らかの政治的な意味を付けられたものである。その代表的な事例は「六目亀」であり、当時の状況や皇帝の期待にあわせて、亀の胸にある無意味な模様が文字や吉祥句へと解読された。

第三のグループは、現実的に出現しないものの、あったかのように作り上げられた祥瑞である。ただ、政治的な状況との関連性をもとに、このグループをさらに二種類に細分化することが可能である。一つ目は、すでに発生した何らかの事件・出来事を合理化するために後から作り上げた話である。たとえば、丁先皇の事例のように、ある皇帝が即位した後、即位以前からその皇帝は天から王位を認められたことを説明するために、即位以前に関する黄龍の話が創出された。二つ目は、ある出来事の発生を期待した上でその発生を事前に合理化するために作り上げる祥瑞のことである。たとえば、王位継承の候補者が複数いる際にある皇子を有力の候補にするためにその皇子との黄龍との関わりを示す祥瑞の話を作る。その場合、期待したことは必ずしも実際に発生してくるとは限らないため、場合によっては事前に作った祥瑞と現実との整合性がない。その代表的な事例は、即位を叶えなかった李天禄に関する黄龍である。

なお、大越国が中国から祥瑞思想を受容し、国内でそれを展開していくうちに、国内の実状にあわせて本来の祥瑞思想と比べて様々な変化が見られる。たとえば、李朝期の黒龍は皇帝ではなく、庶民でも利用されているシンボルである。また白龍や青龍は祥瑞というより風水説に利用される傾向があった。黄龍は「五龍の長」として皇帝を象徴する唯一の祥瑞として位置づけられるようになり、場合によっては皇帝の王座に関わる皇后や皇子にも利用されることもある。麒麟は最初に宋朝との外交関係に積極的に利用されたのだが、麒麟の判別の問題で宋朝に否定されて以降、献上されなくなった。

時間軸で李朝期の祥瑞を考えると、時期によって利用する祥瑞の種類は微妙に変化した。「白魚入舟」「黄龍負舟」などの祥瑞が李朝前期に集中したのに対して、十一世紀後半になると、「白鹿」はよく利用されるようになった。

李朝期の祥瑞は地域の特性も反映している。麒麟に当たる一角犀はベトナムの中部に分布しているため、その献上元も中部に集中した。一方、「白鹿」が北部の山岳地帯に生息しているため、そこで活躍していた首領は「白鹿」を積極的に献上して、皇帝の信任を獲得することを図っていた。

注

（1）仁寿年間の舎利事業に関しては『奈良美術研究』第十二号（二〇一二年）に収録された肥田路美・大島幸代・小野英二その他の論文がある。交州の舎利事業に関しては拙稿「新発見の仁寿元年の交州舎利塔銘について」（新川登亀男『仏教文明と世俗秩序』勉誠出版、二〇一五年）も一緒に参照されたい。

（2）日本の養老令儀制令では祥瑞が出現すると、国郡司は「図書」を参考に判断すると規定している。茂木直人氏は『令集解』の「跡記」を分析して当時国郡は「禁書」とされない「図・書」をもっていたと指摘した。それを参考に考えると、唐でも地方官は祥瑞の「図・書」を朝廷から配布されたと推測できるだろう。茂木直人「祥瑞に関する制度の実態」（『駒沢史学』第六三号、二〇〇四年）。

（3）Nguyễn Hữu Sử、Trần Quang Đức「『大越史記全書』の「巫史」の筆法からみる神格化および王権 [Thần hóa và Vương quyền qua bút pháp vu sử trong *Đại Việt sử ký toàn thư*]」（『宗教研究雑誌 [Tạp chí *Nghiên cứu Tôn giáo*]』第一三七号、二〇一四年）。

（4）片倉穣「ベトナム李朝の竜崇拝――『大越史略』を通して」（『歴史研究』第三一号、一九九三年）。

（5）大西和彦「ベトナムの龍」（『アジア遊学』第二八号、勉誠出版、二〇〇一年）。

（6）「王初耕籍田於隊山、得金銀甕一、耕於蟠悔山、得甕一、名其地曰金銀田」（『史略』巻上、丁亥天福七年〈九八七〉条）。

（7）「冬十一月、王夜宴、為福侯宏杜釈所弑、及越王璉等、先是釈為桐関吏、夜臥橋上、見流星入口、釈以為休徴、遂萌弑逆之心」（『史略』巻上、己卯太平十年〈九七九〉条）。

（8）久保田和男「玉清昭応宮の建造とその炎上――宋真宗から仁宗（劉太后）時代の政治文化の変化によせて」（『都市文化研究』第十二号、二〇一〇年）。

（9）「冬十月、遣太保陶碩輔、員外郎呉壌如宋結好」（『全書』本紀巻二、壬子順天三年〈一〇一二〉条）。

（10）大中祥符五年に陶碩は北宋に官職を封じられたことは『安南志略』巻一四の記録からわかる。また『宋史』によると、大中祥符七年（一〇一四）、陶碩は「知唐州刺史」として再び宋を訪問したが、その「知唐州刺史」は大中祥符五年の際に任命されたと推測できるだろう（『宋史』巻四八八・交阯・大中祥符七年〈一〇一四〉条）。

（11）「後起長春殿、上建龍図閣、以為宴寝遊玩之所」（『全書』本紀巻二、己巳天成二年〈一〇二九〉条）。

（12）「冬十二月、命開天王及陶碩輔帥師撃占城人于布政賽」（『全書』本紀巻二、庚申順天十一年〈一〇二〇〉条）。

（13）王権を整備するために中国歴代王朝のモデルを試行錯誤した李太祖に違って李太宗政権は開封をはじめ、北宋の制度に強い関心を示した。それは都城制の面で一〇二九年に正殿名を開封にならって「天安殿」に改名したことや、官制の面で北宋の官制から参知政事の官職や中書門下機構を導入したことなどから確認できる。昇龍京の都城計画や李朝期の中書門下機構について拙稿「李・陳朝期の昇龍京における開封と洛陽の影響 [Ảnh hưởng của mô hình đô thành Lạc Dương và Khai Phong đến quy hoạch hoàng thành Thăng Long thời Lý-Trần]」(『研究と開発 [Nghiên cứu và Phát triển]』第八・九号、二〇一二年)、「李・陳朝期の「行遣司」(内密院)からみた「勅命之宝」印 [Hiện vật ấn "Sắc mệnh chi bảo" nhìn từ tổ chức Hành khiển ty (Nội mật viện) thời Lý - Trần]」(『考古学 [Khảo cổ học]』第四号、二〇一七年)を参照されたい。

(14) 宋で「馴象」が普通の動物ではなく、祥瑞として見なされたことは、「馴象」が「玉烏」「皓雀」と並んで「四瑞楽章」として作り上げたことから窺える(『宋史』巻一二六・樂一)。ほかに「馴象」は「白沢」とともに、儀仗の文様として用いられていた(『宋史』巻一四三・儀衞一・殿庭立仗)。

(15) 「宋致書買象以備南郊鹵簿、命大僚班尹子充賚象十頭如宋」(『史略』巻中、癸巳政隆宝応十一年〈一一七三〉条)。

(16) 「定辺界、宋以六県三洞還我、宋人有詩云、因貪交趾象、却失広源金」(『全書』本紀巻三、甲子英武昭勝九年〈一〇八四〉条)。

(17) 「遣員外郎何授、杜寛以馴象二遣于宋、宋以大蔵経謝之」(『全書』本紀巻二、甲戌通瑞元年〈一〇三四〉条)。

(18) 「春、遣馴象于宋、宋帝謂其大臣曰、朕不欲異獣労遠人、可令帥臣詳諭、今後不必以此入貢」(『全書』本紀巻四、辛巳大定二十二年〈一一六一〉条)。

(19) Bibliothèque nationale de France, No.2683文書。当史料に関して、本稿は松本榮一「燉煌本瑞応図巻」(『美術研究』第一八四号、一九五六年)の研究を参考にした。

(20) 「孝経援神契曰、徳至水泉、則黄龍見者、君之象也(中略)徳至淵泉、即黄龍見」(『芸文類聚』巻九八)など。

(21) 「六月、龍見于乾元殿基、帝謂左右曰、朕既壊其殿、剗其基、而神龍猶見、意者景徳龍興之勝地，居天地之正中乎」(『全書』本紀巻二、己巳天成二年〈一〇二九〉条)。「神龍降于梅」(『全書』本紀巻三、己卯会豊八年〈一〇九九〉条)。

(22) 「徳同高厚、則五緯昭符、慧及飛潜、則万霊薦祉、神龍二九、光覆於宝殿瓊舟」(『崇善延霊塔碑』)。本稿で引用する李朝の金石文は『越南漢喃銘文匯編・第一集：北属時期至李朝』(フランス極東学院、一九九八年)による。

(23) 「王又幸支寧江、江多蛟、乃繫人於舟側、往来中流、令蛟害之」(『史略』巻上、臥朝王条)。

(24) 「友諒以為然、与思明州首領二十人余、奉其銅印、地図、土物附帰于宋、至楊山寨、邕州守趙愿擒友諒及其党送帥司、宋人見其党中有楊於者、胸刺黒龍、及蒲州首領五人、知是我越人、皆還之」(『全書』本紀巻四、乙丑大定六年〈一一四五〉条)。

(25) 「禁京城内外諸人家奴僕、不得刺墨胸脚、如禁軍様、及刺龍文於身上、犯者没官」(『全書』本紀三、戊戌会祥大慶九年〈一一一八〉条)。「諸王侯家奴、不得刺龍形於胷」(『史略』巻下、丁丑大定十八年〈一一五七〉条)。

(26) 「(前略)上皇曰、我家本下流人(始祖顕慶人)、世尚雄勇、毎刺龍梭於髀間、世業武、固宜文髀、示不忘本、(中略)又国初、軍士皆渾刺龍文於腹背及両髀、謂之采龍、蓋宋商客見我越民刺龍文於身、謂海蛟畏龍文、遭風舟沈、蛟不敢犯、故目曰采龍也」(『全書』本紀六、己亥興隆七年〈一二九九〉八月条)。

(27) 「春三月、王観扞水城、黄龍見於王舟」(『史略』巻中、丙辰太寧四年〈一〇七六〉条)。

(28)「冬十月、黒龍見於宮中」（『史略』巻中、壬辰会祥大慶三年〈一一一二〉十月条）。

(29)「時帝春秋已高、無嗣、詔択宗室子立為嗣、帝弟崇賢侯（欠名）亦未有嗣、適石室山僧徐道幸至侯家、与語祈嗣事、道行曰、他日夫人臨誕時、必先相告、蓋為之祈于山神也、後三年、夫人因而有娠、生男陽煥」（『全書』本紀巻三、壬辰会祥大慶三年〈一一一二年〉条）。「元熙元年十二月二十四日、四黒龍登天、易伝曰、冬龍見、天子亡社稷」（『宋書』巻二七、符瑞上）。

(30)「宋徽宗云、黄龍青龍、祥瑞也、白龍黒龍、災変也」（『朝鮮王朝実録』五十、世宗実録、十二年〈一四三〇〉閏十二月十九日条）。

(31)「其屋乃壹旦借丹青点綴、百年延気象芬芬、前依赤帝之方、境列古戦之県、井分［攸］耿、［縁］茂如雲、［後］［連］翔鵬之［嵎］、旁声白龍之岫（後略）」（『安穫山報恩寺碑記』）。「白玉在底、青龍盤外、其台也」（『天福寺洪鐘銘文』）。

(32)「其叔独拠柵不従、王率衆攻之、不勝、奔至潭家湾、橋壊、陥於濘、叔欲刺之、見二黄龍覆其上、叔懼而退、乃降」（『史略』巻上、丁先皇条）。

(33)「諱桓、姓黎氏、長州人也（中略）逾数年而父母俱亡、本州有黎観察者、見而異之、養為已子、王遇冬寒、覆春而卧、観察視之、見有黄龍覆其上、由是益奇之」（『史略』巻上、黎大行条）。

(34)「十一年、命為元帥、撃占城于布政寨、大軍渡海抵龍鼻山、見于帝舟、帝独自負、及至、破之、擒其将而還、十九年春三月丙申朔、帝以所御衣賜南帝観道士陳慧隆、是夜光徹観内、慧隆驚起視之、乃黄龍見于衣架也、此皆天之所命」（『全書』本紀巻二、李太宗条）。

(35)「丙午葬太宗、立后八人、以阮道成為太師、郭擊日為太尉、建永寿殿」（『史略』巻中、龍瑞太平二年〈一〇五五〉条）。

(36)「夏五月、黄龍自龍徳宮、見於永寿殿」（『史略』巻中、李聖宗、戊戌龍瑞太平五年〈1058〉条）。

(37)「黄龍飛入城」（『史略』巻下、紹明元年〈一一三八〉条）。

(38)「祈嗣於芭山、黄龍見於壇内」（『史略』巻中、辛丑彰聖嘉慶三年〈一〇六一〉条）。「王命起寺於芭山、以為祈嗣之処、獲其珠以献」（『史略』巻中、癸卯彰聖嘉慶五年〈一〇六三〉条）。

(39)「冬十二月、黄龍見於曜霊殿、又見於遊蟾閣、猗蘭元妃所居」（『史略』巻中、乙巳彰聖嘉慶七年〈一〇六五〉条）。「春正月二十五日亥時、皇子乾徳生、後日立為皇太子、改元大赦、封其母倚蘭夫人為宸妃」（『全書』本紀巻三、丙午龍章天嗣元年〈一〇六六〉条）。「父皇入夢、殊邦献雪象六牙、母后有娠、飛閣廕黄龍五彩」（『崇善延霊塔碑』）。「仁宗諱乾徳、聖宗長子也、母猗蘭元妃黎氏、以龍彰天嗣元年正月生王於洞仙宮、即日立為太子」（『史略』巻中、李仁宗条）。

(40)「正月（中略）黄龍見於曜霊殿」（『史略』巻中、戊申天貺宝象元年〈一〇六八年〉条）。

(41)「三月、黄龍見於太子宮中」（『史略』巻中、丙午彰聖嘉慶八年〈一〇六六〉条）。

(42)「六月、帝自応豊行宮幸莅仁行宮、入内常侍中丞牟俞都、奉旨宣示内外臣僚曰、黄龍見于行宮之秘殿、惟宮女宦官見之」（『全書』本紀巻三、乙巳天符睿武六年〈一一二五〉条）。

(43)「英宗皇帝諱天祚、神宗嫡長子也、其母黎氏皇后、以天彰宝嗣四年丙辰四月誕生」（『全書』本紀巻四、李英宗皇帝）。

(44)「夏四月、夜黄龍自永光殿、見于麗光宮」（『全書』本紀巻三、天順五年〈一一三二〉四月条）。「夏三月、黄龍見於麗光宮」（『史略』巻下、壬子大順五年〈一一三二〉条）。

(45)「黄龍見於聖日閣、八月又見於聖寿殿、飛繞御寢門及於天瑞殿、御座遺爪迹、殆百餘所、又見於後宮者三、引其宮女黎娘置於殿頭」（『史略』巻下、甲子天資宝祐三年〈一二〇四〉条）。

(46)「八月、葬霊仁太后（火葬太后、殉者三人）、是夜龍見」（『史略』巻中、丁酉会祥大慶八年〈一一一七〉条）。

(47)「十日、有雲不雨、黄龍見于端明閣、群臣称賀、惟僧法語云、龍飛在天、今乃下見不祥也」（『全書』本紀巻二、癸巳崇興大宝五年〈一〇五三〉条）。

(48)『呂氏春秋』の受容に関して（Lê Mạnh Thát『禅苑集英の研究 [Nghiên cứu về Thiền uyển tập anh]』、ホーチミン市出版社、一九九九年）を参照されたい。

(49)「春正月、広源州首領儂存福叛、称昭聖皇帝、封長子智聡為南衙王、改其州曰長其国、王親討之、師渡冷浮津、白魚入王舟」（『史略』巻中、己卯通瑞六年〈一〇三九〉条）。「二月甲申、発自京師、乙巳次大悪海口、時波涛帖息、大軍利渉、自大安至姑山紫雲捧日、至□湾有片雲覆王舟、随其行止至思明海口、白魚入舟」（『史略』巻中、甲申明道三年〈一〇四四〉条）。

(50)「中書火阮伯献赤麒麟」（『史略』巻下、戊辰大定九年〈一一四八〉条）。

(51)『全書』は一一三七年としたが、間違いである。

(52)「見官黎全義献五色亀」（『史略』巻中、辛未広祐七年〈一〇九一〉条）。

(53)「青亀負図以見」（『史略』巻中、丙辰太寧四年〈一〇七六〉条）。

(54)「六眸玉字緑文亀見、又献六眸紅亀、項有赤文、腹下具五色、尾端有距」（『史略』巻下、丙戌政隆宝応四年〈一一六六〉条）。

(55)「聞欽七洞、有六目亀、欣然異之、因人求得、乃真目之上、有四偽目耳、所謂偽目、即頭上金黄花紋円長、中黒似目也」（『嶺外代答』巻一〇、六目亀）。

(56)「右興武兵王玖献六眸亀、胸上有籀文、詔諸学士及僧道弁之、成天書下示聖人万歳八字」（『全書』本紀巻三、甲寅天彰宝嗣二年〈一一三四〉条）。

(57)「左興聖都火頭蘇武献神亀、胸中有籀文、群臣弁之、成一天永聖四字」（『全書』本紀巻三、丙辰天彰宝嗣四〈一一三七〉条）。

(58)「奉職阮奉献六眸亀、胸中有籀文二行、群臣弁之、成王以公法四字」（『全書』本紀巻四、乙丑大定六年〈一一四五〉条）。

(59)「春二月、内師翁李元献三足六眸亀、胸上有籀文、群臣弁之、成王以八方四字」（『全書』本紀巻四、壬申大定十三年〈一一五二〉条）。

(60)「史臣呉士連曰、亀之為霊、以其能告兆也、然世常有之、非若龍鳳麟之罕見也、当時乃以為瑞、而進献之多何哉、至於胸上有文、乃黒白相間而見、群臣弁成文字、是希旨作諂語、以為諛媚其君耳、豈真有文字哉、故人君必謹好尚」（『全書』本紀巻三、甲寅天彰宝嗣二年〈一一三四〉条）。

(61)「夏四月、献六眸亀、胷有以行法公四字」（『史略』巻下、癸亥大定四年〈一一四三〉条）。

(62)「詔新定律令」（『史略』巻下、丁丑大定十八年〈一一五八〉条）。

(63)「秋八月、象放光、群臣上表称賀」（『史略』巻下、乙丑大定六年〈一一四五〉条）。

(64)「秋八月、占城国献異象、所居有神光」（『史略』巻中、庚寅会祥大慶元年〈一一一〇〉条）。

(65)「牛吼国進華象」（『全書』本紀巻四、己卯大定二十年〈一一五九〉条）。

(66)「夏四月、獲白象、賜名天資象、乃改元為天資嘉瑞元年」

(『史略』巻下、丙午貞符十一年〈一一八六〉条)。

(67)「占城献白象、後再擾辺」(『全書』本紀巻三、戊申天貺宝象元年〈一〇六八〉条)。

(68)「秋八月、占城国献異象、所居有神光」(『史略』巻中、庚寅会祥大慶元年〈一一一〇〉条)。

(69)「復現神象一頭、形質而魁【鬼吾】異等、鼻額而輝顕神光、験文彩而清浄有除、稟聡明而炤彰無外、御号曰、超群神象」(『崇善延霊塔碑』)。

(70)「秋八月、象放光、群臣上表称賀」(『史略』巻下、乙丑大定六年〈一一四五〉条)。

(71)「令書家阮美献青頭桃花馬、四足生六距、前両足各一距、後両足各二距」(『全書』本紀巻三、甲寅天彰宝嗣二年〈一一三四〉条)。

(72)「夏六月、入内龍図牟俞都献駱馬、四足生距」(『全書』本紀巻三、己酉天順二年〈一一二九〉条)。

(73)「上厩有白馬、凡駕将発、必先嘶鳴、命之曰、白龍神馬」(『全書』本紀巻二、壬子順天三年〈一〇一二〉条)。

(74)「渭龍州(今大蛮州是也)献白駒、四足生距」(『全書』本紀巻之一、丙午応天十三年〈一〇〇六〉条)。

(75)「諒州牧楊景通献白鹿、群臣上表称賀、拝楊景通為太保」(『史略』巻中、壬子神武四年〈一〇七二〉条)。

(76)「広源首領揚嗣興献白鹿」(『全書』本紀巻三、甲辰天符睿武五年〈一一二四〉条)。

(77)「真登州牧黎法国献玄鹿」(『全書』本紀巻三、壬子天順五年〈一一三二〉条)。

(78)「春正月、真登州牧黎法円献白鹿」(『全書』本紀巻四、庚申紹明三年〈一一四〇〉条)。

(79)「親王班李禄上言、傘円山有白鹿、帝使太尉楊英珥往捕得之、賜禄爵大僚班」(『全書』本紀巻三、己酉天順二年〈一一二九〉条)。

(80)「三月、李子克上言、江底林有白鹿、帝使太尉劉慶覃往捕得之、遷子克枢密使、列明字、秩冠七粱冠」(『全書』本紀巻三、己酉天順二年〈一一二九〉条)。

(81)「況珍禽異獣不育於国、亦先王之遺戒也、神宗因阮禄、阮子克(禄，子克本姓李，文休避陳朝諱，故称阮)献白鹿、以為瑞物、拝禄為大僚班、子克為明字、則賞者受者皆非也、何則神宗、以献獣拝官、是濫其賞也、禄、克以無公受賞、是欺其君也」(『全書』本紀巻三、己酉天順二年〈一一二九〉条)。

漢喃研究院に所蔵されるベトナム漢喃堪輿（風水）資料の紹介*

チン・カック・マイン／グエン・クォック・カイン
（佐野愛子・訳）

TRINH Khac Manh――ベトナム社会科学翰林院・漢喃研究所准教授。専門は漢喃学、文化学、宗教学。主な著書に『漢喃書籍の書誌学』（社会科学出版社、二〇一四年）、『ベトナムの文化生活における漢喃の文化遺産』（編者、社会科学出版社、二〇一六年）、『ベトナム漢喃作家の雅号とあざな』（社会科学出版社、二〇一九年）などがある。
NGUYEN Quoc Khanh――ベトナム社会科学翰林院・漢喃研究所准教授。専門は漢喃学、文化学、宗教学。主な論文に「左幼と風水書」（『漢喃雑誌』第四号〈一三七〉、二〇一六年）、「『左幼真伝遺』に見られる二十八の地相」（『漢喃雑誌』第五号〈一四四〉、二〇一七年）、「ベトナム人の家族祀堂と祖先祭祀の仏壇における方位吉凶の風水学」（世界出版社、二〇一七年）などがある。

本稿はベトナム社会科学翰林院・漢喃研究所所蔵の風水に関する四十六件（六十点）の書籍を書誌学、比較文献学、著者研究各視点より紹介した上で、その編纂年代及びジャンル等の問題を検討したものである。理論と実践両方面から陰陽五行説、羅針盤、龍脈、地穴、陽宅と陰宅に関する記述を分析し、ベトナム風水書の特徴を明らかにした上で、ベトナム人の文化・宗教・信仰に関する諸相を検討した。

堪輿（風水ともいう）は、中国古代文化に基づく環境と建築についての重要な文化の一つである。古代から現代まで、家を建てる土地を選ぶ際や血縁者を埋葬する土地を選ぶ際に、自然にとけこんで暮らせる良い場所を探すことは重視された。土地を選ぶこと、すなわち環境を重視することは、次第に伝統文化において発達した「天人合一」という観念をもたらした。つまりそれが堪輿文化もしくは風水文化である。

ベトナムは中国に接しているため、中国文化の影響を受けており、特に過去には中国人の支配下にあった時期もある。支配の目的で、中国人は安南へ人を派遣し地域の状況を記録させた。そのために、ベトナムの風水書には、ベトナム人が編纂したものだけでなく、中国人が編纂したものもある。現在ベトナムにある風水書の多くは漢字やノム字で書かれており、中央や地方の図書館、一族や私家に所蔵されている。また土地の様子や方角をみる職業（占い師や風水師）の家には特に多く所蔵されている。

『重訂天南名地』（VHv.1927）によると、九世紀からのベトナム風水についての記録がある。「我が国は「天南」開闢以来、その地輿と地勢は唐の憲宗（八〇六～八二一）の咸通間に安南都護総管経略招討使となった工部尚書高駢が書いた『安南九龍経』と『詠稿集』に記録されている」[72葉、35b]。これは中国人が安南（ベトナム）の風水書を編纂した話である。ベトナム人の編者はベトナムの風水について、この本の中で次のように書いている。「丁朝（九七〇～九八〇）に至り、丁先皇（九七〇～九七九）の太平年間（宋の太祖の開宝年にあたる）、丁先皇は安撫使兼東都院の陳国傑に『天南形勝歌』の編纂と高駢の古書の注釈を命じた。李朝の神宗の天順年間（一一二八～一一三二）、諫議大夫の牟俞都は地理に詳しく、『野談集』を編纂した」[72葉、35b]。その後の各王朝で、ベトナムには朱文安、阮徳玄、阮秉謙、黎璜といった風水学者があらわれた。

ベトナムでの風水書の研究や現代語訳は二十世紀からはじまったとされる。まずベトナムの研究者は中国の理論書、実用書、辞書などを翻訳した。次にベトナムの風水についての理論書、実用書などを編纂した。ベトナムの風水に関する漢喃書については、研究が中心で、左泐（すなわち阮徳玄（十五～十六世紀の人物で、ベトナムで有名な風水師の一人））の書が翻訳、紹介されただけであった。

本論で、筆者は漢喃研究院に所蔵されるベトナムの漢喃風水書を紹介し、次の問題について述べた。一、ベトナムの漢喃風水書の作者、二、書誌学についてのいくつかの問題、三、風水書の基本的な内容。それぞれの本の概要は、次の本に紹介されている。『越南漢喃文献目録提要』三冊（ハノイ：社会科学アカデミー、一九九三年）、『越南漢喃文献目録提要補遺』（台湾：中央研究院人文社会科学研究中心、二〇〇四年）、またこの本の内容はhttp://140.109.24.171/hannan/.で最新版が見られる。よって本論では、内容の概要を載せない。

一、ベトナムの漢喃風水書の編者

編者の問題について、まず書誌情報を列挙しその問題を述べる。

（一）中国人の編者

＊高駢[1]によって編纂された作品（八件八点）

1『安南九龍歌』[2]（VHv.482）、一点、写本、書写年代不明。
2『安南九龍経』（A.1050）、一点、写本、書写年代不明。
3『安南地稿録』（A.1065）、一点、写本、書写年代不明。
4『高駢遺稿』（A.2898）、一点、写本、書写年代不明。
5『地理遺稿』（A.536）、一点、写本、黄福注、書写年代不明。

6『地理便覧』(A.605)、一点、写本、黄福注、書写年代不明。

7『洪武地稿』(VHv.1594)、一点、写本、書写年代不明。

8『問答山水附安南九龍経歌』(A.1826)、一点、写本、書写年代不明。

＊黄福によって編纂された作品(一件一点)(3)

1『地理黄福稿』(VHv.484)、一点、保泰二年(一七二一)刊本。

(二)ベトナム人の編者

＊朱文安によって編纂された作品(一件三点)(4)

1『清池光烈朱氏遺書』(三点、A.843、VHv.2391、VHv.2712)、三点みな写本、朱文安によって開祐十二年(一三四〇)に編纂され黎春吉が嗣徳三年(一八五〇)に書写した。

＊阮徳玄によって編纂された作品(十五件二十点)(5)

1『地学摘英』(A.454/1-3)、一点(三巻本、写本)、書写年代不明。

2『地理』(AB.556)、一点、写本、書写年代不明。

3『地理家伝』(6)(VHb.76)、一点、写本、書写年代不明。

4『地理貴機真伝』(AB.300)、一点、写本、書写年代不明。

5『黄氏窓前玄機密教』(A.2809)、一点、写本、書写年代不明。

6『黄瞻地理稿』(A.457)、一点、写本、書写年代不明。

7『乂安道宜春県左幻社先生地理』(7)(VHb.84/1-2)、一点(二巻本、写本)、書写年代不明。

8『乂安道宜春県左幻社先生地理訣法』(A.1861)、一点、写本、書写年代不明。

9『左幼真伝遺書』(VHv.728)、一点、ノム字、刊本、出版年不明。

10『左泑真伝地理』(VHv.1660、A.1207、VHv.1661、VHv.483、VHv.783)、五点、刊本、啓定己未年(一九一九)に河内行桃鋪義利号で発行。

11『左幼先生秘伝家宝珍蔵』(A.2221)、一点、写本、書写年代不明。

12『左幼社先師書伝秘密各局』(VHb.91)、一点、写本、書写年代不明。

13『尋龍家伝国語』(AB.440)、一点、写本、ノム字、六八体、書写年代不明。

14『天南地勢正法』(VHv.1900、VHv.1042)、二点、どちらも写本、書写年代不明。

15『天南地鑑宝書地理正宗左幻訂輯』(A.461)、一点、写本、書写年代不明。

＊黎璜[8]によって編纂された作品（二件二点）

1『和正地理』（A.2153）、一点、写本、書写年代不明。

2『流舎和正秘伝地法』（A.1405）、一点、写本、書写年代不明。

その他に、彼は『天南地理格言全集』（R.2221）、一点、写本、書写年代不明、ベトナム国家図書館蔵を編纂している。本論では、この本は考察していない。

＊鄭松[9]によって編纂された作品（一件一点）

1『鄭松問風水策文』（A.2265）、一点、写本、書写年代不明。

＊その他の編者の作品（三件三点）

1『真禄保台阮先生得道書』（VHb.81）、一点、写本、嗣徳丙子年（一八七六）、丹亭阮氏蔵本、真禄保台阮先生によって編纂された。

2『地理平陽精要』（A.1208）、一点、刊本、啓定四年（一九一九）に河内義利号で発行された。河金面嗣山人黄道徳によって編纂された。

3『嶺南阮氏課幼真編』（A.2932）、一点、写本、嶺南阮氏（あるいは阮嶺南または嶺南の阮氏）によって編纂、書写年代不明。

＊編者未詳の作品（十五件二十二点）

1『安南風水』（A.693）、一点、刊本、嘉慶二十三年（一八一八）に清華で発行。

2『八錦宅宝書』（VHb.88）、一点、写本、書写年代不明。

3『八宅備考』（AB.16、A.2250）、二点。AB.16は刊本、成泰己亥年（一八九九）に河内成利号で発行。A.2250は写本、書写年代不明。

4『地理』（VHv.1048/1-2、VHv.1050、VHv.1046）、三点、全て写本、書写年代不明。

5『地理図志』[10]（A.1691、A.247、A.419、VHv.1511、VHv.484）、五点、刊本、保泰二年（一七二一）。

6『地理心印秘旨篇』[11]（VHv.596）、一点、写本、書写年代不明。

7『地理精撰立成方向』（VHb.77）、一点、写本、書写年代不明。

8『地理集要』（VHv.1047）、一点、写本、書写年代不明。

9『地理纂要』（VHv.1041）、一点、写本、書写年代不明。

10『地理纂要源派真伝』（A.2849）、一点、写本、書写年代不明。

11『郭氏地理節要』（A.1051）、一点、写本、范春禄によって維新十年（一九一六）に書写された。

12『雑記地学』（VHb.85）、一点、写本、書写年代不明。

13『天南龍首録』（A.1658、A.220）、二点、写本、書写年代不明。

14『陳氏家伝地理秘語撮要』（A.626）、一点、写本、書写年代不明。

15『重訂天南名地』（VHv.1927）、一点、写本、正和三年（一六七八）に編纂され、成泰十七年（一九〇五）に重編された。

二、ベトナムの漢喃風水書の特徴

（一）形式について

ベトナムの漢喃風水書の特徴は、刊本に比べて写本の方が多い点にある。内容と形式について比較する際に、間違いを避けるため本の請求記号を使用する。考察可能な四十六件六十点のうち、五件十三点が刊本（全体の二一・七パーセント）で四十一件四十七点が写本（全体の七八・三パーセント）である。

そのうち、八点は具体的な発行場所が載る。二点（AB.16、A.2250）は、河内成利号で発行された。A.1208とVHv.1660、A.1207、VHv.1661、VHv.483、VHv.783は、すべて河内義利号で発行された（VHv.1660は『地理左泑遺書真伝正法』との合訂本であり、『地理左泑遺書真伝正法』は柳文堂の刊行）。残りの五点（A.1691、A.247、A.419、VHv.1511、VHv.484）は不明である。

写本四十七点については、すべて筋道のはっきりとした文章で書かれており、朱点が付されている。

その他、風水書の形式おいて、ほとんどの書が龍脈と龍穴の図を描いている。

そういうわけで、主要な風水書の伝本は何度も書写されたと考えられる。また刊本については他の書に比べてあまり関心を持たれなかったようにみえる。

（二）年代

まず、年代の情報の関係性を考察するために、四十六件六十点を作品の編纂年と作品の書写年の二つにわける。多くの諸本があるため、簡便のため、請求記号を使う。十一件二十点は編纂年、出版年、書写年がある（全体の三三・三三パーセント）。具体的には次の通りである。

・編纂年のわかる書：二件四点、そのうち三点は『清池光烈朱氏遺書』（A.843、VHv.2391、VHv.2712）で、開祐十二年（一三四〇）に編纂され、嗣徳三年（一八五〇）に書写された。もう一点は『重訂天南名地』（VHv.1927）で、正和三年（一六八二）に編纂され、成泰十七年（一九〇五）に書写された。

・刊本：六件十三点（そのうち一点はVHv.1660との合訂本）。保泰二年（一七二一）の刊本が二件五点（VHv.484、A.1691、A.247、A.419、VHv.1511）。啓定三年（一九一八）の刊本が一点『地理左泑遺書真伝正法』（VHv.1660の合訂本）。成泰己亥年（一八九九）の刊本が一件一点（VHv.1660）。啓定四年（一九一九）の刊本が二件六点（VHv.1660、A.1207、VHv.1661、VHv.483、VHv.783、A.1208）。

・写本については、三件三点ある。『安南風水』（A.693）は嘉慶二十三年（一八一八）に、『真禄保台阮先生得道書』（VHb.81）は嗣徳丙子年（一八七六）に、『郭氏地理節要』（A.1051）は維新十年（一九一六）に書写された。

こういうわけで、編纂年のある本は六十点中四点である。一方、書写年のある本は六十点中十四点である。これを通して考えると、書写者にとっては書写年を書くことは、本の内容ほど重視されなかったようである。

（三）文体の種類

漢喃風水書は散文、賦、七言詩、六八体のような多くの文体が使用される。四十六件六十点の調査を通して、次のことがわかる。

四件七点は賦混交の散文である。『地理図志』（A.1691、A.247、A.419、VHv.1511）、『地理家伝』（VHb.76）、『地理精撰立成方向』（VHb.77）、『雑記地学』（VHb.85）である。

六件六点は六八体混交の散文である。『地理』（VHv.1050）、『乂安道宜春県左幻社先生地理』（VHb.84/1-2）、『乂安道宜春県左幻社先生地理訣法』（A.1861）、『左泑真伝地理』（VHv.1660）、『尋龍家伝国語』（AB.440）、『天南地鑑宝書地理正宗左幻訂輯』（A.461）である。

一件一点は賦と六八体混交の散文である。『左幼先生秘伝家宝珍蔵』（A.2221）である。

一件一点は七言詩混交の散文である。『左幼真伝遺書』（VHv.728）である。

また三十四件四十五点は散文である。

こういうわけで、漢喃研究院が所蔵する風水書は四種類の文体にわけられる。散文（主に詳述、描写、物語）、賦、六八体と七言詩である。これはベトナム中世文学でよく使用される文学の種類である。ノム字で書かれた六八体の風水書はベトナムの独創性を生み出した。これは文学理論の意義とベトナムの生活文化の実践に風水の内容を応用する意義がある。本研究によって、漢喃風水書の文体は風水の内容描写によく合致していることがわかる。それは描写しやすい覚えやすいもので、読み手が研究して探すのにふさわしい文体といえる。

ベトナムでは、同じ内容のテーマであっても、様々な文体で書かれることがよくある。例えば地志を研究したときに、チン・カック・マインは次のように文体について観察した。

「…文体についても大変豊富である。漢喃の輿地志資料は主に散文作品だが、詩や韻文の作品もあり、詩は三件（そのうち一件は双七六八体のノム字で、一件は六八体で、一件は五言詩である）で、賦は五件ある。輿地志には教科書風の資料もあり、三件ある」（『ベトナム漢喃遺産への接近』、一一一頁）。漢喃作品の創作における文体の臨機応変な使用は、中世の儒者の芸術文学の創作にもよく見られた。

（四）文字

四十六件六十点のうち、漢字とノム字が使用されている。散文、賦、七言詩は主に漢字（一部地名にノム字が使用）が、六八体にはノム字が使用されている。四十六件六十点のうち、一件（一点）は全文ノム字で書かれている。『尋龍家伝国語』（AB.440）がそれである。

三、書誌学のいくつかの問題

四十六件六十点の考察を通して、三十二件三十八点には編者の名前が記されており、三件五点には書写者の名前が記されている。

（一）風水編者について

資料によると、ベトナム人の編者は七人おり、現在知られているのは朱文安、左幼、和正、鄭松の四人である。中国人の編者は二人いる。

＊ベトナム人の風水編者のうち、朱文安と鄭松は史料があり考証可能である。一方の阮徳玄（左幼）と黎璜（和正）は史料はあるものの、書いてある内容がまちまちで考証できない。とはいえ、左幼と和正の二人はベトナム風水学の歴史上に実在したと考えられる。この四人の書は現在、漢喃研究院に所蔵されている。

＊ベトナムについての風水書を書いた中国人の編者は二人いる。高駢と黄福である。高駢については、実在の人物であり、『大越史記全書』に、「咸通年間［八六〇～八七四］にいたり、高駢は羅城を増築した。果たしてその言の通りだった。また按ずるに、以前は都護府城は今の東関外城にあり、羅城と言った。後に高駢が今の城を築き、外もまた羅城と呼んだ」（『大越史記全書』（訳本）、一巻、一九三）とある。また別の段には、「一一月壬子、唐帝は交州、邕州、西州の諸路の軍に疆土を保ち、進攻しないよう詔を下した。交州に静海軍を置き、高駢を節度使にした。（これより宋朝に至り、安南は静海軍節鎮となった。）李琢が侵攻し、蛮人（南詔）の禍が起こって十年近くたってから、今に至っておさまった。高駢は府を守り王を称し、羅城を築いた。羅城は周囲が千九百八十二丈零五尺、城身の高さが［15a］二丈六尺、城の広さが二丈五尺、城の四面には女墻があり高さ五丈五寸、敵を望む楼が五十五所、甕門六所、水渠三所、道が三十四所あった。また堤

を築き、周囲は二千百二十五丈八尺、高さは一丈五尺、広さ二丈、そして造屋が四十余万間あった」（『大越史記全書』（訳本）、一巻、一九九）とある。一方、伝説では高駢は風水をよくしたとされる。伝説では、高駢は交州の地を見て帝王の土地が多くあるのがわかり、常に紙の凧に乗って空を飛んで観察に行き、法術を用いて山河の美しい地勢を破壊し、龍脈のある土地を塞いだ。あるいは、民間伝承では、高駢は交州へ来た際、龍脈が非常に盛んなのを見て、破壊しようとし、常に巫師の服を着て、紙の凧に乗って地勢を見るために様々な場所へ行ったり、土地の神を騙すために壇を建てて祭り、神が現れたら貴重な剣で斬首したり、龍脈を絶やすために濠を掘って、金属の器を埋めたりなどしたとされる。おそらくこの伝説のため、後世の人物は高駢の名前を借りてベトナムについての多くの漢喃風水書を偽造した。黄福については、『大越史記全書』に多くの記事があり、属明期にベトナムにやって来た人物だとあるが、伝説では風水をよくしたとは見えない。

（二）風水書について

ベトナムの漢喃風水書は三十七件五十一点あり、中国人が編纂したベトナムの風水書は九件九点ある。

＊ベトナムの漢喃風水書は、朱文安のものが一件三点、左幼のものが十五件二十点、和正のものが二件二点、鄭松のものが一件一点、三件三点が編者の名前はあるがよくわからない人物のもので、のこりの十五件二十二点は編者の名前を欠く。本研究により、これらは全て後世に書き写されたものであり、編者についての信頼性は高くない。朱文安の書は開祐十二年（一三四〇）に編纂され、嗣徳三年（一八五〇）に筆写されたとされる。このことから、この書は朱文安の書とされるが、内容は何度も書き直され改められている。左幼の書もすべて後世に書き写されたものであり、左幼のものとはいえず、大部分は後世の者の手によって左幼の名前を借りて書かれたものであり、内容の多くが重複しロジックがない。他の編者の書また編者不明の書もすべて写本であり、内容が重複している。

＊ベトナムの風水について中国人が編纂した風水書は、高駢のものが八件八点ある。ベトナムの風水について高駢が編纂したとされる八点を考察すると、各テキスト間に内容の重複が見られる。黄福のものは一件一点ある。高駢と黄福がベトナムの風水について書いた書はすべて写本で、編者について多くの疑問がある。『越南漢喃文献目録提要』は、「この本は高駢や黄福（中国）の書としているが、ベトナム人が編纂し注釈をしたと考えられる」と書いており、同意できる。し

かし、たとえそうであろうとも、これもベトナム風水について研究する際には、価値ある内容の書である。

(三) 考察

ベトナム風水について書いた編者は実在の人物であるが、現在までのこっている書は、すべて写本であり、内容は何度も改編されている。ベトナム風水について書いた中国人の編者は実在の人物であるが、その書はベトナム人が書いたもので中国人に仮託した可能性が非常に高い。

四十六件六十点の編者の問題と内容は非常に複雑である。この問題を詳細に解決するためには、時間と風水学並びに書誌学の知識が必要である。編者ごとに（あるいは作品ごとに）論文が必要であり、本論ではベトナムの漢喃風水の内容をテキストの記述から読みとれる範囲で記述し、書誌学上の問題は引き続き研究をしてゆく。

四、ベトナム漢喃風水書の基礎的な内容

ここで、基礎的な内容を包括し、風水学の最も重要な性質を述べる。四十六件六十点のベトナム漢喃風水書の反映を具体的に次に記してゆく。

(一) 陰陽五行についての内容

風水師は風水学の陰陽説とその応用をよく理解しており、山を陰、河を陽と呼ぶ。山の南側を陽、山の北側を陰、河の北側を陽、河の南側を陰と呼ぶ。そういうわけで地形は山を背にして河が流れているのがよい。温度が高く、日が良く当たり、高い地形などの要素は陽と呼ばれる。一方温度が低く、日があまり当たらず、低い地形などの要素は陰と呼ばれる。風水学の陰陽五行に従って土地を選ぶ方法は、観察された実際の経験の総括であり、弁証的な思考法の結果である。それは地形、地質や水質、気候、植物、生態、景観などを選ぶといった多くの要素を含む。また同時に土地の吉凶を説明し、その場所が人が住むのに適しているかを見て決めるために、伝統哲学の「気」、「生気」、「陰陽」などの概念を使用する。

四十六件六十点を考察すると、十五点二十一箇所にベトナム風水の陰陽五行についての記述がみられる。具体的にはA.454/2の82bに「陰陽龍向純静章」とある。A.454/3、1bには「二十四向陰陽」、34aには「立局収水四局有陰陽順逆之法」とある。VHv.1900、11aには、「楼上長生論天干分陰陽」、36aには、「陰陽秘要姹妙語云」とある。VHv.1047、20aには「陰陽相応龍論」、28aには「正五行陰陽順逆水法」とある。VHb.76、46aには「陰陽坐向論」とある。VHb.77、26aには「論陰陽法」とある。A.834、18bには「陰陽第四章」、119a

には「陰陽表裡」とある。A.2153、47b95には「陰陽生死図」とある。VHv.1927、61aには「陰陽第四論純駁貴賤格」とある。A.626、18aには「総論陰陽水局之法」とある。VHb.85、21bには「論八干陰陽」と「論十二支陰陽」、22aには「論五行陰陽」とある。A.1861、42bには「三日陰陽五行」とある。A.461、3bには「天集三日陰陽五行」とある。VHb.91、56aには「三日陰陽五行」とある。A.2221、26aには「取地心法安葬陰陽宅山向」とある。

風水は山河を認識し、山の立っている状態を陰に属するものと判断し、河の流れの状態を陽に属するものと判断する。そのため山河の集まり、互いのつながりの動静、相互の陰陽についての研究を重要視する。それはまさに人をひきつけるものが集まった場所といえる。そういうわけで、山には「龍のように曲がりくねった形のため、これは龍となった山である」という説にまつわる龍脈を探す多くの方法がある。一方、河の流れは静かな状態においてこそ、その美しさが表現できる。

(二)羅盤についての内容

ベトナム漢喃風水書四十六件六十点を考察すると、六十点すべてに良い土地を探したり、龍脈を探したり、分金したりなどするのに使用する羅盤についての記述が一五〇箇所見られる。例えば、「羅経解」(A.454/3、99b)、「分金要訣」(A.454/3、52a)、「論八卦配合」(A.1051、94a)、「論分金章法」(A.1051、95b)、「查地盤」(A.454/1、64a)、「二十四山向分金坐穴」(A.454/1、73b)、「三合大玄空五行」(A.454/1、93b)、「立向分金解」(VHv.1047、22a)、「縫針立向分金坐度論」(VHb.76、63b)、「盤決総要」(VHv.1041、36b)などがある。

この項目はそれぞれ異なる解説をする。例えば『地理集要』(VHv.1047)の「三合五行」は、「二十四山の方位は八卦に所属しており、一卦を管三才と呼ぶ。三才は天、地、人である。卦ごとに山があり、真ん中の山を天元龍と呼び、左側の山を地元龍と呼び、右側の山を人元龍と呼ぶ。龍はすなわち山命であり、そのため天元龍はまた天元山、地元龍はまた地元山、人元龍はまた人元山とも呼ばれる。三才の呼び方は三山の別称であり、特別な意味はない」[12、15a]と書く。また『地理遺稿』(A.536)の「中針」は、「羅盤の上に二十四山を取って正針を所属させ、針を逆に向け、半格を托開し中針とする」[41、71b]と書く。

(三)龍脈についての内容

龍脈は生気のある山脈で、ゆるやかな起伏が龍のように見えることから、山脈を龍脈と呼ぶ。龍の土地をめぐる生気は、直接みることはできないが、生気の盛んな場所を表現すると山脈である。そのため、龍はその土地の生気であり、龍が進めば気も進み、龍が止まれば気も止まる。土地は気の母であり、深い気は必ず高い山にあり、長い気には必ず龍がいる。気は水の母であり、龍が行けば必ず水も従い、水がせき止められれば必ず龍も止まる。龍は生気や河の流れと結びついており、わけて考えることはできない。龍が止まるところは気が集まり、必ず良い土地であるので、家を建てたり墓をつくったりすることができる。山脈は千差万別であるため、龍は多くの別名がある。(『中国伝統文化事典』、一五二六頁)

ベトナムの龍脈について調べると、『阿南地形は帯のようであり、上は広く下は狭く周囲を海に包まれている。西は崑崙に至り、一支は宣光から五嶺を通って鬼門関に到る」と書いてある。一方、『安南風水』(A.693、24a-b)は、「珥河は崑崙を源とし、東方の黄河と西方の弱水と同様に四方に流れてゆく。珥河は辰水のはじめである。珥河の右辺は丁未坤(南―西南)の方角で崑崙から出ている。珥河の影響の外にある地方は珥河を収めることができず、反対に珥河にまとめられ(抱かれ)、さらに海のために押しやられ、海の風邪を受けるため、丈夫な幹ではない。そういうわけでこれは右虎(右側の虎)の支(枝)に属する。珥河の左辺は崑崙の丙巳、巽(南―東南)の方角に属し、珥河の中をまっすぐ出る。外には右の枝(支)を遮蔽するものがあり、珥河の真気を受け入れ、黄河まで行って東に曲がって行き、水の淵源を開き大きな「八」の字の形になる。次にまた百瀞江の源を開き、珥河の「河外」[12]の地域を曲がりめぐる。そのため水の勢いは雄壮で、中八字である[13]。…珥河の源に沿う正脈は百瀞の右辺を通り、蔥嶺で起きる。蔥嶺は少祖山(太祖山に対立…)である。それは真瀞(正式な瀞)で、龍と虎の間にある。風水の法に「大血脈は大江、大河に沿って流れてゆく」という」[73、16a]と書いてある。

四十六件六十点の考察を通して、『真禄保台阮先生得道書』(VHb.81)と『地理図志』(A.1691)の二点は龍脈について書いてあることがわかる。『真禄保台阮先生得道書』には龍脈について四十二の議論が書いてある。例えば、龍長短論、太祖山論、龍出身論、龍余気論、龍分三世論などがある。それによると、ベトナムには四つの正龍脈(大幹龍)がある。次にそれを記す。

- チュオンソン山脈:チベット高原から雲南、ラオスを通ってベトナム中部に入りベトナム南部の端まで続く山脈を形成している。左には東海があり、右側にはメコン川があり、龍脈になっている。
- バビ山脈:チベット高原から雲南を通ってベトナムの

北部に入り、ラオカイ、イェンバイ、ハノイ、ナムディンを通って、ニンビン、タインホアにいたり、紅河とマー川（ダー川）までが範囲である。この龍脈はまっすぐで、強く結びついた支脈が少ないが、気脈は最も盛んである。

・タムダオ山脈：雲南からベトナム北部に入り、ハザン、トゥエンクアン、タイグエン、バクザン、バクニン、フンイェンを通ってタイビンまでのびる。

・フェンディン山脈：広東（中国）の十万大山山脈からクアンニンを通って、ハイフォン、ハイズオンにいたり、支脈の一つは海へ出てハロン湾の島々を形成し、支脈の一つはドンチェウ、ファライを通って、バクザン、バクニンにいたる。

『地理図志』（A.1691）は、各府に属する県ごとの支龍を八十九書いている。それは京北道の順安府、慈山府、北河府、諒江府、山西道の国威府、臨洮府、端雄府、沱江府、広威府、山南道の応天府、常信府、快州府、蒞仁府、天長府、先興府、太平府、建昌府、義興府、海陽道の上洪府、下洪府、南策府、荊門府である。例えば、先興府御天県には、海湖から鄧舎までと、美舎から福海まで龍脈が通る。延河県にある龍脈は亭午山から希河までと、香羅から完美まで通る。神溪県にある龍脈は都奇から南魯までと、福興から寿域まで通る。青蘭県にある龍脈は安屡から種蘭までと、隴頭から神鋭まで通る等とある。

ベトナムの龍脈について評価に値するものに、范廷琥の『武中随筆』（A.1297）があり、次のように書かれる。「中国側のように雲貴があり瓊崖島まで流れてゆく。左支龍は宣光を通って高平、諒山、安邦（広安）にいたり、また洪潭、大人島の海を過ぎる。中国の甘粛、山西の土地から登莱に行くのと同じである。一方中支龍は三島山からおりて広々と続き太原、京北、中都、海陽、山南下になる。昇龍、古碑の地はおよそ中間にあり、中国に四川、陝西、河南、荊、湖諸省があるのと同様である。喝江は南方を通り、昌江は北方を通り、富良江は大きな川で、南北の間をくねくねと曲がる。むろん中国のように江河、淮河、済水があるというわけではない。しかし我が国の地勢は全て中国と似ており、ただ少し小さいというだけである」[76、18b]。

(四) 穴についての内容

穴は脈気と密接な関係がある。気は移動するものであり、言い換えれば生気が脱けるということである。定穴法はとても複雑で、まず高低差の位置を確定しなければならず、続いて正しい座向を見つけ、四方の地勢に合わせなければならない。四方は適切な浅深を確定することである。原則は養うための生気があったり、風が吹く、水がかかる、蟻が木を食うといった三つの害を避けたりすることである。具体的にしなければならないことが多くあり、例えば、穴は必ず口（埋葬の口）が必要である。額穴を求めなければならず、高い穴はぐらぐらしてはならず、低い穴は水に浸っていてはならない。はっきりとした穴で慌ただしくしてはならず、静かな穴でさわがしくしてはならない。

穴について言及しているテキストを調べると、四十六件六十点のうち十二点がこの問題についてふれている。それは『洪武地稿』（VHv.1594）、『安南九龍歌』（VHv.482）、『安南九龍経』（A.1050）、『高駢遺稿』（A.2898）、『左幼社先師書伝秘密各局』（VHb.91）、『地理便覧』（A.605）、『地理遺稿』（A.536）、『地理図志』（A.1691）、『地理』（VHv.1048/1）、『安南風水』（A.693）、『洪武地稿』（VHv.1594）、『地学摘英』（A.454/1）である。穴についての内容は次のようにわかれる。

（四）―一　守穴神

ベトナム風水学も穴を先の方式に従っていたが、神霊の要素を帯びた変化もあった。この要素は、二十四山に二十四方位の龍脈を管理している二十四の神がついているという所に表されている。『地学摘英』（A.454/2）には、次のように書かれる。「二十四の龍神は「壬龍」という二十四の龍脈を管理する。景雲大神は金銀三百、紙銭五百、龍衣一幅、雄雞一觜、匣と帳それぞれ一件、白布と白絹それぞれ五尺を用いる（戌の時にこれを祭る）。子龍：天花地神は金銀三百、紙銭五百、襲と帽子それぞれ一領、餅米飯と果物それぞれ一盤、蛇三尾を用いる（申の時にこれを祭る）。癸龍：白眉大神は金銀三百、襲と帽子それぞれ一領、杖一件、餅米飯と果物それぞれ一盤を用いる（亥の時にこれを祭る）。丑龍：神朝天大将は衣と帽子それぞれ一布、金銀と紙銭それぞれ三百、九尺の布、肉一盤を用いる（戌の時にこれを祭る）。艮龍：神春龍白氏の神は金銀紙銭それぞれ三百、衣と帽子それぞれ一、絹九尺を用いる（戌の時にこれを祭る）。寅龍：神馬霊大将は金銀紙銭それぞれ五百、米一円、箕刀一件、黄鱔一双を用いる（子の時にこれを祭る）…」［37、189b］。

ベトナムの風水には府や県ごとに守穴神がいる。例えば『安南九龍歌』（VHv.482）には四位が記される。「快州府は山神范氏蘇夫人守穴がいる（寅の方角に、餅米飯と豚を供える）。金洞県は山神范興龍守穴がいる（子の方角に、白餅米飯とお金を供える）。仙呂県は山神范氏酌守穴がいる（亥の方角、魚、餅米飯、酒を供える）。芙容県（今の芙渠県）は山神范興龍守穴がいる（子の方角に、白餅米飯、豚肉、お金を供える）」［29、90葉］。

『安南九龍経』(A.1050) には十二位が載る。「青池県は范済先生守穴がいる（巳の方角に、餅米飯、豚を供える）。上福県は范佐先生守穴がいる（巳の方角に、鯉と米を供える）。富川県は范佐漢先生守穴がいる（戌の方角に、赤餅米飯を供える）。応天府（四県）は范氏有夫人守穴がいる（子の方角に、白餅米飯、豚を供える）。章徳県は范氏蘇夫人守穴がいる（亥の方角に、餅米飯と豚肉を供える）。山明県は陳氏泰守穴（号は仙花娘）がいる（子の方角に、白餅米飯、豚肉を供える）。懐安県は鄭氏暖夫人守穴がいる（子の方角に、鯉、白餅米飯を供える）。莅仁府の南昌県は鄭氏円夫人守穴がいる（子の方角に、豚、白餅米飯を供える）。金榜県は范郁先生守穴がいる（巳の方角に、餅米飯、豚を供える）。平緑県は陳氏炎夫人守穴がいる（寅の方角に、豚、餅米飯を供える）。惟仙県は陳有栄先生守穴がいる（亥の方角に、豚、鶏、黄餅米飯を供える）。青廉県は陳有貢先生守穴がいる（亥の時に豚、米を供える）」[30、92b]。

(四)―二　風水によって鎮められた穴とそうでない穴

『禅苑集英』によると、「唐の懿宗は南国を支配したかったが、南国にはいつも才能のある人物が生まれるのをみて、中国の才能のある風水師である高駢を節度使として交州へ行かせ、ベトナムの山河ですぐれた気のある地を探し、大きな龍脈のある地や良い穴の地を見つけたら、厭勝させようとした」[七五頁]。このことについて、『安南風水』(A.693) は、「唐懿宗のとき（八五九年）、懿宗はベトナムが徴女王や梅黒帝の義兵のように何度も中国に抵抗するのをみて腹をたてた。そのため高駢に命じて安南都護とし地脈を観察し厭勝させようとした。このことは当時の奏に書いてあるが、保管されており公表されていない。そういうわけでその時代には刊本として流通せず、写本の草稿のみがのこっている。明成祖（一四〇三～一四二五）の時、胡季犛（一四〇〇～一四〇七）が中国に抵抗したので、成祖は高駢の厭勝がまだ完全ではないと言った。成祖が胡季犛とその子どもを捕らえて、ベトナムに郡と県を置いた後、高駢の二十四世孫の高囧にベトナムの地を全て厭勝するよう命じた。高囧はベトナムに長い間留まりたくなかったため、尚書の黄福に命じてそれを行わせた」[32、4a] と書く。

四十六件六十点をみると、四点には厭勝についての詳細が載る。それは『安南九龍経』(A.1050)、『安南九龍歌』(VHv.482)、『地理』(VHv.1048/1)、『地理便覧』(A.605) の四点である。四点すべてに高駢が厭勝した場所について重なりが見られるが、黄福が厭勝した場所は見えない。研究により、高駢が厭勝したのは二十三地点あり、厭勝できなかったのは四地点あることがわかる。具体的には次のとおりである。

・高駢が厭勝した二十三地点のうち、何点かを次に抜き出す。寿昌県の昇龍の土地は一番目の右支脈であり、正穴が一つと支穴が二つある。大羅城を築いて龍虎の力を断って厭勝した。嘉林県の古碑の土地は二番目の中支脈であり、正穴が一つと支穴が四つある。土塁を築いて、万斤の釘を埋めて厭勝した。至霊県の南澗の土地は三番目の左支脈に属し、正穴が一つと支穴が三つある。五方向に白い水牛五頭と銅の釘を二十丈の深さに埋め、厭勝するために鉄の鍵を用いた。東岸県（現在のディンバン社）の古法の土地は四番目の中支脈に属し、貴重な土地で金牛の神がいる。道を作り護符によって厭勝しようとした。済江県の朱鳶（現在はバンザンに改名）の土地は六番目の中支脈で、正穴が一つと支穴が四つある。鎮めるために寺と塔が建てられた。仙遊社の蘭柯の土地は七番目の中支脈があり、正穴が二つと支穴が二つある。宮殿と後方の朱雀（北方）を破壊するための大きくてまっすぐな道をつくり鎮めた。金華県の扶魯の土地は十番目の中支脈で、正穴が一つと支穴が四つある。この地の地勢は厳かで、代々爵位をもつような人物が生まれてくる土地であった。鎮めるために道がつくられた。石室県の易褥の土地は九番目の右支脈である。この地は極めて貴い地で、偉大な事業をのこした英雄が出現した。鎮めるために道をつくり、寺を建て、井戸を掘った。

・高駢が厭勝できなかったのは次の四地点である。嘉林県（以前はバンザン県）の金蘭の土地は五番目の中支脈であり、正穴が一つと支穴が二つある。この地の穴脈は有名な紅河の流れの間にある。金牛の神は大変霊験あらたかなため鎮めることができなかった。安山県の柴山の土地は八番目の右支脈である。寺を建て、水の流れを変えようと掘ったが、山神は霊威が強かったので、鎮めることはできなかった。明義県の傘円山の土地は十七番目の右支脈に属し、正穴が一つと支穴が二つある。この地の西方に天子を生まれさせる星があった。山神は大変霊応があったので、鎮めることができなかった。三陽県の三島の土地は二十一番目の右支脈に属し、正穴一つと支穴五つがある。この地は豊かな土地で、地勢は落ち着いており、龍が取り巻き虎が伏せている。剣が用いられたが、山気にとても霊威があったので、鎮めることができなかった。

(四)—三　正穴と支穴の数

正穴と支穴の問題について考察すると、高駢作とされる

『安南九龍経』（A.1050）、『地理遺稿』（A.536）、『地理図志』（A.1691）、『地理便覧』（A.605）の四点に各府の正穴一六〇二と支穴三〇六八が書いてある。次にそれを記す。

順安府には六十三の正穴と一四七の支穴がある。慈山府には六十二の正穴と一九三の支穴がある。北河府には五十六の正穴と九十五の支穴がある。諒江府には七十二の正穴と八十九の支穴がある。常信府には八十二の正穴と一二〇の支穴がある。応天府には九十四の正穴と一五〇の支穴がある。蓓仁府には七十五の正穴と一八三の支穴がある。春長府には五十の正穴と八十九の支穴がある。義興府には六十の正穴と一七〇の支穴がある。建昌府には三十九の正穴と四十六の支穴がある。太平府には七十六の正穴と一二〇の支穴がある。快州府には八十の正穴と一八五の支穴がある。先興府には五十四の正穴と一一〇の支穴がある。上洪府には八十七の正穴と一二〇の支穴がある。下洪府には九十二の正穴と一四〇の支穴がある。南策府には五十三の正穴と一六三の支穴がある。荊南府には四十五の正穴と一五〇の支穴がある。富平府には六十の正穴と一一〇の支穴がある。国威府には九十五の正穴と一六〇の支穴がある。三帯府には四十九の正穴と九十の支穴がある。臨洮府には五十七の正穴と一二〇の支穴がある。端雄府には五十八の正穴と七十の支穴がある。沱江府には三十四の正穴と九十の支穴がある。広威府には五十七の正穴と七十八の支穴がある。諒山府には五十二の正穴と八十の支穴がある。

こういうわけで、府で最も多くの正穴があるのは国威（九十五）で、最も少ないのは沱江（三十四）である。府で最も多くの支穴があるのは慈山（一九三）で、最も少ないのは端雄（七十）である。国の土地の地勢についての資料を見ると、龍脈は時には現れ時には消え、繰り返すほど大きくなるのがわかる。

（四）―四　爵位、科挙合格、富貴をもたらす穴の数

幸運をもたらす穴の数を調べると、高駢の『洪武地稿』（VHv.1594）、『安南九龍歌』（VHv.482）、『安南九龍経』（A.1050）、『高駢遺稿』（A.2898）に、全部で三五五回、十八県三一九社に幸運をもたらす穴が書かれる。一地点ごとに幸運をもたらした時間と何をどのようにもたらしたのかが具体的に記されている。例：快州府の陶舎社の瑪鶩地方に一つの穴がある。乾坐巽向、地形は犬が寝そべっているようで、その犬のへその部分に埋めると、八年富をもたらし、二十八年状元と郡公の爵位をもたらす。金洞県の福山社の棟高地方に一つの穴がある。乾坐巽向、地形は金牛が身ごもっているようで、その金牛の腹部の真ん中に埋めると、六年富をもたら

し、四十年三魁、爵位をもたらす。恩施県梅川社の同雞地方に一つの穴がある。丙坐壬向、地形はうなぎが頭を隠すようで、そのうなぎの地形のへそに埋め、尾の部分を机にすると、四年福をもたらし、二十九年公主の夫になれたり、進士の合格をもたらしたりする、等がある。

先に記した高駢の穴の他に、左幼の『左幼社先師書伝秘密各局』(VHb.91)にも、一一〇の土地が載っており、進士、大臣、宰相をもたらした地、八代将軍をもたらした地、十二代官吏をもたらした地が載る。具体的には、東安県には三十二社に三十九穴ある。金洞県には十八社に二十三穴ある。天長県には二十一社に二十八穴ある。仙侶県には十一社に十三穴ある。芙蓉(後の芙渠)県には二十三社に三十九穴ある。清池県には十二社に二十三穴ある。興安県には四社に四穴ある。上福県には十七社に二十五穴ある。富川県には十八社に二十七穴ある。

これをみるに、北部の省が書いてあるだけで、中部から南部については全く書かれていないことがわかる。しかし、上に引用した数字からは、ベトナムにある幸運をもたらす穴はとても多いといえる。このことはベトナムの土地は豪傑をもたらす地霊の土地であることを理解するのに役立つ。

(五) 陽宅についての内容

陽宅は陰宅と区別するために、風水では墓を陰宅と呼び、住居を陽宅と呼ぶ。陽宅について、『重訂天南名地』(VHv.1927)は、「陽宅、つまり住居は墓の土地とは異なる。おそらく陽宅の主な目的は「勢」に利益を求めることである。大勢は広くて平らでなければならず、そのため、「大勢大形入局」と言われる。それは君子の住居は脈が横に行くべきで、直接入るべきではないという意味である。後ろが頭を助ける枕となっていて、そこには点々と鬼のような形もある。また澄んだ水が集まった江湖もある。高く聳えて机となっている白虎もある。虎水は後方の龍のかたわらに到る。つまり合襟の勢のように到る。この局勢は陰局と全く同じであると考えられる。もし陽宅の地脈があって、子癸壬から亥に転じて、右に曲がれば、虎が前方にきて坐乾向巽を作る。もし戊申生まれの男ならば今年は三十四歳である。甲子から数えて下元にさがれば(下元甲子は三元の三番目の甲子)兌(兌卦)にあたる。一方、甲辰は震卦にあたる。戊申が艮に到れば正卦にあたる。八錦宅の変卦の則をもって比べると、乾は天医宮にあたる。坐乾向巽に立って分金する。内盤は辛巳、辛亥にあたる。外盤は丙戌、丙辰にあたる。それが旺相であり、きっとこれが配置のいい土地であり、疑うものは何もない」[72、

72a］と書いた。

漢喃風水書四十六件六十点を考察すると、十二点が陽宅について書いている。それは『八錦宅宝書』（VHb.88）、『地理精撰立成方向』（VHb.77）、『流舎和正秘伝地法』（A.1405）、『八宅備考』（AB.16）、『郭氏地理節要』（A.1051）、『左幼先生秘伝家宝珍蔵』（A.2221）、『陳氏家伝地理秘語撮要』（A.626）、『天南地勢正法』（VHv.1900）、『地理』（VHv.1050）、『天南龍首録』（A.1658）、『左幼真伝遺書』（VHv.728）、『重訂天南名地』（VHv.1927）である。

ここに陽宅の勢について描写された例をいくつか抜き出し紹介する。

状元の甲海[14]の陽宅の勢が、『重訂天南名地』（VHv.1927）に書いてある。「陽宅は前方に水池があり、左右に神童が侍立しているように二堆がある。後方の大潭にはさざなみがめぐり、前堂におしよせ、左右にわかれてゆく。外には五六片の岩が突き出ており、河を渡って右に曲がりくねった白虎勢をなしている。それがとがって特色のある千峰である」［72、7a］。

武氏の陽宅の勢は陽安県慕沢社にある。『重訂天南名地』（VHv.1927）は、「本籍にある陽宅は勢があり、平らな海は形を変え、龍は逆向きに巻きつく、砂が前にあって後ろに変わる、堂の外をめぐり、虎の形をつくって机となる、外堂、前堂、内堂をすべて備える、前方遠くには空高くまっすぐに伸びた山々がある、辛、巽の方位に互いに向き合っている筆の形をした山がある、艮、乾の方位に幕が広がり覆っている」［72、72a］と書いた。

陽宅については、『重訂天南名地』（VHv.1927）にもある。それには、「世の中の人々は家を建てるのに「正勢真形」を知るのみで、砂の吉凶が水の吉凶がどうであるかによることを知らない。また水の吉凶は「方角」による。このため方角を見つける原理は、その水がどの方角に基づいているかを考えてとりいれなければならず、方角に従って根拠とするので、一地があれば必ず一「局」（一つの配置）がある。全ての局は必ず「生」か「旺」の方角がある。もし「生」の方角が「水を得て砂が応じる」ならば、「生」の方角に家を建てる。もし旺の方角が「砂を得て水が応じる」ならば、旺の方角に家を建てる。端明の方角を選べれば、将来に発展できる道が選べる。もしそのようにすれば、官禄（禄を受けて官となる、あるいは紫微の官禄の星）はすべて「自分の家」に収まるだろう。一方、衰病死絶（不運をもたらす暗示）といった各星（紫微の長生）は墓に帰る（墓の表象）。そのようならば方角は吉を指し、また良い気を収め維持できるだろう。そうすれば何でも出来る。祭主は次のことを問う。もし命と位が錦宅（八錦宅）を適切に使わなければ、地勢を使うか八卦によるべきである…したがってこの理論をはっきりと議論する必要があり、無視できない」［72、57a］と、書いてある。

（六）陰宅についての内容

陰宅について、『安南風水』（A.693）は次のように書く。「地理学には二つの見方がある。一つは道眼で、もう一つは法眼である。道眼は従うべきではない。一方、法眼は、墓を見て吉凶を判断する方法を師によって授けられるべきである。どのような龍穴が「入格」（合格、中格）で、どのような砂水が「合局」なのか。その内容を一つ一つ点検し、それを法則にするので「法眼」と呼ばれる。卜氏は、「仙人の痕跡を探し求めることは、本を読むより明らかに勝っている」と言う。楊氏は「古い墓を何度も使うことを捨て、龍（龍脈）を探す本を読んだ方がいい」と言う。また、「本を読まなければ簡単だが、何冊も読んだ方が多くを理解できる」とも言う。また、「もし実際の地を見ないで、古い説に従い続ければ、風水師ははっきりとわからず人を騙すことになるだろう」とも言う。そのため穴を得るための兆を探し、仙跡や有名な墓を多く見なければならず、それを見れば、偽の穴に惑わされない。それは緊急で重要な事である。子どもは自身の親を埋葬する際にそれを常に心がけるべきである。これは平生第一の大事である。上は自身の親の体の安寧を、下は子孫の利益を永遠にするものである」［32、59a］。

ベトナムの漢喃風水書四十六件六十点を考察すると、七点に陰宅についての内容が書いてある。それは『地学摘英』（A.454/3）、『地理』（VHv.1048/2）、『流舎和正秘伝地法』（A.1405）、『重訂天南名地』（VHv.1927）、『安南風水』（A.693）、『郭氏地理節要』（A.1051）、『地理精撰立成方向』（VHb.77）である。この七点の内容は主に科挙の上位に合格した各一族の先祖の墓の分析に集中している。例えば、『重訂天南名地』（VHv.1927）は、黎朝の試験に合格した各一族の祖先の墓と風水によって富貴になった祖先の墓一二五基を載せる。

ベトナムの風水は中国からの影響があるものの、ベトナム人の風土に合うように改められている。ベトナムの風水には独自性があり、この問題について、『安南風水』（A.693）は『大成直指堪稽』、『四弾琢玉』、『雪心円機家蔵』などのような風水師の書はすべて中国人の編纂で、中国の土地に用いられるもので、安南に用いるためのものではない。君臣関係についての安南の統治体制は大小はあれど、中国と比べると、名称は同じだが、実際は異なる」［32、8b］と書いた。この違いを明らかにするために、『安南風水』（A.693）は次のように分析する。一番目：「「納水」法の違いは、はじめに「乙向丙向［東南］に交わらせ[15]」、戌向辛壬向［西北］に流し辰向［東―東南三〇度］に収めると、斗宿、牛宿の方角にあたる。丁庚［西南］に気を納め、金羊（金は金行、羊は山羊あるいは羊を指す）が衝突して出ると乾甲に霊が生じる。乙は木の陰（木行）に属し、午において逆行長生、戌において旺である。丙は火の陽で、寅において順行長生、午において旺であり、戌と庚において入る。金の陰は子において逆行長生、申において旺であり、辰と壬において入る。水の陽は申において順行長生、子において旺であり、辰において入る。丁は火の陰で、酉において逆行長生、亥において旺であり、丑において入る。庚は金の陽で、亥において順行長生、酉において旺であり、丑において入る。癸は水の陰に属し、卯において逆行長生、亥において旺であり、未において入る。甲は木の陽で、亥において順行長生、卯において旺であり、未において入る」［32、9b］。二番目：「安南の土地は海に近く、海に隔てられている。海に隔てられているため土地は細長い。細長い土地は穴の気は長くない。穴の気は長くないので、龍虎は互いに包みあうことができない。そのため水は明道に集まったとたん出てしまう。出るとすぐ別の水（客水）の流れと交わる。このような地勢は「一字」を出なくても止まった。このことから考えるに、龍守穴を探す方法も同様である。およそあれやこれやと注釈する本がいろいろあるけれども、地勢が同じだからといって、それに基づき判断することはできない。ただ形を思い描いて推論で意味さえわかればよい」［32、12a］。

三番目：「中国とベトナムの地極は上代から始まった。鴻龐時代から、ベトナムは中国の弟分であった。紅河の「気」は黄河と遜色なく、皇帝はベトナムの最初の皇帝である。皇帝にも祭られた妻がおり、それが正しい起源である。ファンマオ山から南方はこの王によって統一管理されている。南方にある山河はそれに応じた。王の家系は十八代、二六五一年続いた。各王朝は平均二〇〇年続いた。伝説では百卵から百男が生まれ、百越の祖先とされる。その末裔は中国の盤古のようになった。崑崙より高くに住み乾の方角に応じる。娘婿に傘円、夜沢がおり、これらはすべて神である。傘円の場所は風水の虎に応じる。国家に緊急の事（賊が侵略する）がある時、天神はそれを救うために鉄馬に乗って現れる。三島山には馬が昇天した跡がある。独尊山は「貴人上馬」に応じる。戦乱で人々が離散する時代（春秋戦国時代のように）を経て国内の風俗はいまだ神農時代のように質朴であった。それは全くひびが入らない丈夫な地極に応じる」［32、27a］。

結論

ベトナムの風水書の考察を通して、ベトナムの風水は中国からの影響はあるものの、ベトナム人の風土に合うように変わっていることがわかる。ベトナムの風水には独自性があり、名称は同じでも、実際はベトナム人の信仰や文化に合うように異なっている。それはベトナムの龍脈が具体的に描写されていることからもわかる。ベトナムには正龍脈（大幹龍）は四つあり、チュオンソン山脈、バビ山脈、タムダオ山脈、フエンディン山脈である。またベトナムの穴を守る神の問題は、朝廷が決めた等級によって神位があり、上は神を二十四山の方位によって管理し、下は府が管理する。府の下には県があり、県の下には社がある。そして陽宅（ベトナムに幸運をもたらす地勢）と陰宅（ベトナムに幸運をもたらす墓）の問題についてもはっきりと説明ができた。ベトナムの漢喃風水の特徴は高駢に厭勝された龍穴や高駢が厭勝できなかった龍脈があることなどである。翼宿、軫宿の地に身を置くベトナムの山河の地形は、国を記す文化の中で、ベトナム人の信仰や文化に合った漢喃風水書の体系を創り出した。ベトナムの漢喃風水書は資料が豊富で、大変価値があり、ベトナムの歴史、地理、名士、名跡、文化、人や風俗、習慣などについて多くの面を反映している。

注

（1）高駢（八二一～八八七）、字は千里、祖先は渤海（満州）の人で、その後幽州（現在の北京）に移居、唐代の武人で、ベトナムにははじめ静海軍節度使として登場する。唐の皇帝の命令により、高駢はベトナムへやって来ると、任務を放棄しあらゆる場所へ行き、山や海、川や湖を観察し、どこが良い土地かを見、時には土地の霊を鎮めた。後に唐に造反したため、八八七年に殺害された。

（2）『越南漢喃文献目録提要』には、書名が『安南九龍経』と載る。

（3）黄福（一三六三～一四四〇）、字は如錫、号は後楽、山東昌邑（中国）の人で、明の官人、属明期時代の安南で賛軍務をつとめた。一度目は一四〇六年から一四二四年までの十八年間をベトナムで過ごした。二度目は一四二七年に柳升の補佐官としてベトナムへ来て、布政司と按察司に任命された。後に昌江の藍山軍に捕まり投降した。

（4）朱文安（一二九二～一三七〇）、号は樵隠また康節先生、字は霊徹、諡号は文貞、清潭県光烈社文村（現在のハノイ市タイン・チ県タイン・リエット社）の人。朱文安は太学生に合格したが、官人とならず、自宅で教えるだけであった。学生は多く集まり、その後、黎括や范師孟などの有名になった人物も多くいる。彼は誠実な人柄で、文章に秀で、儒学の道理について造詣が深かった。

（5）阮徳玄（十五世紀～十六世紀）、号は左幼また甫興、乂安処徳光府宜春県左幼社（現在のハティン省ギー・スァン県スァン・ザン社）の人。彼にはまた黄瞻、黄止という名前もあるが、左幼と呼ばれることが多い。范廷琥と阮案の『桑滄偶録』によると、風水師左幼は宜春県左幼村の人物である。幼い頃に、父が亡くなり、家は貧しく、母は目が弱かった。彼は町で商売をしていた中国人に従い中国へ行き目を治す仕事を学んだ。後に彼は風水師の目を治し、風水師の仕事を継ぎ、国へ帰り有名な風水師になった。

（6）『越南漢喃文献目録提要』には、書名が『左幻地理』と載る。

（7）『越南漢喃文献目録提要』は、この本を「地理」、「天南地勢正法」、「地理直指原真」、「地理家伝大全秘」、「戸部尚書郭相公地理家伝秘語」の部門に入れる。

（8）黎璜（十六世紀）、号は和正子また拙夫、金榜県（現在のハナム省キム・バン県）の人。和正と呼ばれる。黎璜の生涯は現在よくわかっていないが、かつて風水を学ぶために燕京（中国）へ行ったと知られている。

（9）鄭松（一五五〇～一六二三）、諡号は成祖哲王、黎中興時代の初代鄭主。

（10）『越南漢喃文献目録提要』は、この本の書名を『地理稿』、『地理黄福稿』とするが、正確ではない。

（11）『越南漢喃文献目録提要』は、この本の書名を『嶺南阮氏心印秘旨篇』とするが、正確ではない。

（12）ここでの「河外」は「河外」（河の周辺地域）と考えられる。おそらく黄河の外側だと考えられる。

（13）「中八字」は「中間にある八の字」とも考えられる。

（14）甲海（一五〇七～一五八一）は、鳳眼県郢計社の人。大正戊戌年（一五三八）に状元に合格し、六部の尚書銜太保となり、郡公に封じられた。

（15）羅盤を見よ。甲卯乙（東）、辰巽巳（東南）、丙午丁（南）、未坤申（西南）、庚酉辛（西）、戌乾亥（西北）、壬子癸（北）、丑艮寅（東北）。

＊（訳者注）本論では、風水の意味で「堪輿」という言葉が使用されている。翻訳の際に、わかりやすさを重視して、「風水」とした。

参考文献

ベトナム語の本

ドゥオン・ソン・アイン（二〇〇九）『左幼地理』ハノイ：タインホア出版

ゴ・バック［ダン・ロン訳］（二〇一一）『風水羅盤全書』文化通信出版

ブー・ズン、ブー・ヒー・ヒエン（二〇一〇）『古代中国の風水――理論と実践』ホーチミン市：ホーチミン総合出版

編者多数（一九九八年）『大越史記全書』（訳本、三巻）、ハノイ：社会科学出版

グエン・ティエン・ディック（二〇一四）『建築における風水学の応用案内』通信と伝統出版

ブオン・ゴック・ドゥック、フオン・タオ（二〇一一）『墓を建てる風水、地勢を見る風水』当代出版

チャン・バン・ザップ（一九八四）『対漢喃書庫的考察』（一巻）、ハノイ：社会科学出版

ティウ・ビー・ホア（グエン・バン・マウ訳、二〇一二）『墓を建てる風水、地勢を見る風水』文化通信出版

范廷琥（一九九九）『桑滄偶録』（『ベトナム漢字小説集』）、二巻、ハノイ：社会科学出版

ブー・ドゥック・フイン（二〇一〇）『家の建築における風水の実践』当代出版
チャン・バン・フー、ゴ・トゥ・タン（二〇〇〇）『生活と建築における気の応用』ホーチミン市：ホーチミン市国家大学出版
ホン・ズー・キエン（二〇〇六）『景観の風水』ダナン：ダナン出版
ファム・カイ（1999）『東方の風水美術による建築の実行』、美術出版
ダム・リエン、キム・フォン（二〇一〇）『風水の常識と応用』文化通信出版
カオ・トゥ・リン（二〇一三）『風水羅盤を見る方法』文化通信出版
チン・カック・マイン（二〇一二）『ベトナムの漢喃作家の雅号とあざな』社会科学出版
チン・カック・マイン（二〇一四）『ベトナム漢喃遺産への接近』社会科学出版
チン・カック・マイン（二〇一四）『漢喃書籍の書誌学』ハノイ：社会科学出版
ブオン・ティ・ムオイ（二〇〇五）『正宗左幼地理』ムイ・カ・マウ出版
ブオン・ティ・ムオイ（二〇〇六）『左幼地理風水――法師の行う地理』ムイ・カ・マウ出版
チャン・ギア――François Gros 主編（一九九三）『越南漢喃文献目録提要』三巻、ハノイ：社会科学出版
レ・マイン・タット訳（二〇一六）『禅苑集英』東方出版
トン・ティウ・クアン（グエン・バン・ドゥック訳、グエン・クオック・カイン校訂、二〇〇二）『風水の実行』ハノイ：文化通信社
Lillian Too（グエン・マイン・タオ訳、二〇〇八）『生活の中の風水学』チェー出版社
ブオン・トゥエン（二〇一一）『陰宅の風水』当代出版
カオ・チュン（一九七四）『左幼地理全書』サイゴン（ホーチミン市）：文化出版
カオ・チュン（一九七四）『左幼野談』サイゴン出版
レ・カイン・チュオン（二〇〇一）『中国伝統文化事典』文化通信出版

漢喃本

『安南九龍歌』（VHv.482）
『安南九龍経』（A.1050）
『安南地稿録』（A.1065）
『安南風水』（A.693）
『八錦宅宝書』（VHb.88）
『八宅備考』（AB.16/A.2250）
『高駢遺稿』（A.2898）
『真禄保台阮先生得道書』（VHb.81）
『地学摘英』（A.454/1-3）
『地理』（VHv.1048/1-2、VHv.1050、VHv.1046）
『地理』（AB.556）
『地理平陽精要』（A.1208）
『地理遺稿』（A.536）
『地理図志』（A.1691、A.247、A.419、VHv.1511）
『地理家伝』（VHb.76）
『地理黄福稿』（VHv.484）
『地理便覧』（A.605）
『地理貴機真伝』（AB.300）
『地理心印秘旨篇』（VHv.596）

『地理精撰立成方向』（VHb.77）
『地理集要』（VHv.1047）
『地理纂要』（VHv.1041）
『地理纂要源派真伝』（A.2849）
『和正地理』（A.2153）
『黄氏窓前玄機密教』（A.2809）
『黄瞻地理稿』（A.457）
『洪武地稿』（VHv.1594）
『嶺南阮氏課幼真編』（A.2932）
『流舎和正秘伝地法』（A.1405）
『乂安道宜春県左幻社先生地理』（VHb.84/1-2）
『乂安道宜春県左幻社先生地理訣法』（A.1861）
『郭氏地理節要』（A.1051）
『左幼真伝遺書』（VHv.728）
『左幼真伝地理』（VHv.1660、A.1207、VHv.1661、VHv.483、VHv.783）
『左幼先生秘伝家宝珍蔵』（A.2221）
『左幼社先師書伝秘密各局』（VHb.91）
『尋龍家伝国語』（AB.440）
『清池光烈朱氏遺書』（A.843、VHv.2391、VHv.2712）
『天南地勢正法』（VHv.1900、VHv.1042）
『天南地鑑宝書地理正宗左幻訂輯』（A.461）
『天南龍首録』（A.1658、A.220）
『陳氏家伝地理秘語撮要』（A.626）
『鄭松問風水策文』（A.2265）
『重訂天南名地』（VHv.1927）
『問答山水附安南九龍経歌』（A.1826）
『天南地理格言全集』（R.2221）

『桑滄偶録』（VHv.1413）
『武中随筆』（A.1297）
『雑記地学』（VHb.85）

漢喃（ハンノム）暦法の文献における二十八宿に関する概要

グエン・コン・ヴィエット

LE Cong Viet——漢喃研究院博士。専門はベトナムの印章史、暦法、民間信仰。主な著書・論文に『越史綱目節要』の占いに関する記事」（『漢喃雑誌』第六号、二〇〇六年）、『十五世紀から十九世紀までのベトナムの印章』（社会科学出版社、二〇〇五年）、『ベトナムの古暦』（共著、社会科学出版社、二〇一九年）などがある。

『漢喃雑誌』（*Tạp chí Hán Nôm*）二〇〇五年第六（七三）号に拙稿「阮時代大南協紀暦における二十四節気に関する概要」が掲載された。本論文は、漢喃暦法のいくつかの文献を通して、ベトナム暦に記された二十八宿（二十八星座）についての概要を紹介するものである。

一、暦書に見られる二十八宿の名称

二十八宿、即ち天空、天文における二十八星座は、雲がない夜に肉眼ではっきりと見ることができる太陽系に実存する星である。古代中国の天文学者は、これらの大星座を発見し、形式と方位を定め、それぞれの星座に名前をつけた。二十八の星座は、天空、つまり通常黄道と呼ばれる太陽の見せかけの軌道線上に集まり円になったものである。当初、二十八宿は、天文学的研究・考察、四季の区分、および回帰年と呼ばれる時節の一年周期の節気の区分において非常に重要な位置を占めていた。そして、ここから二十八宿は、中国、および西域やアジア地域の一部の民族の暦法の計算・記録において重要な基準となった。考古学の文献によると、中国の殷周時代から暦法に二十八宿についての標示、記録が残っている。春秋戦国時代になると、天文学者の直観的で実写的な見方によって、二十八の星座の名称が初めて定着した。暦法では二十八の星座は日付の記号として用いられた。つまり二十八日周期の時間の数え方が形成された。

(一)二十八宿と七曜

一年の周期に基づいて、時節は春、夏、秋、冬の四つの季節に分けられ、更に二十四節気に分けられた。天文学者は二十八宿と二十四節気を組み合わせた配置を研究した。中国では、戦国時代から、十二の「中気」の季節間の四節(春分、夏至、秋分、冬至)と二十八宿の四星座(星宿、心宿、火宿、昴宿)を組み合わせていた。見せかけの黄道上で、二十八宿は、固定された方位で一つの円になり、それぞれの星座の位置の配列は、氐宿は「米の容器」、星宿は「釣り針」など、それぞれに形があてはめられた。当初、天文学者は、各星座を異なる意味の現象や事物ごとに配置し、各星座に名前を付けた。二十八の星座の名称を最初から漢字名で示すと、それぞれ角、亢、氐、房、心、尾、箕、斗、牛、女、虚、危、室、壁、奎、婁、胃、昴、畢、觜、参、井、鬼、柳、星、張、翼、軫である。二十八宿の研究は、太陽系全体の天文研究と切り離せないと言わざるを得ない。太陽系の中で、太陽(日)、金星、木星、水星、火星、土星、そして衛星の月までも、二十八宿が常に調和する天空の主要な天体とみなされている。それ故、二十八宿の名称の二番目の文字は、次のように、天文学的な意味を持つ太陽系の呼称が続く。角木、亢金、氐土、房日、心月、尾火、箕水、斗木、牛金、女土、虚日、危月、室火、壁水、奎木、婁金、胃土、昴日、畢月、觜火、参水、井木、鬼金、柳土、星日、張月、翼火、軫水。

このように、昔の天文学者は、太陽系の六つの大天体と衛星の月を最も重要な惑星として二十八宿に組み込んだ。これらの七天体の名称は、二十八宿に続けて付けられた。太陽系には、他にも三つの天体があるが、[1]かなり後になって発見されたため、この時代の天文学者は七天体だけを考慮し、これらは、七曜または七星と呼ばれて人々に伝承されていた。後に誕生した陰陽五行説は、昔の天文学者の偉大な功績を受け、独自の決まりにより、物質的属性である「金、木、水、火、土」を設け、その後、干支や星系、さまざまな星に結び付けたものである。二十八宿の名称が、初期の太陽系の七天体を伴う形で実際に登場したのは、前述のとおり、昔の天文学者がそれらを二十八宿の二番目の文字として命名したことによるものであった。

(二)二十八宿の形象化

陰陽五行説の次は、中国の道士による風水術であり、この段階で二十八宿は、三番目の文字にトーテム教も含むさまざまな動物の種類による符号の名称がつけられた。こうして、二十八の星座は三文字揃って次のように呼ばれていた。角木蛟(角がある蛟龍の一種)、亢金龍(竜の一種)、氐土貉(イタチの一種）、房日兎（ウサギの一種）、心月狐（キツネの一種）、尾火虎（トラの一種）、箕水豹（ヒョウの一種）、斗木獬（獬の一種）、牛金牛（水牛の一種）、女土蝠（蝙蝠の一種）、虚日鼠（ネズミの一種）、危月燕（ツバメの一種）、室火猪（ブタの一種）、壁水貐（ヤマアラシの一種）、奎木狼（オオカミの一種）、婁金狗（イヌの一種）、胃土雉（キジの一種）、昴日鶏（ニワトリの一種）、畢月烏（カラスの一種）、觜火猴（サルの一種）、参水猿（テナガザルの一種）、井木犴（ジャッカルの一種）、鬼金羊（ヤギの一種）、柳土獐（シカ、キョンの一種）、星日馬（ウマの一種）、張月鹿（雄鹿の一種）、翼火蛇（ヘビの一種）、軫水蚓（ミミズの一種）。

二十八宿の形象化は、前述の動物にとどまらず、後に中国の道士たちが二十八の星座を神聖化し、人間の形をした神々に見立てるようになった。画家たちは、これを頭上にそれぞれの星座の縮小図を持った人間の姿で表現した。角宿は仙翁に似て、房宿は天将、女宿は仙女にそっくりといった具合に表現された。

二、二十八宿の区分

人々は、風水術が生まれた段階から二十八宿を四つの大きな群に分け、それぞれの群に宗教・信仰に関係する生き物の名前を定め、更に、方位に関する天文学の計算法も組み込んだ。二十八の星宿からなる二十八宿は、均等に四つに分割され、各群に七つの星宿を持ち、角宿から始まり、軫宿で終わる。第一群は、青龍の名称が付けられ、角、亢、氐、房、心、尾、箕からなり、青色に定められる東方に対応する。第二群は、玄武と呼ばれ、斗、牛、女、虚、危、室、壁からなり、黒色に定められる北方に対応する。第三群は、白虎と呼ばれ、奎、婁、胃、昴、畢、觜、参からなり、白色に定められる西方に対応する。第四群は朱雀と呼ばれ、井、鬼、柳、星、張、翼、軫からなり、赤色に定められる南方に対応する。[2]

中国では、特に漢の時代に択吉術が誕生して以来、二十八宿を含む暦法の編纂、複写は非常に一般的であった。生計を立てるために、多くの術士が膨大な数の通書や印暦を作成し、発行したが、その質は低く、多くの間違いがあった。清の乾隆帝の時代になると、このような暦法の状況に対し、乾隆帝は梅瑴成を主幹として、天文学者たちに暦の各種を集め、校訂させ、三十六巻からなる『協紀辨方書』を編纂するよう命じた。この暦書は、乾隆帝による閲覧後、都の中から省の外まで広く公布されたため、『欽定万年書』とも呼ばれた。

（一）星図に見る二十八宿

『協紀辨方書』第十三巻の「星図歩天歌」の項には、韻文による二十八宿についての記述があり、その中では特に、星宿ごとの図表や、天空、天文上の異なる位置に存在するさまざまな星群が記された。(3) 天文学者たちの計算法によると、視軌道上の黄道は一周で三六〇度となり、東西南北の方位に位置する軌道上の二十八宿は、大きな四つの群に均等に分割され、各群は七星宿からなり、異なる宮度により確定される。ここで言う宮度とは、十二宮の十二支に従い定められたものである。角宿から箕宿の東方青龍から始めれば、十二支の方向とは逆方向の辰宮から寅宮までに相応する。この図表は二枚別々で描かれており、角、亢、氐の三星宿は辰、卯の二つの宮に位置し、房、心、尾、箕の四星宿は卯、寅の二つの宮に位置する。図表を見ると、角宿は、南北の軸に沿って比較的近い二つの点に位置する二星から成る角の星を中心とする、さまざまな名前を持つ多くの星から成る星宿であることが明確に分かる。真ん中に平道の星があり、端の辺りに進賢の星がある。角の星の上には天田の星、その更に上には周鼎(三星)の星がある。角の星の下には天門(二星)の星、更に下には平の星がある。左の更に下には衡、騎官、頓頑、陽門、車騎の小さな星を含む十五星宿を持つ柱の星宿があり、最底辺には十星からなる庫楼の星宿がある。このように、角宿は多くの異なる星や星宿が集まり、その中には現れたり隠れたりする星、または二度と現れない星が多数あるため、その相対数は実際にはまだそれほど正確には分からない。二十八宿のその他の星宿を見ても、この点についてはよく分かる。

北方玄武は二枚の図表に描かれている。斗、牛、女の三宿は、寅、丑、子の三宮上に位置し、虚、危、室、壁の四宿は、子、亥、戌の三宮上に位置する。西方白虎の星群は二枚の図表に示され、奎、婁、胃の三宿は、亥、戌、酉の三宮上に位置し、昴、畢、觜、参の四宿は、酉、申、未の三宮上に位置する。南方朱雀の星群も二枚の図表に示されており、井、鬼、柳の三宿は、申、未、午の三宮上に位置し、星、張、翼、軫の四宿は、午、辰、巳の三宮上に位置する。

(二)星宿の形成

前述の角宿のように、二十八宿の各宿は多くの星や他の星宿や星官が集まり成り立っている。各宿の数、位置、寸法、形は多くの点で異なっている。十六の星から成る奎宿は「先のとがった歪んだ靴」のように、四つの星から成る氐宿は「米の容器」のようにはっきりと並んでいる。七つの星からなる星宿は「釣り針」のようである。翼宿のように多くの星を持つ宿もあるが、これは二十六もの星が散在しており、形は非常に識別が難しい。上記の奎宿、氐宿、星宿、翼宿のようなそれぞれの宿の周りには、その他の複数の星と星官が集まり、二十八宿を構成する宿である正式な宿が形成される。わかりやすく言えば、七つの星を持つ星宿の「星」には、七つの星の「星」と周りの軒轅（十七星）、内平（四星）、天相（三星）、稷（五星）の異なる星官があり、これらすべてが大きな群である南方朱雀の星宿を形成しているということである。

古代西洋の天文学では、黄道十二宮に相応する十二星座が定められ、それぞれ漢字で表記すると、白羊、金牛、双子、巨蟹、獅子、処女、天秤、天蠍、射手、山羊、水瓶、双魚である。これは、昔の西洋人が生物や静物を俗習に結び付けて定められたものである。

三、暦書に見られる二十八宿日

昔から伝わる東洋の暦法において、二十八宿は毎年の日付を記録するための重要な基準となった。各暦書には、二十八宿の星宿名と十二直の名前が、常に各月の日付の上の干支の名前の真下に書かれている。二十八の星宿は陰暦月の四週間の日数にちょうど合う数字で、一つの星宿が一日に対応して順番に動いていた。二十八日の中の二十八の星宿による絶対的な連続した動きが、一周期と見なされる。一つの周期が終わると次の周期に移り、二十八の星宿は順に重なることなく接続し合う。

（一）ベトナムの暦書

我が国の暦法は、陳朝の時代から『授時暦』を用い、その後は『協紀暦』に変わり、暦を司る気象機関が設置された。黎朝の時代になると、中国の明の『大統暦』の暦法を用いるようになった。阮朝になると、朝廷は主に『大南協紀暦』と『欽定万年書』の二大全集の暦の作成と公布を欽天監に任せた。この二つの暦法は法的性質を伴って用いられ、一方で、『玉匣通書』、『協紀辨方』、『玉匣攅要』などの択吉暦、占断は人々の間で広く流行した。

現在、漢喃研究院には、『百中経』、『暦大年紀百中経』、『大南協紀暦』、その他の暦法文献が保存されている。まず紹介すべきは、後黎朝時代の『百中経』で、この暦書と『暦大年紀百中経』は、『漢喃雑誌』で文書学の観点からレ・タイン・ラン氏により紹介されている。(4)『百中経』は、一六三ページに及び、サイズは二〇×一二センチである。最初は表紙で、続く二枚目から最後のページまでの内容は暦の記録で、一ページにつき一年分の暦が記されている。書籍は、印刷と手書きの二種類の文書が併さっている。二ページから一一六ページは、甲子年（一六二四年）から戊午年（一七三八年）までの暦が印刷されている。一一七ページから最終の一六二

ページは、己未年（一七三九年）から乙巳年（一七八五年）までの暦が手書きで記されている。(5)

（二）百中経

百中経の暦の各ページは七つの列に分かれており、最初の列は大越の国の名前、年号、年数、歳次、月建が記されている（例えば暦の最初のページには、「大越永祚六年歳次甲子建丙寅」とある）。続く六列は十二か月の暦が記されており、前半の六か月は上段、後半の六か月は下段に、各列に大の月と小の月を含む二か月を記し、次に、月の初日の干支の名前、十二直と二十八宿の名前が記されている。下部には月の節気に対する日付が記される。このように、この書籍の中で二十八宿は、陰暦月の一列の中でも月の初日に、その対応する星宿名が記されているのみである。例えば、甲子年、年号永祚六年（一六二四年）は、小の月の一月の一日が丙辰の日、畢宿から始まれば、次の日からは、順に觜、参、井、鬼、柳、星、張、翼、軫、角、亢、氐、房、心、尾、箕、斗、牛、女、虚、危、室、壁、奎、婁、胃、昴と対応していく。残りの二十七宿星は、觜宿が丁巳の日に位置し、参宿は戊午の日というように、二十八日の癸未の昴宿まで順番に配列される。甲子年（一六二四年）の暦で、大の月の二月を見ると、月の最初の日は乙酉で、觜宿に対応していることが分かる。逆に計算すれば、先の一月の二十九日は、畢宿に対応する甲申の日であることが分かる。このように、二十八星宿は暦の上を順番に星から星へと続けて移動しても重複することはなく、暦の列には月のはじめの日干支に対応する星宿の名が一つ記してあるだけにもかかわらず、日から日へ、月から月へと繋がっていくということが肯定される。二十八宿の移動周期は、暦の上で「直」が同じ月で重複する十二直の動きとは全く異なる。(6)

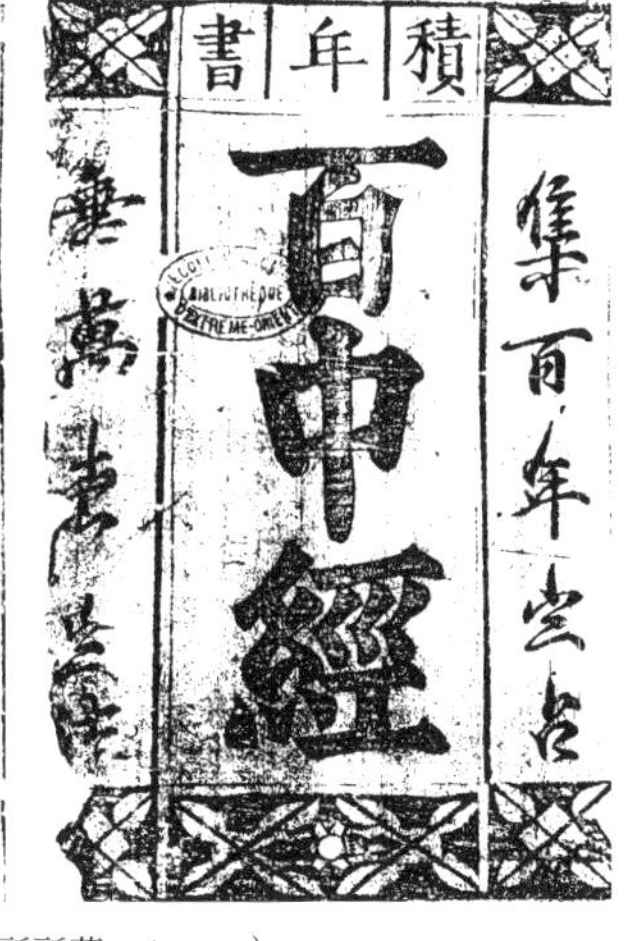

図1　百中経（ベトナム漢喃研究所所蔵、A.2873）

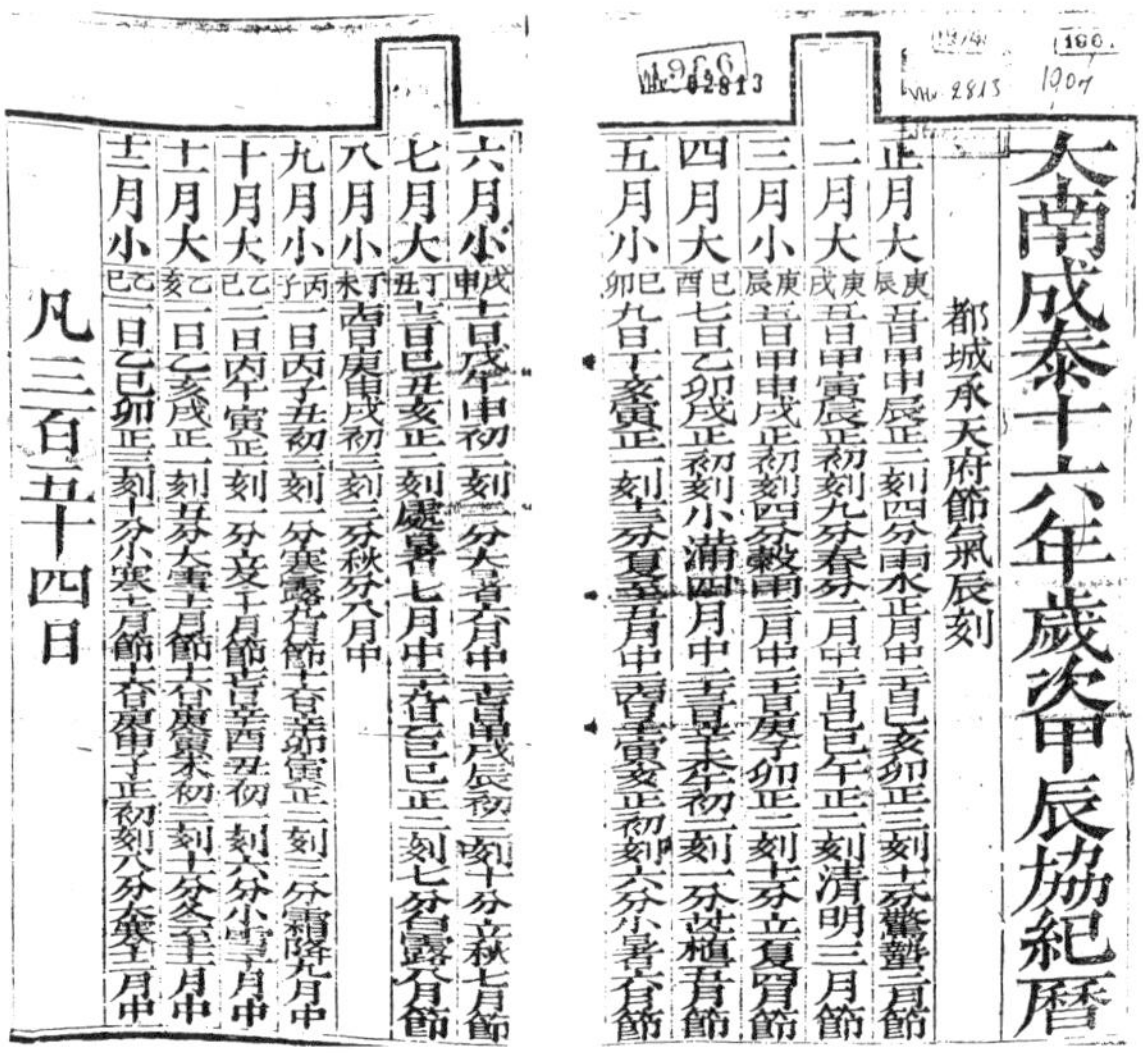

（三）大南協紀暦

最も偉大で、公的な意味合いを持つ阮朝の暦書は、『大南協紀暦』である。毎年一巻の印刷が欽天監に任ぜられ、朝廷がこれを公布し、その年に印刷された暦は皇帝の年号とその年の干支の名が付けられた。成泰十三年（一九〇一年）の暦は、『大南成泰十三年歳次辛丑協紀暦』である。同暦書に記されている二十八宿について紹介すると、まず、最初のページの縁部の大きな列に大きく十四文字、「大南成泰十三年歳次辛丑協紀暦」と記されており、最初の一二ページは二十四節気、方位年神の図表、年の吉凶日、欽天監の成員が記されている。一三ページから三六ページは月ごとの暦が記され、一か月に二ページが割かれている。毎月の暦は、日付と共に干支、五行が記され、ここでは二十八宿は、日干支、五行の下、十二直の上に配置されている。小の月の一月は建庚寅から始まり、一日は戊辰で、五行は木、星宿は翼、十二直は満。次の日から順に、二日己巳は星宿が軫、三日庚午は星宿が角となり、順に星宿が翼に対応する月末の二十九日丙申まで記されている。二十八宿は順番に二十八日を巡り、二十九日目に繰り返される。その一方、十二直の定は星宿が壁の十六日癸未と星宿が奎の十七日甲申の二日間に重なる。この暦書の一五ページにある大の月の二月は建辛卯である。最初の日は丁酉、五行は火、星宿は軫、十二直は破で、順に月末の三十日丙寅の星宿は角で、十二直は開となる。この二十八宿の周期は、順番どおり、変化せず、十二直星とは異なり重複しない。この年の二月の十二直星の収は、十六日壬子と十七日癸丑の二日間で重複している。

図2　成泰16年（1904）の『大南成泰十六年歳次甲辰協紀暦』（漢喃研究所、VHv.2813）

十三代成泰の代の『大南協紀暦』に記された二十八宿は、基本的には他の皇帝の代の『大南協紀暦』のすべての暦書の書き方と同じである。同じ年の他の暦書を見てみると、ページ数は、閏月の一か月が記された一、二ページが追加されている。二十八宿の星宿は、各日、各月が順番に続き、その月が閏月であっても変わらない。他の暦書でも、二十八宿の周期の動きに違いは見あたらない。

四、他の漢喃文献に見られる二十八宿

暦法に関連するのは、星を見て吉凶の日時を選ぶ択吉術である。以前は、どんな官吏、儒学者も、役目ごとに星の吉凶を見ることができ、寺院、神殿、祭祀に関連の深い道士や僧侶は更に専門的であった。このため、作成、複写された非常に多くの種類の漢喃の書籍、文献には、択吉の内容が取り入れられた。その中で、二十八宿は冠婚葬祭からその他の些細な事柄まで、吉凶の日時を見るための重要な指標とみなされた。

自然宇宙における二十八宿の奇跡は、多くの帝王や国の賢才がそれに傾倒したことである。黎初朝の騒壇二十八宿は、二十八星宿にちなんで優秀な二十八の文士と共に黎聖宗によって創設され、その名声はベトナムの文化の世界でいつまでも輝き続けている。奎、斗の星は詩や対聯などに用いられ、民族の有名人の名声に関係が深い。ベトナムの宗教・信仰で、二十八宿は、祭禮、奏疏、御符において一際重視されている。特に護符に関して言えば、何十もの異なる種類があるにもかかわらず、護符によって位置は異なるものの、どの護符にも、二十八宿の名前がすべて書かれている。閉獄、鎮獄の護符には、二十八宿は外周に書かれ、鎮四法、鎮宅の護符には、二十八宿は八卦の周りに書かれている。安全祈願の護符には、二十八宿は外枠に書かれ、紫微・鎮宅などによる虎口からの気流にも書かれている。道教では、魁、䰢、魖、魕、魓、魐、魒からなる陰斗七星が生み出され、葬礼、送葬に用いられた。(7) ここでは、二十八宿の斗宿が使われ、初画を減じた鬼偏に関連づけられ、死者の世界で用いるという意味を持つ。鎮獄の護符では、二十八宿が周り四か所に書かれ、捉、縛の文字で隠れている。(8) これは、昔の一般的な道教における複雑な文字の組立、活用の仕方である。

二十八宿は、護符以外の他の資料にも出現している。タイー民族の一七―一八世紀の木彫りの絵には、人の全身像が描かれ、体を隠すように多くの漢字が書かれている。神秘的で魔術的な要素を持ちながら、内臓や経穴の医学的な角度から人間を分析している。絵画には、角、亢、氐、房、心、尾、箕の星宿が左腕に書かれ、井、鬼、柳、星、張、翼、軫の星宿が右腕に書かれている。これは特殊な漢喃の資料で、更な

る研究、解読が必要である。(9)

二十八宿は無限の宇宙に実在する大きな星宿で、二十八宿の奇偉性は先人によって何世紀にもわたり占われ、記録、伝承されてきた。昔の人が二十八宿について残したものを知ることは、それがほんの一部であったとしても、古伝天文学、暦法学を愛する者の喜びである。概要的な本論文は、何百万の星が瞬く無限の天空、天文についての荒削りの素描のようなものに過ぎない。

注

(1) 暦法の研究家によると、太陽系には、何千年も前に発見された七星以外に、ヨーロッパの天文学者によってこの数世紀のうちに発見された他の三天体があり、一七八一年に天王星、一八四六年に海王星、一九三〇年に冥王星がそれぞれ発見された。

(2) 風水術が生まれ、道士たちは、天文学の功績を受け、そこから天文と地理を結合し、二十八宿と結びつけて、青龍、白虎、玄武、朱雀といった新たな天体の形象を定めた。そこから龍脈の見方を定め、そして、青龍、白虎、玄武、朱雀のように宗教・信仰における動物によって現象化された、異なる名称で符号を定めた。陰暦の理論が組み合わされ、風水術の五行はより発展し、更に複雑化した。

(3) 梅轂成編『協紀辨方書』(上海古籍出版、一九九五年。ベトナム語訳版、ヴー・フンーレ・ビン、ムイ・カ・マウ出版社、二〇〇二年)を参照。

(4) レ・タイン・ラン (Lê Thành Lân)「百中経の出版について」(『漢喃雑誌』一九九七年第二（三一）号)、「暦大年紀百中経の読解と校正」(『漢喃雑誌』一九八七年第二（三）号)を参照。

(5) 年代に関して、レ・タイン・ラン氏によると、『百中経』は一七三九年から一七四五年頃に印刷されたと断定される。前掲「百中経の出版について」二五頁を参照。

(6) 拙稿「大南協紀暦における二十四節気に関する概要」(『漢喃雑誌』二〇〇五年第六（七三）号)を参照。

(7) 陰斗七星は、通常道士たちによって貪狼、巨門、禄存、文曲、廉貞、武曲、破軍の陽七星に関連付けられて用いられる。

(8) 捉・縛は、追う・結わえるの意。神秘的で形而上的な特徴を強調するために護符に書かれた文字。捉・縛の形は通常、各種護符に取り入れられており、大胆な九画の組み合わせで九龍護符によくみられる。

(9) この絵は、タイグエン・バックカン省においてクン・カック・ルオック氏が収蔵し、『ベトナムの古い絵画 (*Đồ họa cổ Việt Nam*)』(ファン・カン・トゥオンーレ・クオック・ヴィエットークン・カック・ルオック美術出版社、二〇〇〇年)に収められている。

附記 初出、『漢喃雑誌』二〇〇七年第一（八十）号、三二—三九頁。本論文は株式会社インターブックスに依頼し翻訳したものである。ただし、専門用語などに関して、田中良明が補訳した。

ベトナム阮朝における天文五行占の受容と禁書政策

佐々木聡

ささき・さとし――金沢学院大学文学部・講師。専門は中国社会史、宗教文化史。主な論文に「『開元占経』の諸抄本と近世以降の伝来について」（『日本中国学会報』第六四輯、二〇一二年）、『復元白沢図』（白澤社、二〇一七年）、「異と常――漢魏六朝における祥瑞災異と博物学」（東アジア恠異学会編『怪異学の地平』臨川書店、二〇一八年）などがある。

中国の歴代王朝より禁書とされてきた天文五行占書は、果たしてどのように東アジアに伝播し、受容されたのか。小稿ではベトナム阮朝の事例を中心に、これまでの越南占書の伝本調査の成果と合わせてこの問題を考察する。

はじめに

筆者は二〇一五年より、ベトナム（越南）に伝播した天文五行占について調査を進めてきた。天文五行占は、祥瑞災異思想や天文思想を背景として、「天変地異」から吉凶を判断する占術である。天文五行占を集成した書物は、天命思想や讖緯（図讖）、暦学等と密接に関わることから、多くが禁書となり民間での流布が制限された。同様に、これらの書物は海外への持ち出しも制限されていたと考えられる。例えば、韓琦氏も既に取り上げるように、大観元年（一一〇七）に交阯が宋に書籍の購入許可を求めた際に、「禁書・蔔（卜）筮・陰陽・暦算・術数・兵書・勅令・時務・辺機・地理」を除く書物の購入を許したことが史料に見える。(1) 実際、唐『開元占経』一百二十巻に代表される大部な勅撰系天文五行占書（以下「勅撰系占書」）は、明代以前に国外流出した例がかなり少ない。(2) こうした状況が変わるのが、明末から清初にかけてである。この時期には、『天元玉暦祥異賦』や『天文大成管窺輯要』（以下『管窺輯要』）など、大部の勅撰系占書が民間で刊行され、それが海外にも伝播した。

こうした中で筆者が近年着目するのが、ベトナムにおける受容である。伝存する越南天文五行占書（以下「越南占書」）は、抄出・増補されたものが多く、日本や朝鮮と比べて、受容のあり方が特徴的である。しかし従来の研究では、天文史・数学史の観点から天文暦法や術数に関する越南文献が取り上げられることはあっても、(3) 天文五行占は殆ど扱われてこなかった。筆者はかつて『天元玉暦祥異賦』の越南本を例にベトナムにおける天文五行占の受容を論じたが、(4) 他の占書やその受容背景などの理解が不十分であった。そこで小稿では、あらためてこれまでの調査に基づき越南占書とその社会背景について考察する。

なお、筆者がこれまで見てきた越南占書は、年代の分かるものは阮朝期の抄本が多かった。そこで小稿では、阮朝期の史料からその背景を検討し、特にこの時期と関わりの深い伝本を取り上げて私見を述べてみたい。

一、『大南会典事例』に見える天文五行占と禁書政策

『大南会典事例』は、阮朝の嗣徳八年（一八五五）に完成した史料であり、嘉隆（一八〇二～一八一九）・明命（一八二〇～一八四〇）両朝の諭旨・条例・章奏等を集成する。(5) その体例は『大清会典』・『大清会典事例』に倣っており、両書の条文をそのまま踏襲したものも少なくないが、阮朝の法制度を知る上で重要な史料であることは疑いない。そこで以下に本書を基礎史料として、天文五行占をめぐる阮朝の諸制度を整理しておきたい。

（一）欽天監と所蔵の天文五行占書について

阮朝では清朝に倣い、欽天監および専門の天文官が置かれていた。『大南会典事例』巻二五九・欽天監には、その人員について次のように言う。

管理大臣〈特簡を奉じて定員無し〉、監正〈正五品〉一、監副〈従五品〉二、五官正〈正六品〉四、霊台郎〈正七品〉二。測候推歩の法を掌り、天象を占い以て人に辰を授く。所属の恪謹司・正八九品書吏は各四、未入流書吏は二十。※〈 〉は小字。以下同じ。

各官の沿革については、さらに同「設官」条に述べられるが、いずれにしても、清朝の欽天監と比べてやや簡略的な組織と言える。例えば、清朝の欽天監の場合、兼管監事大臣・監正・監副の下で、時憲科・天文科・漏刻科に分かれ、さらに満人や西洋人、漢人、蒙古人毎に定員が分かれて設定されていた。(6) 尤も、阮朝でも「測候推歩の法を掌り、天象を占い以て人に辰を授く」という欽天監の役割は同じであった。興味深いことに、『大南会典事例』には、欽天監で使用された

書物について記録が残っている。かつて韓琦氏も取り上げた[7]同書巻二五九・欽天監「官書」条がそれである。

『直指原眞』一部〈明命三年給。下同じ〉、『月令粋編』一部六本、『欽定儀象考成』一部十二本、『高厚蒙求』二部九本〈一部六年給〉、『管窺輯要』一部二十四本〈明命六年給〉、『御製暦象考成』一部二十九本〈明命七年給。下同じ〉、『律呂上編・下編・続編』一部五本、『御製数理精蘊』一部三十一本、『新製霊台儀象志』一部十四本、『五類秘竅』一部十六本、『物理小識』一部四本、『格致鏡源』一部三十二本、『地球説書』一巻〈二十一年内閣奉交す〉

この内、天文五行占書は『管窺輯要』のみである。『管窺輯要』八十巻は、順治十年（一六五三）序刊本が広く流布しており、日本にも十八世紀には将来されていた。[8]本書は、明末清初に総兵官などとして活躍した黄鼎が編纂し、清初の重臣・范文程らの序文を付して刊行された。その内容・体例は勅撰占書に近く、明末の『天元玉暦祥異図説』（『天元玉暦祥異賦』の節略本）に次いで印刷された体系的な勅撰系占書であった。本書は民間に広く流布したために、中国国外にも伝播することとなったのだろう。ベトナムにも完本が伝来し、阮朝の欽天監でも公式に用いられた。実際、『管窺輯要』（A.534）や『管窺略集』（A.1663）と題する抄本も伝存している（ただし後述するように両書とも抄出された一冊本）。

もっとも、右の目録はあくまで明命年間に欽天監に給付された書物であり、これら以外にも蔵書があったはずである。あくまで伝本からの推定だが、筆者がかつて紹介した『天元玉暦祥異賦』なども所蔵されていただろう。[9]そこで次に、これらの占書の流布・受容の背景を考えるため、阮朝で行われた禁書や妖書妖言の取り締まりについて検証する。

（二）禁書と私習天文の禁、および妖書妖言の禁絶

天文五行占書の伝播や流布を考える上で、看過できないのは、これらの書物が中国の歴代王朝において禁書となっていたことである。それは法律上では二つの条文により規定される。例えば唐律で言えば、職制の「玄象器物」条および賊盗「造妖書妖言」条がそれに当たる。これらはそれぞれ異なる法律だが、いずれも図讖の所蔵・流布、それによって衆人を惑わすことを禁じている。そして、この図讖こそが天文五行占書の中核を為す内容なのである。実際、元代の『至正条格』断例・巻二・職制「隠蔵玄象図讖」条に付された禁書リストには、『乾象通鑑』や『開元占経』をはじめ、多くの勅撰系占書が載録されていた。[10]こうした禁書は、明清律にも継承され、阮朝でもそれが踏襲された。それが次の二条である。

①『大南会典事例』巻一八七・刑部「収蔵禁書」条

凡そ私家に天像の器物〈如えば珠璣玉衡・渾天儀の類〉、図讖〈図像讖緯の書にして治乱を推すもの〉、応に禁ずべきの書、及び〈絵画〉歴代帝王の図像・金玉符璽等の物を収蔵して〈官に首げざる〉者は杖一百、並びに犯人の名の下に於いて銀一十両を追め、告人に給付して賞に充つ〈器物等の項は並て官に追入す〉。

②『大南会典事例』巻一九三・刑部「造妖書妖言」条

凡そ讖緯・妖書・妖言を造ること及び伝えて用て衆を惑す者は皆な斬〈監候。惑わせらる人は坐せず。衆に及ばざれば流三千里。合に情分を依量して坐せしむべし〉。〈他人の造伝したる〉妖書を私有し、陰かに蔵して官に送らざる者の若きは杖一百、徒三年。〈附律条例〉一、凡そ妄りに邪言を布き書写・張貼して人心を煽惑すれば、首為る者は斬。立決。従為る者も皆な斬。監候。

この両条は『大清会典事例』や『大清律例』をおおむねそのまま踏襲したものである。[11] 両条は本来異なる法規だが、いずれも図讖や讖緯を対象としてあり、それらを多く載録する天文五行占書の民間利用を制限するものであった。

ただ、その量刑については、大きく異なっていた。①が「杖一百（百叩き）」であるのに対し、②は情状により軽くても「杖一百、徒三年（労役三年）」、重いと「斬立決（執行猶予・再審無しの斬首刑）」となっていた。実は①については、唐宋律から明清律への間に、「徒二年」から「杖一百」へと大きな減刑が行われていた。[12]

しかも清代では、「私習天文」の禁止そのものが律目・律文から削除された。[13] そもそも本来、「収蔵禁書」と「私習天文」の禁止は、社会不安や国家転覆にも繋がる図讖の流布を禁絶する一方、国家が天文学を独占し、暦を頒布するためのものであった。それが清初には「私に天文を習うの人 術業已に成れば、決訖りて、欽天監に送り天文生に充つ。」という一種の採用規定となった。[14]

また、『大清会典事例』には、康熙二十三年に、私習天文の禁止をやめ、「禍福を妄言し愚人を煽惑する者」のみを断罪するよう議准されたことが記録されている。[15] この場合、前出の①②の法規で言えば、②の方で処罰されることになるのだろう。[16]

問題なのは、①に言う「図讖」と②の「妖書妖言」が同じものであるかである。これについては、②の条文にも「讖緯・妖書・妖言」とあるように、②も図讖が念頭におかれたことは疑いない。一方、沈之奇『大清律輯注』巻一八・賊盗「造妖書妖言」条の輯注に見解があり、「図讖、即ち此条の讖緯に至りては、彼（＝図讖・讖緯）は是れ前代に流伝し、原より此の書有り。此（＝妖書・妖言）は則ち奸人の造作・妄言して之に仮託し以て衆を惑す。亦た同じからざるなり。」（乾隆十一年刊本）と述べる。つまり、伝統的な図讖・讖緯と新たに捏造された妖書を区別する意識があったことが分かる。

実際、①②が対象とする禁書は大きく異なっていた可能性がある。前述の通り、唐律から続く①の法規にあたる『至正条格』の禁書リストには、勅撰系占書が多く載録されていた。これに対し『皇明条法事類纂』巻三二・刑部類「造妖書妖言」の三「申明禁約妖書妖言例」に見える禁書リストには、(17)勅撰系占書の書名は全く見えず、『番天掲地捜神記経』『通天徹地照仙炉経』『玄娘聖母親書』『仏手記』『弥勒頌』などといった道教・仏教色の強い書名が並ぶ。この中には、所謂白蓮教反乱に用いられたものも含まれよう。

このように、単に「妖書妖言」と言うとき、伝統的な図讖や勅撰系占書は必ずしも含まれなかった。尤も天文五行占書には、由来不明の占辞を多く含む非勅撰系占書や通俗占書もあるから、これらと妖書がどこまできちんと区別されたかは分からないが、ひとまず私習天文の禁が削除されたことと合わせて、清代には勅撰系占書が比較的流布しやすい状況だったと考えておきたい。

阮朝では、こうした清の法制度をそのまま踏襲した。無論、国情が異なる阮朝では、その運用実態も異なっていたであろうが、小稿では、『大南会典事例』巻一九三「造妖書妖言」条「歴年事例」に見える、実際の判例を取り上げておきたい。

明命八年（一八二七）の諭に、「広寧府豊禄県潘舎社の陳登律は、朝堂に詣り、伊の父故陳登朝の留むる所の讖言の片紙、並びに妄りに「太平策」と称する一摺を控上す。頗る讖緯・術数は都な妖誕不経に属す。従来禁典の綦だ厳しきは、蓋し其の法を峻しくし、以て共端を絶たんとするなり。今此の讖言を察するに、陳の迹に属すると雖も、只だ是れ已往の事に附会するのみにして、未来の徴に関わること無し。然れば其の漸く断ずるは長ずべからず。太平の策を称する所の如きに至りては、鄙俚殊に多く、奚ぞ寔用に裨あらん。乃ち陳登律の輒ち塵瀆を行いて奏上するは、殊に謬妄の甚だしきを為す。理としては該に律を按じて、坐するに死罪を以てし、以て其の他を儆しむべきも、姑く念い該に名くべし。一介小民の昏瞶無知にして、誤りて以て家宝と為して来りて献ずるのみ。初めより私自ら造為するに非ず、及び未だ伝えて用て衆を惑わすに至らざれば、其の情尚お原諒すべし。陳登律寛決に著従して杖一百、伊の社に交回して、厳しく管束を行わしめよ。」と。
一部読みにくい箇所もあるが、全体の論旨はむしろ明解である。まず陳登律は、亡父陳登朝が所蔵していた家宝の秘書をお上に届け出たが、果たしてそれは禁じられた讖書の一種であった。ただし、内容を吟味してみると、過去の事件に附会した言説のみで、未来に対する予言はなかった。本来、理念的には、死罪とすべきところだが、もとより陳家で私造したものではなく、無知蒙昧のために奇書と思い込んで献上したに過ぎない。また伝用して衆を惑わせた訳でもないから、寛決として杖一百とすべきである、ということである。寛決とは、前出②の律文に「〈他人の造伝したる〉妖書を私有し、陰蔵して官に送らざる者は杖一百、徒三年」とあるのに対し、実際の判決では、より重い徒刑が免除されたことを指すのだろう。

以上は、新たに作られた妖書についての判例である。清律を踏まえれば、伝統的な図讖は妖書よりも禁止の度合いが厳しくなかった。おそらく阮朝でも、図讖を用いて国家の吉凶を論じたり、衆人を煽動しない限りは、ある程度お目こぼしがあったのだろう。したがって、清朝同様、天文官以外にも、伝統的な図讖に関心を持つ一部の好事家や術数家が天文五行占書を読むこともあったと考えておきたい。(18)

以上、本章では天文五行占をめぐる阮朝の制度・社会状況について見てきた。次章では、現存する越南占書の伝本からその受容・流布状況を考察してみたい。

二、現存する越南天文五行占書

現存する越南占書としては、漢喃研究院が所蔵する『兵書要略』（A.476）、『管窺輯要』（A.534）、『天文占験集註』（『青池光烈朱氏遺書』（A.843、VHv2391・VHv2712）所収）、『天文体』（A.1366）、『兵家天文覧要』（A.1395）、『管窺略集』（A.1663）、『天文類略編』（A.1664）、『風候篇並行兵占験等法』（A.3067）、『看天象』（VHv.747）などが挙げられる。書名からも分かるように、天文占を中心とする占書のほか、軍事に関わる兵占書（所謂「兵陰陽」）も多い。そのほか漢喃研究院には、『国朝天文志』（VHv.370、嗣徳御製『道弁』と合冊。首題は「天文志略編」）が所蔵される。これは十六世紀後半の広南阮氏（阮潢）の時代から阮朝の同慶三年（一八八八）までの天文五行志である。漢喃研究院以外では、フランス極東学院には筆者がかつて紹介した『天元玉暦祥異賦』（■.1053、マイクロフィルムのみ、原本所在不明）、パリ・アジア学会図書館には『占天文書』（Paris SA.Ms.b 23）が所蔵される。さらに慶応大学斯道文庫のエミール・ガスパルドヌ旧蔵書の中にも

『占天文日象図』なる抄本がある。[19] いずれも天文五行占の受容を考える上で重要な伝本だが、紙幅の都合上、ここでは前章の検討と特に関わりの深い『管窺輯要』・『管窺略集』、および『占天文書』の三部を取り上げたい。

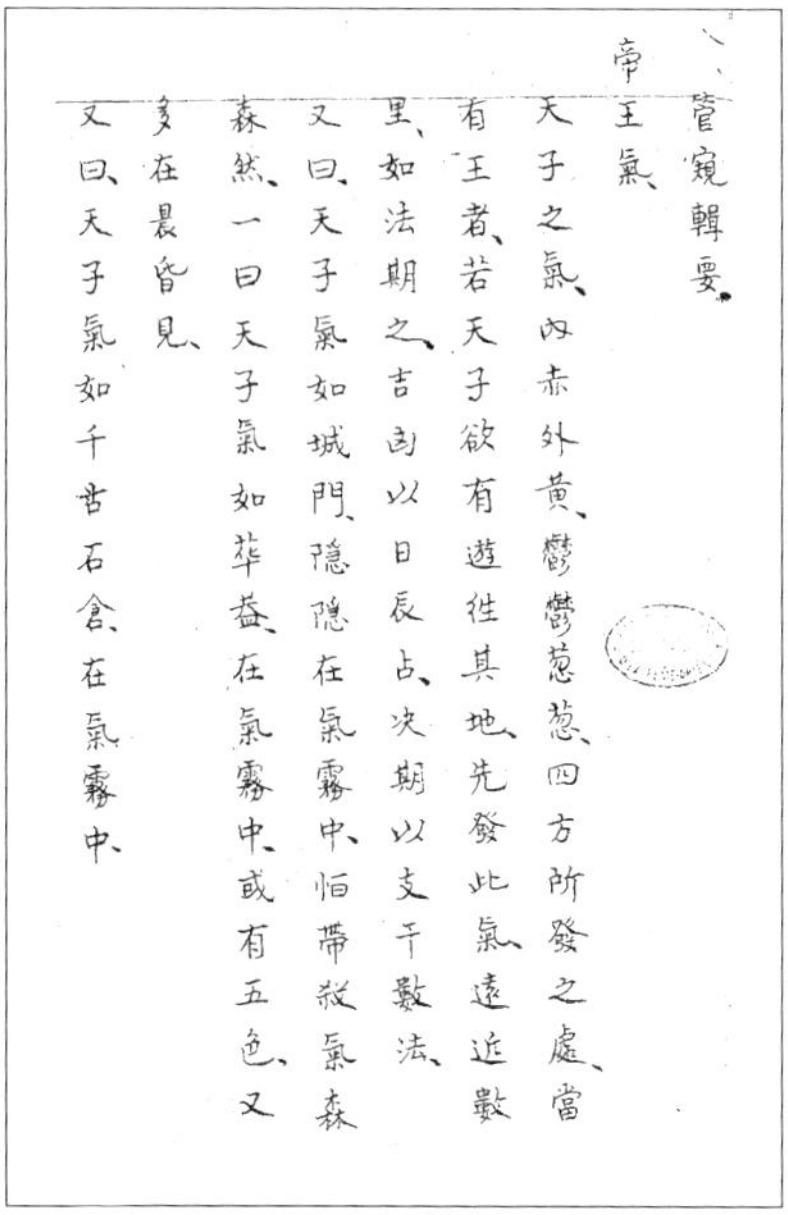

(一)『管窺輯要』(別題『経世撮要』、A.534)

扉題は「経世撮要」とするが、本文首題は「管窺輯要」に作る(尾題無し)。一冊本、全八十葉。半葉九行・行十九字(図1)。所々「時」を「旹」もしくは「时」に作っており、これが阮朝・嗣徳帝(阮福時)の諱を避けたものとすれば、嗣徳年間(一八四八~一八八三)以降の抄本と考えられる。見出しを拾い上げると以下の通り(一部見出しのない占辞もある)。

管窺輯要
帝王氣、
天子之氣、內赤外黃、鬱鬱葱葱、四方所發之處、當
有王者、若天子欲有遊徃其地、先發此氣、遠近數
里、如法期之、吉凶以日辰占、决期以支干數法、
又曰、天子氣如城門、隱隱在氣霧中、恒帶殺氣森
森然、一曰天子氣如華蓋、在氣霧中、或有五色、又
多在晨昏見、
又曰、天子氣如千旹石倉、在氣霧中、

図1 『管窺輯要』本文第一葉(ハノイ・漢喃研究院所蔵(以下同じ))

[前半] 帝王気・賢人気・将軍気・軍城気候推占・風雨気占・候気法(以上『管窺輯要』巻五四に相当)、天子気・猛将気・軍勝気・軍敗気・城堅気・城勝気・暴兵気・戦陣気(同巻五五に相当)、雲気・瑞気・妖気・日月旁気(同巻五六に相当。ただし末尾の「雲気虹霓考験」を欠く)、雲気不祥占(同巻五三の同名条に相当)

[後半] 占日篇、占雲霞貫日、占雲捧日、占月篇〈占月変吉法〉、占月有耳部、占雲囲月、占日月星論、占月星初生論、占彗星犯日月、禳太白星法、占星篇・太白星法、占太白星、占太白昼見、占五星図、占星落地、論天外経二十八宿図象、暗金煞時詩、占地道、占地震、風雨占、占太陽、占太陰、占北斗、占天罡〈斗杓三星〉、河漢、雷牌、龍気、白虎、風雨歌、四季二十八宿分占、読占二十八宿風雨歌、占流星、四季占雨、風濤占

右に示したように、前半はおおむね黄鼎『管窺輯要』巻五三~五六から抄出した内容であり、特に雲気占が中心である。雲気図等も『管窺輯要』から転載するが、端正な本文の字に対し、図の方はかなり稚拙な出来である。

一方、後半は出典不明の占辞が多い。例えば「論天外経二十八宿図象」に次のように言う。

東方七宿、七十五変度。辰方二星角・亢。角は大蛟なり。俗に曰く莽蛇は水禽なり、雨を主り、春夏に旺なるも、秋冬に伏す。二星十三度変、鄭の分野に在り、兗州に属す。寿星の次と為す。亢は金竜なり。俗に曰く、螭の独角なるは水禽なり、雨を主る。四星九度変、鄭の分野に在り、兗州に属し、寿星の次と為す。

以上は、二十八宿を東西南北・十二支獣・分野・十二次等に当てたものだが、他の天文五行占書にはあまり見えない内容であり、俗説を引くなど通俗的性格も見える。おそらく当時あった民間占書から抄出した内容であろう。

そのほか、第四九葉裏から第六〇葉上裏、第六三葉表から第六四葉裏にかけて見える上図下文形式の日月占、彗星占などは、近世中国の民間占書を彷彿とさせる。[20] これらの占辞が中国伝来のものか越南固有のものかはさておき、近世以降の東アジアにおける天文五行占知識の流布状況を考える上で重要な一例と言えよう。

管窺畧集
雷占
雷者震也于天地為長子主生發二月出地百八十日八月入地百八十日出則萬物出入則萬物入出則興利入則除害人君之柄也人君發號施令上合天道則雷以辰而出入若有不常發而發當發而不發者則有號令失常所致凡雷聲初發和雅其歲善初發激烈其歲惡人災穀梁傳曰陰陽相感薄而為雷激而為霆春分發聲

図2 『管窺略輯』本文第一葉（上）、芭蕉形蔵書印「范書」（下）

（二）『管窺略集』（A.1663）

本書も①と同様、黄鼎『管窺輯要』からの抄出本である。首題「管窺略集」、尾題「管窺集略」。一冊本、全四十七葉、半葉八行、行不定（二十～二十四字）。①と比べて筆跡はやや拙く、冒頭には芭蕉を模した蔵書印「范書」が押されている（図2。同じ蔵書印は『天文類略』A.1664にも見える）。「時」字を「辰」に改めたと思われる箇所が散見されることから、嗣徳帝以降の抄本と考えられる。以下に見出しを挙げる（「擬○○」は内容から名付けたもの）。

雷占（『管窺輯要』巻五九から抄出）、擬八節風占・八方暴風（同巻六二）、日辰大風（同巻六三）、雨占・占雨法・月占雨法（同巻五九）、擬天雨（出典不明）、雨晴備占・霧蒙霾附雑占・霜雪露占（同巻五八）、雑妖星占（同巻六〇）、神鬼占・鬼呼人名占・神光占・人部占（同巻六八）、擬犬占（同巻七四）、蛇虵占・亀魚占（同巻七六）、蝗虫占・雑虫占・甑竈釜臼変怪占・床帳棹凳箱櫃変怪占（同巻七七）

全体的に見ると、おおむね『管窺輯要』巻五八から巻七七までの内容を抄出したものと言え、殆ど天文気象占のみの（1）に対し、本書の半分近くを占めるのは地上で起こる怪異五行占である。一般的に怪異五行占は、敦煌占書や日用類書の例をみても通俗的な内容と結びつきやすい。しかし本書は、全体的に見れば、国家レベルの吉凶を判断する占辞が多く、個人の吉凶にまつわる占辞はあまり見られない。また敦煌占書の『白沢精怪図』（P.2682）や『百怪図』（P.3106等）に散見されるような通俗的な辟邪呪術や鬼神の描写も殆ど見られない。こうした点から見ても、本書は勅撰系占書に分類すべき一書と言えるだろう。

なお、本書にも『管窺輯要』に見られない占辞が散見される。例えば、第一七から第一九葉に載録される擬天雨占（凡三十条）は、同類の占法が『管窺輯要』巻五にも見えるが、殆ど占辞が一致しない。試みに『管窺略集』の擬天雨占の数条を挙げれば、次の通り。

天 布帛を雨らす〈大喪、大水あり、人民流亡す〉／天 亀鼈を雨らす〈大喪、大水あり、人民流亡す〉／天 血を雨らす〈大喪、大水あり、人民流亡す〉／天 五穀を雨らす〈是れ不足と謂う。民飢え、軍 粮を乏く。五年を出でずして内応す〉／天 草を雨らす〈王者に福あるも、三年を出でず、外国来りて粟を転ぶ。一に云う、君 讒を信じて、臣下和かならず〉

おそらく当時流布していた民間占書から補った占辞と思われるが、みな国家レベルの吉凶を占う。つまり民間占書と言えど、必ずしも通俗的な占辞ばかりではなかったのである。

（三）『占天文書』（Paris SA.Ms.b 23）

本書はパリのアジア学会図書館（Bibliothèque de la Société Asiatique）に所蔵され、『高駢地藁集』、陳文巨『符水法門』、裴輝玷『占鶏足法』と共にOuvrages de Divinationと題した洋装本に合冊されている（図3a）。扉に「阮登豊書／占天文書〈共弐拾捌〉」とあり（図3b）、右図左文、半葉十行、行十四字（無図部分、題字高二格）。全二十八葉。「時」（二四葉表）「明」（二三葉裏）などを避忌しない。小見出しはなく、各条「〇〇図」等の題を付す。各条を分類して示せば次の通り。

①天占類（天裂図／天開図／天衝図／天鋒図／太虚図／天鳴図／天雪図／天雷図／天露図／天霧図／蒼雲図／天雨図／太陰図）

②日占類（雲叢日図／日朦朧図／蛇貫日／日如血図／日如火図／

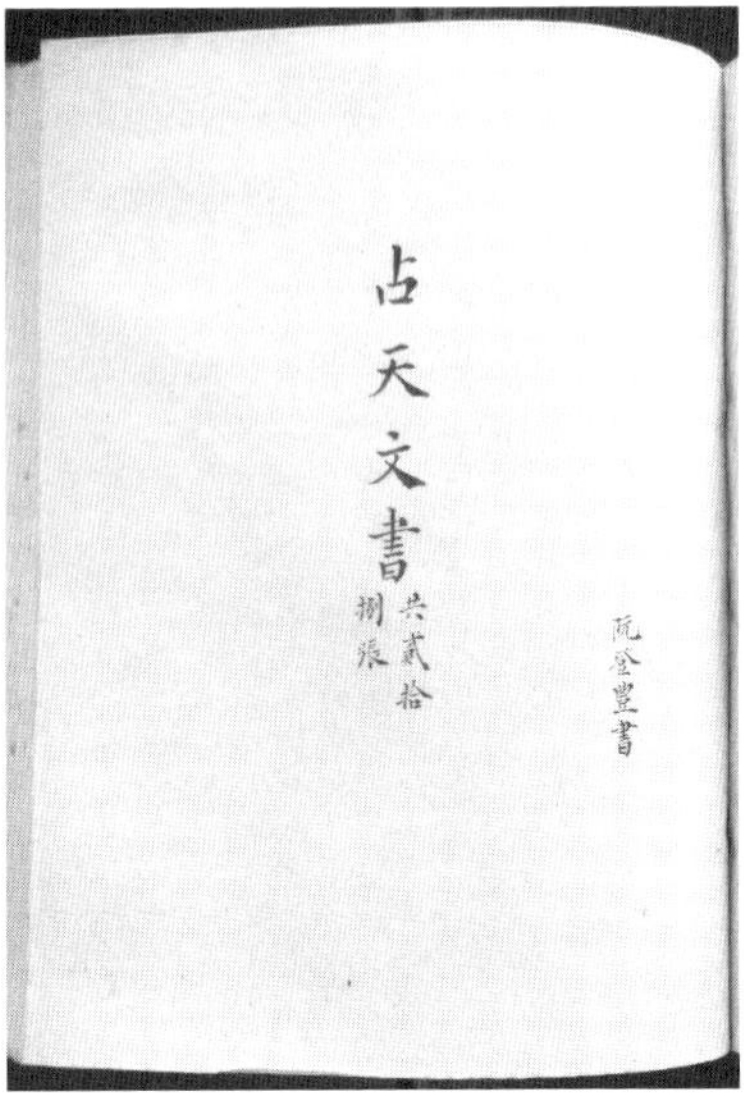

図3a 『占天文書』扉題（右）
図3b 合冊Ouvrages de Divinationの背表紙（左）
パリ・アジア学会図書館（Bibliothèque de la Société Asiatique）所蔵（以下同じ）

日自暗図／日抱耳図／日昼昏図／雲背日図／日上雲図／日五色図／日八月図／日上青気図／日半暈図／日不常図／日半黒図／日光威図／日四暈図／気衝天図／日貫交図／日中黒点図／紅（虹）貫日図／日分図／日中青図／日気交図／日月対図／日鳥出図／日食月食図）

③月占類（太陰図／両月図／日掩月図／月黄角図／月方暈図／月蝕図／月数重図／月久暗図／月貫心図／両月交図／月兎見図／月暈気図／月蝕重図／月出赤図／月昼見図／月彗出図）

④五星占類（凡五星図）

⑤彗星占類（五残星図／彗星図／剋星図／彗星入宿図／狗星図／臨星図／斗星図／孛星図／彗星図／鈎星図／四隅星図／玉堂星図／枢星図／角星図～軫星図）

⑥雑占・知識（二十八宿星数／論州郡纒次／歳時紀事／毎月朔望日預占天時気色／占雲気／占雲霞彩色／四季占風／素問候気／八節風候／占日／占月／占星／論風／論雨／論雲）

また本書には、越南天文五行占書には珍しい序文が付されている。

天文の書、凡そ盈虚消長の理、興亡治乱の機、備載せざる靡し。苟も能く妍（研）究し、確かに弁認するを得れば、則ち真に学ぶ所を将め、行う所を措く。誠に亦た益国利民を為す一事なり。故に古えの人上の天文、下の地理、中の人事に自り、其の学を学ばざる無し。圭璋王度ありて玉燭常調し、黹紱（黼黻）皇猷して金甌孔固する所以は、蓋し亦た学問の中由り来るなり。惜しいかな。当今の世、之を指して偽学と為し、之を斥けて空言と為す。徒らに科挙の文に区区として、求むるに、工みなる筆墨、尚詩の葩を以てするのみ。此れ才と治との古若ならざる所以なり。宜なるかな。余今公暇に因り、謹んで略ぼ大概を得たる者数十張。装鐀

（鍠）して帙を成し、観覧に便ならしむ。若夫れ玄遠を探して精微を極め、渺茫を認めて能く定見すれば、則ち神ありて之を明らかにすること、其の人に存す。余敢て武断して必なるべしと為すなり。是に序す。

この序文が果たして扉題の「阮登豊」の作かは不明だが、「大概を得たる者数十張」とある葉数は、本書が二十八葉であることと矛盾しない。また、その前に「余今公暇に因り」とある点も重要で、これは本書が何らかの官途についた者により撰述された可能性を示す。その動機が当世では天文の学を偽学や空言とみなし、専ら科挙受験のための学問に汲々としていたことにあるというのも示唆的である。

占天文書
天文之書凡盈虛消長之理興亡治
亂之機靡不備載苟能研究得確辨
認則真將所學措于所行誠亦為益
國利民一事也故古之人自上之天
文下之地理中之人事無不學其學
焉所以主璋王度而玉燭常調蒲綬
皇猷而金甌孔固者蓋亦由學問中
來也惜乎當今之世指之爲僞學斥
之爲空言徒區區於科舉之文求以

占天文　一

図4　『占天文書』序文

一方、実際に本書の占辞や天文気象図を見てみると、明末の日用類書の天文門の記事と一致する占辞や図が少なくない。試みに『三台万用正宗』（万暦二十七年刊）や『五車抜錦』（万暦二五年刊）と比較してみると、(21) **図5・6**のようになる。尤も、実際に底本としたのは清刊の日用類書、もしくはその抄写本であろうが、明刊本と比較しても、両者の繋がりは明白である。おそらくこうした日用類書や民間占書などを利用して撰述されたものであろう。序文の高説に比して、本書が俗書に基づく撰述であることは、いささかお粗末にも思われるが、一介の官吏にとっては『管窺輯要』のような専門の勅撰系占書を閲覧するのが難しかったと考えると納得できる。いずれにしても、本書は『管窺輯要』の抄出本とはまた違った意味で、当時の天文五行占の流布を考える一例となろう。

なお、日用類書が官民を問わず用いられたことを踏まえれば、そこに含まれる天文五行占が官吏層にのみ受容されたとは考えにくい。おそらく庶民層にもある程度は浸透していただろう。これについての確証はないが、例えば「泗上老農陳玉琢遺藁」の題記を持つ『農家述占経験要訣』（A.1972）などが傍証となろう。本書の内容は、殆どが農事に関する占辞だが、中には水旱の予兆など勅撰系占書と通底する占辞も見いだせる。

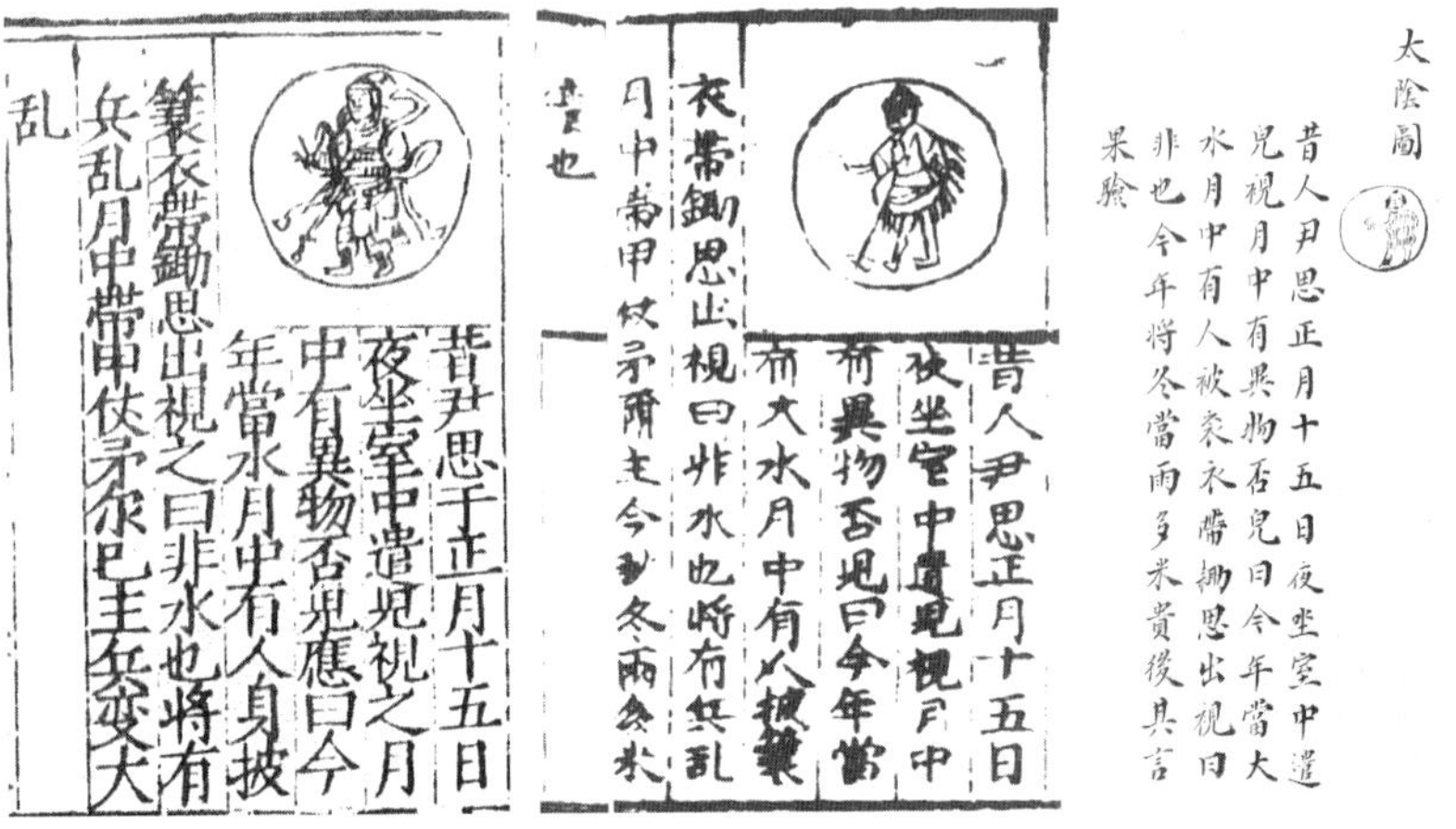

図5 『占天文書』太陰図（右）、『五車抜錦』天文門（中央）、『三台万用正宗』天文門（左）

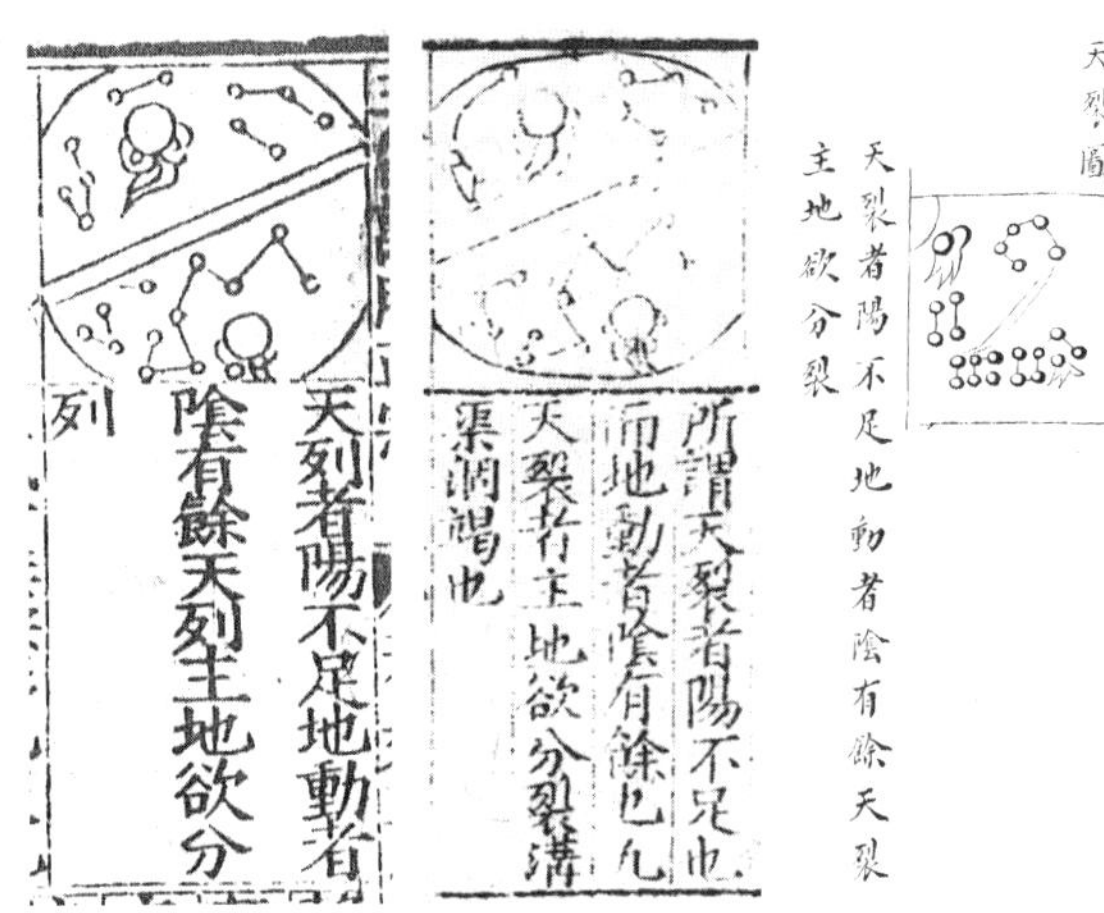

図6 『占天文書』天裂図（右）、『五車抜錦』天文門（中央）、『三台万用正宗』天文門（左）

おわりに

小稿では、阮朝の禁書政策を踏まえ、当時の天文五行占書の受容と流布状況の素描を試みた。阮朝では中国の天文五行占に由来する占書が流布しており、その内容は、勅撰系占書の抄出本から日用類書に拠るものまで様々であった。その受容層も、欽天監の天文官から天文に興味を持つ官吏、おそらくは庶民の一部まで広がっていた。こうした状況は清朝とおおむね同様だったと思われるが、一方で伝存する占書を概観すると、原書から抄出された一冊本が多く、完本が殆どないのは特異な状況と言えよう。ただし、同様に抄出本・雑抄本が多い敦煌占書と比べると、敦煌占書に色濃く見えるような、怪異を起こす鬼神や辟邪呪術などの通俗的記述は、越南占書には殆ど見られない。これは越南占書が、通俗信仰の一環としてではなく、天文や怪異に学問的関心を持つ人々により受容されたことを窺わせる。

このような越南占書の特徴は、勅撰系占書の性格を色濃く受け継いでいると言えるが、こうした書物は、本来、律の規定では禁書であった。しかし、この時代はもはや災異思想から始まるこうした占書を国家が厳格に管理するという時代ではなくなっていたのだろう。本来は天文五行占以上に危険視された「妖書」に対して、阮朝が比較的穏健な対応を取っていることがその傍証となろう。

ところで、こうした越南占書が実際にどのような版本や抄本に基づき撰述されたのかについては、ベトナムに将来された漢籍の多くが今日なお未公開であることから、目下その実態を明らかにすることは難しい。ただ、欽天監の記録を見る限り、『管窺輯要』の清初刊本が完本で伝来していたことは疑いない。したがって、小稿で取り上げた『管窺輯要』の抄出本二冊も、中国で同様のケースがない限り、阮朝で作られた可能性が高いだろう。ほかの越南占書も、殆どが抄出されたと見られる一冊本である。したがって、『管窺輯要』の受容が一つの典型例と見なせるのであれば、ベトナムにおける天文五行占の受容のあり方も見えてくるかもしれない。

注

（1）韓琦「中越歴史上天文学与数学的交流」（『中国科技史料』一九九一年・第二期）四頁、および『宋会要輯稿』第一九七冊・蛮夷四・徽宗大観元年閏十月十日条参照。なおこの記事は『宋史』外国列伝・交阯にも大観初めの記事として見える。

（2）この反例として、『朝鮮実録』には十五世紀に『開元占経』を用いた記事が六例見えるが（太宗十年十二月二日、同十六年四月二十四日条・六月二十六日、世宗六年三月二十五日、同十八年閏六月六日、世祖二年五月十日）、張伯偉編『朝鮮時代書目叢刊』（中華書局、二〇〇四年）所収の歴代書目では『開元占経』の所蔵は確認できない。また管見の限り、他の地域・時代で類似の事例も見いだせない。そこで今は例外的事例としておきたい。

（3）前掲注1韓琦論文およびAlexei Volkov, 'Astrology and Hemerology in Traditional Vietnam.', *Extrême-Orient Extrême-Occident*, vol.35, 2013

（4）拙稿「越南本『天元玉暦祥異賦』について」（『汲古』第七二号、二〇一七年）

（5）牛軍凱「『欽定大南会典事例』刊行序」（『欽定大南会典事例』西南師範大学出版社・人民出版社、二〇一五年。以下本書の引用はこの影印本に拠る）。

（6）『欽定大清会典』巻八六・欽天監。

（7）前掲注1論文五頁。

（8）大庭脩『江戸時代における唐船持渡書の研究』（関西大学東西学術研究所、一九六七年）所収「商船載来書目」によれば、『管窺輯要』は、宝暦九年（一七五九）と寛政十年（一七九八）に本邦に伝来している。

（9）前掲注4拙稿。尤も、当該伝本には、やや通俗的な要素も見られるから、欽天監の蔵書ではなく、在野に流布した伝本の可能性もあるが、本書は『管窺輯要』とも流布状況がよく似ており、ベトナムに伝来している以上は、欽天監にも所蔵されていた可能性が高い。

(10) 拙論「『開元占経』の諸抄本と近世以降の伝来について」(『日本中国学会報』第六四輯、二〇一二年、八九～九〇頁)。

(11) ①は『大清会典事例』巻七六七・刑部・礼律儀制「収蔵禁書及天文私習」条および『大清律例』巻一七・礼律儀制「収蔵禁書」、②は『大清会典事例』巻七八〇・刑部・刑律賊盗および『大清律』巻二三・刑律「造妖書妖言」条をそれぞれ踏襲する。ただし『大南会典事例』②は、『大清律』の当該条に付された条例四条の内、第一条のみを「附律条例」として載録するのみで、残りの三条は載録されていない。なお清律全般および「造妖書妖言」条の解釈については、『大清律輯注』載録の諸解釈も含めて谷井俊仁・谷井陽子『大清律――刑律1』(平凡社、二〇一九年)を参照した。

(12) 方濂『天学与法律』(北京大学出版社、二〇一四年)二九〇～二九六頁。なお方氏は指摘していないが、先に引いた元『至正条格』断例・巻二・職制「隠蔵玄蔵図讖」条の段階で、量刑は「杖一百」および家産の没収となっている。

(13) 『大明律』巻一二・礼律・儀制「収蔵禁書及私習天文」条に「凡そ私家に玄象の器物、天文図讖、応に禁ずべきの書、及び歴代帝王の図像、金玉符璽等の物を収蔵したる者は杖一百。天文を私習したる者の若きも亦た之を加う。並びに犯人の名の下に於いて銀一十両を追め、告人に給付して賞に充つ。」とあるが、『大清律例』では傍点部分が削除された。これは『大清会典事例』巻七六七・刑部・礼律儀制「収蔵禁書及天文私習」条の原注に「謹んで案ずるに、雍正三年の奏准に、私習天文の禁已に除かるれば、律目の「及私習天文」の五字、律文の「若私習天文」なる者の二句を将て刪去す、と。」とあるように、清初の「私習天文」禁止の実質的解除を受けてのことと考えられる。

(14) 『大清会典事例』巻七六七・刑部・礼律儀制「収蔵禁書及天文私習」条の原注。

(15) 『大清会典事例』巻七六七・刑部・礼律儀制「収蔵禁書及天文私習」条の「歴年事例」に「康熙二十三年の議准に、凡そ天文を習学ぶの人、算法・儀器に及びては、必ずしも禁止せず。若し禍福を妄言し愚人を煽惑する者有れば、仍りて律に照らして擬罪す、と。」とある。

(16) 『大清律輯注』巻一八刑律・賊盗「造妖書妖言」条の沈之奇注および前掲注11谷井俊仁・谷井陽子『大清律――刑律1』一〇〇頁参照。

(17) 劉海年・楊一凡総主編『中国珍稀法律典籍集成』乙編・第五冊(科学出版社、一九九四年)。なお当該史料は、東北大学・高橋亨氏の御教示による。

(18) 在野の術数家の妖言に対しては、『大南会典事例』巻一八七・刑部「術士妄言禍福」条に「凡そ陰陽の術士 大小文武官員の家に於いて妄りに〈国家の〉禍福を言うを許さず。違う者は杖一百。経に依りて推算・星命・卜課するは禁の限りに在らず。」とあるが、これは清律をそのまま踏襲しただけで実際の阮朝での判例は付されていない。

(19) 明治大学・佐野愛子氏の御教示による(筆者未見)。

(20) これとよく似た形式・内容の占書としては、天津図書館所蔵の『礼緯含文嘉』がある。本書は緯書名に仮託して撰述された占書『礼緯含文嘉』の伝本のひとつとして、杜沢遜『四庫存目標注(子上)』(上海古籍出版社、二〇〇七年、一六九八頁)

で紹介される。筆者の調査によれば、その内容は上図下文形式の日占・月占・彗星占であった。

(21) 坂出祥伸・小川陽一編『五車抜錦』(中国日用類書集成一・二、汲古書院、一九九九年)、『三台万用正宗』(同三〜五、二〇〇〇年)。

附記 小稿で取り上げた越南占書を調査するにあたり、コレージュ・ド・フランスの馬場郁先生、パリ第七大学のハイエク・マティアス先生、ハノイ国家大学ハノイ校のファム・レ・フイ先生よりご助力を賜りましたこと、心より感謝申し上げます。

『越甸幽霊集録』における神との交流

佐野愛子

さの・あいこ――明治大学大学院文学研究科博士後期課程院生。専門はベトナム説話。主な論文に「『粵甸幽霊集録』における神――モンゴルの侵略を通して」（『立教大学日本学研究所年報』一三、二〇一五年）、「『禅苑集英』における禅学将来者の叙述法」（小峯和明監修『東アジアの文化圏』（シリーズ日本文学の展望を拓く1）、笠間書院、二〇一七年）、「占城王妃の叙述をめぐって――『越甸幽霊集録』および『大越史記全書』から」（倉本一宏編『説話文学と歴史史料の間に』思文閣出版、二〇一九年）などがある。

十四世紀に李済川によって編纂された『越甸幽霊集録』には、三十位の大越の神の事績が記されている。本稿はその大越の神々と交流する人物に焦点を当てた。大きく分類すると、それは中国の唐から派遣された官人と、独立王権時代の各王朝の為政者に分けられる。彼らと神々との交流を見てゆくと、中国から派遣された官人と、大越の各王朝の支配者には、神の祭祀方法に大きな差異があることがみえてくる。

はじめに

ベトナムの陳朝（一二二六～一四〇〇）の開祐元年（一三二九）に、『越甸幽霊集録』[1]という書が、守大蔵、書文正掌[2]、中品奉御、安暹路転運使の李済川によって編纂された。書名の「越」は大越国（現在の北部ベトナム地域）を、「甸」は天子に直属した地を意味する。つまり、「越甸」とは、大越の皇帝が支配した地域を意味する。その大越の神々を、「歴代人君（八位）」、「歴代人臣（十二位）」、「浩気英霊（十位）」の三つにわけ、計三十位の神の事績を記したのが、『越甸幽霊集録』である。本書に載る神は次（**表1**）のものである。

後世に、多くの人物によって増補、削除および改稿などの手が加わってはいるものの[6]、『交州記』、杜善の『史記』および『報極伝』[7]といった李朝期（一〇〇九～一二二六）以前の現存していない資料等を典拠にして編纂されており、陳朝時代以前の祭祀体系を探る上で重要な書といえる。

本書の特徴として、各話の末尾に陳朝が重興元年（一二八五）、同四年（一二八八）、興隆二十一年（一三一三）にそれぞれ与えた神号を記録している点が挙げられる。[8] これら三つの年号は、重興年がモンゴルの侵略を撃退した年であり、興隆年が占城（チャンパー）[9]との戦争に勝利した翌年と、重要な対外戦争と関わりがある。

十三世紀にはじまるモンゴル帝国の領土拡大にともなう侵攻は、大越に大きな恐怖をもたらした。この強大な脅威に打ち勝つために、対外的な国を守る神が称揚され、その神々の活躍をえがく『越甸幽霊集録』が編纂されたのである。

表1　『越甸幽霊集録』目録[3]（計三十位）

歴代人君〈附后妃〉（八位）[4]
- 一　嘉応善感霊武大王
- 二　布蓋彰信大王
- 三　趙越王
- 四　後李南帝
- 五　社壇帝君
- 六　徴聖王
- 七　貞烈夫人

歴代人臣（十二位）[5]
- 八　威明顕忠大王
- 九　校尉威猛大王
- 十　太尉忠輔公
- 十一　国都城隍大王
- 十二　洪聖佐治大王
- 十三　都統匡国王
- 十四　太尉忠恵公
- 十五　却敵威敵二大王
- 十六　証安佑国王
- 十七　回天忠烈王
- 十八　果毅剛正王

浩気英霊（十位）
- 十九　応天化育元君
- 二十　広利大王
- 二十一　盟主昭感大王
- 二十二　開元威顕大王
- 二十三　冲天威信大王
- 二十四　佑聖顕応王
- 二十五　開天鎮国大王
- 二十六　忠翊威顕大王
- 二十七　善護国公
- 二十八　利済通霊王

『越甸幽霊集録』において、神は大越の地が外部の脅威にさらされた際、または国内に旱などの危機が生じた際に、人々の前に姿を現す。いうなれば、『越甸幽霊集録』は、神と人との交流の記録である。

さて、本稿では、この神と交流する人物に焦点を当てたい。次節でみるように、『越甸幽霊集録』において、神が出現する人物は、決して大越の人々の前だけではない。高駢（こうべん）や趙昌といった中国から派遣された官人の前にも姿をみせる。

なお、高駢は『越甸幽霊集録』で最も登場回数が多い人物であり、彼の大越の神との交流に関しては、夙に注目を集めていた。高駢に関わる話で、特に重要視されるものが、大越の神を厭符で鎮めようとし失敗に終わるという話（二十話「広利大王」）で、本話は大越の神の力が、北方の統治者を上回っていることを示すものであると先学によって指摘されている。[10]

この高駢への注目に対して、その他の中国から派遣された官人と神との交流に着目したものは少ない。また彼らの神との交流方法と、大越の人々の神との交流方法の差異に関しては、検

表2(12)

神と出会う人物	回数	『越甸幽霊集録』該当話
高駢＊	五回	一話、九話、十八話、二十話、二十七話
李太祖	三回	十一話、十六話、二十三話
李太宗	三回	七話、十二話、二十一話
李英宗	二回	六話、十九話
趙昌＊	一回	九話
李元嘉＊	一回	十一話
盧奐＊	一回	二十二話
李常明＊	一回	二十六話
呉権	一回	二話
呉南晋王	一回	十五話
李常傑	一回	十五話
陳太宗	一回	十七話
李聖宗	一回	十九話
多宝禅師	一回	二十三話
黎臥朝	一回	二十五話
鄧兄弟	一回	二十八話

＊は中国から派遣された官人

討の余地がある。

そこで本稿では、『越甸幽霊集録』において神と交流する人々をピックアップし、神と人々の交流方法を検討してみたい。その際に、中国から派遣された官人と、大越の人々との間において、神との交流に相違点はあるのかについてもみてゆく。

一、神と交流する人々

『越甸幽霊集録』において、神と交流したとされる人々を挙げると、次のようになる。なお、話の中で、神との交流ではない例（時代設定としてのみ登場する人物（十五話の李仁宗など）、歴代人君や歴代人臣の神で、生前（神になる前）に彼らと出会った人物（十話の李太宗、李聖宗、李仁宗など））、直接の交流が記述されない例は省いた。(11)

表2をみれば明らかなとおり、『越甸幽霊集録』で、最も神との交流が多いのは、中国から派遣された官人である高駢である。また、高駢とそれ以外の中国から派遣された人物を足すと計九回となる。『越甸幽霊集録』全体の回数が二十五回なので、神と出会った人物のうち、およそ四割が中国人ということになる。なお、二番目に多いのは、李朝初代皇帝の李太祖と二代皇帝李太宗（皇太子時代を含む）である。他に、三代の李聖宗（一回）、六代の李英宗（二回）と李朝の皇帝と神との交流は多い。

神と出会う人物のうち、中国から派遣された官人にはある共通点がある。それは全て唐代の人物である点である。彼らの多くは安南都護（盧奐は広州刺史として、李常明は峯州都督）として大越の地にやってきた。[13]

周知のとおり、大越は、十世紀に呉権が統一王朝をたてるまで、千年の長きにわたり中国の支配下におかれていた。（ベトナムではこの時期を「北属期」と呼ぶ）この北属期に、唐から大越の地域を治めるために派遣されたのが、安南都護である。広州刺史や峯州都督も同じくその地を治める統治者といえよう。

また、『越甸幽霊集録』において、中国から派遣された官人を除く人々をながめると、多くが呉朝、前黎朝、李朝、陳朝といった王権の支配者たちが、神と出会っていることが見てとれる。つまり、神々は大越の地の為政者に会いに姿を現しているといえる。その神々に対し、彼らはどのような対応をしているであろうか。最も神との交流が多い高駢から見てゆこう。

二、高駢と神との交流

高駢が神と交流する話は、大きく二つに分けられる。一つは南詔（八世紀半ば〜十世紀初頭、中国雲南地方に形成された国）を征討する（または征討した）時の話（一話、九話、十八話、二十七話）で、もう一つは羅城（らじょう）建設時の話（二十話）である。

次にそれらの神と交流する箇所を引用する。

一「嘉応善感霊武大王」

唐の咸通中（八六〇〜八七四）、高駢の南詔を破りて、その地を経過するに、一異人に遇う。面貌煕怡、霓裳羽衣、道を遮りて相接す。高王これを悦び、延きて幕中に至らしむ。ともに語るに皆三国の時事なり。出門相送るに、忽ち見えず。

九「校尉威猛大王」

高駢の南詔を破るに迨び、夢に王の助け順う。遂に広く祠宇を修め、王像を塑り、これを祀りて福神と為す。

十八「果毅剛正王」

王の姓は高、名は魯、乃ち安陽王の将なり。俗に都魯と号し、或は石神と号す。皆訛なり。高駢の南詔を平らぐる後、兵を以て武寧州を巡り、嘉定県に至る。夜夢に一人、身長九尺、形容古雅、自らその名を言うに、「高魯なり。昔安陽王を輔け賊を討つ功有り。雒侯これを譖し没す。天帝その忠を憫れみ、勅してこの地を管し、都統神将と号せしむ。凡そ兵農の事、皆某これを主る。今君討ちて南詔を平らぐ。故に来て相見ゆ」と。駢問うに、「雒侯は何を以てこれを譖すか」と。曰く、「この事幽玄にして、須らく宣泄すべからず」と。駢固く問う。曰く、「安陽王はこれ金鶏の精、雒侯はこれ白猿の精、某は乃ち石龍の精なり。合わず。故に相害するのみ」と。駢覚悟す。

二十「広利大王」

王は本龍度王気の君なり。昔高駢の羅城を築く時、一日晡に方り、駢城東に出游す。忽然として、雲霧大いに作る。見るに五色の気、地より出て、光芒目を奪う。一人有り、冠裳厳整、赤蛟に騎り、手に金簡を執り、光気に随い升降し、異香人を襲い、宛転往来、片時にして変わる。駢驚異し以て妖気と為し、法を以てこれを鎮めんと欲す。夜夢に神来て駢に告げて曰く、「吾れ妖気にあらず。吾れはこれ龍度王気なり。公の城を築くを見る。故に相見ゆるのみ」と。駢覚めて銅鉄を以て符と為し、埋めてこれを圧せしめんとす。この夜、雷雨大いに作り、掘りて銅鉄を起こし、砕くこと塵土の如し。駢大いに驚くも、施すべき計無し。

二十七「善護国公」

世伝に、公はこれ海済郡の土神なり。初め、高駢の南詔を征する時、兵船大鴉、小鴉の諸海口に入る。駢鬼神の事を好み、祭を設け神の黙助を求む。夜三更、忽ち空中に人の声有るを聞く。云く、「もし要めて官事を成さば、須らく道徳人を崇ぶべし」と。高駢これを聞きて大いに喜び、遂に道宮を立て、護国宮と名づけ、土神の像を宮側に設く。

南詔征討時に関しては、高駢が南詔を征討するのを神が救う、もしくは征討したのを感謝して神が姿を現すパターンが多い。そうではなく、ただ単に高駢と会話をしに出現する話が一話で、九話にも「安南都護としてやって来た趙昌のもとに、李翁仲という神が、『左伝』と『経史』を講説にくる」という似た話がある。

高駢は二十七話に「鬼神に関する事が好きで、祭りを設けて神に助けを求めた」とあるように、神と積極的に交流をしようとする人物であったことがうかがえる。高駢のその積極性は十八話にもみえ、そこでは、神が漏洩することができないと述べた話を、強いて聞き出している。

なお、本話に出てくる「金鶏の精、白猿の精、石龍の精」

の関係性については、『越甸幽霊集録全編』[14]の同話に「鶏と猿は合うが、龍とは相剋の関係であるためである」との記述があり、五行思想が背景にあると考えられる。この真意は残念ながら、十九世紀の官人である高輝耀が、僣評で、「鶏猿は互いに合う。そのため（龍とは）相剋の関係である。この言について調べたが、根拠がない」と述べているように不明であるが、鬼神の世界に関心があった高駢は、五行思想にも精通しており、神の話を理解した。

このように、高駢は大越で神々と積極的に交流をはかっているが、その交流は友好的なものとは限らなかった。神霊世界に詳しい高駢は、それらを鎮圧する術も知っていたのである。二十話では、高駢が羅城を築く際に、高駢の前に現れた神を、高駢は「妖気」と考え鎮圧しようとする。同様に、高駢が大越の神を呪術で抑えようとする話は、ベトナムの神話集である『嶺南摭怪列伝』「傘円山伝」[15]にもみえる。

これらの話の共通点に、高駢の術は大越の神の前に失敗する。そして、それに失望した高駢は中国へ帰っていくという点が挙げられる。これが大越の神の力が、中国の統治者よりも強大であることを示す話型であるということは、「はじめに」で既に述べた。ここで注目したいのは、高駢が神を抑えつけようとする方法に、「符」を使用している点である。

ここでいう「符」はお札のたぐいで、道教では、護身や鬼の使役、調伏などに使用される。また、二十七話では、空中から神の声を聞いた高駢が、護国宮という道観を建立している。このことからは、高駢が道教に関心をもっていたことがうかがえよう。事実、高駢は中国において、道教を政治や軍事に駆使した。[16]

このように、高駢が神仙世界をはじめとした道教的な世界に傾倒していたことは、『旧唐書』、『新唐書』、『資治通鑑』など中国の史料からも明らかである。また、このような世界に傾倒していたのは、高駢と同時代においては、決して珍しいことではなかったようである。[17]

『越甸幽霊集録』に載る唐から派遣された高駢以外の官人たちの話は、それを裏付ける。例えば、十一話の李元嘉は、「城の北に逆水が流れるのを見て、都府を移し」ており、二十二話の盧奐、二十六話の李常明は、それぞれ「開元観」、「通霊観」を建てている。このように、唐から派遣された官人たちの行動もまた、道教の影響がみてとれる。特に、神を祀るために道観をたてる行為は、当時よく行われていたものと推察できる。[18]このように高駢を含め、唐代の官人たちと神との交流では、道観がよく建てられている。

それでは次に、『越甸幽霊集録』において、唐から派遣された官人以外の人物に焦点を当て、神との交流をみてゆきたい。

三、大越の為政者と神との交流

神との交流がえがかれる大越の人々の多くは、呉、前黎、李、陳の各王朝の支配者であった。そこで、彼らと神の交流をみてゆくことにする。二節に載せた表をみてわかるように、『越甸幽霊集録』において、独立王権時代に神との交流が最も記されているのは、李朝時代といえる。そこで、李朝代の各皇帝と神との交流を次に抜き出す。

李太祖（二十三「沖天威信大王」）
時に、李太祖と多宝禅師と相親しみ、常にこの寺に来。一日、太祖寺を詣で、神前の大樹を見るに、白書有り。云く、「帝徳天下に光り、威声八埏を鎮む。幽霊恵沢を蒙り、優渥沖天を拜す」と。太祖看悉くし、賜いて「沖天神王」と為す。白書忽ち見えず。太祖これを異しみ、命じて像を塑りてこれを祀らしむ。

李太宗（二十一「盟主昭感大王」）
王は銅鼓山神なり〈山は清華省丹泥社に在り〉。初め、李太宗の太子と為る時、太祖の命を奉り、師を総べ占城を征す。兵長洲に至りて泊船す。この夜、太子の夢に一人あり、戎服長揖にして曰く、「太子南征せんとす。某はこれ銅鼓山神なり。王師に従わんことを請う」と。太子喜びて覚む。兵を進むに及び、果たして勝つ。凱還の日、太子神位を迎え、京師に帰り、福神に封じ、方に地をトい祠を立てんとす。太子夜夢に神来て、大羅城の右辺、聖寿寺の後に居らんことを請う。太子事を以て奏す。太祖これに従う。太祖の崩ずるに及び、太子即位す。この夜、夢に神来て翊聖等三王乱を作すと告げ、預め堤防を加えんことを請う。天明に至り、果たして然らば皇叔翊聖王、武徳王及び皇弟東征王、府兵を相率いて乱を作す。太宗以て霊異と為す。内難既に平らげ、王爵に勅封し、尊びて「天下主盟福神」と為す。

李聖宗（十九「応天化育元君」）
元君は南国地祇なり。李聖宗占城を征する時、船環海に至り、風波に遭いて、行くことあたわず。夜夢に一女人あり、白衣緑裙、束帯淡粧、帝の前に軽歩して曰く、「妾はこれ地精、仮名を木にすること久し。時を待ちて起つに、今その時なり。もしよく奉祀すらば、ただ占城を征する功のみならずして、且つ国家に利有らん」と。帝覚めて喜び、左右を召して、事を以て語る。僧恵林奏して曰く、「もし仮名を木にすと曰わば、これを林中に求むれば可なり」と。帝これを然りとし、命じて諸山崖中に求むれば、一木頭の人形に肖たるを得。その色夢中に見し所の衣服の者の如し。帝命名して曰く、「后土夫人」と。御船の中に置けば、風波乃ち平らぐ。帝占城に進征し、勝を得て凱還す。旧処に至り、命じて廟を立てんとす。忽ち風波又た起く。恵林奏して曰く、「且に迎えて京師に回らんとす」と。帝奏に依る。風波遂に息む。京師に至るに及びて、祠を立つを卜い、安朗郷に得。遂に祠を立ててこれを祀る。

李英宗（六「徴聖王」）

大旱に因りて、浄戒禅師に命じて、雨を禱らしむ。天将に雨らんとし、涼気人を襲う。帝仮寐するに、二女を見る。芙蓉冠を冠し、緑衣束帯、雨に駕りて来。帝怪しみてこれに問う。答えて曰く、「妾は即ち徴氏姉妹なり。玉帝の命を奉じ、行雨して来」と。帝益ます風を作さんことを請い、手を挙げこれを止む。帝覚め、命じて祠を修め、祭を致す。尋いで命じて迎えて京師に回り、雨彌堂を建つ。奉祀の後、又た命じて祠を城外に立て、「霊貞二夫人」に勅封す。

先に触れたように、大越の皇帝と神との交流には、高駢のような神を厭符で鎮圧しようとする話はみられない。神は自身を「妾」（六話、十九話）と卑下し、神は皇帝に仕える存在としてえがかれる。(19)

六話、十九話、二十一話では、神の恩恵を受けた皇帝たちは、神を祀るために、卜占をして祭祀場所を決めようとしている。ここで注意したいのは、卜占の結果、建てられる祭祀施設が「道観」ではない点である。

実のところ、『越甸幽霊集録』において、神と交流する大越の為政者たちの中に、神を祀るために道観を建てる話は一例もない。この点は、唐代の中国から派遣された官人たちが、神と交流し道観を建てた話と大きく異なる特徴といえよう。

四、李朝における道観

『越甸幽霊集録』における神と交流する人物のうち、独立王権時代の各為政者たちは、神を祀る場として道観を建てる例がないことを確認した。しかしながら、このことはすなわち、大越の独立王権時代に、道観が建てられなかったということを意味しない。むしろ、『大越史略』[20]や『大越史記全書』[21]といった史書類によると、この時期にも道観は建てられていたことが見てとれる。

例えば、李朝期には、李太祖（在位一〇一〇～一〇二八）の即位直後の一〇一一年に、「この年、また城内に太清宮、万歳寺を建てた」と『大越史略』に記事が載る。なお、同年の『大越史記全書』にも、「この年、城内の左に大清宮、右に万歳寺を建てた」記事がみえる。城内（ハノイの昇龍城）の左右に、仏教と道教の宗教施設を併置した旨からは、李太祖が仏教と道教のどちらにも重きをおいていたことがうかがえる。

また第四代の李仁宗（在位一〇七二～一一二七）の時には、『大越史略』一〇八八年条に、「景霊宮を造った」記事が載る。その後、同書の一一〇一年条に、「開元観を造った」記事と、同書の翌一一〇二年条に、「開元、太陽、北帝の三観を造った」[22]記事がみえる。また、第五代の李神宗（在位一一二七～一一三八）の時には、『大越史略』一一三三年条に、「延生、五岳観を造った」とある。

このように、『大越史略』や『大越史記全書』から、道観を建てた記事を拾ってゆくことは、それほど難しいことではない。また、李朝期に建てられた道観の多くは、「太清宮」、「改元観」、「景霊宮」など、唐宋代の著名な道観と同名であり、唐宋道教の影響が指摘できよう。[23]

おわりに

『越甸幽霊集録』における神と人々との交流をみてゆくと、唐代の中国から派遣された官人と、独立王権時代の支配者には、神の祭祀に明確な違いがあることがわかる。すなわち唐代に、安南都護などの統治者としてやって来た彼らの多くは、道観を建てて神を祀った。

一方、呉～陳の各王朝の支配者たちが、神を祭祀するために道観を建てたという記述はみられない。これは唐代の道観を建てる文化が、独立王権時代になって廃れたということを意味するわけではない。『大越史略』や『大越史記全書』などにみえるように、この時期にも、道士の活躍はみられ、李朝、陳朝期には皇帝たちは、道観を造り、頻繁にそこを訪れているからである。それでは、『越甸幽霊集録』の独立王権時代の為政者たちが、神を祭祀する際に、道観を建てる記述がないのはなぜであろうか。

それを考える上で、先に挙げた李朝の皇帝と神との交流において、僧侶の活躍が目立つことに注視したい。例えば、六話で祈雨を命じられるのは、「浄戒禅師」という僧であり、二十三話で李太祖が白書を目撃するのは、李太祖と懇意にしていた多宝禅師の寺を詣でた時であり、十九話で李聖宗の見た夢の謎解きをするのは、恵林という僧であった。また、二十一話にみえるように、卜占をして、祭祀場所に聖寿寺という寺の付近が選ばれるのも興味深い。

「はじめに」で触れたように、編者の李済川は、現在では逸書となっている李朝期以前の書物を参照しながら、『越甸幽霊集録』の編纂にあたっていた。彼の役職は、「守大蔵、書文正掌、中品奉御、安暹路転運使」であるが、残念ながら、大越においてこれらの職が、どのような役割を果たし、どのような位置を占めていたのかは不明である。(24) とはいえ、「守大蔵」は諸本に「守大蔵経」ともあることから、李済川は大蔵経の管理に関わる仕事にたずさわっていたと考えられる。恐らく経典以外の仏教関係の資料についても閲覧できる立場にあっただろう。

事実、李済川が『越甸幽霊集録』編纂にあたり、引用する諸資料のうち、何度か参照されるものに、『報極伝』(25)があるが、本書は、李朝の皇帝に庇護を受けた仏教徒の手になるものである。(26)『越甸幽霊集録』において、独立王権時代の為政者たちの話に、道観ではなく、僧の活躍や仏教寺院の登場が目立つのは、李済川の「守大蔵」という仏教関連の資料を多く閲覧できる立場にあったことも一因にあるといえるだろう。

注

(1) 本稿では、現在もっとも古態をとどめるとされるX-3-9(東洋文庫蔵)を底本とした。字体に関しては新字体に統一した。

(2) 『越甸幽霊集録』諸本によっては「書火正掌」とある。『大越史記全書』には陳朝期に「内書火正掌」という役職の者が一二八〇年条、一三一六年条、一三二六年条と李済川とほぼ同時期に登場する。今回は底本に従っておくが、「書火正掌」が正しいか。

(3) 目録の漢数字および神位は簡便のために筆者が付した。

(4) 五話の「徴聖王」は姉妹神で二神が登場する。そのため神の合計は八位となる。

(5) 十四話の「却敵威敵二大王」は兄弟神で二神が登場する。そのため神の合計は十二位となる。

(6) たとえば李済川の『粤甸幽霊集録』に「按録」をほどこした金冕鞅、一五世紀に話を増補した阮文質、十六世紀に話を増補した黎似之がおり、そして一七一二年には黎純甫が校訂して跋を加えている。さらに十九世紀に高輝耀が注と評を加えており、呉甲豆は一九一九年に「英烈正気」の項目を重補した。またそれとは別に一七七四年に、諸葛氏が新たに『新訂較評越甸幽霊集』を編纂している。

(7) それぞれ記述内容から、『交州記』は北属期(唐時代)、『史記』および『報極伝』は李朝時代のテキストと考えられる。

(8) 例外は六話「徴聖王」、十四話「太尉忠恵公」、二十五話「開天鎮国大王」の三話である。六話は重興元年の神号付与がなく、十四話は重興元年の神号贈号の後にある美字の追号が、「後」とあるのみで何年かわからない。二十五話は重興元年の神号付与がなく、その後にある神号の贈号も「四年」とあるのみで重興年の出来事か不明。

(9) 現在のベトナム中部に二世紀末ころに建国された王国。後漢から自立し、七世紀以後は滅亡までチャンパーというインド風国名を名乗った。後漢から自立した時期は中国では林邑と呼ばれていたが、九世紀後半以後は占城と呼ばれた。

(10) 白石昌也「ベトナムの「まち」――特に「くに」との関連を中心として」(『東南アジア研究』二一(二)、一九八三)九七~一一三頁、桃木至朗『中世大越国家の成立と変容』大阪大学出版会、二〇一一年、ファム・レ・フイ「ベトナムにおける安南都護高駢の妖術――その幻像と真相について」(水口幹記編『古代東アジアの「祈り」』森話社、二〇一四年)二九九~三三〇頁など。

(11) 例えば高駢は、表に挙げた話の他に、十一話「国都城隍大王」、十六話「証安佑国王」にも登場する。しかし、十一話では「高駢が神のことを聞いて祭祀した」という記述のみで、神との交流の記述がない。また十六話では、神が李太祖に語る話の中で高駢のことに触れるだけで、高駢が神と交流したかはわからない。そのため、表からは除外した。

(12) 中国から派遣された官人である「李元嘉」および「盧奐」は、底本では、「李元喜」、「思奐」となっている。中国、ベトナムの史書類および『越甸幽霊集録』諸本によって改めた。なお、「李常明」については中国史料にはみえない。

(13) 『旧唐書』巻九十八「盧懐慎伝」によると、盧奐が大越の地を統治したのは、「広州刺史」ではなく、「南海太守」としてである。また、その時期も『越甸幽霊集録』では、開元年間(七一三~七四一)とするが、『旧唐書』では、その後の天宝年間(七四二~七五六)のこととするなど相違がある。

(14) A750(ハノイ漢喃研究院蔵)。

(15) 本話では、高駢は傘円山神を鎮圧するため、「十七歳の未婚の女性の腸を取り去り、かわりに悪草を腹に詰め、衣裳を着せて、椅子に座らせ、それが動いたら剣で切る」といった方法をとる。

(16) 宮川尚史「唐末の節度使高駢と方士呂用之」(『中国宗教史研究』一、一九八三年)三五七~三八四頁。

(17) 前掲注10ファム。

(18) 明代の地誌である『安南志原』巻二「寺観祠廟」条に、『交州八県記』(逸書)が引用されている。それによると、ベトナムの地には、唐代、著名な道観が二十一あったとされる。ただし、これらの道観の建立者は不明。

(19) 宇野公一郎「ベトナム朝廷による神界の管理について」(『東京女子大学紀要論集』五四(二)、二〇〇四年)一〇七~一二〇頁。七話もまた自身を「妾」と述べる。また、十六話では自身を「臣」とし、十七話では皇帝を「陛下」と呼んでいる。

(20) 編者不明。南越の趙佗(在位前二〇三~一三七)から李朝末までを扱う三巻本の編年体の史書。本文は陳荊和編校『校合本大越史略』(創価大学アジア研究所叢刊第一輯)創価大学アジア研究所、一九八七年を使用した。

(21) 一四七九年、呉士連が、黎文休の『大越史記』(一二七二、現存せず)や陳朝から属明期の終わりまでを追補した潘孚先の『大越史記続編』などにもとづき、他書の情報や独自の考証も加えてまとめた編年体の史書。始祖説話から鴻龐紀(始祖神話)から黎朝の太祖(在位一四二八~三三)までを扱った全十五巻。本文は陳荊和編校『大越史記全書』(上中下)東京大学東洋文化研究所附属東洋学文献センター刊行委員会、一九八四~一九八六年を使用した。

(22) 一一〇一年、一一〇二年どちらの記事にも、開元観を造った旨が見られるが、重修なのかは不明。

(23) 本稿では、李朝期の道観を取りあげた。なお、陳朝期、または李朝期以前の大越における道教の状況は、大西和彦「ベトナムの道観・道士と唐宋道教」(遊佐昇、野崎充彦、増尾伸一郎編『アジア諸地域と道教』(講座道教六)雄山閣出版、二〇〇一年)一一〇〜一二七頁に詳しい。

(24) 「中品奉御」に関しては、『安南志略』巻第十四「官制」近侍官に、近侍官の役職の一つとして、中品奉御が載っており、李済川は皇帝の近くで仕えた官であることがわかる。

(25) 『越甸幽霊集録』諸本によると、一話、十一話、十九話、二十話、二十一話、二十三話が『報極伝』を典拠としている。

(26) Taylor, Keith W., "Note on the *Việt điện u linh tập*", *The Vietnam Forum* 8, 1986, pp. 26-59.

「新羅海賊」と神・仏への祈り

鄭淳一

貞観年間に表出された危機意識の実態を集中的に分析する。特に当時問題視された「新羅海賊」と当該問題を解決するなかで威力・効験を発揮した（または発揮すると期待された）「神」「仏」に焦点を当てる。『日本三代実録』の「告文」と僧侶寵寿が書き残した「太元法奏状」を取り扱い、そこに見えている「祈り」の真相に迫る。

はじめに

九世紀後半に日本の排外意識が高まったという命題に異論を提起する研究者はほとんどいないだろうと思われる。九世紀を対外関係の転換期と捉え、転換の核心については「開放的な対外交流を閉鎖的な方向に導いた」ものであると説明し、そのきっかけになったのがまさに「九世紀後半の新羅海賊事件」であると指摘した研究[1]が通説的な位置を占めてきた事実は、当該時期に対する学界の理解をよく示すものと考えられる。[2]

ただし、排外意識が高まりを見せた背景および事情をめぐっては見解が分かれるだろうと思われる。本稿が関心を持っている問題もまさにそれである。「開放から閉鎖へ」あるいは「友好関係から緊張関係へ」の変化様相に注目しつつ、当該時期を「没交渉と関係悪化」一辺倒の時代と規定する従来の研究は妥当なのか、さらに排外意識が高まった契機を貞観十一年（八六九）の新羅海賊事件[3]という単線的な要因に求める態度は果たして説得力があるのかを検討したいのである。

じょん・すんいる――高麗大学歴史教育科助教授。専門は日本古代史、東アジア海域史。主な著書・論文に『九世紀の来航新羅人と日本列島』（勉誠出版、二〇一五年）、「九世紀前後における新羅人ディアスポラの復元的研究――貞観年間における九州地域の新羅人集団を中心に」（『訪日学術研究者論文集』二一、日韓文化交流基金、二〇一五年）、『日本古代史の方法と意義』（勉誠出版、二〇一八年、共著）などがある。

本稿では貞観年間（八五九〜八七七年）に表出された危機意識の実態を集中的に分析する。特に当時問題視された「新羅海賊」と当該問題を解決するなかで威力・効験を発揮した（または発揮すると期待された）「神」「仏」に焦点を当てる。具体的には『日本三代実録』の「告文」と僧侶寵寿が書き残した「太元法奏状」を取り扱う。前者は、日本の朝廷が重要な懸案のある度に「神」の力に頼り、問題を解決しようとした様子を、それに対し、後者は、国家が唐から伝来した仏法（密教修法）で様々な問題を解消・打開していこうとした様相を示しているため、当時の支配層が持っていた認識を分析する際に有用な資料となる。日本列島のなかで特定の「神」「仏」が「鎮護」の論理がどう繋がっていくのか、またそのなかで「新羅海賊」という存在がどう活用されるのかを考察することによって貞観年間において排外意識が強まった経緯を考えてみたい。

一、神社・山陵に告げられた「国家の大禍」

九世紀の中後半を収録年代とする『日本三代実録』からは数十余件の「告文」が確認される。(4) 古代日本の朝廷は国家が直面した困難かつ重要な懸案があるたびに、その内容を諸神社および山陵に告げ、神の力に帰依して問題を解決しようとしたが、「告文」はまさにそのような時に作成される文書を指す。**表1**からもわかるように、そのほとんどが当時の政治的問題、社会的情況に言及していることから、日本の朝廷が諸神社および山陵に「告文」を奉ったのは、単なる宗教的儀礼であったというよりは、特殊な政治的行為であったに違いないものとみられる。したがって、朝廷を規制していた政治的懸案が何であったのかを把握するにあたって非常に有用な史料と言える。

以上の**表1**から確認できる五十一件の「告文」のうち、No.17貞観十一年（八六九）十二月十四日とNo.18同二十九日、そしてNo.19貞観十二年二月十五日の三件は、新羅海賊事件を直接的に取り上げている。それでは、具体的にその内容はどうなっているのか、またそのような神々を対象にしたものなのか見てみよう。

史料1『日本三代実録』貞観十一年十二月十四日丁酉条
（**表1**のNo.17）

使者を伊勢大神宮に遣りて奉幣せしめき。告文に曰いけらく、『天皇が詔旨と、…（中略）…去る六月以来、大宰府度々言上したらく、①新羅賊の舟二艘、筑前国那珂郡の荒津に到来りて、豊前国の貢調の船の絹綿を掠奪して逃退たり。また庁楼兵庫等の上に②大鳥の怪あるに依り

表1　『日本三代実録』にみえる「告文」の主な内容

連番	年		月日	主要内容	天皇	執政大臣
	年号	西暦				
1	貞観 3	861	5. 15	奉幣祈雨 / 百姓農業	清和	藤原良房（太政大臣）857.2.9 〜 866.8.19
2	貞観 7	865	2. 14	天変地災 / 肥後国 阿蘇郡 神霊池無故沸溢 / 兵疫		
3	貞観 7	865	2. 17	神霊池水沸騰 / 預防災害 / 天変地災不止		
4	貞観 7	865	4. 17	新宮構造 / 造飾 / 楯鉾并御鞍等 / 御鞍三具 / 天下国家無事		
5	貞観 8	866	6. 29	甘雨令零 / 国家無事 / 農稼無妨		
6	貞観 8	866	7. 6	応天門火 / 今年旱有 / 百姓農業 / 火兵事等 / 五穀豊登 / 国家安平 / 班幣南海道諸神 / 旱魃風雨災無		
7	貞観 8	866	7. 14	農稼枯損 / 甘雨令零 / 風雨調和		
8	貞観 8	866	8. 18	応天門火		
9	貞観 8	866	9. 25	応天門有失火事 / 伴宿祢善男		藤原良房（摂政）866.8.19 〜 872.9.2
10	貞観 8	866	10. 10	御陵木 陵守数多伐損 / 天皇朝廷護幸 / 天下無事		
11	貞観 9	867	5. 3	祈止霖雨 / 農業流損 / 天皇朝廷宝祚无動		
12	貞観 10	868	2. 25	陵火災 / 山陵失火		
13	貞観 10	868	閏12. 10	地震後 小震不止 / 災無		
14	貞観 11	869	2. 8	斎女始参於社 / 藤原朝臣可多子		
15	貞観 11	869	3. 27	貞明親王 立皇太子		
16	貞観 11	869	6. 17	有旱災 / 百姓農業焼損 / 五穀豊登 / 天下饒足 / 天皇朝廷宝位無動		
17	貞観 11	869	12. 14	新羅賊舟二艘 / 隣国兵革之事 / 肥後国地震風水 / 人民多流亡 / 地震 / 夷俘造謀叛乱之事 / 中国刀兵賊難之事 / 水旱風雨之事 / 疫癘飢饉之事 / 国家大禍 / 百姓深憂 / 国内平安 / 鎮護		
18	貞観 11	869	12. 29	上同		
19	貞観 12	870	2. 15	上同		
20	貞観 12	870	6. 10	自五月霖雨至此未止		
21	貞観 12	870	6. 22	祈止霖雨 / 近来霖雨難晴 / 百姓 農業豊登		
22	貞観 12	870	11. 17	奉鋳銭司及葛野鋳銭所新鋳銭 / 国家平安 / 貨幣豊足		

連番	年		月日	主要内容	天皇	執政大臣
	年号	西暦				
23	貞観 13	871	9. 11	伊勢大神宮 / 高天原 / 天皇孫尊 / 天照大神 / 天皇朝廷宝位無動	清和	藤原良房（摂政）866.8.19 ～ 872.9.2
24	貞観 14	872	3. 23	就蕃客来不祥之事		
25	貞観 15	873	2. 4	依例祈年祭 / 為天下及年穀祈焉 **		
26	貞観 15	873	5. 5	雨雹之怪 **		
27	貞観 15	873	5. 9	雨雹之咎徴 / 一万巻金剛般若経令奉読		
28	貞観 15	873	10. 6	物怪頻見 / 御病事可在 / 災咎消滅		
29	貞観 16	874	閏4. 1	御体可有驚事		
30	貞観 16	874	閏4. 7	天皇朝廷 宝祚無動 / 天下平安 / 水旱之災 / 疫癘之憂無聞/ 風雨順時 / 五穀豊登		
31	貞観 16	874	8. 20	近来皇帝御体 労苦給処有/ 国家無事 天下平安 / 風水無 / 五穀豊登		
32	貞観 17	875	6. 8	祈甘雨 / 百姓農業枯損		
33	貞観 18	876	5. 8	大極殿火事在		
34	貞観 18	876	10. 5	八省院 大極殿 火事在 / 天皇御体 / 風水不起 / 天下平安 / 五穀豊登		
35	貞観 18	876	12. 29	天皇受譲		
36	元慶元	877	2. 23	天皇即位并卜定斎内親王	陽成	藤原基経（摂政）876.11.29 ～ 884.2.4
37	元慶元	877	2. 24	定斎内親王		
38	元慶元	877	4. 8	八省院大極殿可始作 / 天皇朝廷平安		
39	元慶元	877	4. 9	始搆造大極殿 **		
40	元慶元	877	4. 11	大極殿今月九日始作 **		
41	元慶元	877	6. 23	奉幣黒馬 / 祈雨 **		
42	元慶元	877	7. 19	改年号 / 即位之後 必改年号/ 不雨 / 百姓農業皆焼損		
43	元慶 2	878	3. 9	御體平安 / 宝位無動		
44	元慶 4	880	2. 5	大極殿成 / 天皇朝庭 宝位无動 / 天下国家平		
45	元慶 4	880	5. 16	膏雨難得 / 農民稍憂 / 奉幣祈雨 / 奉黒馬 **		
46	元慶 4	880	6. 22	奉幣祈雨 **		
47	元慶 5	881	12. 11	天皇 明年正月 可加元服		
48	元慶 5	881	12. 27	天皇 可加元服		

連番	年		月日	主要内容	天皇	執政大臣
	年号	西暦				
49	仁和元	885	5. 14	祈止雨 / 霖雨不止農業流損	光孝	藤原基経（太政大臣）* 880.12.4 〜 891.1.13
50	仁和元	885	9. 22	諸不祥事未然防除 / 風水之災不発 / 五穀豊稔 / 天下平安		
51	仁和 2	886	8. 7	風雨之災 防除 / 五穀茂盛 / 天皇朝廷 宝祚无動		

* 藤原基経は、876.11.29摂政に就任し、880.12.4から884.2.4までは太政大臣をも兼ねており、887.11.21から890.12.14までは太政大臣と関白とを兼ねている。
**「告文」の詳細が不明な場合である。「告文（曰）云々」の形式で記されている。この場合は、同日記事から「告文」の内容を推定する。典拠はいずれも『日本三代実録』。

てトへ求ぐしに、隣国の兵革の事あるべしとトへ申せり。また③肥後国に地震風水の災有りて、舎宇ことごとに仆れ顛へり、人民多に流れ亡せたり。此の如き災、古来未だ聞かずと、故老等も申すと言上したり。然る間に、④陸奥国また常に異なる地震の言上したり。自余の国国も、また頗る件の災有りと言上したり。伝へ聞く、彼の新羅人は、我が日本の国と久しき世時より相ひ敵ひ来たり。而るに今境内に入り来りて、調物を奪ひ取りて、懼れ沮る気無し。其の意況を量るに、兵寇の萠、此よりして生るか。我が朝、久しく軍旅なく、専ら警備忘れたり。兵乱の事尤も慎み恐るべし。然れども我が日本の朝は、いわゆる神明の国なり。神明の助け護り賜はば、何の兵寇か近き来るべき。況むや掛けまくとも畏き皇大神は、我が朝の大祖と御座して、食国の天の下を照し賜ひ護と賜へり。然れば則ち他国異類の侮を加へ乱を致すべき事を、何ぞ聞し食して、警め賜ひ拒ぎ却け賜はず在らむ。……（中略）…此の状を平けく聞し食して、仮令時世の禍乱として、上の件の冦賊の事在るべき物なりとも、掛けまくも畏き皇大神、国内の諸神達をも唱ひ導き賜ひて、未だ発で向たざる前に、沮拒ぎ排却け賜へ。若し賊の謀、已に熟りて、兵船必ず来べく在らば、境内に入れ賜はずして、逐ひ還し漂ひ没れしめ賜ひて、我が朝の神国と畏れ憚られ来れる故実を澆だし失ひ賜ふな。此より外に、仮令として、⑤夷俘の逆謀叛乱の事、⑥中国の刀兵賊難の事、また⑦水旱風雨の事、⑧疫癘飢饉の事に至るまでに、国家の大禍、百姓の深き憂へとも在るべからむをば、皆悉に未然之外に払ひ却け鎖し滅し賜ひて、天の下躁驚なく、国内平安に鎮め護り救助ひ賜ひ、皇御孫命の御体を、常磐堅磐に、天地日月と共に、夜の護昼の護に護幸へ矜み奉り給へと、恐み恐みも申し賜はくと申す』と。[5]

（※　傍線・番号は筆者）

上掲**史料1**によると、日本の朝廷は貞観十一年（八六九）十二月十四日、伊勢大神宮に使者を遣わし幣帛を奉り、当時懸案となっていた問題を「告文」の形で上奏（**史料1**には「天皇」の「詔旨」とある）したことが分かる。また、これと内容が相当重なる「告文」が、これ以後№18同年十二月二十九日には石清水八幡神に、[6]№19貞観十二年（八七〇）二月十五日には宇佐八幡大菩薩、神功皇后（香椎廟）、宗像大神に、そして甘南備神に[7]奏上されたとある。[8]

これら「告文」の内容については、すでに先行研究で触れられたことがある。[9]それぞれの論点は少しずつ異なっているが、以上の「告文」を、九世紀半ば以降から高まり始めた新羅に対する排外意識を示す傍証資料として位置づけている点では共通する。前掲**史料1**の①からも確認できるように、貞観十一年（八六九）五月二十二日夜に発生した新羅海賊事件が「告文」の前半で重要なこととして言及されている。先行研究もそのような点に着目して、この「告文」が新羅海賊事件に対する支配層の認識、すなわち朝廷の新羅に対する排外意識を示すものと述べているのである。朝廷がもっていた「新羅問題の解決のための神託」の意志が「告文」に投影されているということである。

先行研究の説明は妥当でもある。貞観十一・十二年の「告文」にあがっている神社または神をまとめた**表2**によると、石清水神社、宇佐八幡大菩薩宮、香椎廟、宗像大神は共通的に神功皇后を主な祭神にしているか、あるいはそれと直接関わっている神を祭っていることがわかる。神功皇后がいわゆる「三韓征伐」と密接に関係がある存在であることは、よく知られている通りである。神功皇后を祭神としない伊勢大神宮および甘南備神の場合も、日本の建国神話に関わっているか、あるいは天皇家の皇祖神である天照大神を祭神としている。七世紀後半の持統朝に開始されたとみられる伊勢大神宮に対する奉幣が[10]「新羅調」との関連性のなかで国家的な儀礼として確立していった事実に[11]目を向けなくても、天照大神の

表2 貞観十一～十二年に「告文」が上がった神社

神社	「告文」の表現	所在地	主要祭神	備考
伊勢神宮	伊勢大神宮	三重県伊勢市	天照坐皇大御神（天照大神）豊受大御神	
石清水八幡宮	石清水神社	京都府八幡市	誉田別命（應神天皇）比咩大神（宗像三女神）息長帯姫命（神功皇后）	
宇佐神宮	宇佐八幡大菩薩宮	大分県宇佐市	応神天皇 比売大神 神功皇后	
香椎宮	香椎廟	福岡県福岡市	仲哀天皇 神功皇后 応神天皇 住吉大神	
宗像神社	宗像大神	福岡県宗像市	宗像三女神	宗像三女神は、比売大神（＝比咩大神）と関わっており、またこれらは神功皇后に繋がる。特に神功皇后がいわゆる「三韓征伐」を行なった時、ここで航海の安全を祈り、実際に霊験があったと伝わる。
甘南備神社	甘南備神	広島県府中市	事代主命 大国主命 小彦名神	日本建国神話のうち、出雲神話と関係がある。

存在が新羅蕃国観の形成に繋がっているという見解は一般的に受け入れられているように思われる。[12]

一方、貞観十二年（八七〇）二月十五日には、八幡大菩薩宮をはじめ、色々な神社に上がった「告文」に準ずる内容が様々な山陵にも上げられる。[13] この時、深草山陵、田邑山陵、楯列山陵などが次々と言及される。それぞれ仁明天皇陵、文徳天皇陵、神功皇后陵のことを指す。そのうち、仁明天皇陵と文徳天皇陵は、今上天皇（清和天王）からすれば直前の二代天皇であるため、それらの陵墓において祭祀を行なっても不自然ではない。しかし、神功皇后陵である楯列山陵は多少突出のように思われる。山陵に対する奉幣も新羅の存在を強く意識した措置であると言わざるを得ない理由もそこにある。

このようにみていくと**史料1**をはじめ、貞観十一～十二年の「告文」三件が、「新羅海賊」問題の円満な解決のための神託という性格を持っている点は否定し難い。ただし、見逃してはいけないのがそれとともに多様な懸案が「告文」に言及されている事実である。

全体的な内容を検討してみれば、ここで問題視しているのが単に新羅海賊事件一つのみではないということが分かる。例えば、**史料1**の②・③・④に目を向けると、新羅海賊事件（①）と同じレベルで、大鳥の怪（②）、肥後国での地震および風水（③）、陸奥国などの各地での地震および災難（④）などがともに言及されていることに気がつく。これは②・③・④の問題も①と同様に当時の朝廷が抱いていた悩みであったことを意味する。[14]

史料1の④の後半部に「自余の国国も、また頗る件の災有りと言上したり」[15]とあるのは、当時の災異が特定地域に限らず、列島社会全体を包括する問題であったことを示す。また、「此の如き災、古来未だ聞かずと、故老等も申すと言上したり」[16]（③の末尾）とあるのは、当時起きていた事々が前代未聞の、未曾有のインパクトを齎した災異であったことを伝える。「告文」の後半にみえる「夷俘の逆謀叛乱」（⑤）、「中国の刀兵賊難」（⑥）、「水旱・風雨」、⑧「疫癘・飢饉」などの問題を考え合わせると、貞観十一～十二年にかけて三度も登場するこれらの「告文」が必ずしも新羅問題の解決のみを意識したものとは考え難い。むしろ「国家の大禍」（**史料1**の⑨）と表現されるべき総体的な国家危機状況そのものが朝廷を苦しめた事案であったと言うべきであろう。

「告文」が上がった諸神社および山陵の神々も本来は新羅の調伏に関する効験が期待される存在であったが、九世紀後半、とりわけ貞観年間に問題視された「国家の大禍」が有する「範囲の広さ」や「衝撃度」に留意すれば、結局は「全知全能な神」としての役割がこの神々に期待されたと評価して良かろう。

二、太元帥法に期待された効験

太元帥法とは、天龍・八部鬼神など、いわゆる諸天善神を司る「阿吒薄倶元帥」（＝太元帥明王）を主尊とする一種の降魔法で、特に鎮護国家、怨賊調伏の仏法として重視された。[17]根本経典は善無畏訳の『阿吒薄倶元帥大将上佛陀羅尼經修行儀軌』と失訳の『阿吒拘婆拘鬼神大将上佛陀羅尼經』である。これらは大正新修大蔵経のNo.一二三七『阿吒拘婆拘鬼神大将上佛陀羅尼神呪經』、No.一二三八『阿吒拘婆拘鬼神大将上佛陀羅尼經』、No.一二三九『阿吒薄倶元帥大将上佛陀羅尼經修行儀軌』として伝わっている。[18]

日本への将来は入唐僧・常暁によるものという認識が強いが、その前、空海がその法の儀軌を持って帰国したことが明らかになっている。[19]さらに言えば、奈良時代にも太元帥法の請来が確認される。それは曇無讖（三八五～四三三年）訳と見做されている。[20] にも関わらず、伝来の功績が一般的に常暁に回されるのは、彼が仁明天皇から中宮真言院での勤修を許可されるなど、太元帥法の受容に最も積極的であったためとみられる。[21]

関連研究の蓄積も少なくはない。密教の教えそのものに焦点を当てた研究、[22] 日本に将来した僧侶・常暁という人物に関心をもつ研究、[23] 貴族社会の秘密修法としての性格究明に力を入れた研究、[24] 中世社会の暴力正当化に関連付けた研究、[25] 太元帥法の歴史的な変質過程を説明した研究などがあげられる。[26] また、最近では、太元帥法の修行で使用された様々な仏具（武器および武具）が正倉院「国家珍宝帳」にみえる物品と一致する事実に注目した研究も発表されている。[27]

本稿の論旨に関連しては、太元帥法が新羅に対する排外思想を示す事例であると指摘している佐伯有清氏の研究が非常に注目される。[28] しかし、太元帥法がどうして九世紀後半から国家的な仏教修法になっていき、どのような政治思想的な脈絡で協調され始めたのか、また、「新羅海賊」問題とどのような形で関連付けられるようになったのかについては、説明が依然として不十分な状態であると言えよう。

従って、本節では、以上の未解決課題に留意しつつ（一）唐ではこの仏法がどのような役割を果たしたのか、また列島社会に将来された当時（この場合は「常暁」の時代を指す）期待された霊験は何であったのか、（二）貞観年間にはどんな脈絡で勤修されたのか、（三）太元帥法は果たして「新羅海賊」などの隣国賊難を解決するための仏法であったのか、もし他の役割はなかったのか、あったとすれば何であったのか、などの問いに積極的に答えようとする。

まず、（一）についてである。常暁の行跡および太元帥法に関しては『続群書類従』（釈家部・巻一九三）所収「入唐五家伝」、『平安遺文』所収「寵寿申状案」（『平安遺文四九〇二号』、『平安遺文』所収「僧常暁請来目録」（『平安遺文』四四四六号）、そして『元亨釈書』（巻三・慧解）などが基本史料として参考になる。常暁は唐から帰国した後、すぐ上表文を含む「請来目録」（「常暁和尚請来目録」＝『平安遺文』四四四六号）を提出し、あわせて太元帥名王の画像を進上したとされるが、[29]「目録」によると、「太元帥法が都内に十供奉以外に伝わっておらず、また諸州から節度使の家の外には出なかった」とある。太元帥法がその霊験の不思議によって唐では伝法の範囲、修法の場所が非常に制限されていたように描写されているのである。[30] しかし、これは言説に過ぎない。実際は、常暁自身も揚州の文璨に修学し、その前に空海が、そして後代の円仁、円珍、宗叡がそれぞれ太元帥法に関係する経典を請来した事実からみて、実際には入手が比較的に容易であったものと考えられる。[31]

では、請来当時、太元帥法に期待された霊験とは何であったのだろうか。「請来目録」では「新羅の賊衅、その厄難を超え聖境を平達した」とあり、[32]一見新羅からの脅威を除去することが協調されているようであるが、「本経」を引用しつつ語る部分では多様な効能が並んでいることからすれば、[33]特定の性格を与えられたというよりも、むしろ「万能の降魔法」であったものと判断される。

次は、(二)貞観年間においてどのような脈絡で勤修されたのかについてである。貞観八年(八六六)十二月、寵寿は常暁に次いで法琳寺別当職を継承し、第二代の阿闍梨になった人物である。彼は貞観十九年(八七七)、太元帥法請来の由来とその霊験を記録した上奏文を朝廷に提出しているが、その内容(「太元法奏状」=『平安遺文』四九〇二号)を見ると、常暁の段階では全く見られなかった思想が窺える。すなわち「唐では太元帥法が唯国王のために宮中で行われることであり、城外で庶民のためには行わない」という認識である。[34]それは前述の「太元帥法が都内に十供奉以外に伝わっておらず、また諸州から節度使の家の外には出なかった」という表現と克明に対比されるもの(国王でない節度使も太元帥法を勤修することが可能であったことを指すので)であり、太元帥法を天皇の専有法、すなわち「天皇のみが主宰できる護国法会」[35]と認識するようになったことを意味する。少し後代のことではあるが、**表3**のNo.26から確認される太元帥法の私的な使用による失脚ともよく呼応するものと考えられる。

興味深い事実の一つは、「太元法奏状」に貞観年間の新羅海賊事件が言及されていることである。当該内容は次の**史料2**の如くである。

史料2

貞観十二年大宰府貢朝綿一万屯、爲海賊被劫奪。爰新羅賊乗此隙來侵之。隣国賊難、天下騒動。同十三年正月御修法間、屢賜勅使、宣云、可降伏隣国賊難之勤、専太元帥之力、須能勤仕之者、寵寿謹奉 勅、専盡身力、祈禱国家、更無懈怠。即便隣国賊難已従平伏。是雖休明之徳化、抑専在太元之扶持者乎。[36]

上記史料の冒頭(=下線部)からは「新羅(海)賊」が貞観十二年(八七〇)大宰府の貢朝綿一万屯を奪取したことが伝わる。年紀は異なるが、これは間違いなく『日本三代実録』にみえる「貞観十一年新羅海賊」の出現と[37]同一事件を指すものと考えられる。『日本三代実録』では、「新羅海賊」が「年貢絹綿」を奪取したとする情報のみ伝わるが、**史料2**はその絹綿（＝貢朝綿）の規模が「一万屯」であったと明記しているため、正史（六国史）を補完する貴重な記録として評価できよう。

前述した（三）太元帥法は果たして新羅海賊などの隣国賊難を解決するための仏法であったのか、もし他の役割はなかったのか、あったとすれば何であったのかという問いに関して注目されるのは、寵寿が**史料2**に出ている新羅海賊の出現を隣国賊難と規定した上、翌年恒例修法（正月八日の挙行）で専ら太元帥明王の力（＝「専太元帥之力」）に頼り、降伏させようとした事実である（**表3**の5）。**表3**の6に見えているように、寵寿が出羽国で直接降賊法を勤修したことと照らし合わせると、貞観年間の太元帥法が有する性格とは「兵革調伏」を基調とする護国イデオロギーであったと言えよう。新羅海賊の出現という国際情勢の緊張および蝦夷との対立から表出する国内的摩擦を契機に、「賊難調伏」という太元帥法に期待された霊験・効力が時宜適切に発揮されているのである。

しかし、「太元法奏状」全体を検討してみると、太元帥法の機能が隣国賊難の調伏に留まらないことがわかる。表面的には貞観年間の「新羅海賊」問題が協調されているようであるが、この仏法には当該時期の朝廷が抱いている諸問題の解決に対する期待が掛かっていた。具体的には境内の怨敵（四方の隣敵）、逆臣（大臣の起逆）、諸疾疫苦の調伏をはじめ、包括的には王境土内にある悪人・悪賊および様々な鬼神の退治までを持ち合わせる「オールマイティ（almighty）」仏法としての役割が求められたのである。

国内外の諸問題を司る「全能仏」としての威力が期待されたという側面では、太元帥法の導入当初の性格が連続していると言えるが、このような権能が天皇主宰の執行を通じて発揮が可能になるという点では以前の段階との断絶も確認される。

一見、新羅問題をはじめ、「外的脅威」の解決を固有な効能（霊験）としているように見える太元帥法が、実際には多様な形で表出される国内懸案の解消と密接に関わっているという点では、前節で考察した「告文」にみえる神々の機能と相通じるものと言えよう。

三、高揚した排外意識の実態
――国家鎮護の論理と「新羅海賊」

（一）「国家の大禍」にみる危機意識の高まり

通説によると、九世紀の半ばまでの開放的な対外交流を閉鎖的な方向に導き、排外意識の高揚に決定的な契機を提供し

表3　九〜十世紀における太元帥法の勤修事例

通番	年月日	事項	阿闍梨
1	承和7年（840）	常寧殿で修法（〜850年、大師記）	常暁
2	仁寿2年（852）正月8日	常寧殿で恒例修法（〜865年, 奏状）	常暁
3	齊衡3年（856）2月	神泉苑で請雨修法（大師記）	常暁
4	貞観8年（866）正月8日	治部省大庁で恒例修法（奏状）	常暁
5	貞観13年（871）正月8日	恒例修法で前年の「新羅海賊」降伏に触れる（奏状）	寵寿
6	元慶2年（878）6月28日	出羽国で降賊法を修す（三代実録）	寵寿
7	寛平9年（897）正月8日	恒例修法（勘文）	元如
8	寛平年間（889〜898）	恒例修法で、天下豊焼饒、国土平安を祈念（法琳寺補任）	元如
9	延喜元年（901）2月13日	坂東調伏のために法琳寺で修法（雑々記）	命藤
10	承平6年（936）3月5日	海賊鎮定のために豊楽院で修法（紀略）	泰舜
11	承平6年（936）3月12日	海賊攘難のために治部省で修法（紀略）	泰舜
12	天慶2年（939）6月1日	坂東謀逆により法琳寺で修法（貞信抄）	泰舜
13	天慶2年（939）12月25日	海賊調伏のために法琳寺で修法（雑々記）	泰舜
14	天慶3年（940）正月8日	恒例修法（法琳寺補任）	泰舜
15	天慶3年（940）正月14日	將門降伏のために法琳寺で修法（法琳寺補任）	泰舜
16	天慶3年（940）正月21日	西海凶賊消滅のために法琳寺で修法（三宝院）	泰舜
17	天慶3年（940）2月25日	將門調伏のために大膳職で修法（三宝院）	泰舜
18	天慶3年（940）8月29日	南海凶賊調伏のために法琳寺で修法（紀略）	泰舜
19	天暦5年（951）4月28日	天変怪異および兵革の未然消除のために修法（三僧記）	円照
20	康保4年（967）10月2日	天変怪異により法琳寺で修法（秘抄）	円照
21	安和2年（969）4月17日	兵賊祈攘のために法琳寺で修法（秘抄）	円照
22	正暦元年（990）正月8日	恒例修法（東寺補任）	妙誉
23	正暦2年（991）正月8日	恒例修法（東寺補任）	賀仲
24	長德元年（995）正月8日	恒例修法（東寺補任）	仁聚
25	長德2年（996）正月8日	恒例修法（東寺補任）	泉樹
26	長德2年（996）4月1日	藤原伊周、私的に太元帥法を行なう（紀略）	太元帥法の私的な使用
27	治承5年（1181）7月8日 弘安4年（1281）6月13日	関東調伏のために法琳寺で修法（続群） 寛伊が蒙古降伏のために法琳寺で修法	後代の類似事例

※［出典凡例］（出典が複数存在する場合、代表的なもの一つのみを表記）
大師記＝『入唐根本大師記』、奏状＝『太元帥法縁起奏状』、三代実録＝『日本三代実録』、勘文＝『太元宗勘文』、法琳寺補任＝『法琳寺別当補任』、雑々記＝『太元雑々記』、紀略＝『日本紀略』、貞信抄＝『貞信公記抄』、三宝院＝『三宝院文書』、三僧記＝『三僧記類聚』、秘抄＝『太元帥法秘抄』、東寺補任＝『東寺長者補任』
※ 佐藤長門, 注7）の表を参考にして修正・補足したもの。

たものが「貞観十一年の新羅海賊事件」とする。[38] そのような見解の前提には「告文」および「太元法奏状」の内容が、まさに朝廷が持っていた、新羅に対する排外意識そのものを示すという解釈がある。しかし、前述の検討を通じても明らかになったように、貞観十一〜十二年の段階で朝廷が持っていた排外意識が単に「新羅海賊」による外侵を恐れているなかで生み出されたものであるとは言えないように思われる。「告文」や「太元法奏状」では「新羅海賊」の出現以外にも様々な懸案が挙げられていることは示唆するところが大きい。

例えば、「告文」では「新羅海賊」事件以外にも②・③・④などが重要な問題として取り上げられている。ところで、②にみえている「大鳥の怪」というのは、非常に観念的かつ非現実的な現象のように判断される。[39] 従って、以下では、より現実的かつ実質的な懸案であったとみられる③・④の問題を中心に「告文」が語られた当時の社会的背景を把握しみたい。

まず、③肥後国の災害についてである。これに関しては、次の『日本三代実録』貞観十一（八六九）七月十四日庚午条が注目される。[40]

風雨。是日、肥後国大風雨、飛抜樹、官舎民居顚倒者多、人畜圧死不可勝計、潮水漲溢、漂没六郡、水退之後、捜官物、十失五六焉。自海至山、其間田園数百里、陥而為海。

この史料は、肥後国で起こった大風雨についての記録である。当時の惨状をよく伝えている。強い風や大雨で根こそぎになった木、転覆した建物、圧死した人や家畜の様子は当時の情況を想像させる。六つの郡が水のなかに沈んだせいか、水位が下がった後も官物の五〜六割は失ってしまった模様である。この時、人民の生活を支えなければいけない政府は相当なインパクトを受けたはずである。

次は『日本三代実録』貞観十一年五月二十六日癸未条にみえている④陸奥国の大地震について見てみよう。[41]

陸奥国地大震動。流光如昼隠映、頃之、人民呼、伏不能起。或屋仆圧死、或地裂埋殪、馬牛駭奔、或相昇踏、城倉庫。門櫓墻壁、落顚覆、不知其数。海口哮吼、声似雷霆、驚涛涌潮、泝漲長、忽至城下。去海数十百里、浩々不辯其涯。原野道、惣為滄溟、乗船不遑、登山難及、溺死者千許、資産苗稼、殆無孑遺焉。

この史料からは、貞観十一年の大地震により陸奥国の施設が甚大な被害を受けたことが知られる。[42] 二〇一一年三月十一日の東日本大震災の時、多くのメディアを通じて大規模な津波の様子を見ることができたが、まさにそのような大震災が貞観十一年五月にも起きていたのである。

肥後国や陸奥国で発生した大規模な自然災害は、**史料1**の⑨で言われているように「国家の大禍」として受け入れられ、日本の朝廷に大きな悩みを抱かせた模様である。(43) このような災難の連発が土地の流失および農民の離脱を促しただけでなく、人民支配の経済基盤ともなった公地公民制の変質を促進させたとみられ、(44) まさにこのような社会的な混乱が危機意識へと転化し、結局「告文」にも投影されたものと解釈される。なお、「告文」の後半部にみえる、夷俘の逆謀叛乱（⑤）、中国の刀兵賊難（⑥）、水旱・風雨（⑦）、疫癘・飢饉（⑧）なども、この時期、朝廷において一つの政治問題化していったただろうと推定される。(45)

ここでは「夷俘」という集団、「中国」という地域を特定しているものの、日本列島ではすでに八世紀後半から全地域的な兵乱が発生し始め、さらに九世紀以降にはそのような現象がより深刻化していったというのは周知の通りである。(46) 特に東北社会においての蝦夷集団による政治的抵抗は日本列島全体に影響を与えていた。(47) また旱および洪水は勿論、弘仁年間から始まった全国的な飢饉は中央の為政者にとって大きな問題となっていた。(48)

一方、この時期の中央権力は非常に意味のある政治的変動を経験していた。承和九年（八四二）、承和の変(49)で反対勢力を除去した藤原良房は当時次第に力を養っていった伴善男勢力を排除するために貞観八年（八六六）九月に再び政変（＝応天門の変）を起こした。(50) 政変の直後、良房は正式に清和天皇の摂政になり、また、その養子・基経は自分より序列が高かった七名を取り除いて、中納言に上がるようになり、藤原北家の権力が確立していくように見えた。しかしながら、このように登場した新たな執権体制は、またたく間に地方支配システムの矛盾、収税体制の不安定などの問題に直面し、結局、安定的な軌道に安着することまでは至らなかった。(51) さらに良房・基経体制は、天皇権力を代行するという特殊性をもっていると同時に政治的正当性を確保しなければならない負担を抱いていたため、統治権力の掌握に苦戦せざるを得なかった。(52) 政治状況の変動と社会経済的システムの変質という悪循環は九世紀半ば以降に発生した大規模な自然災害および地方社会の兵乱と混在され、次第に危機意識へと転化していったとみられ、そのような悪循環の繰り返しにより、危機意識がなお高まっていたものと考えられる。したがって、「告文」および「太元帥奏状」に投影された朝廷の危機意識は、先行研究で指摘されているように外的契機を通じて形成されたというよりは、内的契機を通じて形成・増幅されたの

表4　九世紀後半における災異記事の頻度

連番	年		地震	水害	疫癘	飢饉	天皇	執政大臣
	年号	西暦						
1	天安 2	858	3	0	0	0	清和	藤原良房(太政大臣) 857.2.9 ～ 866.8.19
2	貞観元	859	5	12	1	0		
3	貞観 2	860	14	6	0	0		
4	貞観 3	861	7	2	1	1		
5	貞観 4	862	19	5	0	1		
6	貞観 5	863	6	4	0	0		
7	貞観 6	864	6	2	1	0		
8	貞観 7	865	9	6	1	0		藤原良房(摂政) 866.8.19～872.9.2
9	貞観 8	866	8	4	1	2		
10	貞観 9	867	9	6	2	1		
11	貞観10	868	23	2	0	0		
12	貞観11	869	13	8	2	2		
13	貞観12	870	6	2	1	3		
14	貞観13	871	8	6	0	0		
15	貞観14	872	13	7	1	0		
16	貞観15	873	12	3	0	0		
17	貞観16	874	13	10	1	0		
18	貞観17	875	9	6	0	0		藤原基経(摂政) 876.11.29～884.2.4
19	貞観18	876	5	4	0	1		
20	元慶元	877	4	2	0	1	陽成	
21	元慶 2	878	7	7	1	2		
22	元慶 3	879	12	1	0	1		
23	元慶 4	880	30	4	0	0		
24	元慶 5	881	16	2	0	0		
25	元慶 6	882	2	2	0	0		
26	元慶 7	883	3	7	0	1		藤原基経(太政大臣) 880.12.4～891.1.13
27	元慶 8	884	3	5	0	0	光孝	
28	仁和元	885	6	3	0	0		
29	仁和 2	886	5	11	1	0		
30	仁和 3	887	16	4	0	0		

※ 典拠はいずれも『日本三代実録』

ではないかと思われる。

(二)「鎮護」の論理と「新羅海賊」の強調

大規模な自然災害と各種の戦禍などの現象により、国家支配秩序を支えていた根幹すら脅かされていた朝廷にとって、最も至急の課題は当然ながら、自然災害による被害を復旧し、兵乱の再発を防ぐための具体的な政策を創り出すことであったと思われる。しかし、アイロニカルながらも朝廷は災害が発生した時に、当該地域民に対する救済措置を取るよりも、観念的な「鎮護」の論理を定立していくのに、力を注いでいたようにみられる。災害への対応策は神祇官あるいは陰陽寮に任せられた。ほとんどの対応策が両機関の諮問を経て決定されたのである。実際にも神祇官および陰陽寮は災害対策機関としての性格をも持っていたとする。積極的かつ包括的な救済対策を出すことによって政治的な懸案を打開していくのでなく、災害からの回避ないし再発防止のための祈願に尽力していたのである。(53) 九世紀半ば以降、問題視されていく事案が農畜された貞観十一～十二年の「告文」および「太元法奏状」を通じてもそのような様子が見て取れる。

ところで、当該記録の全体内容を見ると、支配体制の安定を取り戻そうとする「鎮護」の論理のなかで「新羅」という存在が強く意識されていることが確認できる。それは、朝廷の対新羅認識が国家の平安を図る「鎮護」の論理と密接に関わっていることを意味する。それでは、新羅は当時の朝廷にとってどのような存在として受け止められていたのだろうか。

すでに別稿で述べたように、(54) 九世紀の朝廷がもっていた新羅に対する認識は、新羅・新羅人との直接的な接触が契機となって形成されたというよりは、辺境地域の人々の自立的な交易活動を統制・管理する過程のなかで派生して表われている側面が強いと言える。結局、新羅をどう認識するのかは、支配領域内の人民たちが国家の統制および管理からどれほど離脱・離反していこうとするのか、という問題に直結しているのである。従って「告文」および「太元法奏状」の内容を通じて新羅問題が強調される原因も列島社会において新羅と関係する不穏な情勢があったからではないかと思われる。(55) すなわち、当時の不穏な情勢というものは、新羅人たちの軍事的脅威・挑発や、新羅から齎される危険性によるものであったというよりも、列島の辺境地域で来航新羅人に呼応する勢力ないし集団が出現していた事実、そのものであったとも言えよう。来航新羅人と関係を結ぶ国内勢力が顕在化していた(56) 9世紀半ば以後の現実のなかで新羅問題が意図的に強調されたのであり、その一側面を「告文」および「太元法奏状」から確認することができるのである。

興味深いのは、朝廷が活用した「鎮護」論理の核心には、伝統的な対新羅観が存在していた点である。それは『日本書紀』編纂段階から形成されてきたいわゆる「神国思想」であった。[57] 貞観十一～十二年に奉られた三度の「告文」と寵寿の作成した「太元法奏状」、いずれも新羅の存在を強く意識しつつ神託するか、仏法に頼っている内容を盛り込んでいるが、そのほとんどが『日本書紀』に出てくる「神功皇后の新羅征伐物語」と直接的に関わっているか、あるいは密接に繋がっている存在が神格化されている神社や山陵を対象とするものである。[58]

実質的な規模面では、さほど大きくない海賊事件であったにも関わらず、[59] 政権レベルで新羅に対する伝統的観念を蘇らせ、また意図的に強調したのであり、「神功皇后の新羅征伐物語」への記憶を新羅による「被侵略の可能性」のなかで復活させていたのである。[60] しかし、その「被侵略の可能性」というのは現実的に存在したというよりも、当時の列島社会に内在していた「国家の大禍」（前掲「告文」での表現）、すなわち、大規模な自然災害、各種の兵乱、辺境統制から離れた通交行為、そして中央政界においての政変などを通じて形成され、さらに高まっていった危機意識が貞観十一年（八六九）の新羅海賊事件を契機に表出されたイデオロギー的な様相であったと考えられる。

結局、貞観年間に諸神社および山陵に奉られた「告文」や、太元帥法の仏力が盛り込まれた「太元法奏状」は、国内の各種災異によって高まっていった危機感が神国思想という思想的機材を通じて新羅に対する排外意識として表出されたものであり、その過程で新羅海賊事件が強調されるようになったと言えよう。なお、『日本三代実録』に記載されている「新羅海賊」関係記事のなかで、実質的な海賊の実体を示すのは、貞観十一年（八六九）の記事、ただ一件のみであり、残りは貞観十一年の新羅海賊事件に対する「事前予兆」または「事後反応」という性格をもっている事実は、新羅海賊事件が朝廷の直面していた国内状況に強く規制され、一種の支配イデオロギーとして道具化していったことをよく示すものと考えられる。

おわりに

貞観十一年（八六九）の新羅海賊事件の被害規模はさほど大きくなかった。にも拘わらず、朝廷は当該事件を非常に協調しつつ敏感な反応を見せた。それをよく示しているものが本稿で取り上げた「告文」および「太元法奏状」である。特に「告文」の検討では、当時の朝廷が新羅海賊事件を強調し過ぎた実質的な理由が「国家の大禍」として認識されていた列島内部の問題が存在していたためであるということが確認できた。

当時「国家の大禍」と認識された大規模な自然災害および各地方で発生していた兵乱は、収税体制の根幹である公地公民制の変質を齎したため、朝廷の危機意識がどんどん強まっていくしかなかった。さらに、中央では貴族同士の権力闘争が激しくなり、ついに「応天門の変」という政治事件へとまで繋がった。九世紀半ば以降、なお鮮明になった政治状況の変動や社会経済的なシステムの変質という悪循環が少しずつ危機意識に転化していったのである。

朝廷は彼らが経験していた危機状況の打開のために実質的な政策を提示するよりも、観念的な「鎮護」の論理を定立していった。この過程で新羅人——具体的には「新羅海賊」——の存在が強く意識された。辺境地域（特に縁海部・島嶼部）で来航新羅人に呼応する勢力が現れ始めたためである。九世紀後半の朝廷を悩ませていたのは、外部勢力としての新羅人たちであったというよりも新羅人たちと私的に結合していた国内勢力それ自体であった。朝廷の新羅に対する認識は新羅・新羅人との直接的な接触がきっかけになったわけではなく、辺境の人々による自律的な交易活動を統制・管理する過程で派生した側面が強い。

貞観十一年の新羅海賊事件そのものが持っている実体とは別に、朝廷によって協調された背景には「神国思想」に基づいた伝統的な新羅観があった。貞観十一年頃から連発した災異によって高揚した危機意識が神国思想という理念的な機材を通じて新羅に対する排外意識として表出したのであり、その流れで「新羅海賊」の存在が協調されるようになったのである。当時の朝廷が感じていた「被侵略の可能性」というものも現実的に存在したわけでなく、列島社会に内在していた「国家の大禍」を通じて形成された危機感が新羅海賊事件を契機に強く表出したイデオロギー的な様相であった。すなわち、「鎮護」の論理および統治安定化のイデオロギーとして新羅海賊事件が機能していたのである。

注

（1）石上英一「古代国家と対外関係」『講座日本歴史 古代二』（東京大学出版会、一九八四年）。

（2）後続研究では、石上英一の研究を部部的に批判しながらも新羅海賊事件が九世紀の対外関係を転換させた契機であり、九世紀前・半ばに形成された排外思想を増幅させるようになったきっかけであったとする見解には基本的に同意する傾向がある。そのような立場にある研究としては、濱田耕策「新羅中、下代の対日本外交——朝貢と交易をめぐって」（『学習院史学』二一、一九八三年）、同「新羅王権と海上勢力-特に張保皐の清海鎮と海賊に関連して」（『東アジア史における国家と地域』刀水書房、一九九九年）、鈴木靖民『古代対外関係史の研究』（吉川弘文館、一九八五年）、東野治之『遣唐使と正倉院』（岩波書店、一九九二年）、石井正敏「十世紀の国際変動と日本貿易」（『新版古代の日本（二）アジアから見た古代日本』角川書店、一九九二年）、同『東アジア世界と古代の日本』（山川出版社、二〇〇三年）、村井章介「王土王民思想と九世紀の転換」（『思想』八四七、一九九五年）、酒寄雅志『渤海と古代の日本』（校倉書房、二〇〇一年）、山内晋次『奈良平安期の日本とアジア』（吉川弘文館、二〇〇三年）などが挙げられる。一方、日本政府が九世紀後半の新羅海賊事件と何度かに亘る新羅人関連の謀反事件を利用し、日本の在地勢力（官人および豪族層）と新羅人との結合を断絶させようとした点を指摘した李炳魯の見解は従来の理解と差異を見せている。さらに、九世紀後半に入ってからは交易担当者が「新羅商人」から「唐商人」に変化するようになったという評価も注目をひく（「寛平期（八九〇年代）日本の対外関係に関する一考察」（『日本学誌』一六、一九九六年）、同「九世紀後半に発生した新羅人謀反事件の再検討」（『日本学報』三七、一九九六年）、同「日本支配層の対新羅観政策変化の考察——主に九世紀を中心に」（『大邱史学』五一、一九九六年）、同「日本列島における東アジア世界に関する一考察——主に九世紀における九州地方を中心に」（『日本学誌』一七、一九九七年）、同「日本側の史料からみた九世紀の韓日関係——新羅人来着記事を中心に」（『日本語文学』二五、二〇〇四年）などを参照）。

（3）「貞観十一年（八六九）の新羅海賊事件」とは、貞観十一年五月二十二日の夜、「新羅海賊」が二艘の船に乗って博多津に現れ、豊前国の年貢絹綿奪取・逃亡した事件を指す（『日本三代実録』貞観十一年六月十五日辛丑条）。これは「寛平年間の新羅海賊」と区別される概念でもある。詳細は、鄭淳一『九世紀の来航新羅人と日本列島』（勉誠出版、二〇一五年）の「第二部 新羅海賊と日本列島」を参照。

（4）「告文」に関する具体的な内容を示す資料はないが、『中右記』寛治五年（一〇九一）正月二十八日条によると、中宮入后中に諸神社に幣帛を奉ることがあった模様で、大内記を以て「告文」を作らせたとの事実が確認される。この時に使用された用紙は黄紙であったとあり、一定の様式を備えた文書であったことがわかる（角田文衛監修『平安時代史事典』本編上、角川書店、一九九四年、八四五頁参照）。古代日本の勅撰史書のうちには『日本三代実録』でのみ合わせて五十一件の「告文」が見えている。概略は**表1**の如くである。

（5）**史料1**の原文は「宣命体」と表記されている。「宣命」についての基本的な理解は、角田文衛監修『平安時代史事典』本編（上）（角川書店、一九九四年）一三九一頁を参照。関連研究としては、喜田新六「宣命の性格について」（『中央大学文学部紀要』三、一九五三年）などがあげられる。

（6）『日本三代実録』貞観十一年（八六九）十二月二十九日壬子条。

（7）『日本三代実録』貞観十二年（八七〇）二月十五日丁酉条。

（8）甘南備神に上がった「告文」の場合、前のものよりは簡略な形式を取っており、叙述内容にも相違がある。例えば「新羅冦賊調兵装船天 我朝之地乎 掠侵爾 将來須止」のような記述からは他の「告文」に比べて新羅海賊の軍事的な侵略可能性が相対的に協調されていることがわかる。

（9）九世紀の新羅・日本関係を取り上げる研究では、貞観十一

～十二年の「告文」を直接的・具体的に扱っていないが、村井章介「王土王民思想と九世紀の転換」(『思想』八四七、一九九五年)、保立道久「黒田学説の位相」(『人民の歴史学』一三五、一九九八年)、山崎雅稔「貞観十一年新羅海賊来寇事件の諸相」(『國學院大学大学院紀要――文学研究科』三二、二〇〇一年)では「告文」の存在を紹介しつつその意味についても簡略に述べている。前掲注3鄭淳一書、三三二―三四五頁(「総括と展望」部分)でも「告文」の有する意義を指摘している。本稿の第Ⅱ節は当該研究に基づいて考察を加えたものである。

(10)『日本書紀』持統六年(六九二)五月庚寅(二十六日)条「庚寅。遣使者、奉幣于四所伊勢・大倭・住吉・紀伊大神。告以新宮」参照。

(11)『日本書紀』持統六年(六九二)十二月甲申(二十四日)条「甲申。遣大夫等、奉新羅調於五社、伊勢・住吉・紀伊・大倭・菟名足」参照。

(12)天照大神と新羅蕃国観の形成については、田村圓澄『古代日本の国家と仏教』(吉川弘文館、一九九九年)参照。

(13)前掲注7の史料と同じ。

(14)関口明氏は、「国分寺と新羅問題」を論じる際に、この「告文」に言及したことがある。ここで注目すべきは、新羅海賊事件が同じ時期に発生した他の事件とともに、新羅による新たな「兵寇之萌」として位置づけられていることである。中央の貴族が、本来新羅問題と全然無関係の天変災異が、すべて新羅と関係するものと理解していることを指摘しつつ、神社や山陵に祈る場合も、新羅問題と関係はないが、律令政府が直面していた諸問題を解決しようとする意志が反映されたものと述べている(関口明『古代東北の蝦夷と北海道』吉川弘文館、二〇〇三年、二二七―二三〇頁)。

(15)**史料1**の「自余国国毛又頗有件止言上多利」。

(16)**史料1**の「如此之比古來未聞止故老等毛申止言上多利」。

(17)佐藤長門「太元帥法の請来とその展開――入唐根本大師常暁と第二阿闍梨寵寿」(『史学研究集録』一六、一九九一年、三五頁)。

(18)米田雄介「『国家珍宝帳』に見える武器武具と太元帥法」(『日本歴史』七六六、二〇一二年、一一頁)。

(19)前掲注18米田雄介論文、一〇頁。

(20)前掲注18米田雄介論文、一一頁。『大日本古文書(編年文書)』一二「正倉院文書」続々修十四帙四の「可請本經目録」に名称がみえる。天平勝寶四年(七五二)時点と見る場合もあるが、正確な請来時期は不明。

(21)前掲注18米田雄介論文、一〇―一一頁。

(22)住田恵孝「太元帥法の研究」(『密教論叢』二二・二三、一九四二年)。

(23)小西瑛子「元興寺僧常暁の入唐求法」(『元興寺仏教民俗資料研究所年報』三、一九六九年)。

(24)速水侑「貴族社会と秘密修法」(『平安貴族社会と仏教』吉川弘文館、一九七五年)。

(25)平雅行「中世寺院の暴力とその正当化」(『九州史学』一四〇、二〇〇五年)。

(26)前掲注17佐藤長門論文、井原今朝男「中世朝廷における大元帥法の変遷」(『中世の国家と天皇・儀礼』校倉書房、二〇一二年)。

(27)前掲注18米田雄介論文。

(28)佐伯有清「九世紀の日本と朝鮮」(『日本古代の政治と社会』吉川弘文館、一九七〇年)。

(29)『續日本後紀』承和六年(八三九)九月辛丑(二十三日)

条。

(30) 「常暁和尚請来目録」のうち「是大元帥者、都内不伝於十供奉以外、諸州无出於節度宅以表、縁其霊験不可思議也」。

(31) 前掲注17佐藤長門論文、四〇―四一頁。

(32) 「常暁和尚請来目録」のうち「新羅賊畔、越彼厄難平達聖境」。

(33) 「常暁和尚請来目録」のうち「本經云、佛告阿難、若有國王大臣敬禮誦呪者、其人境世、无有悪賊怖難災横疾疫水旱風霜、國倍威德諸民平泰、若有邑村落持此法者、莫不蒙利益者、又云、若國土衰禍、雨沢不調、以此大元帥呪安四門上、即得風雨順時、将鎮國土、四方隣敵不起逆心等者、(中略)今見唐朝皆依此、爲治國之寶勝敵之要、(中略)此法也、吾朝不多流行、以是略案法儀圖像請來、息災招福无此、此法誰非帰依耶」。

(34) 「太元法奏状」のうち「此亦唯爲國王、専行宮中、輒爲黎庶、不及城外」。

(35) 前掲注26井原今朝男論文、一六三頁。

(36) 「太元法奏状」から抜粋したもの。

(37) 前掲注3の史料および書を参照。

(38) 前掲注1石上英一論文など。

(39) **史料1**に見える「大鳥」とは「大鳳」「鳳」を指すものと推察される。「鳳」は『養老儀制令』祥瑞条にも出ているとともに、『延喜治部省式』祥瑞条でも「大瑞」として分類されている。それはこの「大鳥」が吉兆として認識されていたことを意味する。ところで、**史料1**では「大鳥の怪」とあるため、吉兆の象徴である「鳳」がむしろ凶兆の化身として表現されている。当時の支配層たちは「伝説のなかの」あるいは「想像のなかの」鳥でもある「鳳」の動きに各種の災異を投影させて神社および山陵に報告したものと考えられる。

(40) 『日本三代実録』貞観十一年(八六九)七月十四日庚午条。

(41) 『日本三代実録』貞観十一年(八六九)五月二十六日癸未条。

(42) 前掲注3鄭淳一書、第7章を参照。

(43) この二つの災害に対する朝廷の反応、処理対策については、『日本三代実録』貞観十一年(八六九)十月十三日丁酉条および『日本三代実録』貞観十一年(八六九)十月二十三日丁未条を参照。

(44) 佐藤宗諄氏は、かつて支配構造全般で変貌が見られる九世紀を時代的転換期と規定し、特に平安初期の政治は社会経済的な変貌と密接に関連しながら展開したと指摘した(佐藤宗諄「律令国家の変貌」『講座日本史(一)古代国家』東京大学出版会、一九七〇年)。

(45) 九世紀日本の社会像を伝える代表的な史書と言える『日本後紀』『続日本後紀』『日本文徳天皇実録』『日本三代実録』を分析すると、盗賊および地震、飢饉、疫癘そして日照り、洪水のような自然災害関係記事が以前と比べて数多く確認される。

(46) 吉川真司「平安京」(『日本の時代史5 平安京』吉川弘文館、二〇〇二年、七一―八五頁参照。

(47) 詳細は、前掲注46吉川真司論文、七三―七八頁。

(48) 前掲注44佐藤宗諄論文、三〇八頁。

(49) 承和の変の経過については、『続日本後紀』承和九年(八四二)七月丁未(二十五日)条~七月庚申(二十八日)条参照。

(50) 応天門の変については、佐伯有清『伴善男』(吉川弘文館、一九七〇年)参照。

(51) 前掲注44佐藤宗諄論文、三〇九―三一一頁。

(52) 渡邊誠「承和、貞観期の貿易政策と大宰府」(『ヒストリア』一八四、大阪歴史学会、二〇〇三年、一三頁)、山崎雅

稔「貞観十一年新羅海賊来寇事件の諸相」（『國學院大学大学院紀要――文学研究科』三二、二〇〇一年、三八七―三九一頁）、山崎雅稔「貞観八年応天門失火事件と新羅海賊」（『人民の歴史学』一四六、二〇〇〇年、一〇頁）参照。

(53) 下山覚「災害と復旧」（『列島の古代史（二）暮らしと生業』岩波書店、二〇〇六年）参照。

(54) 前掲注3鄭淳一書、第五章および第七章参照。

(55) 前掲注2村井章介論文、三二頁。

(56) 渡邊誠「承和、貞観期の貿易政策と大宰府」（『ヒストリア』一八四、大阪歴史学会、二〇〇三年、一二―一五頁）；佐伯弘次「海賊論」（『アジアのなかの日本史Ⅲ』東京大学出版会、一九九二年、三七頁）参照。

(57)『日本書紀』氣長足姫尊（摂政前紀）九年冬十月己亥朔辛丑条「新羅王遙望以爲、非常之兵、將滅己國。讋焉失志、乃今醒之曰、吾聞、東有神國、謂日本。亦有聖王、謂天皇。必其國之神兵也。豈可擧兵以距乎、即素旆而自服」。

(58) 延敏洙「神功皇后伝説と日本人の対韓観」（『韓日関係史研究』二四、二〇〇六年、一二―一三頁）参照。

(59) 佐伯弘次「海賊論」（『アジアのなかの日本史Ⅲ』東京大学出版会、一九九二年、三五―三七頁）、保立道久『黄金国家』（青木書店、二〇〇四年、一七五―一七七頁）参照。

(60) 山崎雅稔「貞観十一年新羅海賊來寇事件の諸相」（『國學院大学大学院紀要――文学研究科』三二、二〇〇一年、三八八頁）参照。

『観象玩占』にみる東アジアの術数文化

髙橋あやの

たかはし・あやの――大東文化大学非常勤講師。専門は中国天文学史。主な著書・論文に「五宮から三垣へ――星座分類の変遷の考察」(『東方宗教』第一二八号、二〇一六年）、「張衡の天文学思想」（汲古書院、二〇一八年）、『霊台秘苑』のテキストについて」(武田時昌編『天と地の科学』京都大学人文科学研究所、二〇一九年)などがある。

中国で成立した天文書『観象玩占』は、テキストごとの相異が多く、謎の多い文献である。そこで、朝鮮王朝において十八世紀ごろ印刷された朝鮮刊本を取り上げ、他のテキストと比較し特徴を探る。また、日本でも時期の近い江戸時代に『観象玩占』が舶来しているため、日韓の受容の比較も行なう。日韓の比較を通して、東アジアの術数文化の一端を考察することが本稿の目的である。

一、『観象玩占』について

(一) 概要

まずは『観象玩占』について説明しておこう。『観象玩占』は天文占を載せる漢籍である。占辞は各文献から引用され、類書形式で分類される。類似のものに『霊台秘苑』や『開元占経』、本書でも取り上げられる『天地瑞祥志』や『乾象新書』、『乾象通鑑』などがあるが、中でも『観象玩占』は日本や朝鮮半島に広く伝わり、現存するテキストも多いという特徴がある。現存のほとんどが鈔本であるが、乱れた部分が多く、文字や文章がテキストによって大きく異なる。著者や巻数、配列にもいくつかの系統がある。

『観象玩占』は初唐の太史令(天文学を担当する役人)である李淳風(六〇二~六七〇)が作者であるという説と、元末明初の学者であり、太史令にもなった劉基(一三一一~一三七五)が作者であるという説がある。いずれも天文学に詳しい人物であるが、少なくとも李淳風は権威づけのための仮託(かたく)

である。成立時期についてもはっきりしたことはわかっておらず、書目では明の焦竑『国史経籍志』に「観象玩占四十九巻」、清の『明史』芸文史に「観象玩占十巻〈撰人を知らず。或いは云う、劉基輯と。〉」、黄虞稷『千頃堂書目』に「観象玩占十巻〈撰人を知らず。一本四十九巻〉」とあるに過ぎない。これをみると、明代には四十九巻本があり、清代には十巻本も現れるようである。現在日本に残る鈔本は四十九巻本と五十巻本ばかりであるが、一部の鈔本が全五十巻を甲乙丙…の十干で区切っており、あるいはこうしたテキストが十巻本と関連するのかもしれない。台湾国家図書館には十巻本が複数所蔵されるが、巻毎の丁数が多く、巻数が異なるだけで実際の内容量は他のテキストと大差ない。

『観象玩占』に引用される文献を確認すると、他の天文書にもよくみられる石氏（石申）や甘氏（甘徳）、京房、各種の緯書などのほかに、李淳風、武密の名がみえる。李淳風は先述の初唐の人物、武密は『新唐書』芸文志三に「武密古今通占鏡三十巻」があり、『宋史』天文志には「武密曰く」として多くの引用があって、やはり唐代の人物と考えられる。巻三には唐粛宗開成四年（八三九）の記事もあり、唐代までの内容が含まれるという点で、『観象玩占』は唐末乃至宋代以降の成立と考えられる。[1] 現存する多くは明・清の鈔本である。

『観象玩占』の現存鈔本は、中国では国家図書館、南京図書館ほか多くの図書館に所蔵され、『続修四庫全書』子部術数類には清華大学図書館蔵明鈔本の影印が収録される。台湾でも国家図書館に複数部、日本では宮内庁書陵部や東京大学東洋文化研究所、京都大学人文科学研究所、前田育徳会尊経閣文庫、名古屋市蓬左文庫、慶應義塾大学聊斎文庫に所蔵される。

（二）日本所蔵の『観象玩占』

日本所蔵の『観象玩占』のうち、東文研本には劉基の序があり、蓬左文庫本は冒頭に天文図があって、巻数の表記も大きく乱れている。また、聊斎文庫本は簡易の図を交え『天元玉暦祥異賦』と共通する内容があり、他の『観象玩占』とは全く異なる同名異書である。『天元玉暦祥異賦』は『観象玩占』と同じく伝本の多い天文書であり、明の仁宗によって康熙元年（一四二五）に下賜・印行された。[2]

このうち、来歴を推測できるものがいくつかある。書陵部所蔵の鈔本は、宝暦九年（一七五九）に中国から日本に舶載されたと考えられる。[3] 当時側衆であった田沼意次の手に渡り、宝暦十二年（一七六二）に紅葉山文庫に寄贈された。また、それより前の元文五年（一七四〇）にも『観象玩占天文総図説』という書物が舶来している（内容は不明）。尊経閣文庫本は加賀藩五代藩主の前田綱紀（一六四三〜一七二四）の収集品が中心である。蓬左文庫本は寛永十一年（一六三四）に尾張徳川家によって購入されたようである。十七、八世紀に複数の鈔本が日本に伝来したことがわかる。

(三)『観象玩占』の特徴

『観象玩占』と他の天文書との大きな違いは、伝本の多さと巻毎の区切りの不自然さである。前者については先にも触れたが、天文書は中国において禁書の対象となることも多く、民間に広く出回るという類のものではなかった。天文書を政府が所蔵・管理し、天文学の知識も国の機関が独占したとされる。実際にどこまで徹底されていたかははっきりしないが、天文書の私蔵、天文学の私習は長い間禁じられていた。もちろん、海外に流出するものもごく限られていた。そのような中で、伝本が多く、なおかつ日本や朝鮮王朝にまで流出した『観象玩占』は、異例の存在ともいえる。(4)

後者の、巻毎の区切りの不自然さとは、各巻の内容をみるとわかりやすいであろう。たとえば書陵部本や人文研本などをみると、木星の性質や他の星座との位置関係による占いを記した歳星占は、巻七と巻八にまたがって記される。巻七の前半には五星合闘占（巻六から続く）と五星相干犯占という、五惑星（歳星・熒惑・填星・太白・辰星）の位置関係にもとづく占いが載り、後半に歳星の総叙（概要説明）と行色変異占（運行や色の変異による占い）が載る。行色変異占が巻八にも続いて載っており、巻八の後半は熒惑・填星の総叙と行色変異占がある。このように、同じ内容の項目が巻をまたいで載っているのである。『観象玩占』のテキストは概ね同様の傾向がある（十巻本や十干分類を用いたテキストはこの限りではない）。他の文献では通常、巻毎の丁数が定まっているわけではないため内容の区切れ目に応じて巻を分ける。それは天文書でも同様である。『観象玩占』は巻毎に丁数が異なるにもかかわらず、なぜこのような区切り方をしているのか不明である。

(四) 現存テキストのいくつかの相違

現存のテキスト同士の相違も多く確認できる。まず、巻一に地の項目があるか否かである。巻一の冒頭には「天体」（天の構造）、「天変異占」（天の異変についての占い）、「天雨異物占」（天が異物を雨らせることについての占い）といった、天に関する項目がある（項目名はテキストにより異なる。以下同様）。それで終わるテキストもあれば、続いて「地変異占」（地震など地の変異についての占い）、「地生異物占」（地が異物を生じることについての占い）を載せるテキストもあるのである。

巻一に地の項目を載せないテキストの中には、巻八に載せるもの（台湾国家図書館本の一部）、巻四十八に載せるもの（書陵部本）、巻四十九・五十に載せるもの（台湾国家図書館本の一部）、がある。他に、冒頭に天文図を載せるテキストもあり（蓬左文庫本、台湾国家図書館本の一部）、冒頭部分から大きな違いを見せる。

また、ほとんどの『観象玩占』には末尾に「拾遺」が附属する。ただし、この「拾遺」の巻数や内容も多岐にわたっており、巻四十八の後半から巻五十までのもの（清華大学本や書陵部本）、巻五十のみのもの（台湾国家図書館本の一部）、巻四十九（最終巻）の後半のみのもの（人文研本）など様々である。

各星座の星座名が並ぶ箇所では、星座名の配列もそれぞれ異なる。これについては話が煩雑になるため、今回は触れないことにする。

二、韓国刊本について

（一）韓国所蔵の『観象玩占』

ソウル大学奎章閣韓国学研究院（以下、奎章閣と略称）には現在四部のテキストがある。以下、奎章閣の書誌情報と実見調査の結果にもとづき、各テキストについて説明する。奎中二一〇八と古七三〇〇・一の二部は刊本で、四十七巻十二冊ある。奎中二一〇八は韓講字で、粛宗期（一六七四〜一七二〇）の刊行という。古七三〇〇・一は刊年未詳であるが、顕宗実録字が用いられる。その他、二冊（巻九〜十二、十三〜十六）のみ存する端本（刊本）もあるが、状態が悪く閲覧が叶わなかった。残る一部は鈔本で、十冊中七冊（巻一〜三、五、七、八、十）が現存する。鈔本は内容・巻数ともに刊本と大きく異なる。黄表紙で甲乙丙…の十干に分けられる。書写年代が英祖四十年（一七六四）から正祖十四年（一七九〇）の間とされており、刊本より下る。

韓国国内では他に、国立中央図書館（二部）、成均館大学、全南大学校にも所蔵される。このうち中央図書館の古一四九・一は巻三十三〜三十五のみを存し、古一四九・五は七冊（巻九〜十五、二十五〜三十二、三十六〜四十七）を存する。前者は奎章閣の奎中二一〇八と版が同じである。(5)

（二）目録

各刊本の内容は概ね同一であるため、代表して古七三〇〇・一にある目録を参考に以下に目録を挙げる（大項目は四角で囲んだ。ただし、大項目と思われるが目録上大項目として扱われていないもの、細目を挙げると煩雑になり過ぎるものは、内容から適宜判断し修正した箇所がある）。

巻之一
［天体］　天変異占　天雨異物占　天火異占
　地変異占　地生異物占

巻之二
［日占］　日変異占　日蝕占　日四時蝕占

巻之三　日蝕占　月占　月変異占
巻之四　月変異占　月蝕占　日月星并見占　五星占
巻之五　五星占　月五星相干犯占　月暈五星占
巻之六　日月五星与客星相干犯占　五星相従占　五星合闘占
巻之七　五星合闘占　五星相干犯占　歳星　行色変異占
巻之八　歳星行色変異占　熒惑　行色変異占　填星　行色変異占
巻之九　太白　行色変異占　辰星　行色変異占
巻之十　辰星　行色変異占　五星干犯占　経星二十八舎　角宿　亢宿
（以下、二十八宿　省略）
巻之二十三　翼宿　軫宿　経星三垣　太微宮垣
巻之二十四　太微宮垣　紫微宮垣
巻之二十五　天市垣　経星
（以下、各星座の概要と客星流星彗孛雲気干犯占（あるいは雑干犯占）省略）
巻之三十六　経星　拾遺　星雑変占　恒星昼見
巻之三十七　星雑変占　恒星動揺　星闘　星変色　客星　客星名状　瑞星　瑞星名状

巻之三十八　妖星　妖星名状　妖星名状　枉矢　天狗　雑妖星　候彗星法　日月傍妖星占　流星　流星名状　流星昼見　流星干犯　日月五星占　流星雑占　五星自流占　隕星　隕星雑占
巻之三十九　雲気　瑞気　妖気　日月旁気　日旁気占
巻之四十　雲気　日旁雲気占　日中央上下四旁雑雲気占　月旁気占
巻之四十一　雲気　帝王気　将軍気　兵気　伏兵気　戦気　陰謀気　堅城気　暑城気　軍城気候雑占　雑雲気占　九土異気　軍陣異気　候気法
巻之四十二　霧濛霾附　虹　蜺　雷　霹靂　霆
巻之四十三　電　雹　霜　雪　氷　雨　露　雲漢
巻之四十三下　気象占　帝王気象占　将軍気象占　軍勝気象占　敗軍気象占　固城吉気象占　城屠気象占　戦陣気象占　図謀気象占　吉凶気象占　九土異気象占　雲気入中宮占　雲気入中宮雑占　候喪疾第九十八　雲占
巻之四十四　風角
（以下、風角　細目は省略）
巻之四十七　風角　観象玩占拾遺　日　月

觀象玩占巻之四十三下
氣象占
唐将李靖述
易曰天垂象見吉凶聖人則之又曰觀乎天文以察時變觀乎人文以化成天下故伏羲畫八卦将推順逆之徵軒轅設圖寔著陰陽之道蓋大矣聖人所以通天地之至理極造化之能事休徵妙綴於神機作範留於繋象唯神也故寔黙可尋唯機也幽玄以驗至若仰觀俯察匡國利人觀變毫微全身遠害禍福之源徵成敗之數著賢達所重由来尚矣淳

觀象玩占巻之四十三下
氣象占
唐将李靖述
易曰天垂象見吉凶聖人則之又曰觀乎天文以察時變觀乎人文以化成天下故伏羲畫八卦将推順逆之徵軒轅設圖寔著陰陽之道蓋大矣聖人所以通天地之至理極造化之能事休徵妙綴於神机作範留於繋象唯神也故寔黙可尋唯机也幽玄以驗至若仰觀俯察匡國利人觀變毫微全身遠害禍福之源徵成敗之數著賢達所重由来尚矣淳

觀象玩占巻之四十三下
氣象占
唐将李精述
易曰天垂象見吉凶聖人則之又曰觀乎天文以察時變觀乎人文以化成天下故伏羲畫八卦将推順逆之徵軒轅設圖寔著陰陽之道蓋大矣聖人所以通天地之至理極造化之能事休徵妙綴於神机作範留於繋象唯神也故寔黙可尋唯机也幽玄以驗至若仰觀俯察匡國利人觀變毫微全身遠害禍福之源徵成敗之數著賢達所重由来尚矣淳

図　巻四十三下の冒頭部分比較（右上・奎章閣所蔵 奎中二一〇八、左上・奎章閣所蔵 古七三〇〇・一、下・中央図書館所蔵 古一四九・五）
それぞれ書体が異なり、中央図書館本は「李靖」を「李精」に作る。

（三）韓国刊本の特徴

韓国刊本が他の鈔本と大きく異なるのは、巻四十三下の存在であろう。巻四十三下は唐の李靖述となっており、補足的要素を持つ。内容は巻四十一と関連する雲気占であり、記述も部分的に重なる。李靖は唐の軍人であり、『李衛公問対』といった太宗との問答集も残るが、雲気占は載っておらず、李靖述とする根拠は不明である。中央図書館（古一四九―一、存七冊本）の巻四十三下は「李靖」の名を「李精」に作っており、奎章閣の二種とはまた別の版本である。刊本相互の文字の異同は他にもあるが、「傍」と「旁」（複数箇所）、「范」と「芒」など、文字を校訂した結果生じた相違と考えられる。

また、奎章閣の二種のうち、古七三〇〇・一は目録の通り巻四十三があるが、奎中二一〇八には巻四十三はなく、巻四十二の後すぐに巻四十三下がある。元にしたテキストは共通するが、各刊本には細かい相異が存在する。

巻四十三下の内容を見てみると、大部分は唐の李淳風『乙巳占』の巻九と重なる。唯一項目に番号が附される「候喪疾第九十八」も、『乙巳占』の陸心源刻本（十万巻楼叢書所収）の項目番号と同じである。管見の限り、『観象玩占』の他のテキストに巻四十三下に該当する部分はなく、『乙巳占』を部分的に交えたかなり特異なテキストが朝鮮王朝に伝わったといえる。

日本や中国の他の鈔本との関係をみると、朝鮮刊本は巻数が四十七巻で、他の四十九巻本、五十巻本よりわずかに少ない。具体的な項目の違いについては今後詳しく検討したい。しかし、『観象玩占』の特徴である、巻の区切れの不自然さは朝鮮刊本にも備わっている。また巻一には、天に関する項目のほかに地に関する「地変異占」と「地生異物占」の記述があり、拾遺は最終巻である巻四十七の後半にある（途中、巻三十六にも部分的に拾遺の項目がある）。全体的にみて、朝鮮刊本は『観象玩占』らしさを十分に備えたテキストであるといえる。

三、日韓の『観象玩占』受容の比較

（一）朝鮮王朝における『観象玩占』の位置づけ

次に、朝鮮王朝と『観象玩占』のかかわりについてみておこう。『観象玩占』に関する早期の記録は粛宗期（一六六一～一七二〇）にある。『承政院日記』では、粛宗三十年（一七〇四）、英祖二年（一七二六）、英祖十八年（一七四二）に、観象監官員（天文・風水地理・暦などに関する業務を担当する役人）が『象緯考』と『観象玩占』の刊行を申し出ている。観象監官員によれば、両書はともに天変を考察する際最も重要である。しかし書写年代が古く破損しているので、改めて校訂の上印刷したいという。いずれも許可されている。[6] このうち粛宗三十年（一七〇四）の記事には、両書が「秘書」であり、広く人々に配布するべきものではないとある。そこで少部数のみ印刷されたようである。さらに英祖十八年（一七四二）の記事には、両書を測候の際いつでも確認できるように手元に置いており、変事があればすぐに繙いていたため、破損・残欠が甚だしいとある。損傷が激しいために、刊行の度に文字の異同があったり、巻四十三がない版本が存在したりしたのであろう。『象緯考』について詳細はわからないが、元の馬端臨『文献通考』に「象緯考」があることから、これを指すと考えられる（後述する『天東象緯考』は、成立時期から考えて該当しない）。また、英祖七年（一七三一）十月には、観象監が『観象玩占』を印進したとの記述もみられる。(7)

『観象玩占』に関する他の記述も確認しておこう。粛宗四十六年（一七二〇）の行状には、粛宗に対して『天元玉暦祥異賦』を観象監に備えておくべきであると進言する中で、『観象玩占』が既に観象監にあることに触れる。(8)正祖元年（一七七六）の昌徳宮の搬出本リストには、「増補観象玩占十四巻」と「観象玩占十五巻」(9)が載る。(10)いずれも巻数が少ない。また純祖十八年（一八一八）刊行の成周悳『書雲観志』の巻四・書器には観象監の蔵書が載る。そこには『観象玩占』四十四巻の記録があり、「本朝李正華増訂本」「監板を蔵す」と記される。朝鮮王朝内部で増訂が施されたようであるが、李正華について詳しいことはわからない。また、当時原版が観象監に所蔵されていたことがわかる。『書雲観志』に載る中国の天文書は他に『歩天歌』（隋の丹元子作とされる）のみであり、『観象玩占』は中国の天文占知識を伝える稀少なテキストであったと考えられる。

実際に『観象玩占』を利用した記事もある。英祖元年（一七二五）十二月には、弘文館官員（図書管理の役人）が虹が日を貫く異変に対して言及する中で、『文献通考』や『宋名臣言行録』等とともに『観象玩占』を引用する。(11)

粛宗三十四年（一七〇七）に崔天璧が著した『天東象緯考』の引用書のひとつとしても『観象玩占』が用いられている。『天東象緯考』は、四七五年間の史書に現れた天地の異常について記録したものである。また、朝鮮王朝後期の実学派、李瀷（一六八一～一七六三）の『星湖僿説』、李圭景（一七八八～一八五六）の『五洲衍文長箋散稿』にも『観象玩占』の引用がある。両書ともに様々なトピックについて説明した百科事典的文献である。たとえば、宇宙構造論について説く項目で、両書とも『観象玩占』の八家の説を取り上げる。八家の説とは蓋天・渾天・宣夜・安天・穹天・昕天・方天・四天であるが、中国では『後漢書』天文志の劉昭注で蓋天・渾天・宣夜の三つの説を取り、八つすべてを取り上げる記述は多くない。李淳風『乙巳占』とそれを引用したと考えられる『観象玩占』くらいではなかろうか。

このように、朝鮮王朝において『観象玩占』は、中国の天文知識を伝える重要な文献とみなされていたのである。特に粛宗・英祖期において、比較的重視され実際に観象監で使用されていた。

（二）日本における『観象玩占』の位置づけ

日本において『観象玩占』は、江戸時代に幕府の御文庫

（紅葉山文庫）や尾張徳川家、加賀前田家など有力大名が所蔵し、限られた人々しか目にする機会がなかった。おそらく、中国の天文書が手元にあるというだけでステイタスであり、実際に利用するという考えはなかったものと考えられる。紅葉山文庫の『観象玩占』は、申請すれば幕府の奉行や学者も借り出すことはできたが、積極的に利用されていたとは考えにくい。文政三年（一八二〇）四月三日に、昌平黌（しょうへいこう）の儒官である依田源太左衛門が借り出した記録が『書物方日記』にあるが、他には滅多に借り出されていないようである。

日本では勘文に天文書がしばしば利用される。平安時代から江戸時代初期までは唐の李鳳『天文要録』と薩守真『天地瑞祥志』が主に用いられていたが、江戸時代中期以降は代わって清の黄鼎『天文大成』（『管窺輯要』ともいう）や游芸『天経或問』が利用されるようになったという。[12]『天文大成』には天文占が豊富に含まれる。『天経或問』は中国天文学とともに西洋の天文知識を簡潔にまとめるが、書かれた当の中国ではあまり顧みられなかったようである。しかし、『天文大成』も『天経或問』も日本国内で解説書が出版され、特に『天経或問』は広く読まれた。江戸時代において、天文勘文は土御門家が作成していた。『天文大成』や『天経或問』を江戸時代のある時期に入手し、古くなり恐らく残欠甚だしかった『天文要録』と『天地瑞祥志』の代わりに用いるようになったのであろう。一方『観象玩占』については、勘文では用いられないようである。

日本の場合、『観象玩占』自体は複数舶来していたが、他により信頼に足る天文書があり、実際の天文現象について検証する際には用いられなかったということであろう。

（三）比較とまとめ

以上、『観象玩占』の日韓における受容の様相を確認した。『観象玩占』は朝鮮半島で中国由来の天文書として権威をもち、粛宗・英祖期には幾度も刊行された。また、国の役所である観象監においては測候の際に参照され、実学者たちの引用例もある。一方日本では、複数の鈔本が舶来した形跡があるものの、勘文には他の天文書が用いられ、天文観測の際に用いるというより、蔵書のひとつとしての扱いを受けた。同じようにテキストが伝わっていても、状況は大きく異なっている。

実は、「観象玩占」という言葉は別の文脈でもよく用いられる。それは『易』に関係する明・清の記述（一部宋代）である。たとえば清の朱彝尊『経義考』巻二十三には、「夫れ観象玩占するは易道の小なる者なり。小道と雖も、亦た観（み）るべき者有り」とある。観象玩占する、つまり易の「象」を

「観」て「占」いを「玩」う（よく考える）という意味で用いられた。[13]『観象玩占』も同様に、天の「象」（現象）を「観」て「占」いを「玩」う、あるいは「占」いを「玩」ぶ意で書名がつけられたのであろう。異なる形式のテキストが多いことからみて、その名の通り、『観象玩占』はかなり自由度の高い文献だったといえるのではないか。

『観象玩占』のように広範囲に多くのテキストを残す天文書は珍しい。また、確実に東アジアの術数文化の一端を担っていたと考えられる『観象玩占』であるが、これほどまでに成立の経緯が不明な天文書もそうはない。日本も朝鮮半島も、中国の天文書が自由に伝わる状況にはなかった。そのような中で、わずかに伝えられる文献の中から、天文変異を説明する根拠を探したのである。正体不明ともいえるこの『観象玩占』は、中国由来の天文占知識を東アジアに伝える役割を担った貴重な資料なのである。

注

（1）佐々木聡氏は、『『開元占経』閣本の資料と解説』（東北アジア研究センター、二〇一三年）の二五頁注四で『監正元統』や『皇明名臣琬琰録』を挙げ、成立の下限を元末明初とする。

（2）詳しくは、佐々木聡「『天元玉暦祥異賦』の成立過程とその意義について」（『東方宗教』第一二二号、二〇一三年）を参照。

（3）詳しくは拙著、前原あやの「天文占書の解題と「天文占書フルテキストデータベース」の意義」（『関西大学東西学術研究所紀要』第四九輯、二〇一六年）を参照。

（4）日本には、平安時代までに『三家簿讃』（若杉家文書第八二号。京都府立京都学・歴彩館所蔵）や後述の『天文要録』『天地瑞祥志』が伝わっていたことが分かっているが、『三家簿讃』は星座の性質を説明したものであり占辞がなく、『天文要録』と『天地瑞祥志』は中国の書目に載っていない文献である。

（5）ただし国立中央図書館の書誌情報によれば、これは英祖七年（一七三一）の刊行という。同じ版木を用いて異なる時期に刊行したか、あるいはいずれかの時期推定に誤りがあると考えられる。

（6）『承政院日記』粛宗三十年（一七〇四）三月二十五日、英祖二年（一七二六）九月十二日、英祖十八年（一七四二）二月十三日。

（7）『英祖実録』英祖七年（一七三一）十月四日。

（8）『粛宗実録』巻六五、附録（行状）。

（9）原文は「翫」。

（10）『承政院日記』正祖元年（一七七六）六月七日。

（11）『承政院日記』英祖元年（一七二五）十二月二十八日。

（12）詳しくは、水口幹記『日本古代漢籍受容の史的研究』（汲古書院、二〇〇五年）第Ⅱ部第五章を参照。元禄十三年（一七〇〇）から『天文大成』が、天保十四年（一八四三）から『天経或問』が勘文に引用される例がある。

（13）朝鮮王朝の『易』に関する記述でもしばしばみられる。

附記　ソウル大学校奎章閣韓国学研究院における調査では、韓国学中央研究院の全勇勲氏、慶尚大学慶南文化研究院の丁世絃氏にご協力いただいた。ここに感謝申し上げる。

【II 〈術数文化〉の伝播・展開】

日本古代の呪符文化

山下克明

日本古代の遺跡からは辟邪・除病など人々の身近な信仰を表現した呪符木簡や墨書土器が多数出土している。それらは在地の人々の信仰形態を直接うかがい知る史料として重要である。本稿では呪符に奉ぜられる神格を星辰・北斗天罡神・五行神王等に整理して、大陸の五行家・道家系の信仰が濃厚に影響していることを指摘し、日中呪符文化の関係性を明確にした。

はじめに

呪符とは、紙・木簡・土師器等を用いて呪句・図や文字を組み合わせて記し、除病・辟邪・招福などの現世の願望成就を祈願する身近な信仰物であり、古代の中国に発して東アジア、東南アジア各地へ伝播した。日本へは六・七世紀頃に伝わり、宮都や各地の遺跡から土器・木簡に記された呪符が発掘され、調査の進展と共にその数は増え内容も多彩なものがある。また中世には習俗として地方民衆間にも浸透し、近世には『呪咀調法記』や呪符記載の大雑書が刊行されて普及し現代にも影響をおよぼしている。本稿はそのような古代呪符文化の系統的な把握を試みようとするものであるが、そのさい予め次の点に留意しておきたい。

第一に、資料の性格から、散在的ながら出土呪符木簡・墨書土器は、人の編纂を経ない当時の人々の生活・信仰を直接伝える一次資料として重視されるべきものであること。第二に、それため広く関連情報を見わたしいて理解する必要があ

やました・かつあき――大東文化大学東洋研究所兼任研究員。専門は日本古代・中世文化史。主な著書に『平安時代陰陽道史研究』(思文閣出版、二〇一五年)、『平安貴族社会と具注暦』(臨川書店、二〇一七年)、『発現陰陽道――平安貴族与陰陽師』(梁暁弈訳、社会科学文献出版社〈北京市〉、二〇一九年)などがある。

るが、起源や性格については中国の民俗信仰、道家・五行家説などと関わるものが多いと推測されており、よって前提として中国の呪符の展開と特質を検討することが必要となる。第三に、道家・五行家説などと関わるゆえに陰陽寮・陰陽道などの存在とも近い（後の陰陽道の呪術や祭祀でも呪符は用いられていた）。ただし呪符木簡は七世紀前半から見られるので陰陽寮官衙機構に先行して行われており、それらとは別に呪術的信仰が畿内、ついで地方へ広がっていたことは明らかである。よって呪符＝陰陽道観に捉われることなく、広く検討を進めるべきであろう。

一、源流としての古代中国の呪符

（一）『日書』と鎮墓呪符

　中国では近年、戦国時代末から秦漢代の遺跡の調査によって日の吉凶、日選びの書である『日書』の発現が相継いでいる。そのなかで湖北省雲夢県睡虎地秦簡『日書』乙種「出邦門」篇には、「□邦門、可▨行▨、禹符、左行、置、右環（還）、曰□□□□右環（還）、曰、「行邦▨令行。」投符地、禹歩三、曰、「皋、敢告▨符、上車毋顧、上▨」と禹歩、投符などの語がみえる。こられについて工藤元男氏は、旅行で邦門を出るときの儀礼に関わる記事で、符を地に投げて禹歩を行うものと解している。それは晋の葛洪『抱朴子』巻十七登渉にも、鬼神の害を避ける諸種の符と山林を行くときの禹歩を記し、巻十九遐覧の符に「禹蹻符」がみえるが禹蹻＝禹歩であるから、遡って鬼神精怪を避けるための符の護持はすでに旅行者に重視されていて、禹符を地に投げる行為は出門のさいの辟邪の儀礼であったとする。[1] また大野裕司氏は睡虎地秦簡『日書』甲種「出邦門」篇や放馬灘秦簡『日書』甲種等には、出門の際の呪術で禹歩に次いで「五画地」「直五横」がみえ、これらは地面に線が交差した図形を描くことであり、防御・辟邪の力を有するものと観念されたとしている。[2]

　このように呪符の最も早い例は『日書』の禹符を地に投じる行為とみられ、そのさい辟邪の画地をともなったようである。また坂出祥伸氏は、馬王堆漢墓出土『五十二病方』にも符を焼いた灰で蠱病を治す治病法があること、文献では『後漢書』で張陵について「符を造作して百姓を惑わす」（『後漢書』列伝七五）、太平道の張角について「符水や呪説によって病を癒す」（同列伝七一）とあり、初期道教で符がさかんに用いられていたことを指摘している。さらに古代の出土呪符資料を検討し、それらはすべて墓地から発掘された陶瓶や石板の地券で、陶瓶には被葬者の安寧を祈願し、かつ生者に危害を加えないよう鬼を攘うことを内容とした呪文（解除文）があり、それらの例を紹介している。(3) つぎにその中の特徴的な三点をあげる。

①後漢・順帝陽嘉二年（一三三）の年紀がある、陝西省戸県朱家堡漢墓出土の陶瓶。朱書された解除文に「天帝使者謹為曹伯魯之家、移央（殃）去咎、遠之千里。（中略）如律令」（天帝使者、謹んで曹伯魯の家のために殃を移し咎を去って、これを千里に遠ざく。（中略）律令の如くせよ）などとある。末尾に画符があり、「[illegible]」、三個の「日」、「月」「尾」「鬼」、別の符に星座、「大天一」「主逐敦悪鬼以前」などの文字がみえる。

②建和二年（一四七）年紀の、陝西省長安県三里村出土の陶瓶。呪符には北斗星の図形の中に「北斗君」とあり、「主星死咎鬼」などの呪文が組み合わされている

③年紀はないが後漢時代、江蘇省高郵邵家後漢墓出土の木簡。上部に斗宿六星図に「符君」、ついで鬼の字を含む符図があり、下に「乙巳日、死者鬼名為天光、天帝神師巳知汝名、疾去三千里、汝不即去、南山給□令来食汝、急如律令」（乙巳日の死者鬼の名は天光たり、天帝神師はすでに汝の名を知る、疾く三千里に去れ。汝即去せざれば、南山□に給い来らしめて汝を食す、急ぐこと律令の如し）との呪言がある。

①と②は二世紀後半の初期道教太平道・五斗米道発生以前のものである。①にみえる天帝使者は死者の世界の安穏を保証し、生者にも繁栄をもたらす官吏と考えられ、画符の「[illegible]」は時間、「日」「月」は陰陽、「尾」は尾宿九星で多子を象徴し成育を主り、「鬼」は鬼宿五星で尸体を管理し喪死祠祀を主るとし、鬼と尸字の多用が特徴である。③では天帝神師が鬼名を知るとし、また南山の某に汝を喰わせると威嚇して鬼神の退散を命じたものとみられる。

そのほかも「戸」「鬼」などの字に基づく図柄や「星経（中略）急急如〔律〕」の文句、北斗七星に他の星座を組み合わせた図を付す解除文もあり、後述の日本の呪符にも影響したとみられる文辞や符図があり注目される。

（二）道教文献の呪符

道教文献では、葛洪『抱朴子』巻十七登渉は、道士が修行のため入山し採薬や丹砂などを採集する場合の心得を説くもので、そのさい鬼魅・精魅を避けるために符を帯びる必要があるとして多数の呪符を載せている。そのなかで「老君入山符」は朱で桃板に大書し、門戸の上・四方・四隅および道の要所に貼れば、山の精や鬼・魅は住所の五十歩以内に近づかず危害を加えようとしないとする。また北斗七星を組み入れた符や、「仙人陳安世の授けた入山辟虎狼の符」「老君が戴きし所の百鬼及び蛇蝮虎狼の神印」「山に入りて佩帯する符」

などもある。[4]

ついで晋代四世紀頃の成立とされる『女青鬼律』にはさまざまな鬼神の名を記し、これを避ける北斗七星と五星図（鬼宿）を併せた符があり、六朝期の『洞真太微金虎真符』にも多数の符がみえる。宋の陸修静撰『太上洞玄霊宝素霊真符』（天祐三年〈九〇六〉杜光庭序ならびに補一巻）には六百にちかい符があり、そのほとんどは治病関係で、門戸に貼るものや飲むものも多い。「治瘧疾」の符には神像の下に北斗七星の文字と七つの〇を配置し、呪文に「登高山、望寒水、臨虎狼、捕瘧鬼、咄、飲汝血、汝何不疾去、吾家有貴客、字為破石、頭如西山、躯如東沢、不食五穀、只食瘧鬼、朝食三千、暮食八百、一鬼不尽。守須索、急急如律令」（高山に登り、寒水に望む。虎狼に臨み、瘧鬼を捕らう。咄。汝の血を飲まん。汝何ぞ疾く去らず。吾が家に貴客有り、字を破石と為す。頭は西山の如く、躯は東沢の如し。五穀を食らわず、ただ瘧鬼を食らうのみ。朝に食らうこと三千、暮に食らうこと八百。一鬼も尽らず。守に索を須う。急急如律令）とある。また『太上老君混元三部符』（宋以前か）にもさまざまな怪異の害を避けるための符がみえ、そのうち厭百怪符が最も多く、鬼を退ける辟鬼符、流行病を起こす鬼の辟瘟符、護身符も載せられている。[5]

このように中国古代の呪符・符図の特徴として星図が記されることが多く、坂出氏はその理由に『抱朴子』巻七塞難に「命の脩短は実に値う所に由り、気を受けて胎を結ぶは各星宿有り」と、生命の長短は受けた星宿の気によるとする信仰があり、また北斗は人君の象徴、四方を制御する存在であるとともに破敵の力も持つからとし、その他に天槍三星、三台六星、北斗輔星がみえる。山と鬼の組み合わせが多いことは、大形氏は山の神（南山や太山等）が鬼を退治していることを表すものではないかとする。その他でも尸は屍で鬼となり、星宿では鬼宿がこれを主る。日・月は陰陽、弓は辟邪の桃の木の弓、尸の上下に日を記すことの意味は、鬼は陰・夜の世界の存在で日に晒すことにより除かれると考えたからで、その図や文字には辟邪・辟鬼の意味が込められていたことが理解できる。

（三）敦煌文献の呪符

唐末から五代の敦煌文献のなかにも北斗を記すなど多数の呪符がみえる。ペリオ2865の「推年立法」は、人の生年十二支毎に病気や怪のある月と十二支日を記したもので、その占文上に厄難を除く北斗七星と他の星座を組み合わせた符を記している。ペリオ3358は符とその配置場所などを記していて興味深い。「護宅神暦巻」との巻頭標題についで、神像・日・弓・月・鬼・鬼神図・星宿図・獣頭など多数の符図を記し、その前後に「病患此神符鎮四角、除去百鬼、万悪逍除」（病患、この神符を四角に鎮むれば、百鬼を除去し、万悪は消除す）などの章句を記し、除病遂鬼、万悪消除、息災、保財、夫婦相愛、婦人易産、安宅・安竈など呪符を用いる目的や、桃板に書し宅の四角に付す、門上、持行（携帯）、穴中、床脚上に置く、呑むなど符の用法を記している。その中に次のような「管公明神符」、「董仲神符」の引用がある。

管公明神符、却鬼見々走出万里、病患自除、宜保財物、安門上大吉、（管公明の神符、鬼は見々走り出で万里に却き、病患は自ずと除く。財物を保つに宜し。門上に安ずれば大吉なり。）

董仲神符、凡人赴家宅舎、六日ム日不息、田□不成、銭財不聚、八神不安、以桃木板長一尺書此、□宅四角、大吉利、（董仲の神符、凡そ人家宅舎に赴き、六日某日息わず、田□成らず、銭財聚らず、八神は不安なれば、桃木の板長さ一尺を以てこれを書し、宅の四角に□すれば、大吉利なり。）

スタイン5775も破損は多いながらこの文書と同様な呪符資料で、そこにも「管公明符」、「董重舒神符」、「董仲舒曰」とあり、これらによって前漢の儒家・五行家の董仲舒と三国時代の占師管輅（公明）の名を冠した呪符が中国社会で広く利用されていたことが知られる。

董仲舒は災異解釈と陰陽五行説を結びつけた前漢武帝期の著名な儒家であるが、『漢書』の董仲舒伝に彼は実際に陰陽五行の説を以て求雨法を行い失敗することがなかったといい、『宋書』五行志には晋の穆帝永和元年（三四五）五月の旱魃のとき、「有司は董仲舒の術に依りて、市を徙し水門を開き、謁者を遣して太社を祭らんことを奏す」とある。この旱のさいに市を移す行為は董仲舒の術、五行家の術法であったが、『日本書紀』皇極元年（六四二）七月戊寅（二十五日）条では、旱により、群臣が相語って「村々の祝部の教えるところに随い、或いは牛馬を殺して諸社の神を祭る。或いは頻りに市を移す。或いは河伯を禱る」とある。村々の祝部とは村落の宗教指導者と考えられるが、その教えにより頻りに市を移し、水神河伯に祈ったという。同様なことは『三国史記』新羅本紀真平王五十年（六二八）条に「夏大いに旱す。市を移し、龍を画き雨を祈る」とあり、新羅でも行われており、七世紀にその術法は東アジアの周辺諸国に伝わっていたことが知られる。なお陰陽道では九世紀後半以降に高山祭・鬼気祭・火災祭などの祭祀を行うことになるが、その典拠は『董仲舒祭法』（『董仲舒祭書』）であった(6)。

中国古代・中世の呪符は、概略ながら以上のような展開と特色を有していたが、それらが日本の呪符にどのような影響を及ぼしているのであろうか。具体的に検討してみたい。

二、日本古代の呪符

(一) 呪符木簡とは

私かに「左道」を学び国家を傾けんとした罪で長屋王が退けられてから二か月後、『続日本紀』天平元年(七二九)四月癸亥(三日)の勅では「異端を学習し、幻術を蓄積し、厭魅呪咀して百物を害傷せん者あらば、首は斬、従は流。もし山林に停住し、いつわりて仏法をいい、自ら教化をなし、伝習して業を授け、書符を封印し、合薬して毒を造り、万方に怪をなし、勅禁に違犯する者あらば、罪また此くの如くせよ」として、朝廷は厭魅呪咀などの不穏な行為を禁止しようとした。そのなかの封印して怪しまれた「書符」は呪符と考えられる。さらに皇位めぐる紛争が頻発した奈良時代後期には、厭魅・巫蠱・呪詛事件が取り沙汰され、宝亀十一年(七八〇)十二月甲辰(十四日)の左右京への勅では、「此のころ無知の百姓、巫覡を構合いて妄りに淫祀を崇め、蒭狗(わら犬)の設け、符書の類、百方に怪を作して街路に填ち溢る。事に託せて福を求め、還って厭魅に渉る」との状況であり、これらを厳しく禁断するが、「但し患ありて禱り祀る者は、京内に在るに非ずば許せ」とある。この巫覡に依頼し行う淫祀や「符書」の類も呪符に関わるものと考えられ、都を中心として福徳を求め、また人を呪詛し、さらに除病や災厄消除、収穫祈願など多様な願望を叶えるために「符書」が用いられたとみられるが、それらに関連する呪符木簡は各地の遺跡から出土している。

和田萃氏によると、呪符木簡とは何らかの信仰に基いて用いられたと推測される木簡であり、道教の影響が濃く、『抱朴子』や『道蔵』所収の神符類に淵源を求めることができる。大阪市桑津遺跡の呪符木簡(七世紀前半)が最古のものとされており、呪符の構成要素としては、①「急々如律令」などの呪句を有す、②「符籙」(道家の秘文)または祭儀に関わる図を書く、③神仏の名号〈梵字を含む〉を記載する、などのことを指摘し、後続の論稿で①と②が本来の呪符木簡であり、平安中期に至って③が出現したものとする。[7] また山里純一氏は、呪符を懸ける・立てる・身に付ける・釘で固定するなど使われ方の違いと、雨乞い・疫鬼・凶事を避ける、治病などの目的との関わりを指摘する。[8] 水口幹記氏は、中国では読み上げる「急々如律令」の呪句を呪符に取り入れたのは日本の特徴と指摘し、八世紀後半から符図+急々如律令の形式をもつ日本的な呪符が成立したとする。[9]

これらの研究により呪符木簡の分類や構成要素、内容や

図1　桑津遺跡出土呪符木簡（木簡学会編『日本古代木簡集成』）

使用目的などが明らかになってきた。古代の呪符木簡でも「鬼」「尸」「日」などが一般的に見られ、大陸からの影響が窺える。しかし道教の影響が大きいと指摘されるが内容に踏み込んだ説明は未だ充分とは言えず、古代の日本で行われた呪符が中国文化の如何なる要素を反映したものか、具体的な検討が必要であろう。そこで私見により呪符に掲げる神格や目的に沿って分類し検討を加えてみたいと思う。

(二) 古代呪符木簡の分類試論

(a) 星座木簡

中国の天文学では星や星宿（星座）は国家・社会的な役割を担う存在で、北極星は天帝、北斗七星は政治を調え、天帝の乗車、その他二十八宿から天の赤道の内外の星も多様な役割を有しており、それらのことは『漢書』や『晋書』の天文志に詳しい。また先にみたように道家の信仰で北斗は天帝の使者で人の寿命や生死を掌り、鬼宿や尾宿などさまざまな星が呪符に配され崇拝された。そこでまず、星座を表わしていると考えられる例を上げよう。

① 大阪市桑津遺跡（井戸跡）出土木簡、七世紀前半。二一六×三九×四ミリ。遺跡周辺は摂津国百済郡で、渡来系氏族田辺氏の故地という。現在最古の呪符木簡とされており、『木簡研究』（一四号、一九九二年）では・「募之乎／（符籙）文田里　道意白加之」・「各家客等之」と釈読されている。符[10]図部分はT字状に七つの日（日より□に黒点が近い）を線で繋げたもので、その解釈はされていない。王育成氏は符図部分について唐で□は星を表わすから七つの□は星座で、二十八宿の一つ星宿七星として「（星宿七星）石安　咎厄。道意、白加之。稟之年。在家客不之。」と読んでいる。[11]これを受けてかそのご星を示したものと解されることが多い[12]（図1）。

② 藤原宮跡西方官衙南地区（井戸跡）出土木簡、七世紀末。三三八×五三×六ミリ。『木簡研究』（一八号、一九九六年）では「（符籙）鬼小　今　乎其」と読む。上部の図は羅堰（らえん）九星で、羅堰は擁水守護の星神であるから、井戸ないし水の祭祀に関わる木簡とする。松村恵司氏は藤原宮造営の無事を願っ

て飛鳥川の治水を託したもので、呪符の書き手は天文に通じた陰陽師だろうとする。[13] なおこの符図を羅堰とするのは宋代の易書『天原発微』（『正統道蔵』巻四十六）に「羅堰九星図」として類似の星図を載せるからであるが、天文書のなかで羅堰を九星とするのは李淳風が著した『晋書』と『隋書』の天文志だけで、『開元占経』巻六十九で戦国時代の天文家甘徳の説として羅堰は三星で、巻百九でも古今の星図の異同を記して三星、奈良時代に伝来した古星座書の写本『三家簿讃』（京都府立京都学・歴彩館所蔵若杉家文書）や同時期の伝来と推測される『格子月進図』（原写本は戦災で焼失、写真は国立天文台所蔵）なども同様であり疑義を残す。筆者は羅堰の隣の天田九星の可能性を考えるが、何れにしても星座であることは動かないであろう（**図2**）。

③　藤原京右京八条三坊（側溝）出土木簡、七世紀末。（一三五＋二八）×（三二）×二ミリ。分離損傷が多く文字は「見見」しか判読できないが（『木簡研究』二九号、二〇〇七年）、

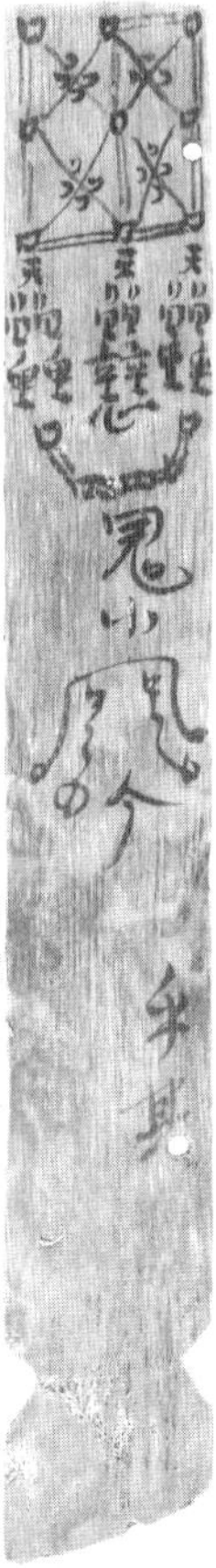

図2　藤原宮跡西方官衙南地区出土「羅堰木簡」（木簡学会編『日本古代木簡集成』）

符図は七あるいは八個の口を二重線で結んだもので、その形状は天の中央紫微宮付近の星座の八穀に近い。八穀は穀物の稔りを象徴する星座である。

④　京都府遠所遺跡（製鉄炉および関連遺構の住居跡柱穴）出土木簡、八世紀後半。九五×八五×九ミリ。四角い板の対角線の中心に孔があり、その周りに○と線で四つの星座様の形状を示す。文字はなく詳細は不明である（『京都府埋蔵文化財情報』四七号、一九九三年）。

⑤　千葉県袖ケ浦市西原遺跡（集落跡・散布地）出土朱書呪符木簡、九世紀後半頃とする。一三五×五〇×五ミリ。上部に釘穴がある。『木簡研究』（二〇号、一九九八年）に「（符籙）此身護為」、また『袖ヶ浦市史』通史編一（二〇〇一年）では、「（符籙）天柱口　此身護為　口口〔身カ〕　日日日」と釈読する。

図3は復元図であるが「此身護為」と中央下に大書するから護身の呪符であろう。上・中段に多数の口とその中に「天柱」の字があるが、これらは星を示し「紫微宮星座木簡」と称してもよいもので、北極星を中心に六つの星座を配されている。従来知られるところでは高松塚古墳の壁画天文図は三二、キトラ古墳は七四以上の星座が描かれているから、星座数では本木簡はそれ

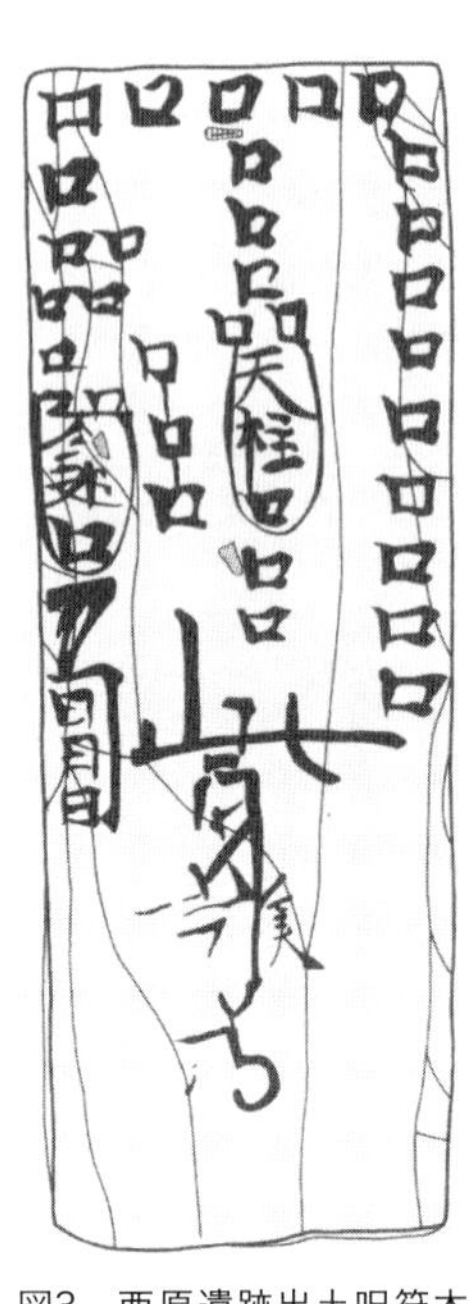

図3　西原遺跡出土呪符木簡（『平成8年度 千葉県袖ヶ浦市　市内遺跡発掘調査報告書　西原遺跡』袖ヶ浦市教育委員会、1997年）

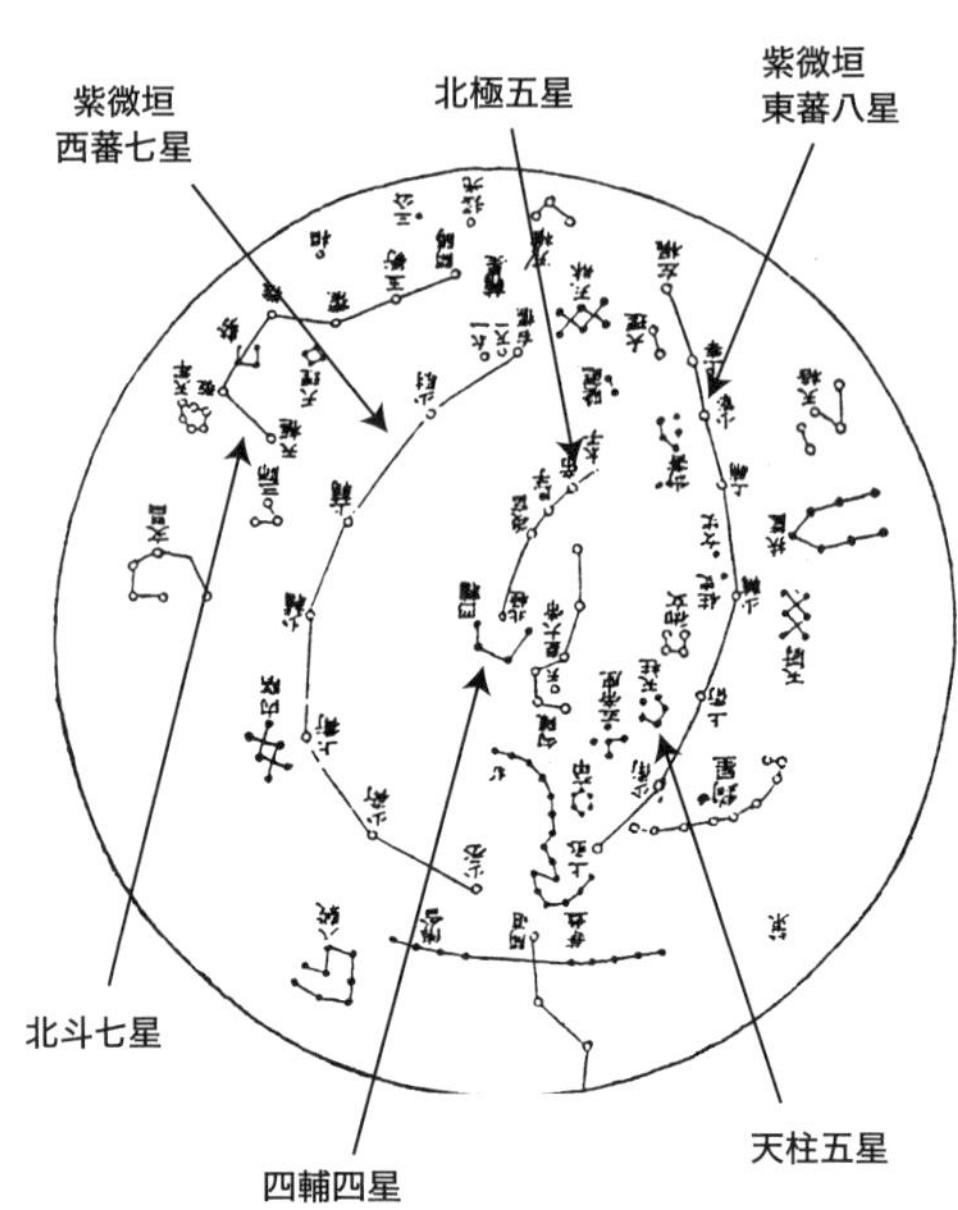

図4　蘇頌『新儀象法要』北天図　北宋・天佑年間（1086～93）刊

らに次ぐ。符図を北宋の蘇頌の星図（図4）を参照しながら説明すると、まず右の列から上部横一列を経て左列の二つ目まで続く一五の口は、天帝の護衛を主る紫微垣の東蕃八・西蕃七星の計十五星を表わす（晋志に「紫宮垣十五星、その西蕃七、東蕃八、北斗の北に在り。（中略）蕃衛として蕃臣に備うなり」）。中央の三つの口は北極三星（天帝と家族）であり、[14] U字型の線で「天柱」の字を挟みながら続く五つの口は天柱五星。天柱は天帝の近くに在り政教を建てる役割をもつ（晋志に「東垣下の五星を天柱と曰う、政教を建て、図法を懸く」）。その下に「此身護為」の文字がある。左列三・四段目の四つの口は天帝を補佐する「四輔四星」で（晋志に「北極を抱く四星は四輔と曰う、北極を補佐して度を出だし政を授くる所以なり」）、その下の七つの口は北斗七星を示している。枠線の中の文字は「天琁」であろう。北斗の枡形の四星を琁璣（せんき）、また第二星を天琁という（晋志に「北斗の七星は太微の北にあり、七政の枢機、陰陽の元本也。故に天中を運りて四方を臨制し、以て四時を建てて五行を均くする也。魁の四星を琁璣と為す、杓の三星を玉衡と為す。（中略）又魁の第一星を天枢と曰う、二を琁と曰う」）。その下の弓と日は呪符の慣用句である。これによってこの木簡が北極星を中心とする天の高貴な場＝紫微宮の知識と信仰を内包した呪符であることが明らかとなる。従来知られる北極星―妙見、北斗信仰のみでは理解できない内容をもち、また紫微宮といえば政治史上注目されるのは藤原仲麻呂が光明皇后のために設置した「紫微中台」（七四九―七五八年）の存在であり、関わりが想定されれば木簡の時代は遡る可能性があろう。整った星座の配置・デザイン化は護符として完成度をうかがわせる。上総国の集落地という地方へ天文・星辰信仰の波及を示すものであるが、都に上り舎人などを勤めた郡司子弟が持ち帰ったものとの推測が可能であろう。

　このように七～九世紀にかけて星座を記した木簡が見られたが、その後も星座の記載は続き、平安時代後半～末の岡山市鹿田遺跡（井戸跡）出土の呪符木簡には、「天罡（符籙）／王□水□／王□金□／王田火□／王□木□／」（『鹿田遺跡』8、岡山市埋蔵文化財センター、二〇一四年、『木簡研究』二六号、二〇〇四年）とあるが、符図は星座図と鬼面である（**図5**）。十二世紀の平安京左京九条三坊十町・烏丸町遺跡（池跡）出土木簡には「天罡（符籙）□〔急ヵ〕」（『木簡研究』三七号、二〇一四年、京都市埋蔵文化財研究所発掘報告書『平安京左京九条三坊十町烏丸町遺跡』二〇一三年）とあり、この符図も口型の集合体で、一一個の星の下に牛宿六星・鬼宿五星などが描かれている（**図6**）。

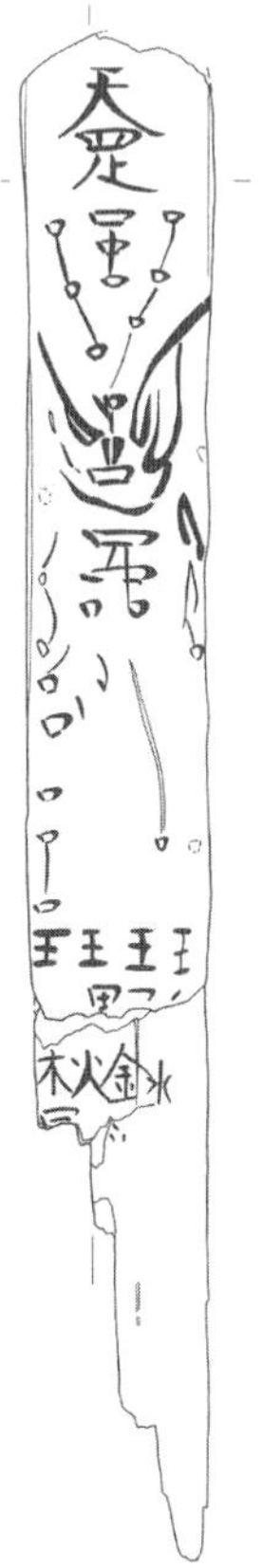

図5　鹿田遺跡出土呪符木簡（同遺跡報告書）

　さらに鎌倉時代前半の兵庫県篠山市板井寺ヶ谷遺跡の「咄天罡（符籙）□□□□□〔急々如律令ヵ〕」、「咄天罡（符籙）□〔鬼ヵ〕急々如律令」、「天罡（符籙）」等の符図は三台六星、鬼宿五星などであり、十四世紀以降も神戸市長田神社境内遺跡で牛宿六星図、神戸大学医学部附属病院構内遺跡からも牛宿六星とみられる星図、十四世紀前半の兵庫県赤穂郡山野里四ッ日遺跡などでも星座呪符木簡が出土している。このように中世では天罡の下に鬼宿・牛宿図を記すことが目立つようになるが、牛宿は牛頭天王信仰と関わるものと考えられる。

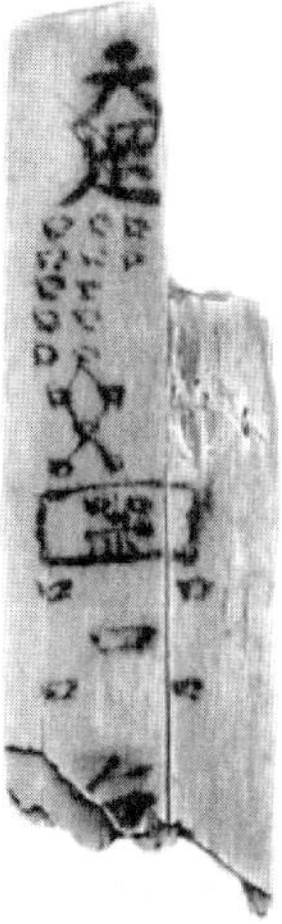

図6　平安京左京九条三坊十町・烏丸町遺跡出土呪符木簡（同遺跡報告書）

(b) 天罡呪符木簡

「天罡」神名を掲げる呪符木簡は、禳災を祈願する最も一般的な存在と言ってよいものである。増尾伸一郎氏は、「天罡」は北辰・北斗を意味していたことを明らかにし、それを記す出土例を検討して祈雨や除病、除災招福の祈願のために用いられたものであり、奈良時代末から平安初期以降に官衙を中心に行われ、平安中期以降は民間陰陽師の輩出に伴って広く一般に普及したものであろうことを指摘した(15)。

この天罡神信仰は道家の天罡法と関わるものと考えられる。『抱朴子』巻十五雑応篇に「仙人の瘟疫に入るの禁秘法」として「又七星北斗と作り、魁を以て其の頭を覆い、罡を以て前を指すを思う」とあり、北斗には辟邪・辟鬼の力があるとするが、罡は剣をイメージさせる北斗の柄の三星であった。また隋の蕭吉の『五行大義』巻五、論諸神篇でも、天罡(剛)は「斗星の柄、その神は剛強也」「天剛は殺伐を主る」(16)と殺傷・討伐を主るとする。さらに『北斗治法武威経』(『正統道蔵』第一六冊)には開城から攘災・破敵・拝官・出行・求財に至るまで広く願望を叶える天罡法を記して「先ず啓して北斗に告げ、呪を誦し訖る。七星の名字を念じ、杖子を以て地に四縦五横を画き、禹歩して行く。天罡役去(法ヵ)に随い、任意に行う所、殃災は消滅す」との儀礼を説き、禹歩に際して唱える「四縦五横、六甲六丁。禹王治道、蚩尤辟兵。遍行天下、曲戈反復。所有一切虎狼賊盗凶悪等、並赴吾魁罡之下、無動無作。急急如律令」との呪詞を記している。

大野裕司氏は『日書』の禹歩五画地法とこの天罡法との共通要素として、北斗信仰、画地、禹歩、呪文、呪符(印)の使用、返顧の禁止などがあることを指摘し、画地が+・×から四縦五横へ、さらに「急々如律令」を組み込むなどの変化があるが、「禹歩五画地法」を継承したのが「天罡法」とみなせ、隋から唐初頃の道士が実際に行っていたものであろうとする(17)。すなわち道家で一切の殃災を消滅させるのが天罡法であり、その神が北斗星=天罡神であった。そのような北斗・天罡の観念が七・八紀頃日本に伝わり、現在多数確認される天罡呪符木簡の思想的背景となったと考えられる。奈良文化財研究所の木簡データベースによると、各地から現在五〇点の報告がある。つぎに古代の主要な例をあげよう。

① 群馬県富岡市内匠日向周地遺跡(谷津状地形の低湿地)出土、七世紀後半~八世紀後半。「□(咄ヵ)罡蛟□(蛇ヵ)奉龍王」(四二+五三)×三五×七ミリ、「□罡□蛇奉龍王」(一四五)×三三×七ミリ、「□(咄ヵ)□□×鬼□□」(二五〇)×三三×四ミリの三簡について高島英之氏は、罡は天罡=北斗星で、谷戸の開発者である在地首長が谷戸の神「交蛇」の

祭祀者として水神「龍王」に雨乞いもしくは止雨を祈願する神事に関わる呪符木簡かとする。[18]

②　平城宮大極殿院西辺出土木簡、八世紀前半（和銅〜養老六年）。一二〇×七六×一八ミリ。板表面に四葉様の中にそれぞれ「丈部若万呂／天剛々々天剛々々」、両側面に「急々如律令」（『木簡研究』九号、一九八七年）などとある。用途は明らかでない。

③　木津川市馬場南遺跡（川跡）出土、奈良時代中期〜後期。（二〇〇）×二二×三ミリ。・「大将軍卯ム名〇天□（罡ヵ）」・「ム名以天罡卯天罡」（『木簡研究』二〇号、二〇〇八年）とあり、方角神の大将軍（金星が地に下ったものとされる）とともに記されている。

八世紀代ではほかに、兵庫県袴狭遺跡、浜松市伊場遺跡、滋賀県坂田郡高溝遺跡、八〜十世紀として周防国府跡、八〜十一世紀として鳥取市大桷遺跡出土木簡などがあり、平安後

図7　鳥羽離宮遺跡出土木簡（京都市立埋蔵文化財研究所『リーフレット京都』二七二号）

期以降も各地の遺跡から天罡呪符木簡は発掘されているが、とくに注目される例を上げておこう。

鳥羽離宮遺跡溝跡出土呪符木簡、十一〜十二世紀（『木簡研究』一〇号、一九八八年）。二二五×五一×四ミリ（**図7**）。上部に「咄呋嗟」とあり、下に王・日・鬼・弓などの文字を複雑に配し、三星、「急丶丶丶（々律令）」と続き、裏面に「西」とある。また同種の呪符が他に二点あり、東西南北の門に配置され辟邪のまじないに用いられたものと考えられている。鳥羽離宮で用いられた呪物であるから上皇奉仕の官人陰陽師作成の呪符とみてよいであろう。文献では摂関家の例であるが、『殿暦』永久元年（一一一三）五月五日条に、「今日物忌なり。世間不静、仍て陰陽師家栄に門毎に於いて祈らしむ。〈祈りの躰は陰陽師にあらば皆知ると云々。〉」とあり、世間不静により陰陽頭賀茂家栄をして門ごとに祈祷させたという。門外で家内への疫鬼の等の侵入を防ぐために行うのは鬼気祭であり、とすれば敷衍して鳥羽離宮の呪符が鬼気祭に関わるものであった可能性もある。なお同遺跡の導水路跡からも「物忌咄天北急々律□（令ヵ）」とある物忌木簡が出土している（『木簡研究』三〇号、二〇〇六年）。天北の北は「四」に「北」の字形でこれは罡の異字である。

また墨書土器では、大阪府高槻市嶋上郡衙跡出土で、十世

紀の井戸の祭祀に用いられたとみられる土器に「天罡大神王／十二神王」（『嶋上郡衙跡発掘調査概要・五』（高槻市教育委員会、一九八一年）とある。鎌倉市由比ヶ浜中世集団墓地遺跡からは十三世紀後半〜十四世紀前半の二枚のかわらけにそれぞれ「天盤」「地盤」、天盤の内外面に十二支と符図、地盤の内面に十二支、外面に「咄天罡」と十二月将・十二支等を記したものが出土している。陰陽師が使う式盤の知識を盛り込んだ天罡呪符墨書土器である。

(c) 辟鬼呪符木簡・墨書土器〈南山・高山型と鬼名型〉

後漢の前掲鎮墓解除文には「乙巳日の死者鬼の名は天光たり、天帝神師はすでに汝の名を知る、疾く三千里に去れ。汝即去せざれば、南山□に給い来らしめて汝を食す、急如律令」とあり、鬼の名を知ること、また南山が関与して鬼を遂却するとの観念があることが知られたが、つぎの二例はそのような思想が日本にも伝えられていたことを示す例である。

① 平城京左京三条二坊八坪二条大路、濠状遺構出土木簡。一一一×二七×四ミリ。天平十一年（七三九）頃までのもの。「南山之下有不流水其中有／一大蛇九頭一尾不食余物但／食唐鬼朝食三千暮食」、裏面に「八百　急々如律令」（『木簡研究』一八号、一九九六年）とあり、南山の下の流れのない水中に九頭一尾の大蛇がいて、余物は食わず朝は唐鬼を三千、暮に八百食すとの呪言で、「唐鬼」は瘧鬼とみられ治病の呪符と考えられる。瘧鬼を食らう南山・高山の龍に関して大形徹氏は、唐の孫思邈撰の医書『千金翼方』禁経に「南山有地、地中有蟲、赤頭黄尾、不食五穀、只食瘧鬼、朝食三千、暮食八百（中略）、急急如律令」などとあり、赤頭黄尾の蟲は病を起こす鬼を食す蛇形の神、南山は終南山で、すでに後漢の呪符に「南山給□令来食汝」とあり、古代以来中国で行われていた治病の呪文が、天平の天然痘大流行にさいして日本でも用いられていたと指摘する。[19] その後和田萃、北條勝貴両氏により『千金翼方』、『医心方』所引『范汪方』・『産経』、『太上洞玄霊宝素霊真符』巻下などからの類例の指摘がある。[20]

② 多賀城市山王遺跡多賀前地区（河川跡）出土須恵器杯。内面に「此鬼名中六鬼知／申日病人（符籙）急々如律令／寅年人□□（卯土カ）里□（色カ）鬼神知也／即顕腹取□」（『木簡研究』一七号、一九九五年）とある。これは六つの「鬼名」「鬼神名」を知っているぞと鬼神をおどして退散させ、申の日に発病した病人の治病の祈りに用いられたものと考えられる。「鬼名を知る」呪言の例はこれも先の鎮墓解除文に「乙巳日の死者鬼の名は天光」などと、干支ごとに死鬼に名があり、その名を天帝使者が告げれば鬼は逃げるとある。『女青鬼律』は六朝期の道書で、悪鬼等を鎮圧する方法を述べるも

のであり、巻一には日の干支毎の鬼名を知っていれば鬼は人に近づかないとして六十干支それぞれの鬼名、巻二では山精の鬼・木精の鬼・石精の鬼・虎精の鬼などの山海の鬼名、巻三では十二月、十二支日に応ずる瘟鬼など、その他さまざまな鬼や凶神の名をリスト化し、その名を知り呼べば害をなさないとする。[21] 多賀城の須恵器墨書もこれらの観念に淵源を有す呪符と考えられる。

(d) 百怪平安呪符木簡・墨書土器

さまざまな怪異を鎮める百怪符は『太上老君混元三部符』に多数見え、道教呪符でも一般的な存在であるが、それにかかわる木簡も出土している。

① 伊場遺跡（大溝）出土木簡、八世紀。三二二×六七×四ミリ。「<百恠咒符百々恠宣受不解和西恠□□（三ヵ）令疾三神□（宣ヵ）□□／宣天罡直符佐无当不佐□（三ヵ）急々如律令／弓　龍神／（龍の絵）／人山　龍□　急急如律令／人山　龍」（『木簡研究』三〇号、二〇〇八年）とあり、裏面にも「戌」「蛇子」などの字が記されている。この呪符には止雨祈願説、疾病除去祈願説などがあるが、[22]「西の恠」に注目すれば、四方に立てる百怪符である可能性があろう。

② 多賀城跡（大溝跡）出土木簡、十一世紀頃。（二七四）×三一×四ミリ。・「□（戸鬼ヵ）…百恠平安符未申立符」・「□戌□□平□…奉如實急々如律令」（『木簡研究』三号、一九八一年）とある。未申＝西南に立てる百恠平安符とあり、出土地点も多賀城跡の西南方向に当たるという。するとこれも四隅に立てる百怪平安符に類別できる。なお平安後期から見られる陰陽道の百怪祭でも、寝殿の中央と四方に「厭百怪符」を打つとする。

(e) 五行神・龍王呪符木簡

東南西北と中央（色では青赤白黒黄）五方の五行神・龍王を記した呪符は、五行の調和や安定を願い、地神や水神の鎮祭に用いられた例が多いようである。

① 藤原京跡九条四坊（小路溝）出土木簡、七世紀末～八世紀。四六七×八三×七ミリ。・「七里□□内□送々打々急々如律令／四方卅□大神龍王」・「<東方木神王　婢麻佐女生年廿九黒色／南方火神王（人物像）／中央土神王婢□□女生年□□□（色ヵ）□（人物像）」とある（『木簡研究』一六号、一九九四年）。和田説は四方の龍王への雨乞いとする。[23] 表裏に龍王、五方の木火土金水王に供犠を配したものとみられるが、後述のように龍王は宅神でもあった。

② 群馬県富岡市内匠日向周遺跡（谷津状遺構）出土木簡（前掲）、七世紀後半～八世紀後半。高島英之、平川南両氏[24]は水神龍王に雨乞い、止雨祈願か、または開発の犯土のさいの龍

王祭祀とする。

③　伊場遺跡（大溝）出土木簡、八世紀。（二一三）×一七×八ミリ。・「×帝百鬼神南方赤帝百万神／×帝百万鬼神北方黒帝百万神　天×／×帝百万□神急々如律令」・「□□□□□□□□□龍」（『木簡研究』三〇号、二〇〇八年）とあり、東方青帝・南方赤帝・西方白帝・北方黒帝・中央黄帝にそれぞれ百万鬼神の跳梁を抑えることを祈願した呪符と考えられる。

④　山形県米沢市馳上遺跡（河川跡）出土木簡、九世紀。（一二九＋六八）×二〇×三ミリ。・「□（符籙）鬼鬼鬼（　）八龍王水八竜王草木万七千」・「□□龍王□□龍王（　）□□□□□□八竜王」（『木簡研究』二三号、二〇〇一年）。三上喜孝氏は、八龍王は『法華経』のそれを言うとすれば雨乞い、または止雨祈願の祭祀に関わるものとする。[25]

⑤　山形市梅野木前1遺跡（竪穴柱跡）出土木簡、九世紀前半。二八一×四〇×三ミリ。・「東方青龍王　南方赤龍王　西方白龍王／下天黄龍王」・「〇□□□□（夭亡ヵ）□〇□□／〇□□□」（『木簡研究』三〇号、二〇〇八年）とあり、北は欠くが五方五色の龍王がみえる。

古代の地鎮に関して増尾伸一郎氏は、平安末期書写「七寺一切経」の中国撰述疑偽経典で五方龍王・五行諸神・十二時神の利益を説く『安墓経』に注目する。そこには、「仏告東方青龍王軍、南方赤龍王軍、西方白龍王軍、北方黒龍王軍。五行六甲禁忌十二時神立符」と地神を鎮める五方龍王のなどの符がみえ、また同様な疑偽経典の『安宅経』（後漢代失訳）にも、「東方大神龍王七里結界金剛宅、南方大神龍王七里結界金剛宅、西方大神龍王七里結界金剛宅、北方大神龍王七里結界金剛宅、」とあり、五行の龍神が鎮宅・地鎮の祭祀に関わる神格であることを指摘する。[26] これらを受けて三上喜孝氏は①や⑤の龍神に関する呪符木簡は、『安墓経』『安宅経』などの疑偽経典の存在が背景にあって作成されたものとみる。[27]

⑥　高槻市嶋上郡衙跡（井戸底）出土墨書土器、十世紀、『嶋上郡衙跡発掘調査概要・五』（前掲）。二枚の土師器の皿に斎串、櫛、桃核といった一群の祀りに関わる遺物が出土している。皿は各口径一四〇ミリ、高さ二七ミリと二五ミリで、・「天罡大神王／十二神王」・「中央土公水神王／西方土公水神王／東方土公水神王／王神水公土方南／北方土公水神王」とあり、また後者は皿の口にそわせ「封」の字を十二字めぐらす。それぞれ天罡神と五方の「土公水神王」を記し、二枚の皿を合わせ口にして鎮め祀ったものと考えられている。調査報告書では「井戸を新しく構築した際に、水に住む神を祀ってその怒りを鎮め、井戸の水が枯れないように祈念する祭祀に用いられたもの」とみている。

水神・地神などの鎮めは、五行家系の祭祀であり、五行の秩序維持と均衡をもって自然の調和を図り、災いを除こうとするものであった。

(f) 辟邪の記号☆・井を記す墨書土器・木簡

呪術的な記号と考えられる☆（五芒星）や井は古代の墨書・線刻土器に多数み出されている。☆墨書土器出土の遺跡としては、八世紀前半の群馬県染谷川河川敷、八世紀中葉の群馬県新田町市野井があり、八世紀末の長岡京左京南一条二坊十一町作地築地塀雨落溝のものは土器皿に刻書されている。九世紀前半では千葉県船橋市印内台、九世紀中葉では千葉県柏市花咲遺跡など、九世紀第3四半世紀のものでは鹿児島県横井竹ノ山遺跡出土土器に「子」（＝北）と☆が刻書される。十世紀前半は秋田県千畑町厨川谷地遺跡などがある。

井を記す墨書・線刻土器も多く、八世紀前・中・後、九世紀前・中期のものが柏市花咲、九世紀前が千葉市有吉遺跡、九世紀が成田市庄作遺跡、多賀城市山王遺跡、山形市生石2遺跡など多数みられる。

これらについて平川南氏は、「井」は五世紀初頭の青銅鋺の高句麗好太王壺杅に確認できるから、現段階ではこの魔除けの記号は朝鮮半島から日本列島にもたらされたものと考えられるとする。「☆」は「五行押点」として古代以降の呪符に用いられている一種の魔よけの記号で、民俗例でも確認できるとし、五行説と関わるものとみている。(28) また高島英之氏は、☆や井は何らかの呪術的祭祀に用いられたもので、前者は元来西アジア地方に起源を有する記号であり、日本へも早く伝えられ道教における北斗信仰を象徴する紋様であったらしいとし、後者は道教における九字の略号であったとする。(29) 荒井秀規氏も、「☆」「井」「×」は魔よけの記号で、☆は五行説に基き邪を避け延命・招福をもたらす。井は悪霊を迷わす迷路で邪を払い祈願成就をもたらす四縦五横の模様を簡略化したもの、九字とし、×も魔よけや邪などを封ずる意味がある。『日本霊異記』下巻九話に地蔵菩薩が「我、印点するが故に、災に逢うはじ」と述べるが、これらも印点の一種で、神への記号である印点を記すことは古代から現代まで連続しているとする。(30)

また☆を記す木簡には、十二世紀後半の平泉柳之御所跡（井戸遺構）出土木簡、一七六×一七×四ミリがあり、・「天罡（符籙）急々如律令」・「☆　惣鬼鬼」（『木簡研究』一三号、一九九一年）とあり、同様なものが他に一点ある。同じく十二世紀後半の出雲市青木遺跡（土坑）出土木簡、二九七×五一×七ミリ、は動物犠牲祭祀に関わるものとみられ、片面に「〔咄天罡カ〕（符籙）急々如律令　梵字（キリーク）☆」（『木簡研究』三〇号、二〇〇八年）とあり、その他に鎌倉末～室町時代の新潟市小坂居付遺跡、十四後半～十五世紀の石川県羽咋市大町ゴンジョガリ遺跡などにも見られる。

ところで敦煌文献でも大英博物館蔵の北方神星・計都星像護符（Ch.lvi.0033）の中に朱で☆が描かれている。(31)☆（五芒星）は日本では八世紀の出土墨書土器に見えて従来道教的記号とされ、一二、三世紀には呪符木簡で天罡（北斗神）や牛頭天王と共に記され、十四、五世紀には民間で安倍晴明の桔梗紋、井とともにドーマン・セーマンと称して辟邪の民俗信仰としても展開する。ここでこの敦煌文献の存在、および既述した古代中国のさまざまな呪法・呪符信仰の受容形態から、五芒星は大陸起源で辟邪あるいは星神を意味する呪術的な意匠であったと考えてよいと思われる。(32)関東で比較的に多く出土しているので、古代の地域社会における星の信仰の広がりを示すものと推考され、識字層が用いる「天罡呪符木簡」と相対する存在であった可能性も考えられるであろう。

(g) 物忌木簡

潔斎謹慎により空間内部への立ち入り禁止を示す札として物忌札の出土例も多い。兵庫県豊岡市袴狭遺跡出土木簡（八～九世紀）に、「律令九々八十一【九々九八十一】＝物忌」、「物忌」、袴狭遺跡内田地区（奈良～平安時代、郡衙跡か）から「今日難物忌」、平城京跡東三条大路東側溝（八～九世紀）から「物忌・固物忌」、長岡京跡東二坊大路東側溝（八世紀末）から「物忌」、長岡京跡左京三条三坊一町北側溝（八世紀末）から「今日物忌　此処不有預人而他人輙不得出入」などが出土している。また鳥羽離宮跡一〇二次・導水路（十一～十二世紀）に「物忌咄天四北急々律□（令ヵ）」、石川県小松市漆町遺跡C地区集落址（平安後期）に「依里物忌固物忌天岡急々如律令」、同種他に一点、豊中市上津島遺跡（十三世紀前半）に「物忌昔蘇民将来之子孫□（宅ヵ）門也／急々如律令」などとあるように、平安後期から天罡や蘇民将来信仰と重なるものが出ている。

平安中期の貴族社会では、陰陽師が天皇や貴族のために怪異の凶兆を占い、その怪異占文で謹慎の物忌日が指定され物忌札を立てる文献例がみえ、『今昔物語集』二七―二四話でも、播磨国の人が陰陽師の言により門に物忌札を立て、桃の木を切り塞ぎ鬼の来るのを防ごうとする話しがある。しかし平安前期以前に遡り、また地方出土の物忌木簡が陰陽師の占いによる謹慎行為と関わるものであるかは明らかではない。

また元興寺の中世物忌木簡から知られるように葬事に関わる物忌札もあり、奥野義雄氏は十二世紀前半には初七日の物忌札の存在があったとし、(33)水口幹記氏は十一世紀中頃に遡るとみている。(34) 神事による潔斎、陰陽道の謹慎行為、葬事に関わる物忌札などの相違は、出土木簡の年代・地域・階層性などの諸位相を考慮し検討する必要があろう。

おわりに

これまで縷々検討してきたことをまとめて結びとしたい。

中国の呪符は秦漢以来、災いや病を引き起こす鬼神・精怪の害を避け身体の安全を計るため行われ、身に付け、住居の室内や四隅などに貼り付けるなどして用いられた。符図には北斗七星などの星神、鬼を鎮圧する山、鬼を退ける日・弓、その下に尸・鬼等の文字を配すことが特徴的で、その後も道教信仰の展開と共に変容し拡散した。

日本古代の呪符もその影響を濃厚に受け、多様なものが見られた。山・尸・鬼・日・弓等の文字を形象化した符図（＋急々如律令）を記した一般的な呪符とともに、七世紀から九世紀までの初期段階ではその特徴から次のような分類が可能と考えられる。

①星座を象り、その機能に基く信仰を背景に持つ星座呪符木簡

②「天罡」神名（北斗星）を掲げ、禳災を祈願する天罡呪符木簡

③中国古代の民俗信仰、南山（高山）による鬼神制圧、名を明かせば鬼を退けられるとの観念を継承する辟鬼呪符木簡・墨書土器

④四方空間内の禳災平安を祈願する百怪平安符呪符木簡

⑤五行神名（五行神王・龍王・土公・水神）を記す五行鎮祭型呪符木簡・墨書土器

⑥辟邪の記号☆・井を記す墨書土器・呪符木簡

⑦物忌空間への立ち入りを制限する物忌木簡

このうち、⑦は物忌習俗による日本特有のもので門前に立てたが、機能は④に近い。『道蔵』の神符類を瞥見したかぎり②⑤もあまり見えないようであり、道蔵所収経典類とは別系統の――敦煌の呪符のような民間に近い形の――信仰が伝えられ、日本で展開した可能性が考えられる。

それらの諸特徴は平安時代後期以降になると、天罡木簡に星座図や物忌・牛頭天王・蘇民将来が加えられるように各要素の重層化が目立つようになる。呪符の習合的展開と言えるであろう。

陰陽道との接点としては、陰陽寮の陰陽師は八世紀前半から祓、後半に寺地の鎮祭を行っているが、それは中国五行家の法に倣ったものと考えられる。九世紀後半から陰陽師は祭祀を本格的に行い呪術宗教としての陰陽道は成立する。その

中で呪符を用いるのは出行儀礼の反閇と、新宅移徙のさいに寝所に打つ百鬼符などで、出行時と居住空間四隅から鬼神を退ける行為は、基本的に『抱朴子』の呪符利用と共通する。しかしこれまでの出土資料から、中国の民俗的信仰や道教に関わる呪符信仰は、すでに渡来人などを通して七世紀前半から、陰陽寮・陰陽道の存在とは別に畿内・地方へ広がっていたようであり、それらの展開が平安時代以降民間陰陽師等の活動と関わる宗教的基盤となった可能性が考えられる。

一方で、内裏や官衙遺跡で出土した呪符木簡は官人陰陽師との関わりが考えられ、とくに藤原宮の「羅堰」木簡は複雑な星座図であるからその感が強く、鳥羽離宮跡で出土した数点の天罡呪符木簡は官人陰陽師が作成したものと考えてよい。袖ヶ浦市西原遺跡出土の「紫微宮星座木簡」はどのように考えるべきか、整然とした天文知識を背景とするものだけに識者の関与が窺えるが、それが東国の集落付近で出土したこと、信仰面で高松塚・キトラ古墳等にみられる天文認識とは別に、また従来知られる妙見・天罡・北斗属星信仰とも異なる星辰信仰の在り方を示すものであり、今後の検討が必要であろう。

注

(1) 工藤元男『占いと中国古代の社会』(東方書店、二〇一一年)一七四頁以降、「埋もれていた行神」(『東洋文化研究所紀要』第一〇六冊、一九八八年)。

(2) 大野裕司『戦国秦漢出土術数文献の基礎的研究』(北海道大学出版会、二〇一四年)二一一頁以降。

(3) 坂出祥伸「呪符の歴史――後漢末より魏晋南北朝まで」、「後漢・魏晋・南朝時代の出土資料に見える呪符」(大形徹・坂出祥伸・頼富本宏編『道教的密教的辟邪呪物の調査研究』ビイング・ネット・プレス、二〇〇五年、所収)。以下本書を参照した部分が多い。

(4) 坂出祥伸「『抱朴子』内篇「登渉篇」に見える呪符」、前掲注3書所収。

(5) 大形徹「道蔵の呪符」、前掲注3書所収。

(6) 山下克明「陰陽道の典拠」(同『平安時代の宗教文化と陰陽道』岩田書院、一九九六年、初出は一九八二年)。

(7) 和田萃a「呪符木簡の系譜」(『木簡研究』四号、一九八二年)、b「呪符木簡再考」(『しにか』一二七号、二〇〇〇年)。

(8) 山里純一「呪符の機能」(『文字と日本古代』4、吉川弘文館、二〇〇五年)。

(9) 水口幹記a「僧円能作成の厭符について」、b「日本呪符の系譜」(同『古代日本と中国文化　受容と選択』塙書房、二〇一四年、初出は二〇一〇・二〇一一年)。

(10) 符籙の「籙」とは、本来道士の修行の階梯に応じた免許状で、教団内の地位を示すものであり、それに応じて行える儀礼も決まっていた(松本浩一『中国の呪法』大修館書店、二〇〇一年、一九五頁以下参照)。よってその用語としては適切ではないとの水口幹記氏の指摘があり(前掲注9a論文)、本稿でも「符図」と表記する。

(11) 王育成「桑津遺跡の道教木簡について」(『大阪市文化財論集』大阪市文化財協会、一九九四年)。

(12) 巽淳一郎『まじないの世界Ⅱ（歴史時代）』（『日本の美術』三六一号、至文堂、一九九六年）五四頁。木簡学会編『日本古代木簡集成』（東京大学出版会、二〇〇三年）一〇一頁など。
(13) 松村恵司「藤原宮呪符木簡に描かれた星座」（『季刊明日香風』六一号、一九九七年）。
(14) 中国天文学では、『晋書』天文志に天極の星座は紐星・太子・帝王・庶子などとする「北極五星」であるが、古墳の壁画に天文図が描かれていることの多い高句麗では五世紀初の角抵塚以降、北極を描く七例が「北極三星」であり、その伝統は高麗の壁画古墳にも受け継がれた。金一権「高句麗の天文自然観と天思想」（東北亜歴史財団編『高句麗の文化と思想』明石書店、二〇一三年、所収）。高松塚は北極五星のうち四星が残り、キトラ天文図は何故か北極六星であるが、本呪符木簡の北極三星は高句麗文化の影響と関わる可能性もある。
(15) 増尾伸一郎「〈天罡〉呪符の成立」（同『道教と中国撰述仏典』汲古書院、二〇一七年、所収、初出は一九八四年）。
(16) 中村璋八・清水浩子『五行大義』下（新編漢文選8、明治書院、一九九八年）一三四頁。
(17) 大野裕司注2書、二二五頁以下。
(18) 高島英之「富岡市下高瀬上之原遺跡出土刻書土器をめぐって」（『研究紀要』一四、群馬県埋蔵文化財調査事業団、一九九七年）。
(19) 大形徹「二条大路木簡の呪文」（『木簡研究』一八号、一九九六年）。
(20) 和田萃「南山の九頭竜」（『日本国家の史的特質　古代中世』思文閣出版、一九九七年、所収）、北條勝貴「野生の論理／治病の論理――〈瘧〉治療の一呪符から」（『日本文学』六二―五、二〇一三年）。これらの研究については吉田一彦「鬼を食う大蛇、神虫、天形星――木簡と絵画から見た病除けの祈願」（『古代の文字文化』古代文学と隣接諸学、竹林舎、二〇一七年）参照
(21) 前掲注10松本書、一四三頁以下参照。
(22) 柴田文雄「百怪呪符」（竹内理三編『伊場木簡の研究』東京堂出版、一九八一年）。前掲注7a和田萃論文。
(23) 前掲注20和田萃論文。
(24) 高島英之「墨書村落祭祀論序説」（同『出土文字資料と古代の東国』同成社、二〇一二年、初出は二〇〇〇年）、平川南「呪符木簡（1）龍王呪符」（同『古代地方木簡の研究』吉川弘文館、二〇〇三年、初出は一九九五年）。
(25) 三上喜孝「「龍王」銘木簡と古代東アジア世界」（同『古代の文字と地方社会』所収、吉川弘文館、二〇一三年）。
(26) 増尾伸一郎「都城の鎮祭と〈疫神〉祭儀の展開」（前掲注15書所収、初出は二〇〇三年）。
(27) 前掲注25三上喜孝論文。
(28) 平川南「墨書土器とその字形」（同『墨書土器の研究』吉川弘文館、二〇〇〇年、初出は一九九一年）。
(29) 前掲注24高島英之論文。
(30) 荒井秀規「神に捧げられた土器」、前掲注8書所収。
(31) 松本栄一『敦煌画の研究』図像篇（同朋舎出版、一九八五年）附図一九二。
(32) ☆（五芒星）は円・三角・四角などの幾何学図形とともに西洋中世の占星魔術書にみえ、吉村正和『図説近代魔術』（河出書房新社、二〇一三年）では、その起源はアラビア天文学にあると推測されている。なお、古代エジプトではメソポタミア天文学の影響を受けていたが、紀元前一世紀中頃に建立されたデンデロ神殿の黄道帯星座を描く円形レリーフ（現ルーブル美

術館蔵）には、外縁に配したエジプトの星座の周囲に多数の五芒星がみえる。

（33）奥野義雄『まじない習俗の文化史』（岩田書院、一九八六年）一二一頁。

（34）前掲注9水口幹記書一四四頁。

［II 〈術数文化〉の伝播・展開］

平安時代における後産と医術／呪術

深澤　瞳

平安時代における出産過程のうち、特に後産について考察する。後産については、胞衣を埋納する方法やその方角等の検証が為されている一方で、後産それ自体への考察は少ない。そこで本稿では、後産が遅れてしまった場合にどのような処置が為されるのかということを、呪術と医術という不可分の観点から考察してゆく。

はじめに

平安貴族層における出産がどのように執り行われていたかは明らかになりつつある。出産時には室礼を白一色に調えることや、妊婦を守護するための加持祈祷等が行われることはもちろん、嬰児出産後の胞衣の処理方法とその意味なども追究されてきている。出産というものがいかに儀礼的な空間／意識下で行われていたかということが、様々な角度から解明されてきているのである。そうした研究の蓄積を踏まえて、本稿で明らかにしたいのは、後産が遅れていた場合にどのような対処をしていたのかということである。

現代でも後産の遅れは危機をもって対応されている。一般的に子どもが産まれ出てから三十分以内に後産を済ませるべきで、それが叶わない場合は医師が妊婦の体内に腕を入れて胎盤を引っ張り出すこともあるそうである。それほどに、後産の早期終了は大事なことなのである。

古代の後産については、これまで胞衣の処理について多く注目されてきたが、後産そのものについては、あまり言及さ

ふかさわ・ひとみ――大妻女子大学・武蔵野大学他非常勤講師。専門は平安時代の文学・陰陽道。主な論文に「『狭衣物語』の土忌」（倉田実編『王朝人の婚姻と信仰』森話社、二〇一〇年）、「『蜻蛉日記』の火災記事と火災占」（小嶋菜温子・倉田実・服藤早苗編『王朝びとの生活誌』森話社、二〇一三年）などがある。

れてこなかった感がある。当時も、後産が遅れてしまうことは決して珍しいことではなく、ここで体力尽きて命を落とす妊婦も多くいたそうだ。そうすると、後産が遅れている場合には、何らかの処置が加えられたであろうことが推察できる。史料類を根拠としながら、実際的な対処方法をみてゆき、その行為が何に依拠するものなのかを考えてみる。

全体を通して、当時の医術と呪術の相互補完的な在りようを提示していきたいと考えている。

一、出産時の様相

出産とは言うまでもなく、子どもを産むことである。とはいえ、出産はこれで終わりではない。胎盤を排出する後産が済んで、漸く完了となる。このことは古代においても同様で、子どもが産まれてからも、後産が終わるまでは僧侶や陰陽師らはそこに留まり、加持祈祷や辟邪の呪法などを続けたのである。つまり、状況的にいえば、出産完了は、後産が終わる時点を指す。

出産時の様子は、複数の史料類からの考察を経て、現在では体系的な把握も可能となっている。出産がどのように行われるかという作法的なことは辞典／事典類に詳述してあるので、ここでは出産時の人々の動静という点に着目して、出産時の様子を俯瞰的に捉えていく。そこで、ある一つの出産に対する、二つの史料を比較・検討しながら、統合的に「その場」を考えてみる。

史料を考察する前に、この出産の背景を簡単に述べておく。ここで扱う事例は、一条天皇の中宮・藤原彰子（＝父は藤原道長）が、初めての出産を迎えた時のことである。一条天皇には、彰子よりも先に、藤原定子（＝父は藤原道隆。道隆は道長の同母兄）が入内していた。一条天皇が定子を寵愛していたこともあり、彰子の懐妊は、入内後約十年を待たねばならなかった。

彰子の懐妊は、夫婦間の問題のみならず、彰子の父・藤原道長の宿願でもあった。実際、道長は彰子の懐妊を祈って、何度も金峰山詣でをしていた。要は、彰子が帝の子を産み、それが男児であれば、ゆくゆくは東宮、そして帝となるわけである（この時、すでに定子は亡くなっており、一条天皇の第一子である敦康〔母は定子〕の後ろ立ては希薄な情況であった）。東宮の外祖父となれば、道長の政治的立場は揺るぎないものになる。まして帝の外祖父にでもなれば、道長は一貴族としてこの上ない栄花を実現することになる。道長は、もちろん愛娘彰子の出産が無事に済むことを祈っていただろうが、同時に政治的な目論見も持っていたであろうことは否めない。ここで扱う事例にはこのような背景があり、人々の様々な願いや思惑が交錯しているのである。

史料1は、藤原道長の書いた日記『御堂関白記』である。道長は、彰子の実父である。当該記事は、運よく、道長の自筆本も現存している箇所である。稿中では触れていないが、自筆の文章との校合もしてある。

史料2は、紫式部の日記『紫式部日記』である。紫式部は彰子に仕えた女房である。『御堂関白記』が古記録という部類に属するのに対して、こちらは日記文学という部類に配される。**史料1**と**史料2**とでは、記録と文学という点で、執筆意図に大きな違いがあるのだが、ここでは言及しない。

◎1　藤原道長『御堂関白記』（寛弘五年九月十日、十一日）

十日　丁卯。子時ばかり（午後十一時~午前一時頃）、宮の御方（=彰子）より女方（=道長妻・倫子）来たりて云はく、「悩む御気有り」てへり（「てへり」は「と言へり」の意）。参入す。御気色有り。仍りて東宮傅（藤原道綱）・大夫（藤原斉信）・権大夫（源俊賢）に消息を遣はして云はく、「参で来よ」と。他の人々多た参る。終日悩み暮らし給ふ。

十一日戊戌。午時（午前十一時~午後一時頃）、平安かに男子を産み給ふ。候ぜし僧・陰陽師等に禄を賜ふ。各差有り。同時に御乳付。齊を切りて結ぶ。御湯殿の具を造り初む。酉時（午後三時~午後五時頃）、右小弁廣業（藤原）読書す。孝経なり。朝夕同じ。内（=一条院内裏）より御釼を賜はる。左近中将頼定（源）、禄を賜はる。触穢の人に依るなり。御湯の鳴弦は五位十人、六位十人なり。

寛弘五年（一〇〇八）九月。場所は道長の土御門邸である。当時、出産は穢れを発生させる要因であったため、宮中で行うことは許されず、自邸もしくは近隣の家に下がって行われた。記事は、彰子の陣痛開始を伝えるところから始まり、緊張感ある内容となっている。

十日の「子時」頃に彰子の陣痛が始まった。母親の倫子が傍に付き添っていたようで、彰子の異変を察知して、室外にいる道長に伝えている。道長は、出産が迫っていることを確認し、必要な公卿達を自邸に呼び寄せている。

翌十一日、「午時」に男児が誕生した。陣痛開始から、およそ十二時間後の出産である。出産が無事に済んだので、妊婦や周辺を護持していた僧侶や陰陽師らに、それぞれの働きに応じた「禄」（=褒美）を道長が与えている。

道長の記録に拠れば、九月十一日の午時に男児が誕生した、ということである。では、別の目線からの記録ではどうか。

次に、彰子に仕えた女房・紫式部の日記をみていく。本文が長大なので適宜割愛したが、出産そのものに関わる記事は全て載せたつもりである。なお、丸数字①〜⑦は、それぞれ傍線に付した番号である。

◎2 『紫式部日記』（新編日本古典文学全集　一三〇―一三七頁）

①十日の、まだほのぼのとするに、御しつらひかはる。白き御帳にうつらせたまふ。殿よりはじめたてまつりて、君達、四位五位ども、たちさわぎて、御帳のかたびらかけ、御座どももてちがふほど、いとさわがし。

②日ひと日、いと心もとなげに、おきふし暮らさせたまひつ。御物の怪どもかりうつし、かぎりなくさわぎののしる。月ごろ、そこらさぶらひつる殿のうちの僧をば、さらにもいはず、山々寺々をたづねて、験者といふかぎりは残るなくまゐりつどひ、三世の仏もいかに翔りたまふらむと思ひやらる。陰陽師とて、世にあるかぎり召し集めて、八百万の神も耳ふりたてぬはあらじと見えきこゆ。御誦経の使ひ、たちさわぎくらし、その夜も明けぬ。

（中略）

③十一日の暁も、北の御障子、二間はなちて、廂にうつらせたまふ。御簾などもえかけあへねば、御几帳をおしかさねておはします。僧正、きやうてふ僧都、法務僧都などさぶらひて、加持まゐる。院源僧都、きのふ書かせたまひし御願書に、いみじきことども書き加へて、読みあげ続けたる言の葉の、あはれにたふとく、頼もしげなること限りなきに、殿のうちそへて、仏念じきこえたまふほどの頼もしく、さりともとは思ひながら、いみじうかなしきに、みな人涙をえおしいれず、「ゆゆしう」「かうな」など、かたみにいひながらぞ、えせきあへざりける。

④人げ多くこみては、いとど御心地も苦しうおはしますらむとて、南、東面に出ださせたまうて、さるべきかぎり、この二間のもとにはさぶらふ。殿の上、讃岐の宰相の君、内蔵の命婦、御几帳のうちに、仁和寺の僧都の君、三井寺の内供の君も召し入れたり。殿のよろづにののしらせたまふ御声に、僧もけたれて音せぬやうなり。

（中略）

⑤御いただきの御髪下ろしたてまつり、御忌むこと受けさせたてまつりたまふほど、くれまどひたる心地に、こはいかなることと、あさましうかなしきに、たひらかにせさせたまひて、後のことまだしきほど、さばかり広き身屋、南の廂、高欄のほどまで立ちこみたる僧も俗も、いま一よりとよみて、額（ぬか）をつく。（中略）

⑥今とせさせたまふほど、御物の怪のねたみののしる声な

どのむくつけさよ。源の蔵人には心誉阿闍梨、兵衛の蔵人にはそうそといふ人、右近の蔵人には法住寺の律師、宮の内侍の局にはちそう阿闍梨をあづけたれば、物の怪にひき倒されて、いといとほしかりければ、念覚阿闍梨を召し加へてぞののしる。阿闍梨の験のうすきにあらず、御物の怪のいみじうこはきなりけり。宰相の君のをぎ人に、叡効をそへたるに、夜一夜ののしり明かして、声もかれにけり。御物の怪うつれと召しいでたる人々も、みなうつらで、さわがれけり。

⑦午の刻に、空晴れて、朝日さし出でたる心地す。たひらかにおはしますうれしさの、たぐひもなきに、をとこにさへおはしましけるよろこび、いかがはなのめならむ。昨日しをれくらし、今朝のほど、秋霧におぼほれつる女房など、みな立ちあかれつつやすむ。御前には、うちねびたる人々の、かかるをりふしつきづきしきさぶらふ。

（以下省略）

傍線部①「十日の、まだほのぼのとするに、御しつらひかはる」とは、十日の夜明け頃に室礼（しつらい・室内の調度をその時々の必要に応じて変えることをここではいう）を白一色に変えたということである。出産時には、調度類、妊婦の着物、周囲に仕える女房らの装束を全て白色に統一する習わしであるから、ここで彰子の出産が間際に迫っていることを確認できる。「まだほのぼのとするに」とは時間表現である。当時の日付け変更は、丑剋から寅剋の間（午前一時頃から午前五時頃まで）において認識された。現在のように、午前零時が日付け変更点ということではない。別の古記録『権記』（記主は藤原行成・道長の腹心の部下）では「丑剋、白木の御帳を立て舗設す」（増補史料大成『権記』寛弘五年九月九日条）とあるので、室礼を一新したのは午前一時から三時頃においてである。傍線部①に続く部分には、道長はじめ多くの公卿達が、大慌てで準備をしている様子が活写されている。なお、『権記』では九日条にこれが記されているのは、先述した日付け変更の時刻と関わる。つまり、九日とも十日ともとれる「丑刻から寅剋の間」という、日付け変更の微妙な境目の時間帯に室礼を改めたということである。

傍線部②「日ひと日、いと心もとなげに、おきふし暮らさせたまひつ。御物の怪どもかりうつし、かぎりなくさわぎののしる」には、不安そうに過ごす彰子の様子と、この出産を妨害するために寄ってきた物の怪への対処が描かれる。「御物の怪どもかりうつし」とは、憑坐（よりまし・物の怪を宿らせるための人で、少女である場合が多い）に物の怪を宿らせて、彰子を守るための呪術が為されていることを伝える。ここに寄ってきた物の怪（生霊・死霊ともに含む）は、彰子その人への恨みを抱いている霊もいたかもしれないが、多くは父道長の栄光を阻もうとする、いわば男性社会における軋轢が生んだ負の産物のようなものであろう。逆にいえば、物の怪が多く集まってくるということは、それだけ道長や彰子の政治的立場、社会的立場が、他より上位にあることを示している。

傍線部③と④では、難産に苦しむ彰子を場所替えで気分転換させたりして（＝傍線部③「廂にうつらせたまふ」、傍線部④「南、東面に出ださせたまうて」）、出産を見守り、応援する女房たちの姿が読み取れる。いずれも十一日の暁以降のことである。

そして傍線部⑤で、あまりの難産ゆえに簡易的な出家（形式的なもの）をさせてみたところ、「たひらかにせさせたまひて」と、漸く子どもが産まれたことが示される。後産終了は、傍線部⑦に「午の刻」と書かれているので、子どもが産まれたのはそれ以前であろう。

時間の件は後述するとして、傍線部⑤で子どもは産まれたものの、「後のことまだしきほど」とあるように、後産が未了であることに注目されたい。この時、周囲は何をしていたかというと、同じく傍線部⑤「僧も俗も、いま一よりとよみて、額をつく」とあるように、僧侶も、俗人達（ここにいる人たちで、僧侶以外と考えて良いと思う）も、床に額をつけては、後産の終了を祈り続けている。ところが、傍線部⑥のように、「今とせさせたまふほど」つまり、今にも後産が行われそうだという時に、またもや物の怪たちの妨害に遭ってしまう。かなり強力な物の怪のようで、多くの名僧たちの難儀する姿が描かれている。

そして傍線部⑦において、「午の刻に……」と、後産終了に安堵する紫式部の心境が綴られるのである。「たひらかにおはしますうれしさの、たぐひもなきに、をとこにさへおはしましけるよろこび、いかがはなのめならむ」とは、「後産も済み、ご出産が無事に終わったことの嬉しさは、類のないほどであるのに、その上男児であられた慶びは、尋常なものではない」という意味である。「たひらかにおはします」とは、ここでは後産が漸く終わったことを指すのであり、傍線部⑤の「たひらかにせさせたまひて」とは、その対象が異なっていると考える。まとめると、傍線部⑤の時点で男児誕生、傍線部⑦の午刻に後産終了ということになる。

史料1の『御堂関白記』十一日条には、「（十一日の）午時に男児を産んだ」とあった。この記録に拠れば、正午頃に子どもが誕生したとも理解できてしまうが、実際には後産終了の時点を書き取ったということのようである。男児は、午刻より前に、すでに誕生していたからである。

さて、出産時における人々の動静を見てきたのだが、人々を悩ませたのは何よりも「物の怪」であった。子どもを産むにも、後産を行うにも、必ず物の怪の妨害に遭ってしまう。そして、それら物の怪を憑坐に憑依させないと、妊婦に害が及んでしまうのだから、僧侶や陰陽師も必死に祈り続ける。こうしてみると、難産であったり、後産が遅れたりした場合、周囲ができることは「祈ること」しかないようである。僧侶の加持祈祷や陰陽師らの呪法が頼みの綱であったわけだ。

稿者も、当時においては祈ることが何よりの対処法だと、今までは考えていた。しかし、次章で示す記事を見つけたことにより、祈りよりももっと具体的で機能的な対処法があったことを知った。

「祈り」は当然必要である。当時の宗教事情を鑑みても、それを否定することはできない。だがそこには、プラスαの実際的な対処法も併存していたようである。次章では、このことをみていく。

二、後産への対処

前章での検討によれば、後産が遅れた場合は、物の怪を祓うための加持祈祷や、後産を促す祈祷が続けられていたということであった。だがしかし、それだけでは実際的な救いにならないのも、また事実である。

ここでは藤原行成『権記』から、出産記事二例をみていく。行成は道長腹心の部下であり、一条天皇も信頼をおく、有能な官人である。行成の多岐にわたる秀才ぶりは、様々な文学作品や記録類の語り伝えるところである。

この行成が、妻の出産に際して、その様子を事細かに書き取っていた。そこに、後産への対処法も書かれている。まずは、その記事を見ていく。

◎3　藤原行成『権記』（寛弘四年十一月十八〜二十日）

十八日辛巳。参内す。此夕、女王禄の事を行う。今夕より産むべき気色有り。

十九日壬午。今日、女人、気を煩ふ。

二十日癸未。卯時（午前五時〜午前七時頃）、女児を誕生す。二時ばかり（＝約一時間）、胞落ちず。仍りて結び着けて之を切る。種々立願、祈誓す。午時ばかり（＝午前十一時〜午後一時頃）、（安倍）吉平朝臣より示し送りて云はく、「此のごとき事、七瀬祓感応有り。」則ち（賀茂）光栄朝臣以下七人ばかりに消息を送る。申刻（午後三時〜午後五時頃）を以て祓はしむ。消息を送りて後、未剋（午前九時〜午前十一時頃）、平安かに遂げ了んぬ。

今夕より観助律師、修法に屈す。教静闍梨、修す。朝闍梨、加持す。叡義上人、大般若を読す。

十一月十八日に陣痛が始まったのであろう。しかし、子どもが産まれたのは二十日の卯時であった。相当な難産であったようである。ところがその後の後産がないまま、約一時間が経過してしまった。本稿の冒頭で述べたが、後産の制限時間は一般に三十分である。これを踏まえると、一時間というのはかなり危険な状況である。そこで、とられた対処が、「結び着けて之を切る（原文…結着切之）」である。これだけでは、何をどこに結び着けるのか分からないが、次の**史料4**で疑問がほぼ解消する。

それともう一つ、二十日の記事中、二本目の傍線部に注目されたい。「此のごとき事、七瀬祓感応有り」という陰陽師・安倍吉平の言葉がある。後産の遅れには、七瀬祓という陰陽道の祭祀が効果的だというのである。こちらの件に関しては、別稿を用意するつもりなので、ここでは触れない。

◎4『権記』　（寛弘五年九月二五～二七日）

二五日　壬午。此夕、女人に悩む気有り。産事在るを疑ふ。仍りて、初夜の間ばかり、慶円僧都を迎えんが為に、妙法蓮華寺へ赴く。而るに内（＝一条院内裏）に候ずるの由を聞き、一条路の辺りに到る。左近府生重隣をして案内を取らしむ。子時、螺を吹きて後、僧都出でらる。同載して帰りて加持さす。男児を誕生す。胞衣未だ下りず。仍りて、七人の陰陽人をして、午時を以て七瀬にて祓はしむ。種々の願を立てる。僧都、寅時（午前三時～午前五時頃）ばかりに還らる。種々の祈願す。右宰相中将・修理大夫過ぎ問はる。

二六日　癸未。此夕、子剋に又男児を誕す。胞衣早くに下りず。然りて、切り取りて母氏の股に結び着ける。

二七日　甲申。此日、新宰相、過ぎ問はる。春宮権大夫・左宰相中将、過ぎ問はる。此夕、始めに生まれし児、亡す。丑剋を以て、是高をして東河に棄てさす。胞衣出で了んぬ。女人に悩む気有り。

二八日　乙酉。此日、新生児、辰剋（午前七時～午前九時頃）初めて沐浴す。前式部少輔江為基、孝経を読す。弦打・加持の僧等、之に在り。午時ばかり、児、没す。八月の子を俗に忌むなり。仍りて、今月を過ぎて産事を遂ぐべきの由、種々祈願す。而るに俄かに産事有り。是れ、仏神の冥助無きなり。今夜子剋、児を乙方東河原に棄つるなり。

史料4の出産は、双子の出産であった。しかも八か月目での出産という早産であったため、二人とも産まれてすぐに命を落としてしまっている。このような悲しい結末を迎える出産なのだが、ここでは後産だけに注目して、内容を見てみる。

まず、二五日条に付した傍線部分である。「男児を誕生す。胞衣未だ下りず。仍りて、七人の陰陽人をして、午時を以て七瀬にて祓はしむ。種々の願を立てる。」とあり、後産がすぐに行われなかったので、陰陽師らに七瀬祓をさせたということである。この記事の前年にあたる**史料3**の出産時に、行成は陰陽師安倍吉平から、このような場合に七瀬祓が効果的だと聞いていたので、その経験を活かしたわけであろう。後産の終了は書かれていないが、この時に産まれた子どもは翌々日（二七日）に死んでしまった。

次に、二六日条である。二人目の子どもは産まれたものの、またも後産が遅れてしまった。そこで、今度は「切り取りて母氏の股に結び着ける（原文…切取結着母氏股）」ということをする。先の**史料3**の「結び着けて之を切る」と同じ内容だと考えて良いだろう。具体的にどうしたのかというと、おそらくは、子どもと胎盤を繋ぐ臍の緒を切り、臍の緒の母体から出ている方を、母体の太股に結び着けたのだと考えられる。

これは、どこか呪術めいてはいるが、祈祷や呪術とは一線を画す、いわゆる「医療行為」であったに違いない。一般性のある対処法であり、安易かつ適当な判断で行われたことではないはずだ。もしそうなら、行成が何の疑問も持たずに記録するのはおかしい。これは明らかに、後産が遅れた場合の対処法なのだ。では、子どもと胎盤を繋ぐ臍の緒を切り、臍の緒の母体から出ている方を、母体の太股に結び着けるこの対処法は、なぜ一般性を持ちえたのか。その根拠を当時の医学書に求めてみる。

三、後産対応の根拠

後産遅滞への対処法については、丹波康頼『医心方』に記述がある。『医心方』とは、現存最古の医学書で、平安時代にはその知識がかなり流通していたものと考えられている。『医心方』は、康頼の孫の丹波雅忠に引き継がれ、『医略抄』として形を残している（続群書類従 巻第八九七 雑部四七にある）。なお、今回引用した部分は、『医心方』『医略抄』ともに同文なので、時代を隔てても変更点はなかったようである。

◎5 丹波康頼『医心方』（復刻日本古典全集『医心方』六）

［病源論］云。有産児出而胞不落者。世謂之息胞。由産出而体疲(ツカレ)不能更用気（産）。【箇案。病源気下有産字】。胞経停之間。外冷気乗之。則血道渋。故胞不出。若挽(ヒキテ)其胞系断者。其胞上(ホレ)則斃人。

『医心方』には、様々な書物からの引用を通して、ある症状の説明、対処法などが記されている。後産が遅れている場合に関しても多くの引用があるのだが、中でも注目されたいのがここに引用した『病源論』である。

『病源論』によれば、後産が遅れることを一般に「息胞（そくほう）」という。これは、産婦が子どもを産むのに体力を使い果たしてしまい、後産を行うだけの余力がない場合に起きてしまう。後産の遅れは時間との闘いであり、時間が経つほど胎盤は体内から出辛くなる。この時に臍の緒を切ってしまうと、臍の緒が産婦の体内に逆流してしまい、胎盤はもう出てこなくなる。その結果、産婦は命を落としてしまう、ということである。

『権記』を振り返ってみると、**史料3**・二十日条「胞落ちず。仍りて結び着けて之を切る」、同**史料4**・二六日条「胞衣早くに下りず。然りて、切り取りて母氏の股に結び着ける」とあり、それぞれ「仍りて」「然りて」というように、後産が遅れて胎盤が下りてこないことと、それを解消するために臍の緒を切って母体の太股に結び付けたということとが、因果関係をもっている。臍の緒を早く切ることは子どもの命のためであり、切った臍の緒を太股に結び付けるのは、臍の緒の逆流を防いで母体の命を守るためであった。

以上を通して考えられることは、『権記』**史料3・4**に書かれた処置は理に適うものであり、当時の医学知識を前提として行われたということである。

まとめ

本稿では、平安時代の出産について、特に後産に注目して述べてきた。**史料1**『御堂関白記』・**史料2**『紫式部日記』を通して見えたのは、出産全般が物の怪の攻撃対象となるので、僧侶や陰陽師が祈祷・呪法で対抗するという、当時の宗教的／習俗的事情を背景とする行ないであった。そうした呪術に救いを求めることこそ、当時の人々の心性を色濃く反映するものである。だがその一方で、より実際的な処置が加えられていたことも確かであった。**史料3・4**『権記』での処置、そしてその根拠を示す**史料5**『医心方』を併せ見たことで、当時なりの理に適った「医療行為」が施されていたことを知ることができた。古代中国において、道教と自然科学とが密接に関わっていたことは、日本においても陰陽道と医道とが緊密に連携していたことに反映されている。これらは優劣を判ずるようなものではなく、まさに連携して、相補的なものとして機能していたのだと思われる。

主要参考文献

勝浦令子「古代・中世前期出産儀礼における医師・医書の役割」（『国立歴史民俗博物館研究報告』141、二〇〇八年）
勝浦令子「日本古代における外来信仰系産穢認識の影響」（『史論』60、二〇〇七年）
勝浦令子「七・八世紀将来中国医書の道教系産穢認識とその影響」（『史論』59、二〇〇六年）
中島和歌子「陰陽道における医書の重要性と色選びの独自性」（『風俗史学』59、二〇一四年）
姚明希、我部山キヨ子「日本の胎盤（胞衣）処理の歴史」（『健康科学』10、二〇一五年）
山里純一「胞衣について」（『日本東洋文化論集』3、一九九七年）
島野祐子「胞衣にみる産と育への配慮」（『神戸大学大学院人間発達環境学研究科研究紀要』4（1）、二〇一〇年）
槇佐知子『医心方』巻二三 産科治療・儀礼編（筑摩書房、一九九八年）

附記　『御堂関白記』は大日本古記録、『権記』は増補史料大成に拠り、それぞれの本文は私に書き下して掲載した。『紫式部日記』の本文は、新編日本古典文学全集に拠った。なお、書き下し文および引用文中には、丸カッコにて適宜筆者注を挿れた。

江戸初期の寺社建築空間における説話画の展開
――西本願寺御影堂の蟇股彫刻「二十四孝図」を中心に

宇野瑞木

うの・みずき――東京大学東アジア藝文書院（EAA）特任研究員、鶴見大学非常勤講師。専門は東アジア説話文学、表象文化論。主な著書・論文に『孝の風景――説話表象文化論序説』（勉誠出版、二〇一六年）、「近世初期までの社寺建築空間における二十四孝図の展開――土佐神社本殿蟇股の彫刻を中心に」（小峯和明監修・出口久徳編『日本文学の展望を拓く　2』笠間書院、二〇一七年）、「紫の上の乳くくめ考――仏教報恩思想との関わりから」（岡田貴憲・桜井宏徳・須藤圭編『ひらかれる源氏物語』勉誠出版、二〇一七年）などがある。

従来、建築彫刻における説話世界は、建築・美術史及び文学研究の狭間にあって学術的な俎上に上ることが殆どなかった。近年、少しずつその豊饒な沃野に注目が集まりつつあるものの、(1)開拓途上にあるこの領域を研究するのは容易なことではなく、方法論も十分に確立していないのが現状である。そこで小稿では、その足がかりとして、筆者が主に研究対象としてきた「二十四孝」の画題を中心に据え、従来建築史において十分に検討されてこなかった装飾図案の下絵に関する書誌学的考証を文学研究の視座から行う。その上で、「二十四孝」以外も含めた各主題採択の意図を企画者と造形者の両面から探り、さらに配置の検討から説話が担わされた当時の機能についても考察を試みたい。具体的には、彩色彫刻の建築物が一つのピークを迎える寛永期に着目する。特に、それまで主に神社建築に現れていた彩色彫刻の「故事人物」を寺院建築に大々的に取り入れた点においても、またその後の真宗寺院に踏襲された点(2)でも画期といえる京都・西本願寺御影堂の蟇股「二十四孝図」十五体を中心に分析を試みたい。

一、西本願寺御影堂の蟇股彫刻「二十四孝図」の分析
――仏堂建築に導入された装飾彫刻

国内屈指の大規模木造建築である京都・浄土真宗本山西本願寺境内の御影堂には、蟇股彫刻が七十四体も施されている。蟇股とは虹梁上部にある蛙が脚を広げたような形をした部材であるが、一棟の建物にこれだけの蟇股を有することは珍し

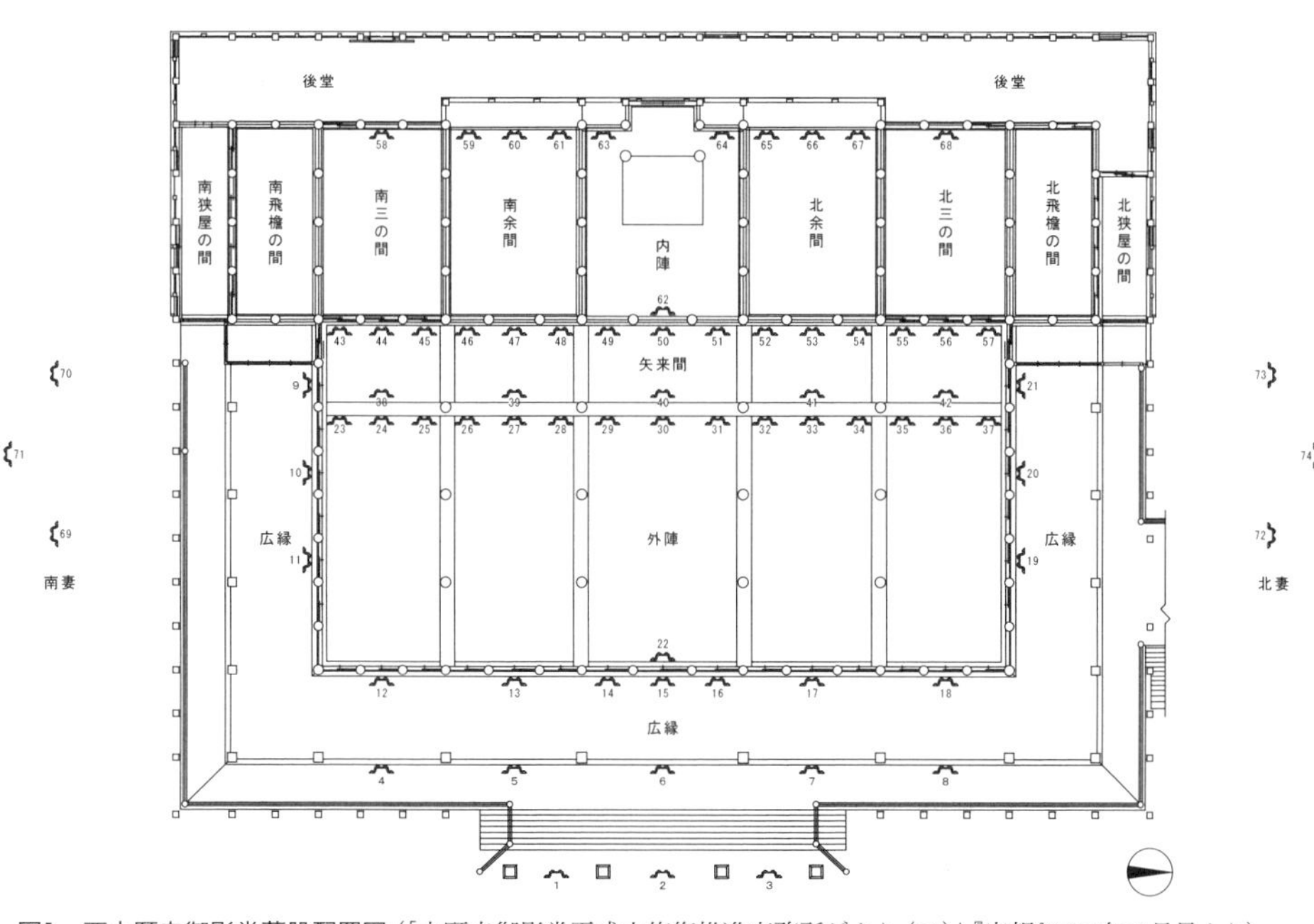

図1　西本願寺御影堂蟇股配置図（「本願寺御影堂平成大修復推進事務所だより（93）」『宗報』2007年10月号より）

く、また近世初期の特徴を具えた優れた蟇股彫刻を多数持つ点で貴重である。

　現在の御影堂は寛永十三年（一六三六）に再建され、その後文化年間に大規模な半解体工事が行われ、また近年、平成十年（一九九八）から十年かけて大規模な修復工事が行われた。[3] その修復報告により全蟇股彫刻の主題と配置が明らかになった。したがって、その報告に基づく**図1**・**表1**を参照しながら、以下に概要を書き出す。[4] **表1**を見ると、様々な主題の中でも、23から37の十五体に採用された「二十四孝」が、最もまとまった形で採用されたことが知られる。従来その採択理由については、「堂内に入った門徒の方々から一番よく目にとまる位置に、孝行を意味する内容の説話の彫刻を配することによって、教訓を示」したものと指摘されている。[5] しかし、なぜ門信徒に向けて寺院が世俗的な教訓を示すのであろうか。しかもこれまで建築彫刻に「二十四孝」をこれだけ大々的に採用した先例はないのであり、仏教の儀礼空間に教義と直接的に関係のない題材を選んだ背景としては明確な理由があったものと想像される。そこで、各主題とその配置からこの問題を考えてみたい。本節では、二十四孝の下絵の問題から検討していこう。

　まず十五体の順序を検討すると、**表1**の（　）内に示した

表1　西本願寺御影堂蟇股一覧

番号	位置	題材	備考	主題
1	向拝	波に海馬		神獣
2	向拝	牡丹に唐獅子		
3	向拝	波に海馬		
4	広縁正面	波に飛龍		神獣
5	広縁正面	竹に虎		
6	広縁正面	雲に麒麟		
7	広縁正面	波に飛龍		
8	広縁正面	波に飛龍		
9	広縁外陣境	芙蓉		動植物
10	広縁外陣境	梅に鶴		
11	広縁外陣境	桃		
12	広縁外陣境	波に亀		
13	広縁外陣境	椿と錦鶏		
14	広縁外陣境	桐		
15	広縁外陣境	鳳凰		
16	広縁外陣境	桐		
17	広縁外陣境	梅		
18	広縁外陣境	波に兎		
19	広縁外陣境	沢潟と水鳥		
20	広縁外陣境	松		
21	広縁外陣境	ススキと鳥		
22	外陣見返し	竹		
23	外陣矢来間境	張孝張礼（21）	青　　兄弟譚	二十四孝
24	外陣矢来間境	剡子（17）	緑	
25	外陣矢来間境	郭巨（15）	緑	
26	外陣矢来間境	楊香（11）	緑	
27	外陣矢来間境	老莱子（8）	緑	
28	外陣矢来間境	曽参（6）	青　孔子の弟子	
29	外陣矢来間境	孟宗（4）	緑	
30	外陣矢来間境	大舜（1）	青	
31	外陣矢来間境	**漢文帝**（2）	緑　（「陸績」を訂正）	
32	外陣矢来間境	閔損（5）	緑　孔子の弟子	
33	外陣矢来間境	王祥（7）	青	
34	外陣矢来間境	唐夫人（10）	緑	
35	外陣矢来間境	董永（12）	緑	
36	外陣矢来間境	黄香（13）	青	
37	外陣矢来間境	田眞・田廣・田慶（22）	緑　　兄弟譚	
38	矢来間見返し	鷺に椿		鳥（と植物）

番号	位置	題材	備考	主題
39	矢来間見返し	鳥に万年青・松		
40	矢来間見返し	孔雀		
41	矢来間見返し	栗に不明（欠損）		
42	矢来間見返し	牡丹と吐綬鶏		
43	内外陣境	鞨鼓に雲	緑	飛天と楽器
44	内外陣境	笙を吹く飛天に雲	青	
45	内外陣境	ハチまたは銅拍子に雲	緑	
46	内外陣境	甘竹簫に雲	緑	
47	内外陣境	沙張を持つ飛天	青	
48	内外陣境	柄付き太鼓に雲	緑	
49	内外陣境	迦陵頻伽に打楽器（太鼓）に雲	緑	
50	内外陣境	琵琶を持つ飛天	青	
51	内外陣境	迦陵頻伽に雲（持ち物欠損）	緑	
52	内外陣境	箏に雲	緑	
53	内外陣境	横笛を吹く飛天	青	
54	内外陣境	打楽器（鉦鼓）に雲	緑	
55	内外陣境	打楽器（不明）に雲	緑	
56	内外陣境	打楽器（鶏婁鼓）を叩く飛天	青	
57	内外陣境	**打楽器**（大太鼓）	緑(「と飛天」は訂正)	
58	南三の間	梔子		植物（夏）
59	南余間	大瑠璃に桜	(春)	植物（秋）
60	南余間	雉と桔梗		
61	南余間	山鵲に菊		
62	内陣	牡丹		
63	内陣	菊（紅白）		
64	内陣	枇杷		
65	北余間	栗鼠に葡萄		
66	北余間	椋鳥に植物（不明）		
67	北余間	雀に粟		
68	北三の間	瓜		植物（夏）
69	南妻	邪鬼		守護獣
70	南妻	邪鬼		
71	南妻	唐獅子		
72	北妻	邪鬼		
73	北妻	邪鬼		
74	北妻	唐獅子		

※「本願寺御影堂平成大修復推進事務所だより（93）」『宗報』2007年10月号の報告に掲載された表をもとに、宇野が太字箇所に訂正を加えた。
※(　) 内の数字は、嵯峨本『二十四孝』の説話所収順序

表2　西本願寺御影堂蟇股「二十四孝図」の先行作品との比較

蟇股番号	孝子の名前（嵯峨本）	嵯峨本との類似点	嵯峨本との相違点	龍谷乙本との類似	その他先行作品	独自の要素	渋川版との相違
23	張孝張礼（21）	張兄弟と盗賊の配置・仕草	背後の松、賊1人減、立てて持つ刀	刀（槍か矛？）		背後の松	
24	剡子（17）	中心人物の配置・仕草、背後の松	犬なし、賊2人減				
25	郭巨（15）	中心人物の配置・仕草、背後のソテツ	羽釜、垣根なし→雲	羽釜	羽釜：屏風①⑤		背後は松
26	楊香（11）	人物の配置・仕草、楊香の髪型、松					
27	老莱子（8）	中心人物の配置	向き・動作、小姓減、欄干なし→雲		向き・動作：屏風②③		
28	曽参（6）	人物の配置・仕草、薪の置き方	家屋の表現なし→雲				
29	孟宗（4）	人物の配置・仕草、筍3本の位置	顔の向き・表情、奥の家屋なし				
30	大舜（1）	舜と象の位置・仕草、鳥の位置	象1頭・鳥2羽減、鳥の黒羽、梅花	象の数が一頭	梅花；屏風①	黒羽の鳥	
31	漢文帝（2）	中心人物の配置・仕草	顔の向き、侍女2・宮殿なし→雲				
32	閔損（5）	人物の配置・仕草	侍者1人・家屋・木なし→雲				
33	王祥（7）	人物・魚2匹の配置、人の仕草	木、橋、遠景の林なし→雲、氷→波				
34	唐夫人（10）	人物の配置・仕草、ソテツ（左右逆）	家屋、庭石なし、竹のような樹木	ソテツ			柳？
35	董永（12）	中心人物の配置、基本的仕草	董永立つ、天女2人なし、来迎雲？		配置・仕草：屏風①	雲の向き	
36	黄香（13）	中心人物の配置・仕草、柳、黄香短髪	家屋なし				黄香結髪
37	田眞・田廣・田慶（22）	人物の配置・仕草、紫荊樹の位置	家屋なし				

※分析対象に用いた屏風・襖絵・奈良絵本・扇面等については注8論文【表10】を参照のこと。表2に掲載した屏風等は以下のとおり。①福岡市博物館・蔵策彦周良等着賛二十四孝図屏風（永禄九年）、②洛東遺芳館蔵・狩野松栄筆二十四孝図屏風（天文末～永禄前期）、③安藤家蔵・狩野松栄筆二十四孝図屏風（永禄十一～十二年）、⑤南禅寺本坊大方丈襖絵二十四孝図（天正期）

ように、慶長年間に刊行された嵯峨本『二十四孝』の説話所収順に則っていることが明らかである。中央の「大舜」を起点とし右左に展開していると考えると、嵯峨本の説話順序で1、2、4、5、6、7、8、10、11、12、15、13、17、22、21となり、12までは完全に嵯峨本と一致する。15から21までは、多少前後するが、それほど大きな乱れはない。また、「大舜」を中央とすると「閔損」と「曾参」は孔子の弟子、「田真」と「張孝張礼」は兄弟譚で対を成す。[6] このような空間秩序は他の部材でも共通し、東向きに建てられた御影堂を東西に貫く中央線上が、6「麒麟」、15「鳳凰」のように南北の水平的カテゴリーの中で各々最上の主題となっている。

図2　（上）外陣矢来間境蟇股「楊香」図、（下）嵯峨本『二十四孝』「楊香」図（東洋文庫蔵・慶長年間刊）

　以上、配列順序は嵯峨本とほぼ一致していたが、図像内容はどうであろうか。結論から述べれば、図様も基本的に嵯峨本系統に拠っている。周知のように嵯峨本『二十四孝』は豪華版だが、その後、摸刻嵯峨本の刊行も相次ぎ流布した。[7] 一方で、まだ奈良絵本や絵巻など写本も作られ、これらは版本の影響を受けつつも室町末以来の狩野派による二十四孝図屏風の特徴を残すものであった。[8] 以下、室町から江戸初期にかけての二十四孝図の現存作例（注8書の表10）と蟇股の図様を比較した**表2**に基づき、（A）企画者の意図と（B）造形者の工夫の両側面について考察する。

　全般的特徴としては、①主要人物と主題に関わる事物の配置、人物の仕草は、基本的に嵯峨本を忠実に踏襲している（26**【図2】**など）。これは、嵯峨本とほぼ同図を持った渋川版（明暦万治頃の丹緑本の覆刻）との比較でも、わずかに異なる要素が悉く嵯峨本の特徴を採っている点からも明らかである（25**【図3】**のソテツ、36**【図4】**の髪型）。[9] その上で、②蟇股内の小さなスペースに明快に表現するためモチーフの整理がなされ（主要人物以外の人物、及び家屋・木などの背景を省略）、多くは③背景に雲を配し、空間的奥行きを表現するとともに、

図4　（上）外陣矢来間境蟇股「黄香」図、（下）嵯峨本『二十四孝』「黄香」図

図3　（上）外陣矢来間境蟇股「郭巨」図、（中）嵯峨本『二十四孝』「郭巨」図、（下）渋川版『御伽文庫』「二十四孝」「郭巨」図

図5　（上）外陣矢来間境蟇股「老莱子」図、（下）嵯峨本『二十四孝』「老莱子」図

金や赤や青など施し吉祥性を高めている。さらに④人物の顔や体の向きを微妙に変え（27【図5】、29、31）、全体を前傾させて下から見上げた時に表情が見やすいように工夫されている。

以上四つの特徴のうち、①は、（A）企画者の意図に関わる側面であり、企画者が嵯峨本系統の挿絵を基として下絵を拵えるように指示したことが推測される。但し嵯峨本から外れる要素のうち有意味な変更といえるものが、龍大本や屏風と一致するものも有る（30【図6】）。これについては後で検討する。一方、②③④は、基本的には、（B）造形者（職人）

の工夫の範疇に入ると思われ、空間として表現するための工夫、見る人への配慮、専門的な技術の確立が伺える。また全般的に、黄金色が細部に装飾的に彩色されている。例えば35の父の葬式も出せないほどの貧乏であったはずの董永の服装には、他の孝子と同様に金色の文様が施され、物語内容を忠実に表現するよりも華やかに見せることに重点が置かれたことが知られる。この点は、取り付けられた場所の意味と彫刻の機能との関係、すなわち外陣から内陣に向かって黄金色を強めていく傾向とも関わる問題であろう。そこで次に、他の主題も含めて、各主題とその取り付け場所との関係を考えてみたい。

図6 （上）外陣矢来間境蟇股「大舜」図、（中）嵯峨本『二十四孝』「大舜」図、（下）「二十四孝図屏風」右隻・大舜図（部分）（福岡市博物館蔵）

二、西本願寺御影堂蟇股の各主題の空間的意味機能

御影堂の空間構成を確認すると、親鸞聖人の御影を安置する内陣と全国の門信徒や参拝者が念仏する外陣とで成り、東面して建ち、西方浄土の方角を拝する形となっている。また、外陣の内陣側に設けられた「矢来」は、外陣の中でも特別なところで、専修寺などではこの部分までを内陣とみなす。(10) そして、この矢来の外に拡がる大きな外陣が、本山に参詣する信徒たちが集まる場所で、特に報恩講には大勢の門徒が集う。(11)

それゆえ外陣の架構は、「本堂建築の一つの見せ場」であり、「かつて外陣に集った檀家・信徒の心にも何らかのインパクトを与え[12]」得る部分で「最も荘厳に取り扱われ」た。[13]つまり御影堂に集った大勢の門信徒たちの最も目にとまる部分が「飛天」が刻まれた内外陣境筋と「二十四孝」が刻まれた矢来外陣境筋の彫刻であった。内外陣境筋を見ると、牡丹の彫り込まれた金色の欄間とその上方に設置された飛天や楽器の蟇股彫刻、牡丹が彫刻された木拳、金色の柱など誠に華麗に荘厳されている。なお、「飛天」は元和三年（一六一七）の火災の後、御影堂を兼ねていた翌年再建された阿弥陀堂（現・西山別院本堂）の内陣天井に描かれていたモチーフを継ぐもので、天上の妙なる音楽により極楽浄土へ誘われる意味が込められていたであろう。[14]

ここより内側の内陣は、「多くの門徒に陶然とした法悦境に誘う華麗な舞台構成[15]」とされ、黄金に輝く御厨子が黒い漆の宇宙に浮かんでいるかのような設えとなっている。その奥の左右の壁に蟇股彫刻二体「菊」「枇杷」（63、64）、そして「飛天」（50）の蟇股の裏側に「牡丹」（62）が配される。内陣の両脇の南余間と北余間（59〜67）の奥の西壁に大きな蓮池図が描かれるのは、そこが浄土であることを表していよう。ここで不可解なのは、59〜67が特に仏教と関わりのない草花と小禽の主題を採る点である。しかし、取り付け場所が西方浄土を象徴する蓮池図の上方に位置することを考慮すると、59を除いて「秋」の動植物が選ばれている点が注目される。「秋」は陰陽五行では「西」に当たるからである。59のみ「桜」で春の主題であるが、文化年間の大修復工事の際に多少の混乱もあったかもしれず、[16]今後こうした点も含めさらに精査する必要があるだろう。

次に建物外部の蟇股彫刻についても検討したい。まず確認したいのは、22を除いて堂内のもの（23〜68）はすべて彩色されているのに対し、堂外は彩色されてない点である。彩色の有無には、向拝など以外は目に入り難いところにあること、また資財の関係もあるだろうが、外部には内部の荘厳とは別の目的が強かったことをも思わせる。

例えば、妻飾りには、「邪鬼」と「唐獅子」六体が設置されている。「邪鬼」は四天王像の足の下に踏みつけられる姿で知られるが、法隆寺五重塔にも尾垂木を支える格好で彫りこまれているように、建築意匠では建材を支える存在である。真宗の建物では珍しいようだが、御影堂には向拝の左右の大屋根からの天水受けの下部に四体、広縁の南東隅と北東隅の上部、妻の蟇股にも邪鬼の彫刻がある。邪鬼が構造を支える建築意匠である点を考慮すると、建物を地震などの災害から守護する力の象徴とも目される。「唐獅子」も平安時代以来、仏教のみならず鎮護国家や王の守護獣の意味合いを持たされた主題である。[17] 御影堂には、他の寺院に見られない構造的特徴として、軒支柱が三十三本も有り、深い軒を強固に支える構造を持つ点と、背面（西側）と内陣の南北部分が厚さ三〇センチの漆喰の大壁で囲まれている点が挙げられるが、これは美観よりも防火・耐震対策が重視されたためとされる。[18] 美術史家のE・H・ゴンブリッチは「建築を建てること」と「なんらかの像（イメージ）を作ること」とは、雨、風、日光といった自然の脅威を生み出す精霊から守ってくれるという「実用性」の意味で「まったく同じ」と述べているが、[19] 御影堂の外部に設置された蟇股の主題も、原初的な像の「実用性」を期待されたものではなかったか。

この点を踏まえると、建物の外側には波や水の造形が多いことに気が付く。向拝部分は、妻と同じく「唐獅子」が配されるが、その左右には「波に海馬」、広縁正面も中央の「麒麟」とその脇の「竹に虎」以外、「波に龍」が三体、その内側の一番外側に近い箇所には、「波に亀」「波に兎」が配されている。この反対側は白壁で防火対策が厳重になされているが、正面側も、向拝中央の「唐獅子」以外の東側の最前面は、水の主題で覆うことで防護しようとしているかのようである。そして南北の妻の蟇股の周りにも虹梁や大瓶束の隙間をぬって波の文様が施されている。このように建物自体を強化・保護することは、この御堂が焼き討ちも含めて何度も火災に見舞われ、文禄元年（一五九三）に大坂天満にあったお堂を現在の位置に移築した後も、慶長元年（一五九六）閏七月十三日の地震による倒壊や元和三年十二月二十日浴室から出た火による大火災を経験したことと無関係ではないだろう。[20]

では、東西を貫く中心線に配された「唐獅子」（2）、「麒麟」（6）、「鳳凰」（15）の採用意図についてはどうであろうか。まず「麒麟」や「鳳凰」は徳政が敷かれた世に現れる祥瑞として知られ、特に左右に「桐」を配した「鳳凰」は、その意味合いが明確であろう。これに対して最前線で世俗に対峙する正面中央の「唐獅子」には、仏法と徳治による天下泰平への祈念が込められていたかもしれない（後述）。

そもそも社寺建築とは、一般には「境内や参道などの空間を含め、宗教的行為の特質が造形化・空間化したもの」で、そこには「非日常的な時空間（非日常性）」が現出されるべきであり、そのための具体的な手法に「建築構造の意匠化」と「建築の装飾化」の二つがあるとされる。[21] 鳥居や参道、太鼓橋も日常空間から神や仏がおわします空間へと変ずる結界の始まる場所を印づけるものだが、その内部に施される色彩や彫刻による装飾も、俗の生活空間とは別の世界であることを刻印する装置であった。これも踏まえると、御影堂の装飾彫刻は「非日常性」を空間に付与する機能を大前提とした上で、建物の外面は防護を担い、内面は聖性の強化を担っていた。無論、その聖性の最たる空間は親鸞聖人の御影を蔵する御厨子を中心とした西方浄土を表す内陣であり、そこに向かって東側から向拝、矢来外陣境、そして内陣外陣境というように聖性を高めていく構造となっている。いうなれば、外界からの保護膜と聖性の強化が何重にも入れ子のように仕込まれた空間において、「二十四孝」の主題は、仏教的聖性を表象する内陣外陣境以内の浄土的世界の手前で、信者が聖性へと導かれる聖／俗の橋渡し的な位置に配されていたとひとまずは把握される。

以上を踏まえ、次節では、二十四孝図の採択の背景を探るために、再建当時の当主良如上人を中心とした二十四孝享受の状況を検討したい。

三、「二十四孝」採択の背景
――良如上人を中心に

現在の御影堂を竣工したのは第十三世の良如上人である。寛永七（一六三〇）年十一月三十日に准如宗主の病没により十九歳で継職した良如がすぐに着手したのが御影堂の再建であった。寛永十（一六三三）年六月十一日には御影堂再興の釿始、寛永十二年七月に立柱、寛永十三年八月二日に上棟、[22]同年八月十九日に阿弥陀堂に安置されていた御真影が現在の御影堂に遷座された。その工事の最中に、良如がしたためた消息が残っている。[23]

このたび御影堂再興の儀を思い立ち、すでに作事は半ばの事に候。………大儀の企、何とも調い難く候間、……多少によらず奉加の事たのみ入り候。とかく門徒衆の懇志ならでは、たのむ事なく候。まことに開山聖人の御在所をば、いかでか疎略の儀あるべき、聖人の御出世なく、この勧化にあいたてまつらずば、末代不善の凡夫、何として生死をはなれ順次の往生をとぐべき。

門信徒に寄進を呼び掛ける書状であるが、その文面からは御影堂再建にかける若き良如の熱意が伝わってこよう。親鸞聖人の御在所を「疎略」に造る訳にはいかないという言葉からは、その意匠に関しても良如自身が関与した状況が透けて見える。寛永年間の霊廟や神社における大規模建築の流行を[24]取り入れ、新意匠として仏堂に蟇股を七十四体も取り付けるという大胆な決定を下したのも良如自身であろう。

では、良如はなぜ「二十四孝」を十五体も採用したのであろうか。寛永年間までの建築物で「二十四孝」を彫物に用いた例を管見の限りで列挙すると、土佐神社本殿の「郭巨」「孟宗」、三船神社本殿（和歌山・天正十八年）蟇股「郭巨」、御香宮神社表門（京都・元和八年）蟇股に「郭巨」「孟宗」「楊香」「唐夫人」、同拝殿蟇股（寛永二年）「孟宗」となるが、伏見城の遺構とも伝わる御香宮神社表門が二十四孝の四名のみで構成されているのを除けば、二十四孝の主題は、基本的には仙人、花木禽獣等別の主題と共に一、二孝子が採用されるだけであった。したがって、良如が御影堂の最も人目につく場所に「二十四孝」十五体を採用したのは当時としても斬新な発想であったといえる。

さて周知のように、父・准如は『全相二十四孝詩選』（以下、『詩選』）の写本を所持していた。現在、龍谷大学図書館に伝わる二種（絵入り本と絵無し本）で、絵無し本の末尾には本願寺の鼎印と光昭（准如）の方印が見える。これらは当時二十四孝の受容の中心人物であった相国寺の仁如集尭に師事していた大村由己が山科言経を通じて准如に齎したものである可能性が高く、またこの二本と関係の深い仁如関係の斯道文庫本も現存する。[25] 言経は光佐室および佐超室（冷泉為満の妹）を頼った経緯から本願寺と関係が深く、言経の長子・言緒と准如とは同年生まれで親しかった。[26] また『言経卿記』によれば、言経は大村より「二十四孝詩」「廿四孝カナ注」（天正十八年）及び「二十四孝詩注」（天正十九年）を借り、また自ら二十四孝の本（奈良絵本か）を綴じて六歳の甥・冷泉為頼（千寿）に贈ってもいる（慶長三年）。また息子の言緒も十六歳の頃、言経を通じて西御方（佐超室）から二十四孝屏風を借りて絵を模写しており（文禄元年）、その二十四孝を巡る活発な動きから、言経は二十四孝のお伽草子（和文）の作者とも目されている。[27] このように、当時准如の周囲には、言経を中心に二十四孝を珍重する空気があり、幾種類もの写本や抄物や屏風が写されたり、二十四孝の本を制作して贈り物にしたりと、まさに五山周辺から貴族を介してお伽草子（嵯峨本）が生成してくる土壌を共有していたのであった。したがって、准如が幼き良如にも二十四孝の絵本を与えたとしても不思議はない。あるいはそれが嵯峨本によく似た絵を持つ絵本であったかもしれないが、ともかくも良如にとって「二十四孝」は父との思い出に直結するものであったであろう。良如は継職してすぐ、御影堂も兼ねていた当時の阿弥陀堂で、寛永七年極月十四日に葬儀（「准如上人御葬礼」）、次いで寛永八年八月廿一日から廿九日まで一周忌（「准如上人一周忌記」）を行っている。同時期には、御影堂再建事業にも取り掛かっていたはずであるから、父への報恩のためにその珍重していた「二十四孝」を採択する発想が生まれたのではないか。そもそも中世以来、中国孝子説話の語りは、しばしば親の追善供養法会においてなされ、[28]二十四孝図に関しても、仁如ら五山僧が賛をつけた二十四孝図屏風（屏風①・永禄九年）など、まさに親の忌日に供えられた事例もあったのである。[29]

四、大舜図の「耕春」の含意――農民出身の王による徳治と新しい時代のコスモロジー

以上のように、良如にとって「二十四孝」とは父を含めた周囲における評価や価値を共有するものであったはずである。では、准如やその周辺の知識人たちが二十四孝を珍重したのはなぜだったのか。

第一に、文芸的関心が挙げられよう。准如手沢本には、二十四孝の後に八景詩八首、玉澗詩四種、牧渓畫三幅の賛が付されており、大村と言経のやり取りにおいても、「二十四孝詩注」が「伊勢物語注、同哥注」と一緒に扱われていた。また大村は謡曲・和歌・連歌などに才能を発揮し、里村紹巴とも交流が深く、また言経が二十四孝本を贈った甥・為頼の父で准如と親縁であった冷泉為満も連歌愛好家であったことなど併せ考えれば、仁如周辺の連歌や和漢聯句の文化圏に連なる側面が伺えよう。

第二に、言経が甥に二十四孝の本を贈ったように、無論、初学者の書としても重宝されたのである。

第三に、先述のように中世以来の追善供養の場に供された事例が見られる。[30]

第四に、新しい時代の世界観を簡潔・明快に提供したためである。それは二十四孝の冒頭の大舜が「春に耕す」姿に象徴される庶民出身の聖王による天下泰平の世のイメージである。既に論じたので詳述しないが、[31]『詩選』の冒頭における春の農事を行う大舜の姿には、天子の徳と万物生成・四季循環の正常化を結び付ける所謂陰陽五行と季節を結び付ける古代中国の時令説が反映されていた。さらに日本では、大舜が春という時宜にあった季節に田起こしをするイメージが、自然のリズムと呼応する天子の徳の力が満ちた天下を言祝ぐ吉祥的図像となったと考えられる。特に、室町末期における狩野派の二十四孝図屏風では、四季山水の構成において大舜図が所謂時令説の「東―春―木―農耕」に基づき表現され、さらに黒白の象すなわち陰陽を御する天子の姿として形象化されたのである。この黒白二頭の象は、江戸時代に入っても奈良絵本や屏風において描かれ続けた。

今再び御影堂の大舜図において嵯峨本と異なる要素を確認すると、白象二頭が一頭になり、小鳥が鳥のような大きい黒

い鳥になり、さらに梅の花が添えられている。おそらくスペースの都合上、象を一頭に絞り、象の色が白のみなったので、鳥に黒を担わせたのであろう。さらに、梅花は舜が耕した季節「春」を示すものであった。

おわりに——安寧・秩序への祈り

未だ武断政治の気風も残る不安定な時代に当主となった若き良如は、父亡き後いかに教団を維持・発展させるかという重い課題を一身に背負う中、御影堂に父所縁の「二十四孝」を刻ませた。それは父への報恩の念と共に、良如がその後すぐに学寮を創設したことからも、これからの文治政治の時代を見据え、門徒にも広く学びを促し、そこに教団の発展を託したものであっただろう。無論、寺院統制が進む中で幕府への配慮は欠かせず[32]、二十四孝はその点でも好都合な主題であった。しかし良如は、幕府への阿りよりも、父から受け継いだ思想をそこに投影したのである。御影堂の浄土を表現した内陣の外側は、聖王の世に出現する祥瑞、四季折々の動植物など、大舜を中心とした天人相関的世界が表現されていた。真/俗の調和こそ当時の課題であったとすれば、「二十四孝」はまさにその両者の結節点を担ったのである。

装飾において「彫る」作業は「定着」を志向するというが[33]、良如は浄土と中国古代の堯舜の時空を御影堂の内部で接続させながら、現実世界に重層的に「定着」させ、門信徒に来るべき新たな世界観を体験させようとしたのである。

注

(1) 本領域の研究状況は、宇野瑞木「近世初期までの社寺建築空間における二十四孝図の展開——土佐神社本殿蟇股の彫刻を中心に」(小峯和明監修・出口久徳編『日本文学の展望を拓く2』笠間書院、二〇一七年十一月)を参照。

(2) 本願寺御影堂の構造を踏襲し、同等の位置に二十四孝図を採用する事例は、大阪・願泉寺本堂(寛文三年)、大阪・西法寺本堂(慶安元年、享保七年再興)、大阪・明厳寺本堂(安永三年)(櫻井敏雄『浄土真宗寺院の建築史的研究』法政大学出版局、一九九七年、第二章第四)、その他、香川・徳行寺本堂(寛永十七年、天保年間再建)、島根・光善寺本堂(江戸初期開基、江戸中期頃の作例か)など。

(3) 宗祖五百回大遠忌の宝暦十一年の修復以降、宗祖大遠忌の五十年毎に修復が行われてきた。平成の大修復工事は平成二十年に完了。

(4) 「本願寺御影堂平成大修復推進事務所だより」93(二〇〇七年十月)。また68(『宗報』二〇〇五年七月)、71(『宗報』二〇〇五年一〇月号)も。

(5) 『宗報』二〇〇七年十月号。

(6) 但し、内外陣境の「飛天・楽器」十五体では、各部屋前の三体を一組として中央に飛天(青)、左右に楽器(緑)を配し、内陣前だけ中央に飛天、左右に迦陵頻伽を配する。「二十四孝」の蟇股外枠の色は、29から37までは「緑青緑」の構成で同じ法則が見て取れるが、28から23までは「青緑緑」「緑緑青」となっており、順序が当初のものでない可能性もある。修復報告（『宗報』二〇〇五年一〇月）によれば、二十四孝図十五体は、「彫りの精緻さや釘後などから見て創建当初の作」と目されるが、蟇股上斗ともに番付が現状と一致しないものが幾つか存在するという。文化年間の大修復工事時に蟇股も全て取り外して彩色を施すなどされたと考えられ、28から左側に関しては蟇股の色彩、また彫刻の順番がその際に若干変更された可能性は否めない。

（7）母利司朗「『二十四孝』諸本解題——嵯峨本模刻版の部」『国文学研究資料館文献資料部調査研究報告』七（一九八六年三月）。

（8）宇野瑞木『孝の風景——説話文学研究序説』（勉誠出版、二〇一六年）、七章。

（9）例えば、36黄香は、狩野派の屏風や渋川版の挿絵では、結髪の大人の黄香が描かれることが多いが、嵯峨本では断髪の少年に描き直される。本蟇股では、嵯峨本系統の断髪の少年像が採用されている。

（10）宮次男編『日本古寺美術全集21　本願寺と知恩院』（一九八二年、集英社）百頁。

（11）前掲注10書、一〇一—一〇二頁。

（12）山岸常人「真宗寺院の建築」（奈良国立文化財研究所『近世社寺建築の研究——第一回近世社寺建築研究集会の記録』第一号、一九八八年）。

（13）『京都府の近世社寺建築・近世社寺建築緊急調査報告書』（京都府教育委員会、一九八三年）第二章。

（14）元和四年に再建された阿弥陀堂への移徒の記録「元和四年（一六一八）十一月阿弥陀堂御移徒」（『元和日記』本願寺史料集成）には、「内陣金柱金欄ツヽミ、天井金絵天人」と見え、内陣は「金」を基調に柱も金箔が貼られ、天井にも天人が描かれていた。この時の大工は、「孫太郎、柳春介、五郎右衛門、サイカ太郎兵衛、粉川吉兵衛、山二郎左衛門、アマ与左衛門、カマ吉兵衛」の八人。大工、木引、小工など。

（15）前掲注13書、一五二—三頁。

（16）前掲注6参照。

（17）「唐獅子」は九世紀以降大日如来の乗り物として密教美術を中心に仏教護持の聖獣として定着し、平安時代には清涼殿の天子玉座の帳台御前の左右に獅子像が置かれ、仏法のみならず邪悪なものを退け、国家鎮護を祈念する形代として呪術的な機能が賦与された（高田衛「唐獅子」『世界大百科事典』（第二版、平凡社）。また牡丹との取り合わせで、百獣の王・獅子が唯一恐れる身中の虫を牡丹の花の露が殺すため、獅子が牡丹の下で休むとされることから、王者の守護獣としても好まれた。

（18）岡村喜史『西本願寺への誘い』（本願寺出版社、二〇一二年）一五—一六頁。

（19）ゴンブリッチ『美術の物語』（ファイドン・プレス社、二〇〇七年、初版は一九五〇年）における初期文明のイメージについての説明。

（20）千葉乗隆「御影堂のあゆみ」（「本願寺御影堂平成大修復推進事務所だより6」）『宗報』一九九九年一〇月号、一一、一二月合併号、二〇〇〇年新年号）。

（21）窪寺茂『江戸の装飾建築——近世における建築の解放』（INAX、一九九四年）。

（22）平成の大修復時に発見された棟札の表に「本願寺御影堂再興／寛永拾三丙子・葬八月二日／釈良如」、裏に「大工水口若狭守藤原朝臣宗久／棟梁水口伊豆守家久」と見える（注20論文）。

（23） 前掲注20論文。

（24） 元和三年に二代将軍徳川秀忠が家康の霊廟として久能山東照宮を造営、寛永十三年には家光が建替をし、現在の日光東照宮の姿となった。彫物の題材もより豊富になり、陽明門には仙人、孔子、周公、琴棋書画図などが彫り込まれている。また、京都の北野天満宮（慶長十二年）、御香宮神社拝殿（寛永二年）なども彫物が多く、中国人物も採択されている。

（25） 橋本草子「慶応義塾大学斯道文庫蔵「廿四孝詩」について」『京都女子大学人文論叢』五六―一（二〇〇八年一月）。

（26） 『言経卿記』では、天正十四年七月一日条の「西御方へ阿茶丸礼ニ進了、瓜廿、又御児様へ犬ハリコ三十進上了」という記事を初出として、しばしば「御児様」の呼称で登場する。言経がその衣冠についての相談役を務めたり、筆を教えたり、光昭が踊りや演能見物に言緒を誘う記事などが見える（注25論文）。

（27） 徳田和夫「お伽草子「二十四孝」誕生前夜」『お伽草子研究』（三弥井書店、一九八八年）。

（28） 徳田和夫「孝子説話をめぐる唱導と絵解き――宗教文化研究と説話の場」『説話文学研究』三九（二〇〇四）、田中徳定『孝思想の受容と古代中世文学』（新典社研究叢書、二〇〇七年）及び拙著（前掲注8）五、六章など。

（29） 中本大「永禄九年の二つの『二十四孝賛』――初期狩野派「二十四孝図屏風」賛を中心に―『鏤氷集』の世界Ⅰ」『語文（大阪大学）』六八、一九九七年五月）。

（30） 前掲注29論文参照。その他、「為源典厩公題丁蘭木図　公時居母喪」『翰林五鳳集』五八）など。また『五山文学新集』五巻において中国孝子の引用三十八例の内訳を調べると、亡親の追善供養法会や哀悼（13）、序文・跋文（6）、画賛・題詠（6）、道号（3）、その他長生の祝賀、帰省者への辞となっている。

（31） 宇野瑞木「室町時代の二十四孝説話の受容とその絵画化について」（『グローバル化時代における日本語教育と日本研究』二〇一八年一〇月、ハノイ大学）及び東京大学東洋文化研究所におけるワークショップ「和漢の故事人物と自然表象」での口頭発表「二十四孝図と四季表象――大舜図の「耕春」を中心に」（二〇一八年一二月二三日）。

（32） 良如は幕府との調整で十三回も江戸へ参じている（大喜直彦『宗報』二〇一二年三月号）。

（33） 前掲注21書。

執筆者一覧（掲載順）

水口幹記	武田時昌	名和敏光
清水浩子	佐野誠子	山崎　藍
洲脇武志	田中良明	松浦史子
孫 英 剛	ファム・レ・フイ	
チン・カック・マイン		
グエン・クォック・カイン		
グエン・コン・ヴィエット		佐々木聡
佐野愛子	鄭 淳 一	髙橋あやの
山下克明	深澤　瞳	宇野瑞木

【アジア遊学244】

前近代東アジアにおける〈術数文化〉

2020年2月28日　初版発行

編　者　水口幹記（みずぐちもとき）

発行者　池嶋洋次

発行所　勉誠出版株式会社

〒101-0051　東京都千代田区神田神保町3-10-2

TEL：(03)5215-9021(代)　FAX：(03)5215-9025

〈出版詳細情報〉http://bensei.jp/

印刷・製本　㈱太平印刷社

組版　デザインオフィス・イメディア（服部隆広）

ISBN978-4-585-22710-6　C1310

源実朝の仏牙舎利将来伝説の基礎的考察―「円覚寺正続院仏牙舎利記」諸本の分析を中心に　**中村翼**

影の薄い将軍―伝統演劇における実朝　**日置貴之**

近代歌人による源実朝の発見と活用―文化資源という視点から　**松澤俊二**

小林秀雄『実朝』論　**多田蔵人**

242中国学術の東アジア伝播と古代日本

榎本淳一・吉永匡史・河内春人　編

序言　**榎本淳一**

Ⅰ　中国における学術の形成と展開

佚名『漢官』の史料的性格―漢代官制関係史料に関する一考察　**楯身智志**

前四史からうかがえる正統観念としての儒教と皇帝支配」―所謂外戚恩沢と外戚政治についての学術的背景とその東アジア世界への影響　**塚本剛**

王倹の学術　**洲脇武志**

魏収『魏書』の時代認識　**梶山智史**

『帝王略論』と唐初の政治状況　**会田大輔**

唐の礼官と礼学　**江川式部**

劉知幾『史通』における五胡十六国関連史料批評―魏収『魏書』と崔鴻『十六国春秋』を中心に　**河内桂**

Ⅱ　中国学術の東アジアへの伝播

六世紀新羅における識字の広がり　**橋本繁**

古代東アジア世界における貨幣論の伝播　**柿沼陽平**

九条家旧蔵鈔本『後漢書』断簡と原本の日本将来について―李賢『後漢書注』の禁忌と解禁から見る　**小林岳**

古代東アジアにおける兵書の伝播―日本への舶来を中心として　**吉永匡史**

陸善経の著作とその日本伝来　**榎本淳一**

Ⅲ　日本における中国学術の受容と展開

『日本書紀』は『三国志』を見たか　**河内春人**

日本古代における女性の漢籍習得　**野田有紀子**

大学寮・紀伝道の学問とその故実について―東坊城和長『桂藁記』『桂林遺芳抄』を巡って　**濱田寛**

平安期における中国古典籍の摂取と利用―空海撰『秘蔵宝鑰』および藤原敦光撰『秘蔵宝鑰鈔』を例に　**河野貴美子**

あとがき　**吉永匡史・河内春人**

243中央アジアの歴史と現在―草原の叡智

松原正毅　編

まえがき　アルタイ・天山からモンゴルへ　**松原正毅**

総論　シルクロードと一帯一路　**松原正毅**

中央ユーラシア史の私的構想―文献と現地で得たものから　**堀直**

中央アジアにおける土着信仰の復権と大国の思惑―考古学の視点から　**林俊雄**

聖者の執り成し―何故ティムールは聖者の足許に葬られたのか　**濱田正美**

オドセルとナワーンの事件(一八七七年)から見る清代のモンゴル人社会　**萩原守**

ガルダン・ボショクト・ハーンの夢の跡―英雄の歴史に仮託する人びと　**小長谷有紀**

描かれた神、呪われた復活　**楊海英**

あとがき　**小長谷有紀**

240 六朝文化と日本 —謝霊運という視座から

蒋義喬　編著

241 源実朝 —虚実を越えて

渡部泰明　編

239 この世のキワ ―〈自然〉の内と外

山中由里子・山田仁史　編

アジア遊学既刊紹介

237 鏡から読み解く2～4世紀の東アジア ―三角縁神獣鏡と関連鏡群の諸問題

實盛良彦　編

序文　銅鏡研究と日本考古学　實盛良彦
総論　東アジア世界と銅鏡　森下章司

Ⅰ　中国の鏡

後漢・三国鏡の生産動向　上野祥史
後漢鏡の図像解釈―中国美術史上における儒教図像の意義　楢山満照
鋳造技術からみた後漢・三国時代の銅鏡　南健太郎
類書に映る鏡の記述―『藝文類聚』を例に　佐藤裕亮

Ⅱ　倭でつくられた鏡

倭における鏡の製作　加藤一郎
倭独自の文様を持つ小型鏡の創出と展開　脇山佳奈
倭鏡に見る「王権のコントロール」　林正憲

Ⅲ　三角縁神獣鏡と関連の鏡

三角縁神獣鏡生産の展開と製作背景　岩本崇
黒塚古墳三角縁神獣鏡の鋳上がりと切削研磨の程度からみる製造状況―二面同形二十号・三十二号鏡の調査から　三船温尚
画文帯神獣鏡の生産　村瀬陸
華北東部の銅鏡をめぐる諸問題　馬渕一輝
斜縁鏡群と三角縁神獣鏡　實盛良彦

Ⅳ　銅鏡から歴史を読む

新見東呉尚方鏡試考　朱棒／藤井康隆(訳・解題)
二・三・四世紀の土器と鏡―土器の併行関係と出土鏡からみた暦年代を中心として　久住猛雄
日本列島における銅鏡の流通と政治権力―二～四世紀を中心に　辻田淳一郎
跋文　銅鏡から読み解く二・三・四世紀の東アジア　實盛良彦

238 ユーラシアの大草原を掘る ―草原考古学への道標

草原考古研究会　編

序言　草原考古研究会

Ⅰ　総説

草原考古学とは何か―その現状と課題向　林俊雄

Ⅱ　新石器時代から初期鉄器時代へ

馬の家畜化起源論の現在　新井才二
青銅器時代の草原文化　荒友里子
初期遊牧民文化の広まり　髙濱秀
大興安嶺からアルタイ山脈　中村大介・松本圭太
アルタイ山脈からウラル山脈　荒友里子
バルカン半島における草原の遺跡―新石器時代から青銅器時代を中心に　千本真生

Ⅲ　冶金技術

草原地帯と青銅器冶金技術　中村大介
草原地帯の鉄　笹田朋孝

Ⅳ　実用と装飾

鹿石　畠山禎
初期遊牧民の動物紋様　畠山禎
草原地帯における青銅武器の発達　松本圭太
鍑―什器か祭器か　髙濱秀
草原の馬具―東方へ与えた影響について　諫早直人
帯飾板　大谷育恵
石人　鈴木宏節

Ⅴ　東西交流

蜻蛉(トンボ)珠からみる中国とユーラシア草原地帯の交流　小寺智津子
草原の冠―鳥と鳥の羽をつけた冠　石渡美江